특수경비 관련 최신 법령 수록

개정판

특수경비원 신임교육

김순석 · 김양현 · 조민상 · 배석주

도서출판 진영사

특수경비원 신임교육

김순석 · 김양현 · 조민상 · 배석주

2016년 01월 06일 초판 인쇄
2017년 04월 07일 개정판 발행
2021년 04월 12일 개정 2판 발행
2023년 08월 01일 개정 3판 발행

발행인 박 진 영

발행처 도서출판 진영사
인천광역시 부평구 주부토로 236 인천테크노밸리 U1 지식산업센터 B동 1507호
전화 : 032)505-4207
팩스 : 032)505-4206
E-mail : 0183734207@hanmail.net
등록 : 제2007-000001호

ISBN 978-89-6541-613-5 93350
값 27,000원

교육년도	년　　월　　일　～　　월　　일
교육차수	제　　　차 교육생
성　　명	

목 차

제 1 장 경비업법

제1절 경비의 개념과 발전과정
제2절 경비업법의 주요 내용

제1장 경비업법

제1절 경비의 개념과 발전과정

1. 경비의 개념

1) 경비의 일반적 개념

경비(警備; security)란 다른 사람의 생명·신체·재산 등 보호가치가 있는 것에 대한 보호를 주된 목적으로 하는 다양한 형태의 행위를 포괄하는 것으로서 일반적으로 국가의 공적(公的) 행위와 개인의 사적(私的) 행위를 모두 포함하는 포괄적 개념이다.

이러한 경비의 주체는 국가나 특정한 개인이 될 수 있으며 그 대상은 보호할 만한 가치가 있는 일체의 것이 되며 생명 및 신체와 같이 전통적으로 변하지 않는 가치뿐만 아니라 재산적 가치가 있는 것(과거의 조개 화폐, 엽전, 부동산, 금, 지폐, 통장 잔고, 주식, 비트코인, 정보 등)과 같이 시대에 따라 변하는 가치를 포함한다. 통상 현대적 경비의 개념에 따르면 자기 자신에 대한 보호는 경비의 대상에서 제외한다. 또한, 경비의 방법 역시 시대의 변화 특히 과학기술의 변화에 따라 바뀔 수 있으며 경비를 통한 보호는 통상적으로 그 안전한 상태를 해치는 일정한 위험이 존재하는 것을 전제로 한다.

2) 민간경비의 개념

경비 활동 가운데 개인이나 민간기업 간에 이루어지는 사적(私的) 영역에서의 경비 활동을 민간경비(民間警備; private security)라 한다. 이러한 민간경비 활동은 현대 자본주의 사회에서는 비용을 지급하는 지급자(고객)가 지급한 비용의 대가로 보호라는 서비스를 구매하는 형태로 이루어진다.

현행 「경비업법」은 1976년 「용역경비업법」이라는 이름으로 처음 제정된 이래 1999년 개정을 통해 현재의 「경비업법」으로 불리고 있다. 「경비업법」은 국가의 공적 경비영역에 관한 규정이 아니라 개인과 민간기업의 사적 경비 활동에 관해서만 규정하고 있는 국내 유일의 민간경비 관련 법률에 해당한다.

3) 경비업의 범위

일반적으로 경비업무는 국가의 공적 경비를 의미하는 공경비(公警備)와 개인이나 민간기업에 의한 경비를 의미하는 사경비(私警備)로 구분하고 있다. 현행 「경비업법」은 제3조에서 경비업은 법인(法人)이 아니면 이를 영위할 수 없도록 하고 있어 국가나 지방자치단체와 같은 공적 주체는 민간 경비 활동을 할 수 없도록 하고 있다.

그러나 법인(法人)이란 자연인에 의하여 목적을 달성하기 어려운 사업을 수행할 수 있게 하려고 사람의 결합이나 특정한 재산에 대하여 자연인과 마찬가지로 법률관계 주체의 지위를 인정한 것이다. 그래서 사법인(私法人)뿐만 아니라 공법인을 포함하고 있어 특정한 공공목적을 위하여 특별한 법적 근거에 따라서 설립된 공법인(公法人)도 경비활동의 주체가 될 수 있다.

공경비와 사경비는 다음과 같은 측면에서 차이점이 있다.

(1) 공권력작용 측면

공경비는 국가가 사회계약설에 근거한 시민보호라는 의무를 달성하기 위하여 특별권력관계를 통해 해당 공무원에게 일정한 권한을 부여하여 행하여지는 경비활동으로 경찰의 범죄 및 위험 등으로부터의 보호, 소방의 재난과 화재 등으로부터의 보호 및 군(Military)의 전쟁으로부터의 보호와 같은 형태로 해당 공공기관에서 행하여진다. 이러한 업무를 수행하기 위하여 공무원에게는 공권력에 해당하는 각종 강제권을 포함한 권한이 주어진다.

반면 현행「경비업법」에서 다루고 있는 민간경비는 자본주의 거래의 한 형태인 서비스와 금전의 교환을 근간으로 하며 비용을 지급한 특정한 의뢰자를 위해 지급된 비용만큼 제공되는 다양한 형태의 보호와 서비스를 의미한다.

(2) 업무수행 측면

민간경비와 공경비의 업무수행 성격상 그 역할과 기능을 살펴보면 범죄예방 및 억제 또는 질서유지 등은 두 기관의 일반적이고 공통된 목적이다. 그러나 일반적으로 볼 때 공경비는 범죄예방 및 질서유지 업무 이외에도 일반인들을 대상으로 범인 체포 및 범죄 수사를 위한 법집행 업무도 수행한다.

반면, 민간경비는 특정한 의뢰자(고객)로부터 받은 대가나 보수만큼 그 사람들을 위해 범죄예방 및 억제 또는 경제적 손실방지 및 이익을 위한 예방적 측면에서 기능과 역할을 수행한다는 점에서 차이가 있다.

(3) 공경비와 민간경비의 비교

공경비와 민간경비는 보호 서비스를 제공하는 주체라는 점에서 주요한 공통점을 가지고 있으나 여러 가지 면에서 차이점도 가지고 있다.

첫째로 공경비의 보호 대상이 국가와 국민 간의 계약에 근거한 사회계약설적 이론에 근거하여 보호를 요청하는 국민이면 누구든지 보호의 대상이 되어야 하며 그 서비스의 양과 질도 차별을 두지 않지만, 민간경비 서비스의 보호 대상자는 비용을 지급한 자이고 그 서비스의 양과 질도 비용 지급의 정도에 따라 차이가 생긴다.

둘째로 공경비는 국가와 특별권력관계를 형성하는 공무원에 의하여 행하며 해당 공무원은 국가가 부여하는 일정한 권한을 행사하는 방법으로 보호라는 목적을 달성할 수 있으나 민간경비는 사적계약 관계를 기초로 하기 때문에 국가로부터 공적 권한을 부여받지 못한 채 보호 서비스를 제공해야 하는 한계를 가지고 있다.

셋째로 공경비 활동의 주체는 위법 및 부당하지 않은 공경비 활동에 대해서는 그 결과에 대해 국가가 책임져 주도록 입법화되어 있음에 반하여 민간경비원은 설혹 선의에 의한 경비활동이 이루어진다고 하더라도 그 활동에서 비롯된 피해에 대해서 국가는 어떠한 책임도 져주지 않는다는 점에서 민간경비 근무자의 활동에 제약이 따르게 된다.

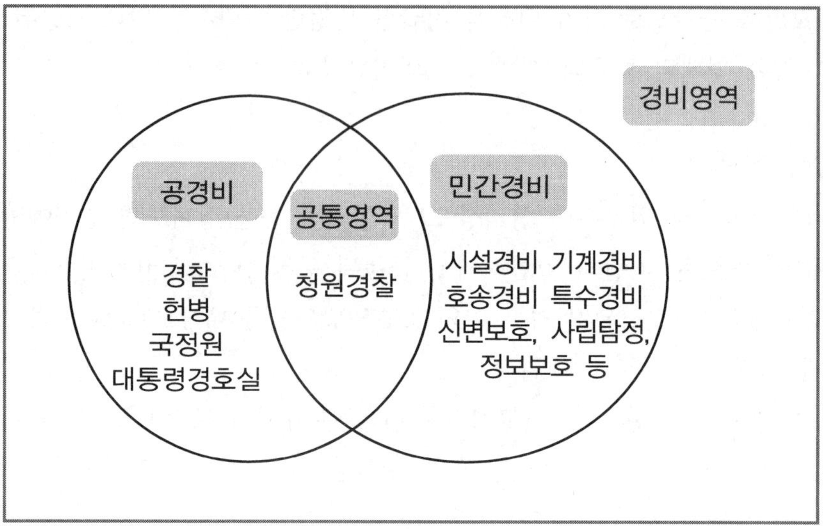

【경비의 영역】

참고 청원경찰관의 경우 본질적으로는 임용 및 급여 지급자인 청원주가 민간인일 경우에 한하여 민간경비 영역에 포함된다. 그러나 청원경찰법 제3조에 의하여 배치받은 경비구역에서 필요한 범위에서 「경찰관직무집행법」에 따른 경찰관의 직무를 수행한다는 점에서 공경비적 성격을 가지고 있기도 하다. 이렇듯 양면의 성격을 가지고 있는 점은 세계적으로 유례가 없는 독특한 구조라는 점에서 한국 민간경비의 특징으로 설명되기도 한다. 단, 청원주가 국가기관 또는 공공단체 등과 같이 공적(公的) 주체일 경우 청원경찰의 활동은 공경비 활동의 일부로 볼 수 있다.

2. 경비업의 범위

일반적으로 경비업의 범위는 보호의 방법 혹은 대상에 따라 구분된다. 경비를 통한 보호의 방법에 따라 사람에 의한 경비를 인력경비, 기계에 의한 경비를 기계경비라고 구분하며 보호 대상에 따라 일반 건물 등 시설물에 대한 경비를 시설경비, 국가 중요시설 등에 대한 경비를 특수경비, 사람에 대한 경비를 신변보호, 귀중품에 해당하는 사물에 대한 경비를 호송경비, 가치 있는 정보 자산에 대한 보호를 정보보호라고 한다.

이렇듯 경비업의 범위는 각 국가의 역사, 문화, 환경적 요인에 따라 다르게 경비업법에 규정되어 있으며 한 국가 안에서도 시대에 따라서 경비업의 대상이 추가되거나 소멸될 수 있는 등 가변적이라 할 수 있다.

그러나 통상 현재 적용되고 있는 경비업법 제2조 제1호에 의해 경비업을 시설경비업무, 호송경비업무, 신변보호업무, 기계경비업무, 특수경비업무 등 다섯 가지 업무(이하 "경비업무"라 한다)의 전부 또는 일부를 도급받아 행하는 영업으로 구분하고자 한다.

1) 현행 경비업법상 경비업의 업무범위

(1) 시설경비업무

경비를 필요로 하는 시설 및 장소(이하 "경비대상시설"이라 한다)에서의 도난 · 화재 그 밖의 혼잡 등으로 인한 위험 발생을 방지하는 업무를 말한다.

(2) 호송경비업무

운반 중인 현금 · 유가증권 · 귀금속 · 상품 그 밖의 물건에 대하여 도난 · 화재 등 위험 발생을 방지하는 업무를 말한다.

참고 통상적으로 호송경비업무는 사람에 대한 호송으로 생각하기 쉬우나, 경비업법에서는 현금이나 귀중품과 같은 물건에 대한 운반만을 호송경비로 정의하고 있다.

(3) 신변보호업무

사람의 생명이나 신체에 대한 위해의 발생을 방지하고 그 신변을 보호하는 업무를 말한다.

(4) 기계경비업무

경비대상시설에 설치한 기기에 의하여 감지 · 송신된 정보를 그 경비대상시설 외의 장소에 설치한 관제시설의 기기로 수신하여 도난 · 화재 등 위험발생을 방지하는 업무를 말한다. 일반적으로 무인 기계경비시스템의 운영 및 관리를 의미하나, 오늘날 독자적인 기계경비업무보다는 기계경비와 인력경비가 혼합된 형태의 혼합 경비시스템을 선호하는 추세에 있다는 점에서 이러한 혼합 경비시스템을 기계경비업무에 포함시켜 분류할 수 있다.

참고 혼합경비 시스템을 운영하는 경우 경비대상시설 내부에 자체적으로 관제시설을 설치하여 운영하는 경우에는 기계경비업으로 분류하기 보다는 시설물의 자체경비에 해당하는 시설경비업으로 분류하는 것이 타당하다.

(5) 특수경비업무

공항, 항만 등 대통령령이 정하는 국가중요시설(이하 "국가중요시설"이라 한다)에 속하는 생명, 신체 및 자산 등에 대한 테러, 범죄 및 화재 등 그 밖의 위험 발생을 방지하는 업무를 말한다.

참고 특수경비 업무의 대상인 국가중요시설은 「통합방위법」 제21조 제4항에 따라 국방부장관이 관계기관장 및 국가정보원장과 협의를 통하여 지정되는 시설로 공공기관, 공항, 항만, 주요 산업시설 등 적에게 점령 또는 파괴되거나 기능이 마비될 경우 국가안보와 국민생활에 심각한 영향을 주게 되는 시설을 말한다. 또한 특수경비원은 이러한 시설에서 「경비업법」 제14조 제4항에 따라 무기를 휴대하여 근무할 수 있다는 점에서 다른 경비업무와 구분된다.

2) 현행 경비업법상 업무범위의 한계점

우리 경비업법은 1976년 용역경비업법의 제정 이후 현재까지 경비업의 업무범위를 시대발전과 환경변화에 맞게 보완하고 발전시켜 왔다. 최초 법제정 당시 시설경비, 호송경비, 신변보호에 국한되었던 경비업의 업무범위가 1999년 법률개정으로 기계경비업을 2001년 법률개정을 통하여 특수경비업을 경비업의 업무범위로 포함시켜 오늘날에 이르렀다.

현재 각국의 경비업법은 민간경비 이론을 토대로 각 나라의 문화적, 사회적 환경에 적합한 방식으로 관련 법률이 제정·운영되어 나라마다 경비업법의 내용과 업무범위가 상이한 경우가 있다. 뿐만 아니라 한 국가에서 제정된 경비업법의 내용도 시간이 흐르면서 변화되는 민간경비 환경에 맞게 변화되는 경우가 있으므로 현재의 경비업법의 내용과 업무범위 역시 절대적인 것은 아니라고 할 수 있다.

그러나 경비업의 본질이 비용 부담자인 고객의 생명, 신체 및 보호 가치 있는 다양한 자산의 보호라는 본질적인 의미에서 본다면 이에 해당하는 모든 범주가 민간경비를 통한 보호의 대상이 될 수 있다는 점에서 경비업의 업무범위를 법을 통해 제한적으로 규정하는 것은 경비업의 발전을 제약하는 요소로 작용할 가능성이 크다.

예를 들어 현대사회를 정보화 사회 혹은 정보사회로 칭하는 것은 정보의 축적과 그 축척된 정보가 무한한 금전적 가치를 나타낼 뿐만 아니라 첨단 IT 기술정보는 물론 일반적인 영업 비밀과 노하우까지도 정보화 처리되어 컴퓨터 등에 저장되는 것이 일상화된 사회에 살고 있다는 점은 정보가 재산적 가치를 충분히 가지는 사회라는 점을 반증

하는 것이다. 따라서 정보보호 활동은 엄연한 고객의 재산보호 활동이므로 경비활동의 범주에 포함된다고 할 것이다. 이러한 이유에서 외국에서는 정보보호 업무를 경비업의 범주에서 관장한다. 그러나 이러한 정보보호 업무를 비롯하여 탐정업 등을 경비업의 업무범위에 포함시켜 발전시키고 있는 선진국의 예에서 볼 수 있듯이 변화하는 미래사회에 다양한 가치보호를 경비산업의 활동분야로 성장시켜 나가는 것이 바람직하다.

그러나 우리나라는 아직 경비업법의 업무 범위를 다양하게 확장시키지 못하고 있어 경비산업을 선도하거나 선진국과 경쟁하기 어려운 구조인 점은 향후 한국 경비산업의 발전을 위해서 반드시 고려되어야 할 것이다.

3. 한국 경비산업의 발진과정

1) 경비산업 태동기

한국의 현대적인 민간경비는 1950년대부터 주한 미8군 군부대의 용역경비를 담당하면서 시작되었다. 1953년 용진보안공사, 1954년 봉신기업, 1958년 화영기업, 1959년 신원기경 등이 이러한 예로 볼 수 있다. 이들 기업들은 당시 상공부장관이 발행하는 '군납업자등록필증'을 바탕으로 미8군부대에 경비 용역을 제공할 수 있었다. 그러나 민간시설에 대한 최초의 경비사업은 1962년 범아실업공사가 한국석유저장주식회사(KOSCO)에 석유제품 경비 및 검수를 위한 용역계약을 체결하면서 시작되었다.

2) 경비산업 성장기

이후 사회와 산업의 발전을 토대로 민간경비에 대한 수요가 늘어나면서 1960년부터 1970년대 사이에 많은 민간 경비 업체들이 등장하였고, 이에 발맞춰 1970년대에는 관련법이 제정되기에 이르렀다. 1972년 일본에서 「경비업법」이 제정되자 국내 경비 업계도 관련법 제정을 정부에 건의하였고, 연구 과정을 거쳐 1976년에 「용역경비업법」이 최초로 제정되었다.

용역경비업법의 제정을 계기로 초기 형태의 민간경비가 이루어졌으며 이는 일본에 비해 비교적 늦게 민간경비 산업이 도입되었으나 단기간에 양적 · 질적인 발전을 이루었다고 할 수 있다. 특히 민간경비 산업은 전쟁으로 인한 기술의 발전과 대규모 국제행사의 개최와 운영을 계기로 발전하는 경향을 보인다.

우리나라도 1980년대에는 1982년과 1984년 서울 국제무역박람회를 비롯하여 1986년 아시안게임, 1988년 서울올림픽, 1993년 대전엑스포 등을 통해 민간경비 산업의 급성장을 이루었다. 이후 2002년 월드컵과 부산 아시안게임, 2005년 부산 APEC, 2010년 G20 정상회담, 2018년 평창동계올림픽 등 대규모 국제행사들이 국내에서 개최된 계기로 인하여 민간경비 시장이 지속해 발전한 것으로 평가받고 있다.

3) 경비산업 전환기

2021년 현재 전국적으로 18만 명이 넘는 186,609명의 경비원이 현장에서 활동하고 있으며, 4,342개의 경비업 법인이 운영되고 있다. 허가 받은 경비업종은 전체 5,143개로 이중 시설경비가 4,253개로 가장 많은 업무를 점유하고 있고 다음으로 신변보호 587개, 기계경비 143개. 특수경비 128개, 호송경비 32개 업무를 수행하고 있다.

특히 2000년대 이후로 인력경비와 더불어 기계경비시장의 확대와 기술적 진화는 우리나라의 경비산업이 선진국형으로 변모하고 있다는 것을 보여주고 있다.

향후 4차산업혁명 시대의 첨단기술 및 초고속 통신망을 활용한 스마트 도시의 증가는 한국의 기술력과 국민의 첨단기술에 대한 수용력과 결합하여 민간경비 산업이 새로운 부가가치를 창출할 수 있는 수익산업으로 변모할 것으로 기대하며, 체계적인 준비와 정부의 지원이 이루어진다면 K-Security로 해외 진출을 통한 수출산업으로써 성장할 수 있을 것으로 본다.

참고 우리나라의 민간경비 산업에 많은 영향을 끼친 일본에서는 17세기 에도 시대부터 전문 경비업자가 등장한 것으로 알려져 있다. '장위병'이라는 이름의 민간 경비업자는 부자들의 저택을 경비하거나 물품 운송 등의 업무를 맡았다고 한다.
1962년에는 일본 경비산업의 중추라고 할 수 있는 세콤(SECOM)이 일본경비보장이라는 이름으로 설립되었으며, 우리나라의 경우와 마찬가지로 1964년 도쿄올림픽 당시 선수촌 경비를 도급 받으면서 성장의 발판을 마련하였다. 세콤은 1980년 우리나라의 삼성과 합작으로 한국경비보장(현 에스원)을 설립하였으며, 현재에도 25% 이상의 에스원 지분을 보유한 최대주주로 자리하고 있다.

4. 경비업법의 주요연혁

최초의 「용역경비업법안」은 1976년 12월 17일 국회 본회의를 통과하였고, 12월 31일 법률 제2946호로 제정 · 공포되어 본격적인 용역경비가 실시되었다. 이 「용역경비업법」에 근거하여 1977년 6월 30일 대통령령으로 「용역경비업법 시행령」이 마련되었으며, 1977년 11월 22일에는 내무부령으로 「용역경비업법 시행규칙」이 제정되었다. 2001년 전문개정을 비롯하여 제정 이후 2022년 11월 15일까지 총 31차에 걸친 개정을 통하여 현재의 「경비업법」에 이르렀다.

1) 용역경비업법 제정(1976.12.31.)

국가중요시설 · 산업시설 · 공공시설 · 사무소 등 기타 경비를 필요로 하는 시설물에 대하여 경비업을 할 수 있도록 용역경비업에 관하여 필요한 사항을 정함으로써 용역경비 업무의 실시에 적정을 기함을 목적으로 최초의 민간경비 분야의 법령으로 제정하였다.

2) 3차 개정 주요 내용(1989.12.27.)

용역경비업을 건전하게 육성 · 발전시키기 위하여 경비원의 권익을 증진하고, 경비원의 자격연령을 연장하며, 용역경비업자의 손해배상제도를 개선하였다.

① 용역경비원의 연령 제한을 18세 이하이거나 55세 이상에서 18세 미만이거나 59세 이상으로 완화함

② 용역경비협회는 용역경비업자의 손해배상책임을 보장하기 위하여 공제사업을 할 수 있도록 하고, 용역경비업자는 손해배상을 위해 현금 등을 공탁하거나 이행보증보험계약을 보험회사와 체결하는 대신 공제에 가입할 수 있도록 함

3) 5차 개정 주요 내용(1995.12.30.)

사설 경비업을 용역경비업의 한 분야로 흡수하고, 경비원의 자질향상을 도모하기 위하여 경비원의 지도 · 감독 및 교육을 전담하는 경비지도사 제도를 신설하며, 개인의 신변을 보호하고 위해발생을 방지하는 신변보호업무를 용역경비업의 한 분야로 추가하였다.

4) 7차 개정 주요 내용(1999.3.31.)

법률 명칭을 「용역경비업법」에서 「경비업법」으로 변경하였으며 「행정규제기본법」에 의한 규제정비계획에 따라 경비지도사의 자격 등과 관련된 규정을 합리적으로 조정하고, 설립과 가입이 강제되던 용역경비협회 관련 규정을 정비하는 등 용역경비업과 관련된 과도한 규제를 개선 · 완화하였다.

5) 8차 개정 주요 내용(2001.4.7.)

국가중요시설에 대한 효율적인 경비체계의 구축을 위하여 경비업의 종류에 특수경비업무를 추가하고, 기계경비 산업이 급속히 발전함에 따라 기계경비업무를 기존의 신고제에서 허가제로 변경하는 한편, 기계경비업자의 신속한 대응조치 의무에 관한 사항 등을 규정하는 등 현행 제도의 운영상 나타난 일부 미비점을 개선 · 보완하였다.

6) 11차 개정 주요 내용(2005.8.4.)

경비원이 경비업무의 범위를 벗어난 행위를 하거나 이를 하게 한 자에 대하여 형사처벌을 할 수 있도록 하는 한편, 신변보호 또는 시설경비업무를 수행하고 일반경비원이나 특수경비원을 배치할 때에는 24시간 전까지 신고하도록 하고 이를 위반한 경우에는 배치폐지를 명할 수 있도록 하는 등 현행 제도의 운영과정에서 나타난 일부 미비점을 개선 · 보완 하였다.

7) 15차 개정 주요 내용(2009.4.1.)

특수경비원의 연령 제한은 특수경비원이 국가중요시설에 배치되며 유사시 무기를 휴대하는 자로서 무기의 적정사용 및 피탈방지 등을 위해 일정한 체력이 요구된다는 점을 고려한 것이지만, 한국인의 평균수명이 연장되고 있는 현실에서 특수경비원의 제한연령 상한을 58세로 한정하는 것은 적절하지 않으므로 이를 60세 이상으로 연장하였다.

8) 17차 개정 주요 내용(2013.6.7.)

최근 집단민원현장에서 발생한 노조원과 경비원 간의 무력충돌이나 무자격의 경비원

동원으로 인한 폭력사태 등으로 국민 생활에 불안감을 주고 있어 경비업자 및 경비원에 대한 규제를 강화하여야 한다는 사회적 요구가 커지고 있는바, 경비업체의 난립을 막기 위해 경비업의 허가요건을 강화하는 한편, 경비원의 폭력이 문제가 되는 노사분규·재개발 현장 등 집단민원현장을 법률에 명확히 규정하고, 집단민원현장에 경비원을 배치할 경우 배치 48시간 전까지 관할 경찰관서장의 배치허가를 받도록 하며, 경비업자와 경비원들의 경비업무를 벗어난 불법적 행위에 대한 규제 및 처벌을 강화하는 등 현행 제도의 운영상 나타난 일부 문제점을 개선·보완하였다.

9) 19차 개정 주요 내용(2014.12.30.)

「민법」의 개정으로 2013년 7월 1일부터 금치산·한정치산 제도가 성년후견·한정후견 제도로 변경된 것을 반영하여 경비업체의 임원·경비지도사 및 경비원의 결격사유 중 금치산자와 한정치산자를 피성년후견인과 피한정후견인으로 대체하고, 「아동·청소년의 성보호에 관한 법률」의 취업제한 규정에 따라 성범죄 전력이 있는 경우 10년간 경비업 법인에서 경비업무에 종사할 수 없도록 규정하고 있어, 이를 반영하여 성범죄 결격자 배제 기간을 5년에서 10년으로 상향하는 한편, 경비지도사 자격정지 기간 중 경비지도사로 선임되어 활동하여도 이에 대한 취소규정이 없어 행정처분을 하지 못하는 불합리한 점을 시정하기 위하여 자격정지 기간 중 경비지도사로 선임되어 활동하였을 경우 이를 취소할 수 있는 규정을 신설하였다.

10) 20차 개정 주요 내용(2015.7.20.)

경비협회의 입찰보증 등의 공제사업을 통해 중소 경비업체들이 저렴한 가격으로 보증보험업체 또는 금융기관 보증상품을 이용할 수 있도록 하되, 공제사업 운영 주체의 전문성 부족 등에 따라 금융감독원의 검사 등의 통제장치를 마련함.

또한, 경찰의 감독 업무 강화 및 경비업의 건전한 운영을 제고하기 위하여 경비업무를 도급하려는 자가 경비업자의 경비원 채용시 무자격자·부적격자 등을 채용하도록 관여하거나 영향력을 행사할 수 없도록 하고, 경비업무 장소가 집단민원현장으로 판단될 때는 관할 경찰관서장은 경비원 배치 허가를 받도록 48시간 이내에 경비업자에게 고지하도록 하였다.

11) 23차 개정 주요 내용(2016.1.26.)

현행법에 따르면 경비업자는 경비원으로 하여금 경비원 신임교육을 받게 하도록 하고 있으나, 누구든지 경비원으로 채용되기 전에도 개인적으로 일반경비원 신임교육을 받을 수 있도록 하고, 대통령령으로 정하는 바에 따라 일반경비원을 신임교육의 대상에서 제외할 수 있도록 한다.

12) 25차 개정 주요 내용(2017.10.24.)

경비지도사 자격 취득 기회를 최대한 보장하기 위하여 경비지도사 시험은 매년 1회 이상 시행하도록 규정하고, 1년 이내에 경비 도급실적이 없는 경비업자의 경우 매년 폐업 후 다시 허가를 받아야 하는 불편을 해소하기 위하여 경비 도급실적의 산정기간을 1년에서 2년으로 연장하며, 불법행위에 대하여 법률마다 행정형벌의 편차가 큰 것을 개선하기 위하여 특수경비원이 국가중요시설의 정상적인 운영을 해치는 장해를 일으킨 경우 7년 이하의 징역을 5년 이하의 징역으로 하향 조정하였다.

13) 29차 개정 주요 내용(2021.1.12.)

특수경비원의 자격을 보다 엄격하게 규정하여 심신상실자, 알코올 중독자 등 대통령령이 정하는 정신적 제약이 있는 자에 대하여도 결격사유에 포함시키도록 하고 있다.

14) 31차 개정 주요 내용(2022.11.15.)

시설경비업을 영위하려는 법인의 경비인력 확보 부담을 완화하기 위하여 시설경비업 허가요건 중 최소 경비원 수를 20명에서 10명으로 하향 조정하는 한편, 특수경비원 인력을 원활히 운영하기 위하여 특수경비원이 결격사유에 해당하게 되면 당연 퇴직되도록 하되, 상반기에 정년에 도달하면 6월 30일에, 하반기에 정년에 도달하면 12월 31일에 당연 퇴직되도록 하고, 금고 이상의 형의 선고유예를 받고 그 유예기간 중에 있는 경우에는 성폭력범죄나 아동 · 청소년 성범죄 등의 죄를 범한 경우에만 당연 퇴직 되도록 하는 등 유사직무 종사자와의 형평성을 고려하여 당연 퇴직 요건을 규정하였다.

제2절 경비업법의 주요 내용

1. 일반경비원

1) 일반경비원의 개념

경비원이란 「경비업법」 상 허가받은 경비업체(법인)가 채용한 고용인으로서 「경비업법」에 따라 일반경비원과 특수경비원으로 구분한다. 이중 일반경비원은 「경비업법」 제2조의 1호에서 구분하고 있는 다섯 가지 경비업무 중 특수경비업무를 제외한 시설경비, 호송경비, 신변보호, 기계경비 업무를 수행하는 경비원을 의미한다.

2) 일반경비원 채용의 결격사유

「경비업법」제10조 제1항에 의하여 경비업자는 다음의 결격사유 중 어느 하나에 해당하는 자를 일반경비원으로 채용 또는 근무하게 하여서는 아니 된다. 위반시 해당 경비업체는 과태료 부과대상이 된다.

① 18세 미만인 사람 또는 피성년후견인
② 파산선고를 받고 복권되지 아니한 자
③ **금고 이상의 형**의 선고를 받고 그 집행이 종료(집행이 종료된 것으로 보는 경우를 포함한다)되거나 집행이 면제된 날부터 **5년이 지나지 아니한 자**
④ **금고 이상의 형**의 **집행유예** 선고를 받고 그 **유예기간 중**에 있는 자
⑤ 다음 중 하나에 해당하는 죄를 범하여 벌금형을 선고받은 날부터 10년이 지나지 아니하거나 금고 이상의 형을 선고받고 그 집행이 종료된(종료된 것으로 보는 경우를 포함) 날 또는 집행이 유예 · 면제된 날부터 **10년**이 지나지 아니한 자
; 주로 범죄 단체 조직 및 성관련 범죄
㉠ 「형법」 제114조의 죄(범죄단체 등의 조직)
㉡ 「폭력행위 등 처벌에 관한 법률」 제4조의 죄(단체 등의 구성 · 활동)
㉢ 「형법」 제297조(강간), 제297조의2(유사강간), 제298조부터 제301조까지(강제

추행, 준강간, 준강제추행, 강간 등 상해 · 치상), 제301조의2(강간 등 살인 · 치사), 제302조(미성년자 등에 대한 간음), 제303조(업무상위력 등에 의한 간음), 제305조(미성년자에 대한 간음, 추행), 제305조의2(상습범)의 죄

㉣ 「성폭력범죄의 처벌 등에 관한 특례법」 제3조부터 제11조까지(특수강도강간 등, 특수강간 등, 친족관계에 의한 강간 등, 장애인에 대한 강간 · 강제추행 등, 13세 미만의 미성년자에 대한 강간, 강제추행 등, 강간 등 상해 · 치상, 강간 등 살인 · 치사, 업무상 위력 등에 의한 추행, 공중 밀집 장소에서의 추행) 및 제15조(제3조부터 제9조까지의 미수범만)의 죄

㉤ 「아동 · 청소년의 성보호에 관한 법률」 제7조(아동 · 청소년에 대한 강간 · 강제추행 등) 및 제8조(장애인인 아동 · 청소년에 대한 간음 등)의 죄

㉥ 위의 ㉢부터 ㉤까지의 죄로서 다른 법률에 따라 가중처벌 되는 죄

⑥ 다음의 어느 하나에 해당하는 죄를 범하여 벌금형을 선고받은 날부터 **5년**이 지나지 아니하거나 금고 이상의 형을 선고받고 그 집행이 유예된 날부터 **5년**이 지나지 아니한 자 ; **주로 재산범죄의 절도 및 강도 관련 범죄**

㉠ 「형법」 제329조부터 제331조(절도, 야간주거침입절도, 특수절도), 제331조의2(자동차등 불법사용) 및 제332조부터 제343조(강도, 특수강도)의 죄

㉡ 위의 ㉠에 해당하는 죄로서 다른 법률에 따라 가중처벌 되는 죄

⑦ 위의 ⑤(성관련 범죄)의 ㉢부터 ㉥까지의 어느 하나에 해당하는 죄를 범하여 **치료감호**를 선고받고 그 집행이 종료된 날 또는 집행이 면제된 날부터 **10년이 지나지 아니한 자** 또는 위의 ⑥(재산관련 범죄)의 어느 하나에 해당하는 죄를 범하여 **치료감호**를 선고받고 그 집행이 면제된 날부터 **5년이 지나지 아니한 자**

⑧ **경비업법이나 경비업법에 따른 명령**을 위반하여 **벌금형**을 선고받은 날부터 **5년**이 지나지 아니하거나 **금고 이상의 형**을 선고받고 그 집행이 유예된 날부터 **5년**이 지나지 아니한 자

참고 국가공무원법 제33조(공무원 임용의 결격사유)

1. 피성년후견인
2. 파산선고를 받고 복권되지 아니한 자
3. 금고 이상의 실형을 선고받고 그 집행이 종료되거나 집행을 받지 아니하기로 확정된 후 5년이 지나지 아니한 자
4. 금고 이상의 형을 선고받고 그 집행유예 기간이 끝난 날부터 2년이 지나지 아니한 자

5. 금고 이상의 형의 선고유예를 받은 경우에 그 선고유예 기간 중에 있는 자
6. 법원의 판결 또는 다른 법률에 따라 자격이 상실되거나 정지된 자
6의2. 공무원으로 재직기간 중 직무와 관련하여 「형법」 제355조 및 제356조에 규정된 죄를 범한 자로서 300만원 이상의 벌금형을 선고받고 그 형이 확정된 후 2년이 지나지 아니한 자
6의3. 「성폭력범죄의 처벌 등에 관한 특례법」 제2조에 규정된 죄를 범한 사람으로서 100만원 이상의 벌금형을 선고받고 그 형이 확정된 후 3년이 지나지 아니한 사람
6의4. 미성년자에 대한 다음 각 목의 어느 하나에 해당하는 죄를 저질러 파면·해임되거나 형 또는 치료감호를 선고받아 그 형 또는 치료감호가 확정된 사람(집행유예를 선고받은 후 그 집행유예기간이 경과한 사람을 포함한다)
   가. 「성폭력범죄의 처벌 등에 관한 특례법」 제2조에 따른 성폭력범죄
   나. 「아동·청소년의 성보호에 관한 법률」 제2조제2호에 따른 아동·청소년대상 성범죄
7. 징계로 파면처분을 받은 때부터 5년이 지나지 아니한 자
8. 징계로 해임처분을 받은 때부터 3년이 지나지 아니한 자

3) 일반경비원 교육

(1) 일반경비원의 교육 의무

경비업자는 경비업무를 적정하게 실시하기 위하여 「경비업법」 제13조에 의하여 경비원으로 하여금 대통령령으로 정하는 바에 따라 일반경비원 신임교육 및 직무교육을 받게 하여야 한다. 또한 「경비업법시행령」 제18조에 의하여 경비업자는 일반경비원을 채용한 경우 해당 일반경비원에게 경비업자의 부담으로 다음의 기관 또는 단체에서 실시하는 일반경비원 신임교육을 받도록 하여야 한다.

㉠ 「경비업법」 제22조제1항에 따른 경비협회
㉡ 「경찰공무원 교육훈련규정」에 따른 경찰교육기관
㉢ 경비업무 관련학과가 개설된 대학 등 경비원에 대한 교육을 전문적으로 수행할 수 있는 인력과 시설을 갖춘 기관 또는 단체 중 경찰청장이 지정하여 고시하는 기관 또는 단체

「경비업법」이 2016년 1월 26일 개정으로 인하여 제13조 제2항에 따라 경비원으로 임용된 사람뿐만 아니라 향후 경비원이 되려는 사람 역시 대통령령으로 정하는 교육기관 일반경비원 신임교육기관에서 채용 전에 미리 교육받을 수 있도록 하고 있다.

(2) 일반경비원 신임교육 면제

「경비업법」 제13조에서는 경비업자는 대통령령으로 정하는 경력 또는 자격을 갖춘 일반경비원을 신임교육 대상에서 제외할 수 있도록 하고 있다. 따라서 「경비업법시행

령」 제18조 제2항에 따라 다음의 대상자들은 신임교육을 면제하도록 하고 있다.

㉠ 일반경비원 신임교육을 받은 사람으로서 채용 전 3년 이내에 경비업무에 종사한 경력이 있는 사람

㉡ 「경찰공무원법」에 따른 **경찰공무원**으로 근무한 경력이 있는 사람

㉢ 「대통령 등의 경호에 관한 법률」에 따른 **경호공무원** 또는 별정직공무원으로 근무한 경력이 있는 사람

㉣ 「군인사법」에 따른 **부사관 이상**으로 근무한 경력이 있는 사람

㉤ **경비지도사** 자격이 있는 사람

㉥ 채용 당시 「경비업법」 제13조 제2항에 따른 채용 전 일반경비원 신임교육을 **받은 지 3년**이 지나지 아니한 사람

(3) 일반경비원 교육

① 일반경비원 신임교육 과목 및 시간

경찰청장은 일반경비원에 대한 신임교육의 실시를 위하여 연도별 교육계획을 수립하고, 일반경비원 신임교육 기관 또는 단체가 교육계획에 따라 교육을 실시하도록 하여야 한다. 일반경비원 신임교육 기관 또는 단체의 장은 일반경비원 신임교육과정을 마친 사람에게 신임교육 이수증을 교부하고 그 사실을 신임교육 이수증 교부대장에 기록하여야 한다. 경비업자는 일반경비원이 신임교육을 받은 때에는 경비원의 명부에 그 사실을 기재하여야 한다.

【일반경비원 신임교육의 과목과 시간】

구분(교육시간)	과목	시간
이론교육 (4시간)	• 「경비업법」	2
	• 범죄예방론(신고 및 순찰요령 포함)	2
실무교육 (19시간)	• 시설경비실무(신고 및 순찰요령, 관찰 · 기록기법 포함)	2
	• 호송경비실무	2
	• 신변보호실무	2
	• 기계경비실무	2
	• 사고예방대책(테러대응요령, 화재대처법 및 응급처치법 포함)	3
	• 체포 · 호신술(질문 · 검색요령 포함)	3

구분(교육시간)	과목	시간
	• 장비사용법	2
	• 직업윤리 및 서비스(예절 및 인권교육 포함)	3
기타(1시간)	• 입교식, 평가 및 수료식	1
계		24

② 일반경비원 직무교육

경비업자는 소속 일반경비원에게 선임한 경비지도사가 수립한 교육계획에 따라 매월 「경비업법 시행규칙」 제13조에 따라 4시간의 직무교육을 받는다. 일반경비원에 대한 직무교육의 과목은 일반경비원의 직무수행에 필요한 이론 · 실무과목, 그 밖에 정신교양 등으로 한다. 직무교육은 주로 경비지도사에 의하여 이루어진다.

4) 일반경비원 의무

「경비업법」 제15조의2에 의하여 모든 경비원은 직무를 수행하면서 타인에게 위력을 과시하거나 물리력을 행사하는 등 경비업무의 범위를 벗어난 행위를 하여서는 안 되며 이를 위반할 경우 해당 경비원은 1년 이하의 징역 또는 1천만 원 이하의 벌금에 처한다. 또한 누구든지 경비원으로 하여금 경비업무의 범위를 벗어난 행위를 하게 하여서는 안 되며 위반시 3년 이하의 징역 또는 3천만 원 이하의 벌금에 처한다.

2. 특수경비원

1) 특수경비원의 개념

특수경비원이란 「경비업법 시행령」 제2조에 따라 공항 · 항만, 원자력발전소 등의 시설 중 국가정보원장이 지정하는 국가보안 목표시설과 「통합방위법」 제21조 제4항의 규정에 의하여 국방부장관이 지정하는 국가중요시설에 대하여 경비 및 도난 · 화재 그 밖의 위험발생을 방지하는 업무를 수행하는 자를 말한다. 국가중요시설의 지정은 국방부장관이 관계 행정기관의 장 및 국가정보원장과 협의하여 지정한다.

2) 국가중요시설의 개념

국가중요시설은 「국가중요시설 지정 및 방호 훈령」 상 방호의 중요도에 따라 가, 나, 다로 차등적으로 관리 받게 된다.

① 가급

적에 의해 점령 또는 파괴되거나, 기능 마비시 광범위한 통합방위 작전수행이 요구되고, 국민생활에 결정적인 영향을 끼칠 수 있는 시설

예) 청와대, 국회의사당, 대법원, 대규모 산업시설, 중화기를 생산하는 방위산업시설, 원자력발전소, 전국권 공영 방송시설, 종합 항공·교통 관제시설, 국제공항·항만, 교정시설 등

② 나급

일부 지역의 통합방위 작전수행이 요구되고, 국민생활에 중대한 영향을 끼칠 수 있는 시설

예) 대검찰청, 경찰청, 주요 전투장비 생산시설, 100만KW 이상 발전소, 전국권 민영방소시설, 국내공항·항만 등

③ 다급

제한된 지역의 통합방위 작전수행이 요구되고, 국민생활에 상당한 영향을 끼칠 수 있는 시설

3) 특수경비원 채용의 결격사유

「경비업법」 제10조 제2항에 의하여 경비업자는 다음의 결격사유 중 어느 하나에 해당하는 자를 특수경비원으로 채용 또는 근무하게 하여서는 아니 된다. 위반시 해당 경비업체는 과태료 부과대상이 된다.

① 18세 미만이거나 60세 이상인 사람 또는 피성년후견인
② **심신상실자, 알코올 중독자 등 대통령령으로 정하는 정신적 제약이 있는 자**

③ 「경비업법」 제10조 제1항의 일반경비원 결격사유 제2호부터 제8호까지의 자
④ 금고 이상의 형의 **선고유예** 선고를 받고 그 유예기간 중에 있는 자
⑤ 행정안전부령으로 정하는 신체조건에 미달되는 자
「경비업법 시행규칙」 제7조에 의하여 특수경비원의 신체조건으로는
㉠ 팔과 다리가 완전
㉡ 두 눈의 맨눈시력 각각 0.2 이상 또는 교정시력 각각 0.8 이상

4) 특수경비원 교육

특수경비업자는 대통령령으로 정하는 바에 따라 특수경비원으로 하여금 특수경비원 신임교육과 정기적인 직무교육을 받게 하여야 하고, 특수경비원 신임교육을 받지 아니한 자를 특수경비업무에 종사하게 하여서는 아니 된다.

특수경비원의 교육시 관할경찰서 소속 경찰공무원이 교육기관에 입회하여 대통령령이 정하는 바에 따라 지도 · 감독하여야 한다.

(1) 특수경비원 신임교육

① 특수경비원 교육기관 기준

특수경비업자는 특수경비원을 채용한 경우 해당 특수경비원에게 특수경비업자의 부담으로 다음의 기관 또는 단체에서 실시하는 특수경비원 신임교육을 받도록 하여야 한다.

㉠ 「경찰공무원 교육훈련규정」에 따른 경찰교육기관
㉡ 「경비업법 시행규칙」 제14조에서 정하는 기준에 적합한 기관 또는 단체 중 경찰청장이 지정하여 고시하는 기관 또는 단체

【특수경비원 교육기관 시설 및 강사의 기준】

구분	내용
시설 기준	• 100인 이상 수용이 가능한 165m^2 이상의 강의실 • 감지장치 · 수신장치 및 관제시설을 갖춘 132m^2 이상의 기계경비실습실 • 100인 이상이 동시에 사용할 수 있는 330m^2 이상의 체육관 또는 운동장 • 소총에 의한 실탄사격이 가능하고 10개 사로 이상을 갖춘 사격장
강사 기준	• 고등교육법에 의한 대학 이상의 교육기관에서 교육과목 관련학과의 전임강사(전문대학의 경우에는 조교수) 이상의 직에 1년 이상 종사한 경력이 있는 사람

구분	내용
	• 박사학위를 소지한 사람으로서 교육과목 관련 분야의 연구 실적이 있는 사람 • 석사학위를 소지한 사람으로서 교육과목 관련 분야의 실무업무에 3년 이상 종사한 경력이 있는 사람 • 교육과목 관련 분야에서 공무원으로 5년 이상 근무한 경력이 있는 사람 • 교육과목 관련 분야의 실무업무에 10년 이상 종사한 경력이 있는 사람 • 체포·호신술 과목의 경우 무도사범의 자격이 있는 사람으로서 교육과목 관련 분야에서 2년 이상 실무 경력이 있는 사람 • 폭발물 처리요령 및 예절교육 과목의 경우 교육과목 관련 분야에서 2년 이상 실무 경력이 있는 사람
지정 절차	• 특수경비원 신임교육의 과정을 개설하고자 하는 기관 또는 단체는 위의 기준을 갖추고 경찰청장에게 지정을 요청하여야 한다. • 경찰청장은 교육과정을 개설하고자 하는 기관 또는 단체가 기준에 적합한 지의 여부를 확인한 후 그 기준에 적합한 경우 이를 특수경비원 신임교육을 실시할 수 있는 기관 또는 단체로 지정할 수 있다.
경찰관 파견	• 지정을 받은 기관 또는 단체는 신임교육의 과정에서 필요한 경우에는 관할 경찰관서장에게 경찰관서 시설물의 이용이나 전문적인 소양을 갖춘 경찰관의 파견을 요청할 수 있다.

② 특수경비원 신임교육 면제자

「경비업법시행령」제19조 제2항에 의해 채용 전 3년 이내에 특수경비업무에 종사하였던 경력이 있는 사람은 해당 특수경비원 신임교육 대상에서 제외할 수 있다.

③ 특수경비원 신임교육 과목 및 시간

특수경비원 신임교육 기관 또는 단체의 장은 특수경비원 신임교육과정을 마친 사람에게 신임교육 이수증을 교부하고 그 사실을 신임교육 이수증 교부대장에 기록하여야 한다. 또한 경비업자는 특수경비원이 신임교육을 받은 때에는 경비원의 명부에 그 사실을 기재하여야 한다.

【특수경비원 신임교육의 과목 및 시간】

구분(교육시간)	과목	시간
이론교육 (15시간)	• 경비업법, 경찰관직무집행법 및 청원경찰법	8
	• 헌법 및 형사법(인권 및 현행범체포에 관한 규정 포함)	4
	• 범죄예방론(신고요령 포함)	3

구분(교육시간)	과목	시간
실무교육(69시간)	• 정신교육	2
	• 테러 대응요령	4
	• 폭발물 처리요령	6
	• 화재대처법	3
	• 응급처치법	3
	• 분사기 사용법	3
	• 출입통제 요령	3
	• 예절교육	2
	• 기계경비 실무	3
	• 정보보호 및 보안업무	6
	• 시설경비요령(야간경비요령 포함)	4
	• 민방공(화생방 관련 사항 포함)	6
	• 총기조작	3
	• 총검술	5
	• 사격	8
	• 체포 · 호신술	5
	• 관찰 · 기록기법	3
기타(4시간)	• 입교식 · 평가 · 수료식	4
계		88

(2) 특수경비원 직무교육

특수경비업자는 소속 특수경비원에게 선임한 경비지도사가 수립한 교육계획에 따라 매월 행정안전부령으로 정하는 6시간 이상 직무교육을 받도록 하여야 한다. 관할경찰서장 및 공항경찰대장 등 국가중요시설의 경비책임자(이하 "관할경찰관서장"이라 한다)는 필요하다고 인정하는 경우에는 특수경비원이 배치된 경비대상시설에 소속공무원을 파견하여 직무집행에 필요한 교육을 실시할 수 있다.

특수경비원에 대한 직무교육의 과목은 특수경비원의 직무수행에 필요한 이론 · 실무과목, 그 밖에 정신교양 등으로 한다.

5) 특수경비원의 직무 및 의무

(1) 특수경비원의 직무

「경비업법」 제14조에 의해 특수경비업자는 특수경비원으로 하여금 배치된 경비구역 안에서 관할 경찰서장 및 공항경찰대장 등 국가중요시설의 경비책임자인 관할 경찰관서장과 국가중요시설의 시설주의 감독을 받아 시설을 경비하고 도난·화재 그 밖의 위험의 발생을 방지하는 업무를 수행하게 하여야 한다. 또한 특수경비원은 국가중요시설에 대한 경비업무 수행 중 국가중요시설의 정상적인 운영을 해치는 장해를 일으켜서는 아니 된다.

(2) 특수경비원의 의무

① 일반적 의무

「경비업법」 제15조의2에 의하여 모든 경비원은 직무를 수행함에 있어 타인에게 위력을 과시하거나 물리력을 행사하는 등 경비업무의 범위를 벗어난 행위를 하여서는 안 되며 이를 위반할 경우 해당 경비원은 1년 이하의 징역 또는 1천만 원 이하의 벌금에 처한다. 또한 누구든지 경비원으로 하여금 경비업무의 범위를 벗어난 행위를 하게 하여서는 안 되며 위반시 3년 이하의 징역 또는 3천만 원 이하의 벌금에 처한다.

② 특수경비원 고유의 의무

㉠ 복종 의무

특수경비원은 직무를 수행함에 있어 시설주·관할 경찰관서장 및 소속 상사의 직무상 명령에 복종하여야 하며 경비구역 안에서 시설물의 절도, 손괴, 위험물의 폭발 등의 사유로 인한 위급사태가 발생한 때에 시설주·관할 경찰관서장 및 소속 상사의 직무상 명령에 복종하지 않은 자는 3년 이하의 징역 또는 3천만 원 이하의 벌금에 처한다.

㉡ 이탈금지 의무

특수경비원은 소속 상사의 허가 또는 정당한 사유 없이 경비구역을 벗어나서는 안 되며 경비구역 안에서 시설물의 절도, 손괴, 위험물의 폭발 등의 사유로 인한 위급사태가 발생한 때에 소속 상사의 허가 또는 정당한 사유 없이 경비구역을 벗어난 자는 3년 이하의 징역 또는 3천만 원 이하의 벌금에 처한다.

㉢ 쟁의행위금지 의무

특수경비원은 파업 · 태업 그 밖에 경비업무의 정상적인 운영을 저해하는 일체의 쟁의행위를 하여서는 안 되며 쟁의행위를 한 특수경비원은 1년 이하의 징역 또는 1천만 원 이하의 벌금에 처한다.

6) 특수경비원의 무기사용

(1) 무기의 휴대

「경비업법」 제14조 제3항에 의해 시 · 도 경찰청장은 국가중요시설에 대한 경비업무의 수행을 위하여 필요하다고 인정하는 때에는 시설주의 신청에 의하여 무기를 구입한다. 이 경우 시설주는 그 무기의 구입대금을 지불하고, 구입한 무기를 국가에 기부 채납하여야 한다.

시 · 도 경찰청장은 국가중요시설에 대한 경비업무의 수행에 의하여 필요하다고 인정하는 때에는 **관할 경찰관서장으로 하여금 시설주의 신청에 의하여 시설주로부터 국가에 기부채납** 된 무기를 대여하게 하고, 시설주는 이를 특수경비원으로 하여금 휴대하게 할 수 있다. 이 경우 특수경비원은 정당한 사유 없이 무기를 소지하고 **배치된 경비구역을 벗어나서는 안 되며** 이를 위반시 2년 이하의 징역 또는 2천만 원 이하의 벌금에 처한다.

(2) 무기의 관리

대여 받은 무기에 대하여 시설주 및 관할 **경찰관서장**은 무기의 관리책임을 지고, 「경비업법 시행령」 제21조에 의해 시설주 및 특수경비원의 무기관리상황을 **매월 1회 이상** 점검하여야 한다. 또한 관할 경찰관서장은 무기의 적정한 관리를 위하여 무기를 대여받은 시설주에 대하여 필요한 명령을 발할 수 있다. 시설주로부터 무기의 관리를 위하여 지정받은 책임자는 다음과 같이 이를 관리하여야 하며 이를 위반할 경우 위반한 관리책임자는 1년 이하의 징역 또는 1천만 원 이하의 벌금에 처한다.

㉠ 무기출납부 및 무기장비운영카드를 비치 · 기록하여야 한다.

㉡ 무기는 관리책임자가 직접 지급 · 회수하여야 한다.

(3) 무기의 사용의 한계

「경비업법」 제14조 제8항에 의하여 특수경비원은 국가중요시설의 경비를 위하여 무기를 사용하지 아니하고는 다른 수단이 없다고 인정되는 때에는 필요한 한도 안에서 무기를 사용할 수 있다.

다만, 다음에 해당하는 때를 제외하고는 사람에게 위해를 끼쳐서는 아니 된다.

㉠ 무기 또는 폭발물을 소지하고 국가중요시설에 침입한 자가 특수경비원으로부터 3회 이상 투기 또는 투항을 요구받고도 이에 불응하면서 계속 항거하는 경우 이를 억제하기 위하여 무기를 사용하지 아니하고는 다른 수단이 없다고 인정되는 때

㉡ 국가중요시설에 침입한 무장간첩이 특수경비원으로부터 투항을 요구받고도 이에 불응한 때

(4) 무기휴대의 절차

「경비업법 시행령」 제20조에 의하여 시설주는 특수경비원이 휴대할 무기를 대여 받고자 하는 때에는 무기대여신청서를 관할 경찰관서장을 거쳐 시 · 도 경찰청장에게 제출하여야 한다. 또한 시설주는 관할 **경찰관서장**으로부터 대여받은 무기를 특수경비원에게 휴대하게 하는 경우에는 관할 경찰관서장의 사전승인을 얻어야 한다. 사전승인을 함에 있어서 관할 경찰관서장은 국가중요시설에 총기 또는 폭발물의 소지자나 무장간첩 침입의 우려가 있는지의 여부 등을 고려하는 등 특수경비원에게 무기를 지급하여야 할 필요성이 있는지의 여부에 관하여 판단하여야 한다.

【특수경비원의 무기휴대 절차】

구분	내용
무기종류	권총 및 소총
무기구입	시설주는 무기의 구입대금을 지불하고, 구입한 무기를 국가에 기부채납
무기대여 신청	무기대여신청서를 관할경찰서장 및 공항경찰대장 등 국가중요시설의 경비책임자(관할 경찰관서장)를 거쳐 시 · 도 경찰청장에게 제출
무기휴대	관할 경찰관서장의 사전승인
사전승인 판단	국가중요시설에 총기 또는 폭발물의 소지자나 무장간첩 침입의 우려가 있는지의 여부 등을 고려

구분	내용
무기지급 필요성 해소	시설주는 특수경비원으로부터 즉시 무기를 회수
무기관리상황 점검	관할 경찰관서장은 시설주 및 특수경비원의 무기관리상황을 매월 1회 이상 점검

시설주는 무기지급의 필요성이 해소되었다고 인정되는 때에는 특수경비원으로부터 즉시 무기를 회수하여야 하며 특수경비원이 휴대할 수 있는 무기종류는 권총 및 소총으로 한다. 무기에 대한 안전검사의 기준은 「위해성 경찰장비의 사용기준 등에 관한 규정」을 준용한다. 또한 시설주, 관리책임자와 특수경비원은 다음과 같이 「경비업법 시행규칙」 제18조에 따르는 무기관리수칙을 준수하여야 한다.

㉠ 무기의 관리를 위한 책임자를 지정하고 관할경찰관서장에게 이를 통보할 것

㉡ 무기고 및 탄약고는 단층에 설치하고 환기 · 방습 · 방화 및 총가 등의 시설을 할 것

㉢ 탄약고는 무기고와 사무실 등 많은 사람을 수용하거나 많은 사람이 오고 가는 시설과 떨어진 곳에 설치할 것

㉣ 무기고 및 탄약고에는 이중 잠금장치를 하여야 하며, 열쇠는 관리책임자가 보관하되, 근무시간 이후에는 열쇠를 당직책임자에게 인계하여 보관시킬 것

㉤ 관할경찰관서장이 정하는 바에 의하여 무기의 관리 실태를 매월 파악하여 다음 달 3일까지 관할경찰관서장에게 통보할 것

㉥ 대여 받은 무기를 빼앗기거나 대여 받은 무기가 분실 · 도난 또는 훼손되는 등의 사고가 발생한 때에는 관할경찰관서장에게 그 사유를 지체 없이 통보할 것

㉦ 대여 받은 무기를 빼앗기거나 대여 받은 무기가 분실 · 도난 또는 훼손된 때에는 경찰청장이 정하는 바에 의하여 그 전액을 배상할 것. 다만, 전시 · 사변, 천재 · 지변 그 밖의 불가항력의 사유가 있다고 시 · 도 경찰청장이 인정한 때에는 그러하지 아니하다.

㉧ 시설주는 자체계획을 수립하여 보관하고 있는 무기를 매주 1회 이상 손질할 수 있게 할 것

시설주 또는 관리책임자는 고의 또는 과실로 무기(부속품을 포함한다)를 빼앗기거나 무기가 분실 · 도난 또는 훼손되도록 한 특수경비원에 대하여 특수경비업자에게 교체 또

는 징계 등의 조치를 요청할 수 있다. 이 경우 특수경비업자는 특별한 사유가 없는 한 이에 응하여야 한다.

【무기관리 수칙】

구분	내용
무기관리	책임자를 지정하고 관할 경찰관서장에게 통보
설치위치	무기고는 탄약고 및 많은 사람을 수용하거나 많은 사람이 오고 가는 시설과 떨어진 곳에 단층으로 설치
관리시설	환기 · 방습 · 방화 및 총가 등의 시설
시건장치	무기고 및 탄약고에는 이중 시건장치
열쇠	관리책임자가 보관하되, 근무시간 이후에는 열쇠를 당직책임자에게 인계
관리실태 보고	매월 파악하여 다음 달 3일까지 관할 경찰관서장에게 통보
무기 망실 등	무기를 빼앗기거나, 분실 · 도난 또는 훼손 사고 시 관할 경찰관서장에게 그 사유를 통보
배상	• 무기 분실 · 도난 또는 훼손시 경찰청장이 정하는 바에 의해 그 전액을 배상 • 전시 · 사변, 천재 · 지변 등 시 · 도 경찰청장이 인정한 때에는 예외
무기손질	시설주는 자체계획을 수립하여 보관하고 있는 무기를 매주 1회 이상 손질

(5) 무기사용 안전수칙

가. 관리책임자의 안전수칙

무기를 대여 받은 시설주 또는 관리책임자가 특수경비원에게 무기를 출납하고자 하는 때에는「경비업법 시행규칙」제18조 제2항에 따라 관리하여야 한다.

① 관할 경찰관서장이 무기를 회수하여 집중적으로 관리하도록 지시하는 경우 또는 출납하는 탄약의 수를 증감하거나 출납을 중지하도록 지시하는 경우에는 이에 따라야 한다.

② 탄약의 출납은 소총에 있어서는 1정당 15발 이내, 권총에 있어서는 1정당 7발 이내로 하되, 생산된 후 오래된 탄약을 우선적으로 출납하여야 한다.

③ 무기를 지급받은 특수경비원으로 하여금 무기를 매주 1회 이상 손질하게 하여야 한다.

④ 수리가 필요한 무기가 있는 때에는 그 목록과 무기장비운영카드를 첨부하여 관할 경찰관서장에게 수리를 요청하여야 한다.

나. 특수경비원의 안전수칙

무기를 대여 받은 시설주 또는 관리책임자가 특수경비원에게 무기를 출납하고자 하는 때에는 다음의 관리수칙에 따라 무기를 관리하여야 한다.

① 무기를 지급받거나 반납하는 때 또는 무기의 인계인수를 하는 때에는 반드시 '앞에 총'의 자세에서 '검사 총'을 하여야 한다.
② 무기를 지급받은 때에는 별도의 지시가 없는 한 탄약은 무기로부터 분리하여 휴대하여야 하며, 소총은 '우로 어깨 걸어 총'의 자세를 유지하고, 권총은 '권총집에 넣어 총'의 자세를 유지하여야 한다.
③ 지급받은 무기를 다른 사람에게 보관·휴대 또는 손질시키지 않아야 한다.
④ 무기를 손질 또는 조작하는 때에는 총구를 반드시 공중으로 향하게 하여야 한다.
⑤ 무기를 반납하는 때에는 손질을 철저히 한 후 반납하여야 한다.
⑥ 근무시간 이후에는 무기를 시설주에게 반납하거나 교대근무자에게 인계하여야 한다.

다. 무기의 지급 금지 및 회수 대상자

시설주는 다음의 하나에 해당하는 특수경비원에 대하여 무기를 지급하여서는 아니 되며, 지급된 무기가 있는 경우 이를 즉시 회수하여야 한다.

① 형사사건으로 인하여 조사를 받고 있는 사람
② 사의를 표명한 사람
③ 정신질환자
④ 그 밖에 무기를 지급하기에 부적합하다고 인정되는 사람

라. 무기·탄약의 수송

시설주는 무기를 수송하는 때에는 출발하기 전에 관할 경찰서장에게 그 사실을 통보하여야 하며, 통보를 받은 관할 경찰서장은 1인 이상의 무장경찰관을 무기를 수송하는 자동차 등에 함께 타도록 하여야 한다.

마. 무기사용 안전수칙

특수경비원이 무기를 휴대하고 경비업무를 수행하는 때에는 다음과 같은 무기의 안전사용수칙을 지켜야 한다.

① 특수경비원은 사람을 향하여 권총 또는 소총을 발사하고자 하는 때에는 미리 구두 또는 공포탄에 의한 사격으로 상대방에게 경고하여야 한다. 다만, 다음의 하나에 해당하는 경우로서 부득이한 때에는 경고하지 않을 수 있다.
  ㉠ 특수경비원을 급습하거나 타인의 생명 · 신체에 대한 중대한 위험을 야기하는 범행이 목전에 실행되고 있는 등 상황이 급박하여 경고할 시간적 여유가 없는 경우
  ㉡ 인질 · 간첩 또는 테러사건에 있어서 은밀히 작전을 수행하는 경우
② 특수경비원은 무기를 사용하는 경우에 있어서 범죄와 무관한 다중의 생명 · 신체에 위해를 가할 우려가 있는 때에는 이를 사용하여서는 아니 된다. 다만, 무기를 사용하지 아니하고는 타인 또는 특수경비원의 생명 · 신체에 대한 중대한 위협을 방지할 수 없다고 인정되는 때에는 필요한 최소한의 범위 안에서 이를 사용할 수 있다.
③ 특수경비원은 총기 또는 폭발물을 가지고 대항하는 경우를 제외하고는 14세 미만의 자 또는 임산부에 대하여는 권총 또는 소총을 발사하여서는 아니 된다. 그러나 14세 미만의 자 또는 임산부가 총기 또는 폭발물을 가지고 대항하는 경우에는 무기를 사용할 수 있다.

【무기사용시 안전수칙】

내 용
권총 또는 소총을 발사하고자 하는 때에는 미리 구두 또는 공포탄에 의한 사격으로 상대방에게 경고하여야 한다. 〈예외〉 • 특수경비원을 급습하거나 타인의 생명 · 신체에 대한 중대한 위험을 야기하는 범행이 목전에 실행되고 있는 등 상황이 급박하여 경고할 시간적 여유가 없는 경우 • 인질 · 간첩 또는 테러사건에 있어서 은밀히 작전을 수행하는 경우
범죄와 무관한 다중의 생명 · 신체에 위해를 가할 우려가 있는 때에는 이를 사용해서는 아니 된다. 〈예외〉 무기를 사용하지 아니하고는 타인 또는 특수경비원의 생명 · 신체에 대한 중대한 위협을 방지할 수 없다고 인정되는 때에는 필요한 최소한의 범위 안에서 이를 사용할 수 있다.
총기 또는 폭발물을 가지고 대항하는 경우를 제외하고는 14세 미만의 자 또는 임산부에 대하여는 권총 또는 소총을 발사해서는 아니 된다.

3. 경비지도사

1) 경비지도사의 개념

경비지도사는 경비원의 자질향상을 위하여 1995년 제5차 개정 「경비업법」에서 경비원의 지도, 감독, 교육을 전담하는 자인 경비지도사 제도를 신설 · 도입하였다. 경비지도사는 일반경비지도사와 기계경비지도사로 나뉘며 일반경비지도사는 시설경비, 호송경비, 신변보호, 특수경비업무에 종사하는 경비원을 지도 · 감독 · 교육을 실시하고, 기계경비지도사는 기계경비업무에 종사하는 경비원을 지도 · 감독 · 교육을 실시한다.

2) 경비지도사의 결격사유

「경비업법」 제10조 제1항에 의하여 일반경비원의 결격사유 요건과 동일한 요건으로 경비지사의 결격사유를 정하고 있다.

【경비지도사 및 일반경비원과 특수경비원의 결격사유 비교】

<table>
<tr><th>경비지도사 / 일반경비원</th><th>특수경비원</th></tr>
<tr><td colspan="2">피성년후견인</td></tr>
<tr><td colspan="2">파산선고를 받고 복권되지 아니한 자</td></tr>
<tr><td colspan="2">금고 이상의 실형의 선고를 받고 그 집행이 종료되거나
집행이 면제된 날부터 5년이 지나지 아니한 자</td></tr>
<tr><td colspan="2">금고 이상의 형의 집행유예선고를 받고 그 유예기간 중에 있는 자</td></tr>
<tr><td colspan="2">범죄단체조직 등의 죄 또는 강간 등 성범죄에 해당하는 죄를 범하여
1. 벌금형을 선고받은 날부터 10년이 지나지 않았거나 금고 이상의 형을 선고받고 그 집행이 종료된 날 또는 집행이 유예 · 면제된 날부터 10년이 지나지 아니한 자
2. 치료감호를 선고받고 그 집행이 종료된 날 또는 집행이 면제된 날부터 10년이 지나지 아니한 자(강간 등 성범죄에 한함)</td></tr>
<tr><td colspan="2">강 · 절도의 죄를 범하여
1. 벌금형을 선고받은 날부터 5년이 지나지 아니하거나 금고 이상의 형을 선고받고 그 집행이 유예된 날부터 5년이 지나지 아니한 자
2. 치료감호를 선고받고 그 집행이 종료된 날 또는 집행이 면제된 날부터 5년이 지나지 아니한 자</td></tr>
<tr><td colspan="2">경비업법을 위반하여 벌금형을 선고받은 날부터 5년이 지나지 아니하거나
금고 이상의 형을 선고받고 그 집행이 유예된 날부터 5년이 지나지 아니한 자</td></tr>
</table>

경비지도사 / 일반경비원	특수경비원
만 18세 미만인 자	만 18세 미만 또는 만 60세 이상인 자
	금고 이상의 형의 **선고유예**를 받고 그 유예기간 중에 있는 자
	행정안전부령이 정하는 신체조건에 미달되는 자 (팔과 다리가 완전하고 두 눈의 맨눈시력 각각 0.2 이상 또는 교정시력 각각 0.8 이상)

3) 경비지도사의 시험

(1) 경비지도사 시험의 시행

경비지도사는 결격사유에 해당하지 아니하는 자로서 경찰청장이 시행하는 경비지도사 시험에 합격하고 행정안전부령이 정하는 교육을 받은 자이어야 한다.

경비지도사 자격취득 과정은 응시원서 접수 ⇨ 1차시험 합격 ⇨ 2차시험 합격 ⇨ 결격사유 조회 ⇨ 최종 합격 ⇨ 기본교육 이수 44시간 ⇨ 자격증 교부로 이루어진다.

경비지도사 시험은 매년 1회 이상 시행하며, 시험과목, 시험공고, 시험의 일부가 면제되는 자의 범위 그 밖에 경비지도사 시험에 관하여 필요한 사항은 「경비업법시행령」 제11조에 의하여 시험시행일 90일 전까지 공고하여야 한다.

(2) 경비지도사 시험의 방법 및 과목

가. 시험의 방법

① 경비지도사 시험은 필기시험의 방법에 의하되 제1차 시험과 제2차 시험으로 구분하여 실시한다. 이 경우 경찰청장이 필요하다고 인정하는 때에는 제1차 시험과 제2차 시험을 병합하여 실시할 수 있다.

② 제1차 시험 및 제2차 시험은 선택형으로 하되, 제2차 시험에 있어서는 선택형 외에 단답형을 추가할 수 있다.

③ 제2차 시험은 제1차 시험에 합격한 자에 대하여 실시한다. 다만, 제1차 시험과 제2차 시험을 병합하여 실시하는 경우에는 그러하지 아니하다. 제1차 시험과 제2차 시험을 병합하여 실시하는 경우에는 제1차 시험에 불합격한 자가 치른 제2차 시험은 이를 무효로 한다.

④ 제1차 시험에 합격한 자에 대해서는 다음 회의 시험에 한하여 제1차 시험을 면제한다.

나. 시험의 과목

경비지도사 시험과목은 1차 시험과 2차 시험으로 구분하고 있으며, 1차 시험은 공통과목으로 법학개론, 민간경비론이다. 2차 시험은 일반경비지도사의 경우 경비업법을 필수로 하고 소방학, 범죄학, 경호학 중 1과목을 택하며, 기계경비지도사의 경우 경비업법을 필수로 하고 기계경비개론과 기계경비기획 및 설계 중 1과목을 택하여 총 2과목으로 구성된다.

【경비지도사 시험과목】

구분		일반경비지도사	기계경비지도사
1차 시험	공통	법학개론, 민간경비론	
2차 시험	필수	경비업법	
	선택1	소방학, 범죄학, 경호학	기계경비개론, 기계경비기획 및 설계

다. 시험의 일부면제

다음의 어느 하나에 해당하는 사람은 경비지도사 제1차 시험을 면제한다.

① 「경찰공무원법」에 따른 **경찰공무원으로 7년** 이상 재직한 사람

② 「대통령 등의 경호에 관한 법률」에 따른 **경호공무원** 또는 별정직공무원으로 7년 이상 재직한 사람

③ 「군인사법」에 따른 각 군 전투병과 또는 헌병병과 **부사관 이상 간부로 7년** 이상 재직한 사람

④ 「경비업법」에 따른 경비업무에 7년 이상(특수경비업무의 경우에는 3년 이상) 종사하고 「경비업법 시행규칙」 제13조에서 정하는 교육과정을 이수한 사람

참고 「경비업법 시행규칙」 제13조

1. 고등교육법에 의한 전문대학 이상의 교육기관(경비지도사의 시험과목 3과목 이상이 개설된 교육기관에 한한다)에서 1년 이상의 경비업무관련 과정을 마친 사람
2. 경찰청장이 지정하는 기관 또는 단체에서 실시하는 64시간 이상의 경비지도사 양성과정을 마치고 수료시험에 합격한 사람

⑤ 「고등교육법」에 따른 **대학 이상**의 학교를 졸업한 사람으로서 재학 중 경비지도사 시험과목을 3과목 이상을 이수하고 졸업한 후 경비업무에 종사한 경력이 **3년 이상**인 사람

⑥ 「고등교육법」에 따른 **전문대학을 졸업**한 사람으로서 재학 중 경비지도사 시험과목을 3과목 이상을 이수하고 졸업한 후 경비업무에 종사한 경력이 **5년 이상**인 사람
⑦ 일반경비지도사의 자격을 취득한 후 기계경비지도사의 시험에 응시하는 사람 또는 기계경비지도사의 자격을 취득한 후 일반경비지도사의 시험에 응시하는 사람
⑧ 「공무원임용령」에 따른 행정직군 **교정직렬 공무원**으로 **7년 이상** 재직한 사람

라. 시험합격자의 결정
① 제1차 시험의 합격결정에 있어서는 매 과목 100점을 만점으로 하며, 매 과목 40점 이상, 전과목 평균 60점 이상 득점한 자를 합격자로 결정한다.
② 제2차 시험의 합격결정에 있어서는 선발예정인원의 범위 안에서 60점 이상을 득점한 자 중에서 고득점 순으로 합격자를 결정한다. 이 경우 동점자로 인하여 선발예정인원이 초과되는 때에는 동점자 모두를 합격자로 한다.
③ 경찰청장은 제2차 시험에 합격한 자에 대하여 합격공고를 하고, 합격 및 교육소집 통지서를 교부하여야 한다.

마. 시험 출제위원의 자격
① 「고등교육법」에 의한 전문대학 이상의 교육기관에서 경찰행정학과 등 경비업무 관련학과 및 법학과의 부교수(전문대학의 경우에는 교수) 이상으로 재직하고 있는 자
② 석사 이상의 학위소지자로 경찰청장이 정하는 바에 의하여 경비업무에 관한 연구실적이나 전문경력이 인정되는 자
③ 방범 · 경비업무를 3년 이상 담당한 경감 이상 경찰공무원의 경력이 있는 자

바. 시험 출제위원의 운영
① 시험출제위원의 수는 시험과목별로 2인 이상으로 한다.
② 시험출제위원으로 임명 또는 위촉된 자는 경찰청장이 정하는 준수사항을 성실히 이행하여야 한다.
③ 시험출제위원과 시험관리 업무에 종사하는 자에 대하여는 예산의 범위 안에서 수당과 여비를 지급할 수 있다. 다만, 공무원인 위원이 그 소관업무와 직접적으로 관련하여 시험관리업무에 종사하는 경우에는 수당 및 여비를 지급하지 않을 수 있다.

4) 경비지도사 교육 및 자격증 부여

경비지도사 시험에 합격한 자는 경찰청장이 지정하고 고시하는 기관 또는 단체에서 **총 44시간**의 기본교육을 이수하여야 한다. 교육에 소요되는 비용은 경비지도사의 교육을 받는 자의 부담으로 한다. 경찰청장은 경비지도사 시험에 합격하고 교육을 받은 자에 대하여 경비지도사자격증 교부대장에 소정의 사항을 기재한 후 경비지도사 자격증을 교부하여야 한다.

【경비지도사 교육의 과목 및 시간】

구분(교육시간)	과목		시간
공통교육 (28시간)	• 「경비업법」 • 「경찰관직무집행법」 및 「청원경찰법」 • 테러 대응요령 • 화재대처법 • 응급처치법 • 분사기 사용법 • 교육기법 • 예절 및 인권교육 • 체포 · 호신술 • 입교식 · 평가 · 수료식		4 3 3 2 3 2 2 2 3 4
자격의 종류별 교육 (16시간)	일반경비지도사	• 시설경비 • 호송경비 • 신변보호 • 특수경비 • 기계경비개론 • 일반경비현장실습	2 2 2 2 3 5
	기계경비지도사	• 기계경비운용관리 • 기계경비기획및설계 • 인력경비개론 • 기계경비현장실습	4 4 3 5
계			44

※ 비고
일반경비지도사 자격증 취득자 또는 기계경비지도사 자격증 취득자가 자격증 취득일부터 3년 이내에 기계경비지도사 또는 일반경비지도사 시험에 합격하여 교육을 받을 경우에는 공통교육은 면제한다.

5) 경비지도사의 선임

(1) 경비지도사 선임의 의의

경비업자는 대통령령이 정하는 바에 따라 경비지도사를 선임하여야 한다. 경비지도사는 시설경비, 호송경비, 신변보호, 특수경비 경비원을 지도·감독·교육하는 일반경비지도사와 기계경비업무에 종사하는 경비원을 지도·감독·교육하는 기계경비지도사로 구분하여 선임하여야 하며 위반시 과태료 부과 사유가 된다.

(2) 경비지도사 선임의 강제

경비업자는 경비원을 최초 1인이라도 배치하는 경우 경비지도사를 반드시 선임해야 하며, 결원 및 자격정지의 사유로 공백이 생길 경우 15일 이내에 새로이 충원하여야 한다.

6) 경비지도사의 직무

① 경비지도사의 직무는 다음과 같다.
  ㉠ 경비원의 지도·감독·교육에 관한 계획의 수립·실시 및 그 기록의 유지
  ㉡ 경비현장에 배치된 경비원에 대한 순회점검 및 감독
  ㉢ 경찰기관 및 소방기관과의 연락방법에 대한 지도
  ㉣ 집단민원현장에 배치된 경비원에 대한 지도·감독
  ㉤ (기계경비지도사의 경우)기계경비업무를 위한 기계장치의 운용·감독
  ㉥ (기계경비지도사의 경우)오경보방지 등을 위한 기기관리의 감독
② 경비지도사는 위의 ㉠, ㉡, ㉤, ㉥의 직무를 월 1회 이상 수행하여야 한다.
③ 또한 ㉠에 따라 경비원에 대한 교육을 실시한 경우, 경비원 직무교육 실시대장에 그 내용을 기록하여 2년간 보존하여야 한다.

【경비지도사의 직무】

주기	업무 내용
월 1회 이상 수행	• 경비원의 지도·감독·교육에 관한 계획의 수립·실시 및 그 기록의 유지
	• 경비현장에 배치된 경비원에 대한 순회점검 및 감독

주기	업무 내용
	• 기계경비업무를 위한 기계장치의 운용 · 감독(기계경비지도사에 한함)
	• 오경보방지 등을 위한 기기관리의 감독(기계경비지도사에 한함)
평상시 수행업무	• 집단민원현장에 배치된 경비원에 대한 지도 · 감독 • 경찰기관 및 소방기관과의 연락방법에 대한 지도

④ 집단민원현장에 선임 · 배치된 경비지도사의 직무

㉠ 경비원 등의 의무 위반행위 예방 및 제지

㉡ 경비원의 복장 착용 등에 대한 지도 · 감독

㉢ 경비원의 장비 휴대 및 사용에 대한 지도 · 감독

㉣ 집단민원현장에 비치된 경비원 명부의 관리

7) 경비지도사의 선임 · 배치기준

(1) 일반경비지도사

① 시설경비업 · 호송경비업 · 신변보호업 및 특수경비업에 한하여 선임 · 배치할 것

② 경비원을 배치하여 영업활동을 하고 있는 지역을 관할하는 시 · 도 경찰청의 관할 구역별로 경비원 200인까지는 일반경비지도사 1인씩 선임 · 배치

③ 200인을 초과하는 100인까지 마다 1인씩을 추가로 선임 · 배치

④ 시설경비업 · 호송경비업 · 신변보호업 · 특수경비업 가운데 2 이상의 경비업을 하는 경우 경비지도사의 배치는 각 경비업에 종사하는 경비원의 수를 합산한 인원을 기준으로 할 것

⑤ 다만, 특수경비업의 경우는 특수경비원 교육을 이수한 일반경비지도사를 선임 · 배치할 것

(2) 기계경비지도사

① 기계경비업에 한하여 선임 · 배치할 것

② 기계경비지도사의 선임 · 배치기준은 일반경비지도사의 선임 · 배치기준과 동일하다.

(3) 경비지도사 선임의 예외

경비지도사가 선임 · 배치된 시 · 도 경찰청의 관할구역에 인접하는 시 · 도 경찰청의 관할구역에 배치되는 경비원이 30인 이하인 경우에는 경비지도사를 따로 선임 · 배치하지 아니할 수 있다. 이 경우 인천시 · 도 경찰청은 서울시 · 도 경찰청과 인접한 것으로 본다.

(4) 경비지도사의 충원

위의 기준에 의하여 선임 · 배치된 경비지도사에 결원이 있거나 자격정지 등의 사유로 그 직무를 수행할 수 없는 때에는 15일 이내에 경비지도사를 새로이 충원하여야 한다.

【경비지도사의 선임】

구분		내용
선임 · 배치기준 강제	일반경비지도사	• 시 · 도 경찰청 관할구역별로 경비원 200인까지는 1인씩
		• 200인을 초과하는 100인까지 마다 1인씩 추가
		• 2 이상의 경비업을 하는 경우 경비지도사의 배치는 각 경비업에 종사하는 경비원의 수를 합산한 인원을 기준으로
		• 인접하는 시 · 도 경찰청의 관할구역에 배치되는 경비원이 30인 이하인 경우에는 별도 배치 없이 겸임 가능
		• 인천시 · 도 경찰청은 서울시 · 도 경찰청과 인접한 것으로 본다.
		• 특수경비업의 경우 특수경비원 교육을 이수한 일반경비지도사를 선임 · 배치
	기계경비지도사 결원 시	• 기계경비업에 한하여 선임 · 배치할 것
		• 선임 · 배치기준은 일반경비지도사와 동일
	자격정지 등 직무수행 불가	• 15일 이내 충원
과태료	경비지도사 미선임시(1회: 100만원, 2회: 200만원, 3회 이상: 400만원)	

4. 경비업의 허가

1) 허가사항

(1) 허가절차

① 경비업의 허가권자는 시·도 경찰청장이다.

② 경비업의 허가를 받으려는 경우에는 허가신청서에, 경비업자가 허가를 받은 경비업무를 변경하거나 새로운 경비업무를 추가하려는 경우에는 변경허가신청서에 다음의 서류를 첨부하여 법인의 주사무소를 관할하는 시·도 경찰청장 또는 해당 시·도 경찰청 소속의 경찰서장에게 제출하여야 한다. 이 경우 신청서를 제출받은 경찰서장은 지체 없이 관할 시·도 경찰청장에게 보내야 한다.

㉠ 법인의 정관 1부

㉡ 법인 임원의 이력서 1부

㉢ 경비인력·시설 및 장비의 확보계획서 1부(경비업 허가의 신청시 이를 갖출 수 없는 경우에 한한다) 단, 자본금은 반드시 갖추어야 한다.

③ 신청서를 제출받은 시·도 경찰청장은 「전자정부법」에 따른 행정정보의 공동이용을 통하여 법인의 등기사항증명서를 확인하여야 한다.

【경비업 허가 제출서류】

신규허가	허가신청서, 법인의 정관, 법인 임원의 이력서, 시설 등 확보계획서
변경허가	변경허가신청서, 법인의 정관, 법인 임원의 이력서, 시설 등 확보계획서
갱신허가	갱신허가신청서, 허가증 원본, 법인의 정관(변경사항이 있는 경우)

(2) 허가요건

「경비업법」 제4조에 의하여 경비업을 영위하고자 하거나 경비업무를 변경하고자 하는 법인은 도급받아 행하고자 하는 경비업무를 특정하여 그 법인의 주사무소(사업체의 본사를 의미함)의 소재지를 관할하는 시·도 경찰청장의 허가를 받아야 한다.

허가를 받고자 하는 법인은 「경비업법 시행령」 제3조에서 정하는 경비인력·자본금·시설 및 장비를 아래와 같이 갖추어야 한다. 다만, 경비업의 허가 또는 변경허가를 신청하는 때에 아래의 규정에 의한 시설 등(자본금은 반드시 갖추어야 한다)을 갖출 수 없는 경우에는 허가 또는 변경허가의 신청 시 시설 등의 확보계획서를 제출한 후 허가 또는 변경허가를 받은 날부터 1월 이내에 아래의 규정에 의한 경비인력·시설 및 장비를 갖추고 시·도 경찰청장의 확인을 받아야 한다. 이를 어길 경우 허가 취소 사유가 된다.

다섯 가지의 경비업무 중 하나 이상을 특정하여 법인의 주사무소를 관할하는 시·도 경찰청장에게 허가를 신청한다. 이때 경비업무는 반드시 하나만을 특정할 필요는 없고 최대 다섯 가지 모두를 특정할 수 있으며, 법인의 주사무소를 관할하는 시·도 경찰청장에게 신청한 허가는 관할과 상관없이 전국에서 영업이 가능하다.

【경비업의 시설 등의 기준】

시설 등 기준 / 업무별	경비인력	자본금	시설	장비 등
시설경비	• 일반경비원 10명 이상 • 경비지도사 1명 이상	1억 원 이상	기준경비인력수 이상을 동시에 교육할 수 있는 교육장	• 기준 경비인력 수 이상의 경비원 복장 및 경적, 단봉, 분사기
호송경비	• 무술유단자인 일반경비원 5명 이상 • 경비지도사 1명 이상	1억 원 이상	기준경비인력수 이상을 동시에 교육할 수 있는 교육장	• 기준 경비인력 수 이상의 경비원 복장 및 경적, 단봉, 분사기 • 호송용 차량 1대 이상 • 현금호송백 1개 이상
신변보호	• 무술유단자인 일반경비원 5명 이상 • 경비지도사 1명 이상	1억 원 이상	기준경비인력수 이상을 동시에 교육할 수 있는 교육장	• 기준 경비인력 수 이상의 경적, 단봉, 분사기 • 기준 경비인력 수 이상의 무전기 등 통신장비
기계경비	• 전자·통신 분야 기술자격증소지자 5명을 포함한 일반경비원 10명 이상 • 경비지도사 1명 이상	1억 원 이상	• 기준 경비인력 수 이상을 동시에 교육할 수 있는 교육장 • 관제시설	• 기준 경비인력 수 이상의 경비원 복장 및 경적, 단봉, 분사기 • 감지장치·송신장치 및 수신장치 • 출장소별로 출동차량 2대 이상
특수경비	• 특수경비원 20명 이상 • 경비지도사 1명 이상	3억 원 이상	기준경비인력수 이상을 동시에 교육할 수 있는 교육장	• 기준 경비인력 수 이상의 경비원 복장 및 경적, 단봉, 분사기

※ 비고
① 자본금의 경우 하나의 경비업무에 대한 자본금을 갖춘 경비업자가 그 외의 경비업무를 추가로 하고자 하는 경우 자본금을 갖춘 것으로 본다. 다만, 특수경비업자 외의 자가 특수경비업무를 추가로 하고자 하는 경우에는 이미 갖추고 있는 자본금을 포함하여 특수경비업무의 자본금 기준(3억 원)에 적합하여야 한다.
② 교육장의 경우 하나의 경비업무에 대한 시설을 갖춘 경비업자가 그 외의 경비업무를 추가로 하려는 경우에는 경비인력이 더 많이 필요한 경비업무에 해당하는 교육장을 갖추어야 한다.
③ "무술유단자"란 「국민체육진흥법」 제33조에 따른 대한체육회에 가맹된 단체 또는 문화체육관광부에 등록된 무도 관련 단체가 무술유단자로 인정한 사람을 말한다.
④ "호송용 차량"이란 현금이나 그 밖의 귀중품의 운반에 필요한 견고성 및 안전성을 갖추고 무선통신시설 및 경보시설을 갖춘 자동차를 말한다.
⑤ "현금호송백"이란 현금이나 그 밖의 귀중품을 운반하기 위한 이동용 호송장비로서 경보시설을 갖춘 것을 말한다.
⑥ "전자 · 통신 분야 기술자격증소지자"란 「국가기술자격법」에 따라 전자 및 통신 분야에서 기술자격을 취득한 사람을 말한다.

(3) 허가증 발급

① 시 · 도 경찰청장은 신규허가 또는 변경허가의 신청을 받은 때에는 경비업을 영위하고자 하는 법인의 임원 중 결격사유에 해당하는 자가 있는지의 유무, 경비인력 · 시설 및 장비의 확보 또는 확보가능성의 여부, 자본금과 대표자 · 임원의 경력 및 신용 등을 검토하여 허가여부를 결정하여야 한다.

② 시 · 도 경찰청장은 경비업을 허가하거나 변경허가를 한 경우에는 해당 법인의 주사무소를 관할하는 경찰서장을 거쳐 신청인에게 허가증을 발급하여야 한다.

③ 경비업자는 경비업 허가증을 잃어버리거나 경비업 허가증이 못쓰게 된 경우에는 허가증 재교부신청서에 다음의 구분에 따른 서류를 첨부하여 법인의 주사무소를 관할하는 시 · 도 경찰청장 또는 해당 시 · 도 경찰청 소속의 경찰서장에게 재발급을 신청하여야 하고, 신청서를 제출받은 경찰서장은 지체 없이 관할 시 · 도 경찰청장에게 보내야 한다.

㉠ 허가증을 잃어버린 경우에는 그 사유서
㉡ 허가증을 못 쓰게 된 경우에는 그 허가증

제　　호

허가증

1. 법인명칭
2. 소재지
3. 대표자성명
4. 주민등록번호
5. 주소
6. 허가경비업무

경비업법 제4조제1항 · 제6조제2항의 규정에 의하여 위와 같이 허가합니다.

년　　월　　일

○○시 · 도 경찰청장 [인]

(4) 허가의 제한

① 누구든지 허가를 받은 경비업체와 동일한 명칭으로 경비업 허가를 받을 수 없다.

② 「경비업법」 제19조제1항제2호 및 제7호의 사유로 경비업체의 허가가 취소된 경우 허가가 **취소된 날부터 10년**이 지나지 아니한 때에는 누구든지 허가가 취소된 경비업체와 동일한 명칭으로 허가를 받을 수 없다.

③ 「경비업법」 제19조제1항제2호 및 제7호의 사유로 허가가 취소된 법인은 법인명 또는 임원의 변경에도 불구하고 허가가 **취소된 날부터 5년**이 지나지 아니한 때에는 허가를 받을 수 없다.

참고
- 제19조제1항제2호 : 허가받은 경비업무외의 업무에 경비원을 종사하게 한 때
- 제19조제1항제4호 : 허가를 받은 날부터 2년 이내에 경비도급 실적이 없을 때
- 제19조제1항제5호 : 최종도급계약 종료일 다음날부터 2년 이내에 도급실적이 없을 때
- 제19조제1항제7호 : 소속 경비원으로 하여금 경비업무의 범위를 벗어난 행위를 하게 한 때

(5) 허가법인의 신고사항

가. 허가법인의 신고사유

「경비업법」 제4조 제3항에 의해 경비업의 허가를 받은 법인은 다음의 어느 하나에 해

당하는 때에는 시 · 도 경찰청장에게 신고하여야 하며 위반시 과태료 처분 대상이 된다. 신고는 그 사유가 발생한 날부터 30일 이내에 하여야 한다.

① 영업을 폐업하거나 휴업한 때
② 법인의 명칭이나 대표자 · 임원을 변경한 때
③ 법인의 주사무소나 출장소를 신설 · 이전 또는 폐지한 때
④ 기계경비업무의 수행을 위한 관제시설을 신설 · 이전 또는 폐지한 때
⑤ 특수경비업무를 개시하거나 종료한 때
⑥ 그 밖에 정관의 목적과 같은 중요사항을 변경한 때

나. 허가법인의 신고절차

① 폐업신고

경비업자는 폐업을 한 경우에는 **폐업을 한 날부터 7일** 이내에 폐업신고서에 허가증을 첨부하여 법인의 주사무소를 관할하는 시 · 도 경찰청장 또는 해당 시 · 도 경찰청 소속의 경찰서장에게 제출하여야 한다. 이 경우 폐업신고서를 제출받은 경찰서장은 지체 없이 관할 시 · 도 경찰청장에게 보내야 한다. 이러한 신고는 신고 그 자체로 효력을 발생하므로 시 · 도 경찰청장의 수리행위가 따로 필요한 것은 아니나, 신고서의 기재나 첨부서류의 미비로 인한 보완요구는 가능하다.

② 휴업신고

경비업자는 휴업을 한 경우에는 **휴업한 날부터 7일** 이내에 휴업신고서를 법인의 주사무소를 관할하는 시 · 도 경찰청장 또는 해당 시 · 도 경찰청 소속의 경찰서장에게 제출하여야 하고, 휴업신고서를 제출받은 경찰서장은 지체 없이 관할 시 · 도 경찰청장에게 보내야 한다. 휴업신고를 한 경비업자가 신고한 휴업기간이 끝나기 전에 영업을 다시 시작하려는 경우에는 영업을 다시 시작한 후 7일 이내에 영업재개신고서를 신고한 휴업기간을 연장하려는 경우에는 신고한 휴업기간이 끝난 후 7일 이내에 휴업기간 연장신고서를 제출하여야 한다.

③ 기타 신고

신설 · 이전 또는 폐지한 때에 신고를 하여야 하는 출장소는 주사무소 외의 장소로서

일상적으로 일정 지역안의 경비업무를 지휘·총괄하는 영업거점인 지점·지사 또는 사업소 등의 장소로 한다. 그 밖에 대통령령이 정하는 중요사항이라 함은 정관의 목적을 말한다. 신고사유 중 ②~⑥까지의 규정에 따른 신고는 그 **사유가 발생한 날부터 30일 이내**에 하여야 한다.

(6) 허가의 유효기간

① 유효기간

경비업 허가의 유효기간은 **허가받은 날부터 5년**으로 한다. 유효기간이 만료된 후 계속하여 경비업을 하고자 하는 법인은 「경비업법 시행규칙」 제6조에서 정하는 바에 의하여 갱신허가를 받아야 한다. 이는 경비업체의 난립을 방지하고 허가받은 경비업체 중에서도 별다른 영업실적이 없는 업체들을 정비하고자 하는 의도이다.

② 갱신절차

「경비업법 시행규칙」 제6조에 따르면 갱신허가를 받으려는 자는 허가의 유효기간 만료일 30일 전까지 갱신허가신청서에 다음의 서류를 첨부하여 법인의 주사무소를 관할하는 시·도 경찰청장 또는 해당 시·도 경찰청 소속의 경찰서장에게 제출하여야 한다.

㉠ 허가증 원본

㉡ 법인의 정관(변경사항이 있는 경우에만 해당)

신청서를 제출받은 시·도 경찰청장은 「전자정부법」 제36조 제1항에 따른 행정정보의 공동이용을 통하여 법인의 등기사항증명서를 확인하여야 한다. 또한 시·도 경찰청장은 갱신허가를 하는 때에는 유효기간이 만료되는 허가증을 회수한 후 새로운 허가증을 교부하여야 한다.

【경비업 허가구분】

구분	내용	허가권자
신규허가	법인을 설립하고 최초로 경비업 허가를 받는 것	시·도 경찰청장
변경허가	경비업종을 변경하거나 추가하는 경우	시·도 경찰청장
갱신허가	신규허가 후 유효기간(5년) 만료 30일전 허가를 갱신	시·도 경찰청장

5. 법인의 임원

1) 임원의 결격사유

「경비업법」 제5조에서는 법인 임원의 결격사유를 명시하고 있으며 이는 위의 경비업체의 제한사유와 동일하다. 공공성이 강한 업무를 수행하는 회사(법인)이기에 그 임원의 자격에도 일정한 결격사유가 있어서는 아니 된다. 특히 특수경비업무의 중요성에 비추어 특수경비업무를 수행하는 법인에 대해 더욱 엄격한 제한을 두고 있다. 따라서 아래에 해당하는 자는 경비업을 영위하는 법인의 임원이 될 수 없도록 하고 있다.

① 피성년후견인

② 파산선고를 받고 복권되지 아니한 자

③ 금고 이상의 형의 선고를 받고 그 형이 실효되지 아니한 자

④ 특수경비업무를 수행하는 법인의 임원으로서 **「경비업법」 또는 「대통령 등의 경호에 관한 법률」**에 위반하여 벌금형의 선고를 받고 3년이 지나지 아니한 자

⑤ **「경비업법」 또는 「경비업법」에 의한 명령**에 위반하여 허가가 취소(제19조제1항제2호 및 제7호 사유로 인한 취소는 제외)된 법인의 허가취소 당시의 임원이었던 자로서 그 취소 후 **3년**이 지나지 아니한 자가 **허가취소사유에 해당하는 경비업무와 동종**의 경비업무를 수행하는 법인의 임원이 되고자 할 경우(다른 법령에 의한 허가취소는 해당하지 않는다.)

⑥ 「경비업법」 제19조제1항제2호 및 제7호의 사유로 허가가 취소된 법인의 허가취소 당시의 임원이었던 자로서 허가가 취소된 날부터 **5년**이 지나지 아니한 자

참고
- 제19조제1항제2호 : 허가받은 경비업무외의 업무에 경비원을 종사하게 한 때
- 제19조제1항제7호 : 소속 경비원으로 하여금 경비업무의 범위를 벗어난 행위를 하게 한 때

2) 임원의 계속사유

이러한 임원의 결격사유는 법인 허가의 기준이면서 법인 취소의 요건이기도 하다. 따라서 허가 후에 법인의 임원 중 결격사유가 발생하면 법인의 임원자격에서 제외되어야 한다.

6. 경비업자의 의무

1) 경비업자의 의무

① 업무범위에 관한 의무

경비업자는 경비대상시설의 소유자 또는 관리자(이하 "시설주"라 한다)의 관리권의 범위 안에서 경비업무를 수행하여야 하며, 다른 사람의 자유와 권리를 침해하거나 그의 정당한 활동에 간섭하여서는 아니 된다.

② 정당한 도급 의무

경비업자는 경비업무를 성실하게 수행하여야 하고, 도급을 의뢰받은 경비업무가 위법 또는 부당한 것일 때에는 이를 거부하여야 한다.

③ 경비원의 권익보호 의무

경비업자는 불공정한 계약으로 경비원의 권익을 침해하거나 경비업의 건전한 육성과 발전을 해치는 행위를 하여서는 아니 된다.

④ 비밀누설금지 의무

경비업자의 임·직원이거나 임·직원이었던 자는 다른 법률에 특별한 규정이 있는 경우를 제외하고는 그 직무상 알게 된 비밀을 누설하거나 다른 사람에게 제공하여 이용하도록 하는 등 부당한 목적을 위하여 사용하여서는 아니 되며 이를 위반시 3년 이하의 징역 또는 3천만 원 이하의 벌금에 처한다.

⑤ 타 업무 종사금지 의무

경비업자는 허가받은 경비업무외의 업무에 경비원을 종사하게 하여서는 아니 되며 위반시 허가 취소사유에 해당된다.

⑥ 집단민원현장 경비지도사 선임 의무

경비업자는 집단민원현장에 경비원을 배치하는 때에는 경비지도사를 선임하고 그 장소에 배치하여 행정안전부령으로 정하는 바에 따라 경비원을 지도 · 감독하게 하여야 한다.

참고 집단민원현장에 선임 · 배치된 경비지도사의 직무(시행규칙 제6조의2)

1. 경비원 등의 의무 위반행위 예방 및 제지
2. 경비원의 복장 착용 등에 대한 지도 · 감독
3. 경비원의 장비 휴대 및 사용에 대한 지도 · 감독
4. 집단민원현장에 비치된 경비원 명부의 관리

⑦ 특수경비업무 중단 시 임무

특수경비업무를 수행하는 경비업자(이하 "특수경비업자"라 한다)가 특수경비업무의 개시신고를 하는 때에는 국가중요시설에 대한 특수경비업무의 수행이 중단되는 경우 시설주의 동의를 얻어 다른 특수경비업자 중에서 경비업무를 대행할 자(이하 "경비대행업자"라 한다)를 지정하여 허가관청에 신고하여야 한다. 경비대행업자의 지정을 변경하는 경우에도 또한 같다.

⑧ 특수경비업무의 인수 시 임무

특수경비업자는 국가중요시설에 대한 특수경비업무를 중단하게 되는 경우에는 미리 이를 제7의 규정에 의한 경비대행업자에게 통보하여야 하며, 경비대행업자는 통보받는 즉시 그 경비업무를 인수하여야 한다. 이 경우 제7의 규정은 경비대행업자에 대하여 이를 준용한다. 즉, 경비업무를 인수한 경비대행업자 역시 자신을 대행할 또 다른 경비대행업자를 지정 · 신고하여야 하며 위반시 3년 이하의 징역 또는 3천만 원 이하의 벌금에 처한다.

⑨ 특수경비업자의 영업제한 의무

특수경비업자는 이 법에 의한 경비업과 경비장비의 제조 · 설비 · 판매업, 네트워크를 활용한 정보산업, 시설물 유지관리업 및 경비원 교육업 등 대통령령이 정하는 경비관련업 외의 영업을 하여서는 아니 된다.

참고 특수경비업자의 업무개시 전 조치

비밀취급인가	특수경비업자는 첫 업무개시의 신고를 하기 전에 **시 · 도 경찰청장**의 비밀취급인가를 받아야 한다.
보안측정	시 · 도 경찰청장은 특수경비업자에게 비밀취급인가를 하고자 하는 때에는 특수경비업자로 하여금 **경찰청장**을 거쳐 **국가정보원장**에게 보안측정을 요청하도록 하여야 한다.
보안지도 · 점검	**시 · 도 경찰청장**은 대통령령이 정하는 바에 따라 특수경비업자에 대하여 보안지도 · 점검을 실시(**연 2회** 이상)하여야 하고, 필요한 경우 관계기관에 보안측정을 요청하여야 한다.

2) 경비업무 도급인 등의 의무

① 누구든지 허가를 받지 아니한 자에게 경비업무를 도급하여서는 아니 되며 위반시 3년 이하의 징역 또는 3천만 원 이하의 벌금에 처한다.

② 누구든지 집단민원현장에 경비인력을 20명 이상 배치하려고 할 때에는 그 경비인력을 직접 고용하여서는 아니 되고, 경비업자에게 경비업무를 도급하여야 한다. 다만, 시설주 등이 집단민원현장 발생 3개월 전까지 직접 고용하여 경비업무를 수행하는 피고용인의 경우에는 그러하지 아니하다. 집단민원현장에 20명 이상의 경비인력을 배치하면서 그 경비인력을 직접 고용한 자는 3년 이하의 징역 또는 3천만 원 이하의 벌금에 처한다.

③ 경비업무를 도급하는 자는 그 경비업무를 수급한 경비업자의 경비원 채용 시 무자격자나 부적격자 등을 채용하도록 관여하거나 영향력을 행사해서는 아니 되며 위반시 영향력을 행사한 도급인은 3년 이하의 징역 또는 3천만 원 이하의 벌금에 처한다.

④ 무자격자 및 부적격자의 구체적인 범위 등은 대통령령으로 정한다.

7. 경비원의 복장 · 장비 · 출동차량

경비원의 복장 · 장비 및 출동차량 등에 관하여는 「경비업법」 제16조, 제16조의2, 제16조의3 및 「경비업법 시행규칙」 제19조에 정하고 있다.

1) 경비원의 복장

① 경비업자는 경찰공무원 또는 군인의 제복과 색상 및 디자인 등이 명확히 구별되는 소속 경비원의 복장을 정하고 이를 확인할 수 있는 사진을 첨부하여 주된 사무소를 관할하는 시·도 경찰청장에게 「경비업법 시행규칙」 제19조에 따라 소속 경비원에게 복장을 착용하도록 하기 전에 경비원 복장 등 신고서를 제출하여야 한다.

② 경비업자는 경비업무 수행 시 경비원에게 소속 경비업체를 표시한 이름표를 부착하도록 하고, ①에 따라 신고 된 동일한 복장을 착용하게 하여야 하며, 복장에 소속 회사를 오인할 수 있는 표시를 하거나 다른 회사의 복장을 착용하게 하여서는 아니 된다. 다만, 집단민원현장이 아닌 곳에서 신변보호업무를 수행하는 경우 또는 경비업무의 성격상 부득이한 사유가 있어 관할 경찰관서장이 허용하는 경우에는 그러하지 아니하다.

③ 시·도 경찰청장은 ①에 따라 제출받은 사진을 검토한 후 경비업자에게 복장 변경 등에 대한 시정명령을 할 수 있다.

④ 시정명령을 받은 경비업자는 이를 이행하여야 하고, 시정명령 이행보고서에 이행사실을 입증할 수 있는 사진 등의 서류를 첨부하여 시정명령을 한 시·도 경찰청장에게 제출하여 이행보고를 하여야 한다.

⑤ 경비원은 경비업무 수행 시 이름표를 경비원 복장의 상의 가슴 부위에 부착하여 경비원의 이름을 외부에서 알아볼 수 있도록 하여야 한다.

2) 경비원의 장비

① 경비원이 휴대할 수 있는 장비의 종류는 경적·단봉·분사기 등 행정안전부령으로 정하되, 근무 중에만 이를 휴대할 수 있다.

참고 경비원의 휴대장비

경비원은 근무 중 경적, 단봉, 분사기, 안전방패, 무전기 및 그 밖에 경비 업무 수행에 필요한 것으로서 공격적인 용도로 제작되지 아니하는 장비를 휴대할 수 있으며, 안전모 및 방검복 등 안전장비를 착용할 수 있다.

참고 경비원 휴대장비의 구체적인 기준

장비	장비기준
경적	금속이나 플라스틱 재질의 호루라기
단봉	금속(합금 포함)이나 플라스틱 재질의 전장 700㎜ 이하의 호신용 봉
분사기	「총포 · 도검 · 화약류 등 단속법」에 따른 분사기
안전방패	플라스틱 재질의 폭 500㎜ 이하, 길이 1,000㎜ 이하의 방패로 경찰공무원이 사용하는 안전방패와 색상 및 디자인이 명확히 구분되어야 함
무전기	무전기 송신 시 실시간으로 수신이 가능한 것
안전모	안면을 가리지 아니하면서, 머리를 보호하는 장비로 경찰공무원이 사용하는 방석모와 색상 및 디자인이 명확히 구분되어야 함
방검복	경찰공무원이 사용하는 방검복과 색상 및 디자인이 명확히 구분되어야 함

② 경비업자가 경비원으로 하여금 분사기를 휴대하여 직무를 수행하게 하는 경우에는 「총포 · 도검 · 화약류 등 단속법」에 따라 미리 분사기의 소지허가를 받아야 한다.

③ 누구든지 장비를 임의로 개조하여 통상의 용법과 달리 사용함으로써 다른 사람의 생명 · 신체에 위해를 가하여서는 아니 된다.

④ 경비원은 경비업무를 위하여 필요하다고 인정되는 상당한 이유가 있을 때에는 필요한 최소한도에서 장비를 사용할 수 있다.

참고 벌칙사유: 규정된 장비 외에 흉기 또는 그 밖의 위험한 물건을 휴대하고 경비업무를 수행한 경비원 또는 경비원에게 이를 휴대하고 경비업무를 수행하게 한 자는 1년 이하의 징역 또는 1천만 원 이하의 벌금에 처한다.

3) 출동차량

① 경비업자는 출동차량 등의 도색 및 표지를 경찰차량 및 군차량과 명확히 구별될 수 있게 하여야 한다.

② 경비업자는 출동차량 등의 도색 및 표지를 정하고 이를 확인할 수 있는 사진을 첨부하여 주된 사무소를 관할하는 시 · 도 경찰청장에게 행정안전부령으로 정하는 바에 따라 신고하여야 한다.

③ 시 · 도 경찰청장은 제출받은 사진을 검토한 후 경비업자에게 도색 및 표지 변경 등에 대한 시정명령을 할 수 있다.

④ 시정명령을 받은 경비업자는 이를 이행하여야 하고, 시정명령 이행보고서에 이행

사실을 입증할 수 있는 사진 등의 서류를 첨부하여 시정명령을 한 시·도 경찰청장에게 제출하여 이행보고를 하여야 한다.

8. 결격사유 확인을 위한 범죄경력조회

1) 의의

경찰청장, 시·도 경찰청장 또는 관할 경찰관서장은 직권으로 또는 범죄경력조회 요청이 있는 경우에는 경비업자의 임원, 경비지도사 또는 경비원이 결격사유에 해당하는지를 확인하기 위하여 「형의 실효 등에 관한 법률」에 따른 범죄경력조회를 할 수 있다.

2) 범죄경력조회의 요청

① 경비업자는 선출·선임·채용 또는 배치하려는 임원, 경비지도사 또는 경비원이 결격사유에 해당하는지를 확인하기 위하여 주된 사무소, 출장소 또는 배치장소를 관할하는 시·도 경찰청장 또는 경찰관서장에게 「형의 실효 등에 관한 법률」에 따른 범죄경력조회를 요청할 수 있다.

② 범죄경력조회를 요청하는 경우 범죄경력조회 신청서(전자문서로 된 신청서를 포함한다)에 다음의 서류를 첨부하여야 한다.

㉠ 경비업 허가증 사본

㉡ 취업자 또는 취업예정자 범죄경력조회 동의서

참고 허가증 원본이 아닌 사본임에 주의하자

3) 결격사유자 등의 통보

① 범죄경력조회 요청을 받은 시·도 경찰청장 또는 관할 경찰관서장은 경비업자에게 그 결과를 통보할 때에는 경비업자의 임원, 경비지도사 또는 경비원이 결격사유에 해당하는지 여부만을 통보하여야 한다.

② 시·도 경찰청장 또는 관할 경찰관서장은 경비업자의 임원, 경비지도사 또는 경비

원이 결격사유에 해당하는 사실을 알게 되거나 이 법 또는 이 법에 따른 명령을 위반한 때에는 경비업자에게 그 사실을 통보하여야 한다.

9. 민감정보 및 고유식별정보의 처리

경찰청장, 시 · 도 경찰청장, 경찰서장 및 경찰관서장(경찰청장 및 경찰관서장의 권한을 위임 · 위탁받은 자를 포함한다)은 다음의 사무를 수행하기 위하여 불가피한 경우 「개인정보 보호법 시행령」에 따른 범죄경력 자료에 해당하는 정보와 주민등록번호 또는 외국인등록번호가 포함된 자료를 처리할 수 있다.

① 경비업의 허가 및 갱신허가 등에 관한 사무
② 경비지도사 시험 등에 관한 사무
③ 경비원의 교육 등에 관한 사무
④ 특수경비원의 직무 및 무기사용 등에 관한 사무
⑤ 결격사유자 등의 통보에 관한 사무
⑥ 경비원 배치 등 신고에 관한 사무
⑦ 행정처분에 관한 사무
⑧ 경비업자 및 경비지도사의 지도 · 감독에 관한 사무
⑨ 보안지도 · 점검 및 보안측정에 관한 사무
⑩ 위의 규정에 따른 사무를 수행하기 위하여 필요한 사무

10. 경비원의 명부와 배치허가 등

1) 경비원 명부 등의 작성 및 비치

① 경비업자는 행정안전부령이 정하는 바에 따라 경비원의 명부를 다음의 장소에 각각 작성 · 비치하여 두고, 이를 항상 정리하여야 하며 위반시 과태료 처분 대상이 된다.

㉠ 주된 사무소
㉡ 출장소
㉢ 집단민원현장

② 경비업자는 경비원 명부에 없는 자를 경비업무에 종사하게 하여서는 아니 되고, 경비원을 배치하는 경우에는 신임교육을 이수한 자를 배치하여야 한다.

③ 경비업자는 경비원을 배치하여 경비업무를 수행하게 하는 때에는 행정안전부령으로 정하는 바에 따라 배치된 경비원의 인적사항과 배치일시·배치장소 등 근무상황을 기록하여 보관하여야 한다.

㉠ 경비업자는 경비업무를 수행하는 경비원의 인적사항, 배치일시, 배치장소, 배치폐지일시 및 근무여부 등 근무상황을 기록한 근무상황기록부(전자문서로 된 근무상황기록부를 포함)를 작성하여 주된 사무소 및 출장소에 갖추어 두어야 한다.
㉡ 경비업자는 근무상황기록부를 1년 동안 보관하여야 하며 위반시 과태료가 부과된다.

2) 경비원 배치신고

① 경비업자가 경비원을 배치하거나 배치를 폐지한 경우에는 행정안전부령이 정하는 바에 따라 관할 경찰관서장에게 신고하여야 한다.

② 경비업자는 경비업무를 수행하기 위하여 20일 이상 경비원을 배치하거나 그 기간을 연장하려는 때에는 경비원을 배치한 후 7일 이내에 경비원 배치신고서(전자문서로 된 신고서를 포함한다)를 배치지를 관할하는 경찰관서장에게 제출하여야 한다.

③ 다만 다음과 같은 경우에는 경비원을 배치하는 기간과 관계없이 경비원을 배치하기 전까지 신고하여야 한다.

㉠ 집단민원현장이 아닌 곳에서 신변보호업무를 수행하는 일반경비원
㉡ 특수경비원

④ 경비원의 배치신고를 한 경비업자가 경비원의 배치를 폐지한 때에는 배치폐지를 한 날부터 7일 이내에 경비원 배치폐지신고서(전자문서로 된 신고서를 포함한다)를 배치지의 관할 경찰관서장에게 제출하여야 한다. 다만, 경비원 배치신고시에 기재한 배치폐지 예정일에 경비원의 배치를 폐지한 경우에는 그러하지 아니하다.

3) 경비원 배치허가 신청 및 기준

① 다음의 경우에는 경비원을 배치하기 48시간 전까지 행정안전부령으로 정하는 바에 따라 배치허가를 신청하고, 관할 경찰관서장의 배치허가를 받은 후에 경비원을 배치하여야 한다.

· 시설경비업무 또는 신변보호업무 중 집단민원현장에 배치된 일반경비원

② 집단민원현장에 일반경비원 배치허가를 신청하려는 경비업자는 집단민원현장 일반경비원 배치허가 신청서(전자문서에 의한 신청서를 포함하며, 이하 "배치허가 신청서"라 한다)에 다음의 서류를 첨부하여 관할 경찰관서장에게 제출하여야 한다.

· 신임교육 이수증(신임교육 면제 대상의 경우 신임교육 면제 대상에 해당함을 입증할 수 있는 서류) 각 1부

③ 배치허가 신청서를 받은 관할 경찰관서장은 경비원 배치예정 일시 전까지 배치허가 여부를 결정하여 경비업자에게 통보하여야 하며, 관할 경찰관서장은 배치허가를 함에 있어 필요한 조건을 붙일 수 있다.

④ 관할 경찰관서장은 배치허가 신청을 받은 경우 다음의 사유에 해당하는 때에는 배치허가를 하여서는 아니 된다. 이 경우 관할 경찰관서장은 그 사유를 확인하기 위하여 소속 경찰관으로 하여금 그 배치장소를 방문하여 조사하게 할 수 있다.

㉠ 경비원 등의 의무를 위반하여 경비업무의 범위를 벗어난 행위를 할 우려가 있는 경우

㉡ 경비원 중 결격사유에 해당하는 사람이나 신임교육을 받지 아니한 사람이 대통령령으로 정하는 기준(100분의 21) 이상으로 포함되어 있는 경우

㉢ 경비원의 복장·장비 등에 대하여 내려진 필요한 명령을 이행하지 아니하는 경우

⑤ 배치허가 신청을 받은 관할 경찰관서장은 배치되는 경비원 중 결격사유에 해당하는 자가 있는 경우에는 그 사람을 제외하고 배치허가를 하여야 한다.

⑥ 경비업자는 다음의 어느 하나에 해당하는 죄를 범하여 벌금형을 선고받고 5년이 지나지 아니하거나 금고 이상의 형을 선고받고 그 집행이 유예된 날부터 5년이 지나지 아니한 자를 집단민원현장에 일반경비원으로 배치하여서는 아니 된다.

㉠ 「형법」 제257조부터 제262조까지, 제264조, 제276조부터 제281조까지의 죄, 제284조의 죄, 제285조의 죄, 제320조의 죄, 제324조제2항의 죄, 제350조의2

의 죄, 제351조의 죄(제350조, 제350조의2의 상습범으로 한정한다), 제369조 제1항의 죄

㉡ 「폭력행위 등 처벌에 관한 법률」 제2조 또는 제3조의 죄

참고
- 「형법」 제257조(상해, 존속상해), 제258조(중상해, 존속중상해), 제259조(상해치사), 제260조(폭행, 존속폭행), 제261조(특수폭행), 제262조(폭행치사상), 제264조(상습범), 제276조(체포, 감금, 존속체포, 존속감금), 제277조(중체포, 중감금, 존속중체포, 존속중감금), 제278조(특수체포, 특수감금), 제279조(상습범), 제280조(미수범), 제281조(체포·감금등의 치사상), 제284조(특수협박), 제285조(상습범), 제320조(특수주거침입), 제324조제2항(강요), 제350조의2(특수공갈), 제351조(상습범-제350조, 제350조의2의 상습범으로 한정), 제369조제1항(특수손괴)
- 「폭력행위 등 처벌에 관한 법률」 제2조(폭행등), 제3조(집단적 폭행등)

⑦ 일반경비원 배치허가를 받은 경비업자가 경비원 배치기간을 연장하려는 경우에는 배치기간이 만료되기 48시간 전까지 배치허가 신청서를 관할 경찰관서장에게 제출하여 허가를 받아야 한다.

⑧ 일반경비원 배치허가를 받은 경비업자가 집단민원현장에 새로운 경비원을 배치하려는 경우에는 새로운 경비원을 배치하기 48시간 전까지 배치허가 신청서를 관할 경찰관서장에게 제출하여 허가를 받아야 한다.

⑨ 일반경비원 배치허가를 받은 경비업자가 경비원의 배치를 폐지한 때에는 배치폐지를 한 날부터 48시간 이내에 집단민원현장 일반경비원 배치폐지 신고서(전자문서로 된 신고서를 포함)를 관할 경찰관서장에게 제출하여야 한다.

⑩ 일반경비원 배치허가를 받은 경비업자가 집단민원현장에 배치된 경비지도사를 변경한 경우에는 변경된 내용을 관할 경찰관서장에게 통보하여야 한다.

참고 **영 제30조(경비가 필요한 시설 등에 대한 경비의 요청)**
시·도 경찰청장은 행사장 그밖에 많은 사람이 모이는 시설 또는 장소에서 혼잡 등으로 인한 위험의 발생을 방지하기 위하여 경비원에 의한 경비가 필요하다고 인정되는 때에는 행사개최일 전에 당해 행사의 주최자에게 경비원에 의한 경비를 실시하거나 부득이한 사유로 그것을 실시할 수 없는 경우에는 행사개최 24시간 전까지 시·도 경찰청장에게 그 사실을 통지하여 줄 것을 요청할 수 있다.

4) 경비원 배치폐지 명령

「경비업법」 제18조 제8항에 따라 관할 경찰관서장은 경비업자가 다음의 어느 하나에

해당하는 때에는 배치폐지를 명할 수 있으며 위반시 허가취소 사유에 해당한다. 경찰관서장의 배치폐지 명령을 따르지 아니한 자는 1년 이하의 징역 또는 1천만원 이하의 벌금에 처한다.

① 배치허가를 받지 아니하고 경비원을 배치하거나 경비원 명단 및 배치일시 · 배치장소 등 배치허가 신청의 내용을 거짓으로 한 경우 과태료 부가 사유이다.

② 결격사유에 해당하는 자를 집단민원현장에 일반경비원으로 배치한 때

③ 신임교육을 이수하지 아니한 자를 배치허가 장소 또는 배치하기 전 신고해야하는 장소의 경비원으로 배치한 때에는 과태료가 부과된다.

④ 경비업자 또는 경비원이 위력이나 흉기 또는 그 밖의 위험한 물건을 사용하여 집단적 폭력사태를 일으킨 때

⑤ 경비업자가 신고하지 아니하고 일반경비원을 배치한 때

제2장

청원경찰법 및 경찰관직무집행법

제2장 청원경찰법 및 경찰관직무집행법

제1절 청원경찰법

1. 청원경찰이 개념 및 배경

1) 청원경찰의 개념

청원경찰제도란 1962년에 제정되어 1973년 12월 31일에 전면 개정된 청원경찰법을 근거로 탄생한 우리나라만의 독특한 민간경비제도로서 국가기관 또는 공공단체와 그 관할하에 있는 중요시설 또는 사업장, 국내 주재 외국기관, 그 밖에 행정안전부령으로 정하는 중요시설, 사업장 또는 장소 등의 장이나 시설·사업장의 경영자가 소요경비를 부담할 것을 조건으로 경찰관의 배치를 신청하는 경우에 그 기관시설 또는 사업장 등의 경비를 담당하게 하려고 배치하는 경찰을 말한다.

2) 청원경찰제도의 도입배경

(1) 청원경찰제도의 도입

공경비와 민간경비의 혼합형태로 국내에만 독자적으로 존재하는 청원경찰제도는 1960년대 경제성장에 따른 산업시설의 증가와 북한의 무장게릴라 침투에 따른 한정된 경찰인력을 보조하여 국가중요시설의 경비를 담당할 목적으로 창설되었다. 이 제도는 일제시대에 전쟁준비를 위한 산업시설의 경비문제를 해결하고자, 필요경비를 기업이 부담하고 경찰력의 상주파견을 구하는 일본의 '청원순사' 제도에서 유래한 것이다. 이에 따라 정부는 1962년 4월 3일 법률 제1049호로 '청원경찰법'을 제정 · 공포하였다. 특히 1973년에는 전문개정을 실시하였고 이후 2022년 11월 15일까지 21차에 걸친 개정을 실시하였다.

2022년 12월 31일 기준으로 국가기관 및 지방자치단체에 9,860명, 그 밖에 행정안전부령으로 정하는 중요시설, 사업장에 3,275명이 배치되어 총 13,135명이 배치되어 있다.

(2) 청원경찰법 제정의 배경

1960년대에 들어 우리나라는 정부 주도의 급속한 경제개발 정책을 추진하였고 이로 인해 전국 각지에 국가 중요산업시설 및 기간시설들이 건설되었다. 이러한 시설은 당시 냉전시대의 국제적 상황과 맞물려 국가차원의 주요 보호대상시설이 되었다. 이러한 경비수요의 급증은 결국 경찰인력만이 아닌 민간인 신분으로 근무지역 내에서 「경찰관 직무집행법」에 의거하여 경찰관의 직무를 수행할 수 있는 청원경찰제도의 탄생을 불러오게 되었다. 또한 청원경찰에 대한 경비업무 비용을 청원주가 부담하게 함으로써 국가의 재정적 비용 부담도 줄일 수 있는 제도로서 널리 활용되었다. 이 같은 배경 하에서 출발한 청원경찰제도는 이후 점차 확대되어 산업시설 뿐만 아니라 국가공공기관, 국영기업체, 금융기관, 선박 · 항공 등 수송시설, 방송국 등 언론기관, 그리고 방위사업체와 핵발전소 등으로 그 활동영역이 확대되었다. 결국 청원경찰제도는 정부의 입장에서는 경찰인력과 국가예산의 소비 없이 국가중요시설의 경비력을 강화하는 한편, 시설주의 입장에서는 일정 비용으로 경찰공무원에 준하는 청원경찰의 배치를 받아 시설주의 지휘 · 감독 하에 경비업무를 수행함으로써 시설경비에 효과적이라는 이점이 합치되어 발전을 거듭해 왔다고 할 수 있다.

특히 경제개발 5개년 계획의 성공적 완수와 북한의 방해책 등에 대한 대응에 있어서 경비업무의 중요성이 부각되었고, 아직 민간경비의 활성화가 이루어지기 전이라는 시기적 문제가 부합되어 청원경찰제도는 그 과도기적 성격에도 불구하고 발전해 왔다고 할 수 있다.

2. 청원경찰의 법적정의 및 직무 등

1) 청원경찰의 법적정의

(1) 청원경찰의 개념 및 업무범위

청원경찰이란 다음의 어느 하나에 해당하는 기관의 장 또는 시설·사업장 등의 경영자가 경비(이하 청원경찰경비라 한다)를 부담할 것을 조건으로 경찰의 배치를 신청하는 경우에 그 기관·시설 또는 사업장 등의 경비를 담당하게 하기 위하여 배치하는 경찰을 말한다.

① 국가기관 또는 공공단체와 그 관리하에 있는 중요시설 또는 사업장
② 국내 주재 외국기관
③ 그 밖에 행정안전부령으로 정하는 중요시설, 사업장 또는 장소

(2) 그 밖에 행정안전부령으로 정하는 중요시설·사업장 또는 장소

① 선박·항공기 등 수송시설
② 금융 또는 보험을 업으로 하는 시설 또는 사업장
③ 언론·통신·방송 또는 인쇄를 업으로 하는 시설 또는 사업장
④ 학교 등 육영시설
⑤ 의료법에 따른 의료기관
⑥ 그 밖에 공공의 안녕질서 유지와 국민경제를 위하여 고도의 경비가 필요한 중요시설, 사업체 또는 장소

2) 청원경찰의 직무 등

(1) 청원경찰의 직무

청원경찰은 청원경찰의 배치 결정을 받은 자(이하 청원주라 한다)와 배치된 기관·시설 또는 사업장 등의 구역을 관할하는 경찰서장의 감독을 받아 그 경비구역만의 경비를 목적으로 필요한 범위에서 「경찰관 직무집행법」에 따른 경찰관의 직무를 수행한다.

참고 청원경찰의 신분

청원경찰은 경찰이라는 명칭을 쓰고 있지만 「형법」이나 그 밖의 법령에 따른 벌칙을 적용하는 경우와 법 및 대통령령에서 특별히 규정한 경우를 제외하고는 공무원으로 보지 아니한다.

참고 주의사항

① 청원경찰이 법 제3조에 따른 직무를 수행할 때에는 경비 목적을 위하여 필요한 최소한의 범위에서 하여야 한다.
② 청원경찰은 「경찰관 직무집행법」에 따른 직무 외의 수사활동 등 사법경찰관리의 직무를 수행해서는 아니 된다.

(2) 청원경찰의 복무

① 청원경찰의 복무에 관하여는 「국가공무원법」 제57조(복종의 의무), 제58조 제1항(직장이탈 금지), 제60조(비밀엄수의 의무) 및 「경찰공무원법」 제18조(거짓 보고 등의 금지)를 준용한다.

㉠ 국가공무원법 제57조(복종의 의무): 공무원은 직무를 수행할 때 소속 상관의 직무상 명령에 복종하여야 한다.

㉡ 국가공무원법 제58조 제1항(직장이탈금지): 공무원은 소속 상관의 허가 또는 정당한 사유가 없으면 직장을 이탈하지 못한다.

㉢ 국가공무원법 제60조(비밀엄수의 의무): 공무원은 재직 중은 물론 퇴직 후에도 직무상 알게 된 비밀을 엄수하여야 한다.

㉣ 경찰공무원법 제18조(거짓 보고 등의 금지): 경찰공무원은 직무에 관하여 거짓으로 보고나 통보를 하여서는 아니 되며, 직무를 게을리 하거나 유기해서는 아니 된다.

② 청원경찰법 제9조의4(쟁의행위의 금지) : 청원경찰은 파업, 태업 또는 그 밖에 업무의 정상적인 운영을 방해하는 일체의 쟁의행위를 하여서는 아니 된다. 또한 동법 제11조(벌칙)에 의하여 이를 위반하여 파업, 태업 또는 그 밖에 업무의 정상적인 운영을 방해하는 쟁의행위를 한 사람은 1년 이하의 징역 또는 1천만 원 이하의 벌금에 처한다.

③ 청원경찰법 시행규칙 제11조(신분증명서) : 청원경찰의 신분증명서는 청원주가 발행하며, 그 형식은 청원주가 결정하되 사업장별로 통일하여야 한다. 청원경찰은 근무중에는 항상 신분증명서를 휴대하여야 한다.

④ 위에서 규정한 사항 외에 청원경찰의 복무에 관하여는 해당 사업장의 취업규칙에 따른다.

(3) 근무요령

① 자체경비를 하는 입초근무자는 경비구역의 정문이나 그 밖의 지정된 장소에서 경비구역의 내부, 외부 및 출입자의 움직임을 감시한다.

② 업무처리 및 자체경비를 하는 소내근무자는 근무 중 특이한 사항이 발생하였을 때에는 지체 없이 청원주 또는 관할 경찰서장에게 보고하고 그 지시에 따라야 한다.

③ 순찰근무자는 청원주가 지정한 일정한 구역을 순회하면서 경비 임무를 수행한다. 이 경우 순찰은 단독 또는 복수로 정선순찰을 하되, 청원주가 필요하다고 인정할 때에는 요점순찰 또는 난선순찰을 할 수 있다.

④ 대기근무자는 소내근무에 협조하거나 휴식하면서 불의의 사고에 대비한다.

⑤ 청원경찰이 「경찰관 직무집행법」에 의한 직무를 행할 때에는 경비목적을 위하여 필요한 최소한도 내에 그쳐야 한다.

⑥ 청원경찰은 「경찰관 직무집행법」에 의한 직무이외의 수사활동 등 사법경찰관리의 직무를 행하여서는 아니 된다.

(4) 청원경찰의 보고

청원경찰이 직무를 수행할 때 「경찰관 직무집행법」 및 같은 법 시행령에 따라 하여야 할 모든 보고는 관할 경찰서장에게 서면으로 보고하기 전에 지체 없이 구두로 보고하고 그 지시에 따라야 한다.

3. 청원경찰의 배치 및 임용 등

1) 청원경찰의 배치

(1) 청원경찰의 배치신청

청원경찰을 배치 받으려는 자는 대통령령으로 정하는 바에 따라 관할 시 · 도경찰청장에게 청원경찰 배치를 신청하여야 한다.

① 청원경찰의 배치신청 절차

청원경찰의 배치를 받으려는 자는 청원경찰 배치신청서에 다음의 서류를 첨부하여 기관·시설·사업장 또는 장소(이하 "사업장"이라 한다)의 소재지를 관할하는 경찰서장을 거쳐 지방경찰청장에게 제출하여야 한다. 이 경우 배치장소가 둘 이상의 도(특별시, 광역시 및 특별자치도를 포함. 이하 같다)일 때에는 주된 사업장의 관할 경찰서장을 거쳐 시·도경찰청장에게 한꺼번에 신청할 수 있다.

㉠ 경비구역 평면도 1부

㉡ 배치계획서 1부

② 청원경찰 배치신청서 등

㉠ 청원경찰법 시행령에 따른 청원경찰 배치신청서는 별지 제1호 서식에 따른다.

㉡ 청원경찰법에 따른 청원경찰 배치 결정 통지 또는 청원경찰 배치 불허 통지는 별지 제2호 서식에 따른다.

(2) 청원경찰의 배치결정

시·도경찰청장은 청원경찰의 배치신청을 받으면 지체 없이 그 배치 여부를 결정하여 신청인에게 알려야 한다.

(3) 청원경찰의 배치요청

시·도경찰청장은 청원경찰 배치가 필요하다고 인정하는 기관의 장 또는 시설·사업장의 경영자에게 청원경찰을 배치할 것을 요청할 수 있다.

참고 배치신청과 배치요청은 서로 다른 개념으로 배치신청의 주체는 청원경찰을 배치 받으려는 자(청원주)가 되며 배치요청의 주체는 시·도경찰청장임을 주의하자.

(4) 청원경찰의 배치 및 이동

① 청원주는 청원경찰을 신규로 배치하거나 이동 배치하였을 때에는 배치지(이동배치의 경우에는 종전의 배치지)를 관할하는 경찰서장에게 그 사실을 통보하여야 한다.

② 위의 통보를 받은 경찰서장은 이동배치지가 다른 관할구역에 속할 때에는 전입지

를 관할하는 경찰서장에게 이동 배치한 사실을 통보하여야 한다.

(5) 배치의 폐지 등

① 청원주는 청원경찰이 배치된 시설이 폐쇄되거나 축소되어 청원경찰의 배치를 폐지하거나 배치인원을 감축할 필요가 있다고 인정하면 청원경찰의 배치를 폐지하거나 배치인원을 감축할 수 있다. 다만, 청원주는 다음의 어느 하나에 해당하는 경우에는 청원경찰의 배치를 폐지하거나 배치인원을 감축할 수 없다.

㉠ 청원경찰을 대체할 목적으로 「경비업법」에 따른 특수경비원을 배치하는 경우

㉡ 청원경찰이 배치된 기관·시설 또는 사업장 등이 배치인원의 변동사유 없이 다른 곳으로 이전하는 경우

② 청원주가 청원경찰을 폐지하거나 감축하였을 때에는 청원경찰 배치 결정을 한 경찰관서의 장에게 알려야 하며, 그 사업장이 시·도경찰청장이 청원경찰의 배치를 요청한 사업장일 때에는 그 폐지 또는 감축 사유를 구체적으로 밝혀야 한다.

③ 청원경찰의 배치를 폐지하거나 배치인원을 감축하는 경우 해당 청원주는 배치폐지나 배치인원 감축으로 과원이 되는 청원경찰 인원을 그 기관·시설 또는 사업장 내의 유사 업무에 종사하게 하거나 다른 시설·사업장 등에 재배치하는 등 청원경찰의 고용이 보장될 수 있도록 노력하여야 한다.

(6) 근무배치 등의 위임

① 경비업법에 따른 경비업자가 중요시설의 경비를 도급받았을 때에는 청원주는 그 사업장에 배치된 청원경찰의 근무배치 및 감독에 관한 권한을 해당 경비업자에게 위임할 수 있다.

② 청원주는 경비업자에게 청원경찰의 근무 배치 및 감독에 관한 권한을 위임한 경우에 이를 이유로 청원경찰의 보수나 신분상의 불이익을 주어서는 아니 된다.

2) 청원경찰의 임용 등

(1) 청원경찰의 임용

청원경찰의 임용자격·임용방법·교육 및 보수에 관하여 대통령령으로 정한다.

① 임용권자

청원경찰은 청원주가 임용하되, 임용을 할 때에는 미리 시·도경찰청장의 승인을 받아야 한다.

② 임용자격

가. 「국가공무원법」 제33조 각 호의 어느 하나의 결격사유에 해당하는 사람은 청원경찰로 임용될 수 없다.

㉠ 피성년후견인

㉡ 파산선고를 받고 복권되지 아니한 자

㉢ 금고 이상의 실형을 선고받고 그 집행이 종료되거나 집행을 받지 아니하기로 확정된 후 5년이 지나지 아니한 자

㉣ 금고 이상의 형을 선고받고 그 집행유예 기간이 끝난 날부터 2년이 지나지 아니한 자

㉤ 금고 이상의 형의 선고유예를 받은 경우에 그 선고유예기간 중에 있는 자

㉥ 법원의 판결 또는 다른 법률에 따라 자격이 상실되거나 정지된 자

㉦ 공무원으로 재직기간 중 직무와 관련하여 「형법」 제355조 및 제356조에 규정된 죄를 범한 자로서 300만 원 이상의 벌금형을 선고받고 그 형이 확정된 후 2년이 지나지 아니한 자

㉧ 「성폭력범죄의 처벌 등에 관한 특례법」 제2조에 따른 성폭력범죄, 「정보통신망 이용촉진 및 정보보호 등에 관한 법률」 제74조제1항제2호 및 제3호에 규정된 죄, 「스토킹범죄의 처벌 등에 관한 법률」 제2조제2호에 따른 스토킹범죄 중 어느 하나에 해당하는 죄를 범한 사람으로서 100만원 이상의 벌금형을 선고받고 그 형이 확정된 후 3년이 지나지 아니한 사람

㉨ 미성년자에 대한 「성폭력범죄의 처벌 등에 관한 특례법」 제2조에 따른 성폭력범죄, 「아동·청소년의 성보호에 관한 법률」 제2조제2호에 따른 아동·청소년대상 성범죄 중 어느 하나에 해당하는 죄를 저질러 파면·해임되거나 형 또는 치료감호를 선고받아 그 형 또는 치료감호가 확정된 사람(집행유예를 선고받은 후 그 집행유예기간이 경과한 사람을 포함한다)

㉩ 징계로 파면처분을 받은 때부터 5년이 지나지 아니한 자

㉪ 징계로 해임처분을 받은 때부터 3년이 지나지 아니한 자

나. 18세 이상인 사람

다. 행정안전부령으로 정하는 신체조건에 해당하는 사람(시행규칙 제4조)

㉠ 신체가 건강하고 팔다리가 완전할 것

㉡ 시력(교정시력을 포함한다)은 양쪽 눈이 각각 0.8 이상일 것

③ 임용방법

가. 청원경찰의 배치 결정을 받은 자는 그 배치 결정의 통지를 받은 날부터 30일 이내에 배치 결정된 인원수의 임용예정자에 대하여 청원경찰 임용승인을 시·도경찰청장에게 신청하여야 한다.

나. 청원주가 청원경찰을 임용하였을 때에는 임용한 날부터 10일 이내에 그 임용사항을 관할 경찰서장을 거쳐 시·도경찰청장에게 보고하여야 한다. 청원경찰이 퇴직하였을 때에도 또한 같다.

④ 임용승인 신청

가. 청원주가 시·도경찰청장에게 청원경찰 임용승인을 신청할 때에는 청원경찰 임용승인신청서에 그 해당자에 관한 다음의 서류를 첨부하여야 한다.

㉠ 이력서 1부

㉡ 주민등록증 사본 1부

㉢ 민간인 신원진술서 1부

㉣ 최근 3개월 이내에 발행한 채용신체검사서 또는 취업용 건강진단서 1부

㉤ 가족관계등록부 중 기본증명서 1부

나. 신청서를 제출 받은 시·도경찰청장은 「전자정부법」 제36조 제1항에 따라 행정정보의 공동이용을 통하여 해당자의 병적증명서를 확인하여야 한다. 다만 그 해당자가 확인에 동의하지 아니할 때에는 해당 서류를 첨부하도록 하여야 한다.

3) 청원경찰의 신분

① 청원경찰은 「형법」이나 그 밖의 법령에 따른 벌칙을 적용하는 경우와 청원경찰법 및 이 시행령에서 특별히 규정한 경우를 제외하고는 공무원으로 보지 아니한다.

② 청원경찰의 신분증명서는 청원주가 발행하며, 그 형식은 청원주가 결정하되 사업

장별로 통일하여야 한다.

③ 청원경찰은 근무 중에는 항상 신분증명서를 휴대하여야 한다.

4) 청원경찰의 징계

① 청원주는 청원경찰이 다음의 어느 하나에 해당하는 때에는 대통령령으로 정하는 징계절차를 거쳐 징계처분을 하여야 한다. 또한 관할 경찰서장은 청원경찰이 다음 사항에 해당한다고 인정되면 청원주에게 해당 청원경찰에 대하여 징계처분을 하도록 요청할 수 있다.

㉠ 직무상의 의무를 위반하거나 직무를 태만히 한 때

㉡ 품위를 손상하는 행위를 한 때

② 청원경찰에 대한 징계의 종류는 **파면, 해임, 정직, 감봉** 및 **견책**으로 구분하고, 필요한 사항은 대통령령으로 정한다.

㉠ 정직은 **1개월 이상 3개월 이하**로 하고, 그 기간에 청원경찰의 신분은 보유하나 직무에 종사하지 못하며, 보수의 **3분의 2**를 줄인다.

㉡ 감봉은 **1개월 이상 3개월 이하**로 하고, 그 기간에 보수의 **3분의 1**을 줄인다.

㉢ 견책은 전과에 대하여 훈계하고 회개하게 한다.

③ 청원주는 청원경찰 배치결정의 통지를 받았을 때에는 통지를 받은 날부터 **15일** 이내에 청원경찰에 대한 징계규정을 제정하여 관할 시·도경찰청장에게 신고하여야 한다. 징계규정을 변경할 때에도 또한 같다.

④ 시·도경찰청장은 징계규정의 보완이 필요하다고 인정할 때에는 청원주에게 그 보완을 요구할 수 있다.

5) 청원경찰의 교육

(1) 청원경찰의 신임교육

① 청원주는 청원경찰로 임용된 사람으로 하여금 경비구역에 배치하기 전에 경찰교육기관에서 직무 수행에 필요한 교육을 받게 하여야 한다. 다만, 경찰교육기관의 교육계획상 부득이하다고 인정할 때에는 우선 배치하고 **임용 후 1년 이내**에 교육을 받게 할 수 있다.

② 경찰공무원(의무경찰을 포함한다) 또는 청원경찰에서 퇴직한 사람이 퇴직한 날부터 **3년** 이내에 청원경찰로 임용되었을 때에는 교육을 면제할 수 있다.

③ 교육기간 · 교육과목 · 수업시간 및 그 밖에 교육의 시행에 필요한 사항은 **행정안전부령**으로 정한다.

④ 교육기간은 **2주(76시간)**로 하고, 교육과목 및 수업시간은 다음과 같다.

학과별	과목		시간
정신교육	정신교육		8
학술교육	형사법		10
	청원경찰법		5
실무교육	경무	경찰관 직무집행법	5
	방범	방범업무	3
		경범죄처벌법	2
	경비	시설경비	6
		소방	4
	정보	대공이론	2
		불심검문	2
	민방위	민방공	3
		화생방	2
	기본훈련		5
	총기조작		2
	총검술		2
	사격		6
술과	체포술 및 호신술		6
기타	입교 · 수료 및 평가		3
계			76

(2) 청원경찰의 직무교육

① 청원주는 소속 청원경찰에게 그 직무집행에 필요한 교육을 **매월 4시간** 이상 실시하여야 한다.

② 청원경찰이 배치된 사업장의 소재지를 관할하는 경찰서장(이하 "관할 경찰서장"이라 한다)은 필요하다고 인정하는 경우에는 그 사업장에 소속 공무원을 파견하여 직무집행에 필요한 교육을 할 수 있다.

6) 청원경찰의 표창

시·도경찰청장, 관할 경찰서장 또는 청원주는 청원경찰에게 다음의 구분에 따라 표창을 수여할 수 있다.

① 공적상: 성실히 직무를 수행하여 근무성적이 탁월하거나 헌신적인 봉사로 특별한 공적을 세운 경우

② 우등상: 교육훈련에서 교육성적이 우수한 경우

4. 청원경찰경비와 감독

1) 청원경찰경비

(1) 청원주의 부담경비

청원주는 다음의 청원경찰경비를 부담하여야 한다.

① 청원경찰에게 지급할 봉급과 각종 수당

② 청원경찰의 피복비

③ 청원경찰의 교육비

④ 보상금 및 퇴직금

(2) 청원경찰의 보수

① 국가기관 또는 지방자치단체에 근무하는 청원경찰의 보수

㉠ 국가기관 또는 지방자치단체에 근무하는 청원경찰의 보수는 다음의 구분에 따라 같은 재직기간에 해당하는 경찰공무원의 보수를 감안하여 대통령령으로 정한다.

ⓐ 재직기간 15년 미만: 순경

ⓑ 재직기간 15년 이상 23년 미만: 경장

ⓒ 재직기간 23년 이상 30년 미만: 경사

ⓓ 재직기간 30년 이상: 경위

㉡ 재직기간은 청원경찰로서 근무한 기간으로 한다.

㉢ 국가기관 또는 지방자치단체에 근무하는 청원경찰의 각종 수당은 「공무원수당 등에 관한 규정」에 따른 수당 중 가계보전수당, 실비변상 등으로 하며, 그 세부 항목은 **경찰청장**이 정하여 고시한다.

② 국가기관 또는 지방자치단체에 근무하는 청원경찰 외의 청원경찰의 보수
국가기관 또는 지방자치단체에 근무하는 청원경찰 외의 청원경찰의 봉급과 각종 수당은 **경찰청장**이 고시한 **최저부담기준액** 이상으로 지급하여야 한다. 다만, 고시된 최저부담기준액이 배치된 사업장에서 같은 종류의 직무나 유사 직무에 종사하는 근로자에게 지급하는 임금보다 적을 때에는 그 사업장에서 같은 종류의 직무나 유사 직무에 종사하는 근로자에게 지급하는 임금에 상당하는 금액을 지급하여야 한다.

③ 보수 산정 시의 경력 인정 등

㉠ 청원경찰의 보수 산정에 관하여 그 배치된 사업장의 취업규칙에 특별한 규정이 없는 경우에는 다음의 경력을 봉급 산정의 기준이 되는 경력에 산입하여야 한다.

ⓐ 청원경찰로 근무한 경력

ⓑ 군 또는 의무경찰에 복무한 경력

ⓒ 수위 · 경비원 · 감시원 또는 그 밖에 청원경찰과 비슷한 직무에 종사하던 사람이 해당 사업장의 청원주에 의하여 청원경찰로 임용된 경우에는 그 직무에 종사한 경력

ⓓ 국가기관 또는 지방자치단체에서 근무하는 청원경찰에 대해서는 국가기관 또는 지방자치단체에서 상근으로 근무한 경력

㉡ 국가기관 또는 지방자치단체에 근무하는 청원경찰 보수의 호봉 간 승급기간은 **경찰공무원**의 승급기간에 관한 규정을 준용한다.

㉢ 국가기관 또는 지방자치단체에 근무하는 청원경찰 외의 청원경찰 보수의 호봉 간 승급기간 및 승급액은 그 배치된 사업장의 **취업규칙**에 따르며, 이에 관한 취업규칙이 없을 때에는 **순경**의 승급에 관한 규정을 준용한다.

(3) 청원경찰경비의 고시

① 청원경찰경비(보상금 및 퇴직금 제외)의 지급방법 또는 납부방법은 행정안전부령

으로 정한다.

② 청원주의 봉급 · 수당의 **최저부담기준액**(국가기관 또는 지방자치단체에 근무하는 청원경찰의 봉급 · 수당은 제외한다)과 청원경찰의 피복비 및 교육비에 따른 비용의 **부담기준액**은 경찰청장이 정하여 고시한다.

③ 청원경찰경비의 최저부담기준액 및 부담기준액은 경찰공무원 중 순경의 것을 고려하여 다음 연도분을 매년 **12월**에 고시하여야 한다. 다만, 부득이한 사유가 있을 때에는 수시로 고시할 수 있다.

(4) 청원경찰경비의 지급방법 등

① 봉급과 각종 수당은 청원주가 그 청원경찰이 배치된 사업장의 직원에 대한 보수 지급일에 청원경찰에게 직접 지급한다.

② 피복은 청원주가 제작하거나 구입하여 정기지급일 또는 신규 배치 시에 청원경찰에게 **현품**으로 지급한다.

③ 교육비는 청원주가 해당 청원경찰의 **입교 3일 전**에 해당 경찰교육기관에 낸다.

④ 청원경찰에게 지급하는 물품은 급여품과 대여품으로 구분하며, 청원경찰이 퇴직할 때에는 대여품을 청원주에게 반납하여야 한다.

2) 보상금 및 퇴직금

(1) 보상금

청원주는 청원경찰이 다음의 어느 하나에 해당하게 되면 대통령령으로 정하는 바에 따라 청원경찰 **본인 또는 그 유족**에게 보상금을 지급하여야 한다.

① 직무수행으로 인하여 부상을 입거나, 질병에 걸리거나 또는 사망한 경우

② 직무상의 부상 · 질병으로 인하여 퇴직하거나, 퇴직 후 2년 이내에 사망한 경우

③ 청원주는 보상금의 지급을 이행하기 위하여 「**산업재해보상보험법**」에 따른 산업재해보상보험에 가입하거나, 「**근로기준법**」에 따라 보상금을 지급하기 위한 재원을 따로 마련하여야 한다.

(2) 퇴직금

① 국가기관 또는 지방자치단체에 근무하는 청원경찰의 퇴직금: 대통령령으로 정한다.

② 국가기관 또는 지방자치단체에 근무하는 청원경찰 이외의 청원경찰의 퇴직금: 「**근로자퇴직급여 보장법**」에 따른다.

3) 제복착용과 무기휴대

청원경찰의 복제와 무기휴대에 필요한 사항은 **대통령령**으로 정한다.

(1) 복제

① 청원경찰은 근무 중 제복을 착용하여야 한다.

② 청원경찰의 복제는 제복·장구 및 부속물로 구분하고 필요한 사항은 **행정안전부령**으로 정한다.

㉠ 제복: 정모, 기동모, 근무복(하복, 동복), 성하복, 기동복, 점퍼, 비옷, 방한복, 외투, 단화, 기동화 및 방한화

㉡ 장구: 허리띠, 경찰봉, 호루라기 및 포승

㉢ 부속물: 모자표장, 가슴표장, 휘장, 계급장, 넥타이핀, 단추 및 장갑

③ 청원경찰의 제복의 제식 및 재질은 **청원주**가 결정하되, 경찰공무원 또는 군인 제복의 색상과 **명확하게 구별**될 수 있어야 하며, 사업장별로 통일하여야 한다. 만, 기동모와 기동복의 색상은 **진한 청색**으로 한다.

④ 청원경찰이 그 배치지의 특수성 등으로 특수복장을 착용할 필요가 있을 때에는 청원주는 시·도경찰청장의 **승인**을 받아 특수복장을 착용하게 할 수 있다.

⑤ 장구의 제식과 재질은 경찰 장구와 같이 한다.

⑥ 부속물의 제식과 재질은 다음과 같이 한다.

㉠ 모자표장의 색상과 재질은 금색 금속지이고, 기동모의 표장은 정모 표장의 2분의 1 크기로 한다.

㉡ 가슴표장, 휘장, 계급장, 넥타이핀 및 단추의 제식과 재질은 시행규칙 별도 3부터 별도 7까지와 같이 한다.

⑦ 청원경찰은 평상근무 중에는 정모, 근무복, 단화, 호루라기, 경찰봉 및 포승을 착

용하거나 휴대하여야 하고, 총기를 휴대하지 아니할 때에는 분사기를 휴대하여야 하며, 교육훈련이나 그 밖의 특수근무 중에는 기동모, 기동복, 기동화 및 휘장을 착용하거나 부착하되, **허리띠**와 **경찰봉**은 착용하거나 휴대하지 아니할 수 있다.

⑧ 하복 · 동복의 착용시기는 사업장별로 청원주가 결정하되, 착용시기를 통일하여야 한다.

(2) 분사기휴대

청원주는 「총포 · 도검 · 화약류 등 단속법」에 따른 분사기의 **소지허가**를 받아 청원경찰로 하여금 그 분사기를 휴대하여 직무를 수행하게 할 수 있다.

(3) 무기휴대

시 · 도경찰청장은 청원경찰이 직무를 수행하기 위하여 필요하다고 인정하면 청원주의 신청을 받아 관할 경찰서장으로 하여금 청원경찰에게 무기를 대여하여 지니게 할 수 있다.

① 청원주가 청원경찰이 휴대할 무기를 대여 받으려는 경우에는 관할 경찰서장을 거쳐 시 · 도경찰청장에게 무기대여를 신청하여야 한다.

② 무기대여 신청을 받은 시 · 도경찰청장이 무기를 대여하여 휴대하게 하려는 경우에는 청원주로부터 국가에 기부체납된 무기에 한정하여 관할 경찰서장으로 하여금 무기를 대여하여 휴대하게 할 수 있다.

③ 무기를 대여하였을 때에는 관할 경찰서장은 청원경찰의 무기관리 상황을 수시로 점검하여야 한다.

④ 청원주 및 청원경찰은 행정안전부령으로 정하는 무기관리수칙을 준수하여야 한다.

(4) 무기관리수칙

무기와 탄약을 대여 받은 청원주는 다음과 같이 무기와 탄약을 관리하여야 한다.

① 청원주가 무기와 탄약을 대여 받았을 때에는 경찰청장이 정하는 무기 · 탄약 출납부 및 무기장비 운영카드를 갖춰 두고 기록하여야 한다.

② 청원주는 무기와 탄약의 관리를 위하여 관리책임자를 지정하고 관할 경찰서장에게

그 사실을 통보하여야 한다.

③ 무기고 및 탄약고는 **단층**에 설치하고 환기·방습·방화 및 총가 등의 시설을 하여야 한다.

④ 탄약고는 무기고와 떨어진 곳에 설치하고, 그 위치는 사무실이나 그 밖에 여러 사람을 수용하거나 여러 사람이 오고 가는 시설로부터 격리되어야 한다.

⑤ 무기고와 탄약고에는 이중 잠금장치를 하고, 열쇠는 관리책임자가 보관하되, 근무시간 이후에는 숙직책임자에게 인계하여 보관시켜야 한다.

⑥ 청원주는 경찰청장이 정하는 바에 따라 매월 무기와 탄약의 관리 실태를 파악하여 다음 달 **3일**까지 관할 경찰서장에게 통보하여야 한다.

⑦ 청원주는 대여 받은 무기와 탄약에 분실·도난·피탈 또는 훼손 등의 사고가 발생하였을 때에는 지체 없이 그 사유를 관할 경찰서장에게 통보하여야 한다.

⑧ 청원주는 무기와 탄약이 분실·도난·피탈 또는 훼손되었을 때에는 경찰청장이 정하는 바에 따라 그 전액을 배상하여야 한다. 다만, 전시·사변·천재지변이나 그 밖의 불가항력적인 사유가 있다고 시·도경찰청장이 인정하였을 때에는 그러하지 아니하다.

(5) 무기·탄약의 출납

무기와 탄약을 대여 받은 청원주가 청원경찰에게 무기와 탄약을 출납하려는 경우에는 다음에 따라야 한다. 다만, 관할 경찰서장의 지시에 따라 지급하는 탄약의 수를 늘리거나 줄일 수 있고, 무기와 탄약의 출납을 중지할 수 있으며, 무기와 탄약을 회수하여 집중 관리할 수 있다.

① 무기와 탄약을 출납하였을 때에는 무기·탄약 출납부에 그 출납사항을 기록하여야 한다.

② 소총의 탄약은 1정당 **15발** 이내, 권총의 탄약은 1정당 **7발** 이내로 출납하여야 한다. 이 경우 생산된 후 **오래된** 탄약을 우선하여 출납하여야 한다.

③ 청원경찰에게 지급한 무기와 탄약은 **매주 1회** 이상 손질하게 하여야 한다.

④ 수리가 필요한 무기가 있을 때에는 그 목록과 무기장비 운영카드를 첨부하여 관할 경찰서장에게 수리를 요청할 수 있다.

(6) 무기와 탄약을 지급받은 청원경찰의 준수사항

청원주로부터 무기와 탄약을 지급받은 청원경찰은 다음의 사항을 준수하여야 한다.

① 무기를 지급받거나 반납할 때 또는 인계인수할 때에는 반드시 "**앞에 총**" 자세에서 "**검사 총**"을 하여야 한다.

② 무기와 탄약을 지급받았을 때에는 별도의 지시가 없으면 무기와 탄약을 분리하여 휴대하여야 하며, 소총은 "**우로 어깨 걸어 총**"의 자세를 유지하고, 권총은 "**권총집에 넣어 총**"의 자세를 유지하여야 한다.

③ 지급받은 무기는 다른 사람에게 보관 또는 휴대하게 할 수 없으며 손질을 의뢰할 수 없다.

④ 무기를 손질하거나 조작할 때에는 반드시 총구를 **공중**으로 향하게 하여야 한다.

⑤ 무기와 탄약을 반납할 때에는 손질을 철저히 하여야 한다.

⑥ 근무시간 이후에는 무기와 탄약을 청원주에게 반납하거나 교대근무자에게 인계하여야 한다.

(7) 무기·탄약 지급 금지 및 회수 대상자

청원주는 다음의 어느 하나에 해당하는 청원경찰에게 무기와 탄약을 지급해서는 아니 되며, 지급한 무기와 탄약은 회수하여야 한다.

① 직무상 비위로 징계 대상이 된 사람

② 형사사건으로 조사 대상이 된 사람

③ 사의를 밝힌 사람

④ 평소에 불평이 심하고 염세적인 사람

⑤ 주벽이 심한 사람

⑥ 변태적 성벽이 있는 사람

4) 청원경찰의 감독

(1) 감독권자

① **청원주**는 항상 소속 청원경찰의 근무상황을 감독하고, 근무수행에 필요한 교육을 하여야 한다.

② **시·도경찰청장**은 청원경찰의 효율적인 운영을 위하여 청원주를 지도하며 감독상 필요한 명령을 할 수 있다.

③ **관할 경찰서장**은 매달 1회 이상 청원경찰을 배치한 경비구역에 대하여 다음 사항을 감독하여야 한다.

㉠ 복무규율과 근무상황

㉡ 무기의 관리 및 취급사항

(2) 감독자의 지정

① 2명 이상의 청원경찰을 배치한 사업장의 청원주는 청원경찰의 지휘·감독을 위하여 청원경찰 중에서 유능한 사람을 선정하여 감독자로 지정하여야 한다.

② 감독자는 조장, 반장 또는 대장으로 한다.

5) 직권남용 금지 등

(1) 직권남용 금지

① 청원경찰이 직무를 수행할 때 직권을 남용하여 국민에게 해를 끼친 경우에는 **6개월** 이하의 징역이나 금고에 처한다.

② 청원경찰 업무에 종사하는 사람은 「형법」이나 그 밖의 법령에 따른 벌칙을 적용할 때에는 공무원으로 본다.

(2) 불법행위에 대한 배상책임

청원경찰(국가기관이나 지방자치단체에 근무하는 청원경찰은 제외한다)의 직무상 불법행위에 대한 배상책임에 관하여는 「**민법**」의 규정을 따른다.

(3) 권한의 위임

① 관할 경찰서장에 대한 위임

시·도경찰청장은 다음의 권한을 관할 경찰서장에게 위임한다. 다만, 청원경찰을 배치하고 있는 사업장이 하나의 경찰서의 관할구역에 있는 경우로 한정한다.

㉠ 청원경찰의 배치의 결정 및 요청에 관한 권한

㉡ 청원경찰의 임용승인에 관한 권한

㉢ 청원주에 대한 지도 및 감독상 필요한 명령에 관한 권한

㉣ 과태료 부과 · 징수에 관한 권한

② 경비업자에 대한 위임

㉠ 「경비업법」에 따른 경비업자가 중요시설의 경비를 도급받았을 때에는 **청원주**는 그 사업장에 배치된 청원경찰의 근무배치 및 감독에 관한 권한을 해당 경비업자에게 위임할 수 있다.

㉡ 청원주는 경비업자에게 청원경찰의 근무배치 및 감독에 관한 권한을 위임한 경우에 이를 이유로 청원경찰의 보수나 신분상의 불이익을 주어서는 아니 된다.

(4) 의사에 반한 면직

① 청원경찰은 형의 선고, 징계처분 또는 신체상 · 정신상의 이상으로 직무를 감당하지 못할 때를 제외하고는 그 의사에 반하여 면직되지 아니한다.

② 청원주가 청원경찰을 면직시켰을 때에는 그 사실을 관할 경찰서장을 거쳐 시 · 도 경찰청장에게 보고하여야 한다.

(5) 당연퇴직

청원경찰이 다음의 어느 하나에 해당할 때에는 당연퇴직 된다.

① 임용결격사유에 해당될 때. 다만, 「국가공무원법」 제33조제2호는 파산선고를 받은 사람으로서 「채무자 회생 및 파산에 관한 법률」에 따라 신청기한 내에 면책신청을 하지 아니하였거나 면책불허가 결정 또는 면책 취소가 확정된 경우만 해당하고, 「국가공무원법」 제33조제5호는 「형법」 제129조부터 제132조까지, 「성폭력범죄의 처벌 등에 관한 특례법」 제2조, 「아동 · 청소년의 성보호에 관한 법률」 제2조제2호 및 직무와 관련하여 「형법」 제355조 또는 제356조에 규정된 죄를 범한 사람으로서 금고 이상의 형의 선고유예를 받은 경우만 해당한다.

② 청원경찰의 배치가 폐지되었을 때

③ 나이가 60세가 되었을 때. 다만, 그 날이 1월부터 6월 사이에 있으면 6월 30일에, 7월부터 12월 사이에 있으면 12월 31일에 각각 당연퇴직 된다.

(6) 휴직 및 명예퇴직

국가기관이나 지방자치단체에 근무하는 청원경찰의 휴직 및 명예퇴직에 관하여는 「국가공무원법」 제71조부터 제73조까지 및 제74조의2를 준용한다.

6) 문서와 장부의 비치

참고 문서와 장부의 비치

청원주	청원경찰명부, 근무일지, 근무상황카드, 경비구역 배치도, 순찰표철, 무기·탄약출납부, 무기장비 운영카드, 봉급지급 조서철, 신분증명서발급대장, 징계 관계철, 교육훈련 실시부, 청원경찰 직무교육계획서, 급여품 및 대여품 대장, 기타 청원경찰의 운영에 필요한 문서와 장부
관할 경찰서장	청원경찰명부, 감독순시부, 전출입 관계철, 교육훈련 실시부, 무기·탄약 대여대장, 징계요구서철, 기타 청원경찰의 운영에 필요한 문서와 장부
시·도경찰청장	배치결정 관계철, 청원경찰 임용승인 관계철, 전출입 관계철, 기타 청원경찰의 운영에 필요한 문서와 장부

7) 민감정보 및 고유식별정보의 처리

시·도경찰청장 또는 경찰서장은 다음의 사무를 수행하기 위하여 불가피한 경우 「개인정보 보호법」 제23조에 따른 건강에 관한 정보와 같은 법 시행령 제18조제2호에 따른 범죄경력자료에 해당하는 정보, 시행령 제19조제1호 또는 제4호에 따른 주민등록번호 또는 외국인등록번호가 포함된 자료를 처리할 수 있다.

① 청원경찰의 임용, 배치 등 인사관리에 관한 사무
② 청원경찰의 제복 착용 및 무기 휴대에 관한 사무
③ 청원주에 대한 지도·감독에 관한 사무
④ 위 규정에 따른 사무를 수행하기 위하여 필요한 사무

8) 경비전화의 가설

① 관할 경찰서장은 청원주의 신청에 따라 경비를 위하여 필요하다고 인정할 때에는 청원경찰이 배치된 사업장에 경비전화를 가설할 수 있다.
② 경비전화를 가설할 때 드는 비용은 청원주가 부담한다.

제2절 경찰관직무집행법

1. 경찰관직무집행법의 목적 및 직무범위

1) 경찰관직무집행법의 목적

이 법은 국민의 자유와 권리 및 모든 개인이 가지는 불가침의 기본적 인권을 보호하고 사회공공의 질서를 유지하기 위한 경찰관(경찰공무원만 해당)의 직무수행에 필요한 사항을 규정함을 목적으로 한다.

2) 경찰권의 남용금지

이 법에 규정된 경찰관의 직권은 그 직무수행에 필요한 최소한도 내에서 행사되어야 하며 이를 남용하여서는 아니 된다.

3) 경찰관직무집행법상 직무범위

① 국민의 생명·신체 및 재산의 보호
② 범죄의 예방·진압 및 수사
③ 범죄피해자 보호
④ 경비·주요 인사(人士) 경호 및 대간첩·대테러 작전수행
⑤ 공공안녕에 대한 위험의 예방과 대응을 위한 정보의 수집·작성 및 배포
⑥ 교통의 단속과 교통 위해의 방지
⑦ 외국 정부기관 및 국제기구와의 국제협력
⑧ 그 밖에 공공의 안녕과 질서유지

2. 불심검문

1) 의의

불심검문은 범죄예방이나 범인검거를 위하여 거동이 수상하여 범죄와 관련 있다고 인정되는 자를 정지시켜 질문하거나 또는 부근의 경찰서의 동행하여 질문하여 조사하는 해위를 말하며, 임의동행, 흉기의 소지여부 조사까지를 포함하는 개념이다.

불심검문은 국민이 자유와 권리를 제한하는 전형적인 권력작용이기 때문에 엄격한 법적 근거를 요한다. 그러나 불심검문 거부 시에는 임의수단이라는 점에서 처벌할 수 없다.

2) 불심검문의 대상

(1) 주체

불심검문의 주체는 경찰관으로, 이는 경찰공무원법상의 경찰관을 말하며, 경찰의 치안업무보조를 담당하는 전투경찰요원도 포함된다.

(2) 객체

① 수상한 거동자

② 범죄와 관련 있다고 의심되는 자 중 주위의 사정을 합리적으로 판단한 결과

㉠ 어떠한 죄를 범한 자

㉡ 어떠한 죄를 범하려 하고 있는 자

㉢ 이미 행하여진 범죄에 대하여 아는 자

㉣ 행하여지려고 하는 범죄행위에 관하여 아는 자

3) 불심검문의 절차

(1) 정지

정지는 불심검문의 수단으로서 보행자 또는 진행중인 자동차를 불러 세우는 것을 말한다. 불심검문은 임의적인 수단에 해당함으로 상대방이 정지를 거부하는 의사를 분명히 하였거나, 그 장소를 벗어나고자 하는 경우에 불심검문을 이유로 강제력을 행사할

수는 없다.

(2) 질문

경찰관이 직무와 관련해서 알고자 하는 사항을 묻는 것으로서 신원확인, 행선지, 소지품 유무 등이 그 대상이 된다. 그러나 질문역시 임의적으로만 가능할 뿐이므로 강제적으로 답변을 요구할 수는 없다. 이 경우 경찰관은 당해인에게 자신의 신분을 표시하는 증표를 제시하면서 소속과 성명을 밝히고 그 목적과 이유를 설명하여야 한다.

(3) 소지품 검사

경찰관은 질문을 할 때 흉기의 소지 여부를 조사할 수 있다.

(4) 임의동행

① 당해인에게 불리하거나, 교통의 방해가 된다고 인정되는 경우에는 가까운 경찰서·지구대·파출소 또는 출장소(지방해양경찰관서를 포함)에 동행할 것을 요구할 수 있다.

② 이 경우 경찰관은 당해인에게 자신의 신분을 표시하는 증표를 제시하면서 소속과 성명을 밝히고 그 목적과 이유 및 동행장소를 설명하여야 한다.

③ 동행을 한 경우 경찰관은 당해인의 가족 또는 친지 등에게 동행한 경찰관의 신분, 동행장소, 동행목적과 이유를 고지하거나 본인으로 하여금 즉시 연락할 수 있는 기회를 부여하여야 하며, 변호인의 조력을 받을 권리가 있음을 고지하여야 한다.

④ 동행에 승낙하더라도 동행시점부터 당해인을 6시간 초과하여 머무르게 할 수는 없다.

⑤ 이 경우 당해인은 형사소송에 관한 법률에 의하지 아니하고는 신체를 구속당하지 아니하며, 그 의사에 반하여 답변을 강요당하지 아니한다.

3. 보호조치

1) 의의

경찰관은 응급구호를 요하는 자를 발견했을 때 보건의료기관·공공구호기관에 긴급구호를 요청하거나 경찰관서에 보호하는 등 적당한 조치를 취하는 것을 말한다. 법적 성격은 경찰강제 중 즉시강제의 일종이며, 대인적 즉시강제에 속한다. 다만, 임시영치는 대물적 강제수단에 속한다.

2) 보호조치 대상

(1) 강제보호대상

① 정신착란상태로 인하여 자기 또는 타인의 생명·신체와 재산에 위해를 미칠 우려가 있는 자

② 술 취한 상태로 인하여 자기 또는 타인의 생명·신체와 재산에 위해를 미칠 우려가 있는 자

③ 자살을 기도하는 자.

(2) 임의보호대상자(당해인이 거절가능)

① 미아로서 적당한 보호자가 없으면, 응급 구호를 요한다고 인정되는 자.

② 병자로서 적당한 보호자가 없으면, 응급 구호를 요한다고 인정되는 자.

③ 부상자 등으로서 적당한 보호자가 없으면, 응급 구호를 요한다고 인정되는 자.

3) 보호조치 방법

(1) 긴급구호요청

① 경찰관은 수상한 거동, 기타 주의의 사정을 합리적으로 판단하여 보호대상자에 해당한다고 믿을 만한 상당한 이유가 있을 경우에는 보건의료기관 또는 공공구호기관에 긴급구호를 요청하거나 경찰관서에 보호하는 등 적당한 조치를 할 수 있다.

② 긴급구호요청을 받은 보건의료기관이나 공공구호기관은 정당한 이유 없이 긴급구

호를 거절할 수 없다.
③ 경찰관서에서의 보호는 24시간 초과할 수 없다.

(2) 임시영치

① 피구호자가 휴대하고 있는 무기 · 흉기 등 위험을 야기할 수 있는 것으로 인정되는 물건은 경찰관서에 임시영치 할 수 있다.
② 국가경찰공무원이 무기 · 흉기 등을 임시영치한 때에는 소속 국가경찰관서의 장(지방해양경찰관서의 장을 포함)은 그 물건을 소지하였던 자에게 임시영치 증명서를 교부하여야 한다.
③ 경찰관서에서의 임시영치는 10일을 초과할 수 없다.

(3) 의무사항

① 통지 및 인계조치: 경찰관이 보호조치를 한 때에는 지체 없이 이를 피구호자의 가족 · 친지, 기타의 연고자에게 그 사실을 통지하여야 하며, 연고자가 발견되지 아니할 때에는 피구호자를 적당한 공중보건의료기관이나 공공구호기관에 즉시 인계하여야 한다.
② 보고: 경찰관은 피구호자를 공중보건의료기관 또는 공공구호기관에 인계할 때에는 즉시 그 사실을 소속 경찰관서장 또는 지방해양경찰관서의 장에게 보고하여야 한다.
③ 통보: 보고를 받은 소속 경찰서장 또는 지방해양경찰관서의 장은 대통령령이 정하는 바에 의하여 피구호자를 인계한 사실을 지체 없이 당해 공중보건의료기관 · 공공구호기관의 장 및 그 감독행정청에 통보하여야 한다.

4. 위험발생의 방지

1) 의의

위험발생 방지란 경찰관이 인명 · 신체에 위해를 미치거나 또는 재산에 중대한 손해를 끼칠 위험한 사태가 발생할 경우에 경찰상의 즉시강제조치를 말한다.

법적 성격은 경찰강제 중 즉시강제이다. 그 중에서 경고, 억류, 피난, 접근, 통행의 제한·금지는 대인적 강제수단이고, 위해방지조치, 광견·분마류에 대해 조치는 대물적 강제수단 그리고 대가택적 조치도 있을 수 있다.

2) 요건

인명 또는 신체에 위해를 미치거나 재산에 중대한 손해를 끼칠 우려가 있는 천재, 사변, 공작물의 손괴, 교통사고, 위험물의 폭발, 광견·분마류 등의 출현, 극심한 혼잡 기타 위험한 사태의 발생이 있어야 한다.

3) 위험발생시 조치

① 경고 : 그 장소에 집한한 자, 사물의 관리자 기타 관계인에게 필요한 경고를 발하는 것
② 억류 및 피난 : 특히 긴급을 요할 때에는 위해를 받을 우려가 있는 자를 필요한 한도 내에서 억류시키거나 피난시키는 것
③ 위험방지조치 : 그 장소에 있는 자, 사물의 관리자 기타 관계인에게 위해의 방지상 필요하다고 인정되는 조치를 하게 허가나 스스로 그 조치를 하는 것

4) 접근금지 및 통행제한

경찰관서의 장은 대간첩작전수행 또는 소요사태의 진압을 위하여 필요하다고 인정되는 상당한 이유가 있을 때에는 대간첩작전지역 또는 경찰관서·무기고 등 국가중요시설에 대한 접근 또는 통행을 제한하거나 금지할 수 있다.

5) 의무사항

경찰관이 위험발생방지의 조치를 한때에는 지체 없이 이를 소속경찰관서의 장에게 보고하여야 한다. 접근금지 및 통행제한 또는 위험발생방지에 관한 보고를 받은 경찰관서의 장은 관계기관의 협조를 구하는 등 적당한 조치를 하여야 한다.

5. 범죄의 예방과 제지

경찰관은 범죄행위가 목전에 행하여지려고 하고 있다고 인정될 때에는 이를 예방하기 위하여 관계인에게 필요한 경고를 발하고, 그 행위로 인하여 인명·신체에 위해를 미치거나 재산에 중대한 손해를 끼칠 우려가 있어 긴급을 요하는 경우에는 그 행위를 제지할 수 있다.

6. 위험방지를 위한 출입

1) 긴급출입

① 천재·사변·공작물의 손괴, 교통사고, 위험물의 폭발 등 위험한 사태와 범죄행위로 인하여 인명·신체 등에 대한 위해가 절박할 때, 재산에 중대한 손해를 끼칠 우려가 있는 경우와 대간첩작전수행 또는 소용사태진압에 있어서 위험의 발생이 목전에 임박하여 이에 대한 위해방지와 피해구조를 위해 부득이한 경우에 출입할 수 있다.

② 출입의 목적은 위해를 방지하고 피해자를 구조하는 데 있으므로 범죄수사를 위해서는 이용될 수 없고 출입을 할 수 있는 시간은 주야를 통하여 제한받지 않으며, 이때 상대방은 수인의 의무를 진다.

③ 출입할 수 있는 장소는 타인의 토지·건물·선차내이며, 관리자의 동의는 필요치 않다.

2) 예방출입

① 흥행장·여관·음식점·역 기타 다수인 집합하는 장소의 영업 또는 공개시간 내에 있어서 범죄의 예방 또는 인명·신체와 재산에 대한 위해예방을 목적으로 출입할 수 있다.

② 출입의 목적은 범죄의 예방과 위해예방에 있고, 출입할 수 있는 시간은 영업 또는 공개시간에 한한다.

③ 경찰관이 범죄예방과 위해예방을 목적으로 출입을 요구할 때 관리자 등은 정당한 사유 없이 이를 거절하지 못한다.

3) 검색

① 경찰관이 대간첩작전수행에 필요한 경우 작전지역 안의 흥행장·여관·음식점·역 기타 다수인이 출입하는 장소, 즉 공개된 장소 안을 검색할 수 있다.
② 검색은 법관의 영장 없지 주간이나 야간을 가리지 않고 가능한 것으로, 사생활보호에 대한 중대한 예외이므로 이는 대간첩수행의 목적에만 국한된다.

4) 신분확인

긴급출입, 예방출입 및 검색시에 경찰관은 그 신분을 표시하는 증표를 제시하여야 하며, 함부로 관계인의 정당한 업무를 방해하여서는 안된다.

7. 사실확인

1) 사실의 조회 및 확인

경찰관서의 장은 직무수행에 필요하다고 인정되는 상당한 이유가 있을 때에 국가기관 또는 공사단체 등에 대하여 직무수행에 관련된 사실을 조회할 수 있다. 다만, 긴급을 요하는 경우에는 소속 경찰관으로 하여금 현장에 출장하여 당해 기관 또는 단체의 장의 협조를 얻어 그 사실을 확인하게 할 수 있다.

2) 사실확인을 위한 출석요구

경찰관은 다음과 같은 경우 관계인에게 출석을 요하는 사유·일시·장소를 명확히 한 출석요구서에 의하여 출석을 요구할 수 있다.
① 미아를 인수할 보호자의 여부
② 유실물로 인수할 권리자의 여부

③ 사고로 인한 사상자를 확인
④ 행정처분을 위한 교통사고 조사에 필요한 사실 확인

3) 사실확인을 위한 정보의 수집 등

경찰관은 범죄 · 재난 · 공공갈등 등 공공안녕에 대한 위험의 예방과 대응을 위한 정보의 수집 · 작성 · 배포와 이에 수반되는 사실의 확인을 할 수 있다. 정보의 구체적인 범위와 처리 기준, 정보의 수집 · 작성 · 배포에 수반되는 사실의 확인 절차와 한계는 대통령령으로 정한다.

4) 사실확인을 위한 국제협력

경찰청장 또는 해양경찰청장은 이 법에 따른 경찰관의 직무수행을 위하여 외국 정부기관, 국제기구 등과 자료 교환, 국제협력 활동 등을 할 수 있다.

8. 유치장

경찰서 및 지방해양경찰관서에 법률이 정한 절차에 따라 체포 · 구속되거나 신체의 자유를 제한하는 판결 또는 처분을 받은 자를 수용하기 위하여 유치장을 둔다.

9. 경찰장비의 사용

1) 경찰장비의 사용 등

(1) 경찰장비

경찰장비라 함은 무기, 경찰장구, 최루제 및 그 발사장치, 살수차, 감식기구, 해안 감시기구, 통신기기, 차량 · 선박 · 항공기 등 경찰의 직무수행을 위하여 필요한 장치와 기구를 말한다.

(2) 제한사항

① 경찰관은 직무수행 중 경찰장비를 사용할 수 있다. 다만, 사람의 생명이나 신체에 위해를 끼칠 수 있는 위해성 경찰장비를 사용할 때에는 필요한 안전교육과 안전검사를 받은 후 사용하여야 한다.

② 경찰장비를 임의로 개조하거나 임의의 장비를 부착하여 통상의 용법과 달리 사용함으로써 타인의 생명 · 신체에 위해를 주어서는 안된다.

③ 위해성 경찰장비는 필요한 최소한도에서 사용하여야 한다.

④ 경찰청장은 위해성 경찰장비를 새로 도입하려는 경우에는 대통령령으로 정하는 바에 따라 안전성 검사를 실시하여 그 안전성 검사의 결과보고서를 국회 소관 상임위원회에 제출하여야 한다. 이 경우 안전성 검사에는 외부 전문가를 참여시켜야 한다.

⑤ 위해성 경찰장비의 종류 및 그 사용기준, 안전교육 · 안전검사의 기준 등에 대하여는 대통령령으로 정한다.

2) 경찰장구의 사용

(1) 경찰장구

경찰장구라 함은 경찰관이 휴대하여 범인검거와 범죄진압 등 직무수행에 사용하는 수갑 · 포승 · 경찰봉 · 방패 등을 말한다.

(2) 요건

① 현행범인 경우 사형 · 무기 또는 장기 3년 이상이 징역이나 금고에 해당하는 죄를 범한 범인의 체포와 도주 방지

② 자기 또는 타인의 생명 · 신체에 대한 방호

③ 공무집행에 대한 항거의 억제를 위하여 필요하다고 인정되는 상당한 이유가 있을 경우

3) 분사기 등의 사용

경찰관은 ① 범인의 체포 · 도주의 방지 또는 ② 불법집회 · 시위로 인하여 자기 또는 타인의 생명 · 신체와 재산 및 공공시설안전에 대한 현저한 위해의 발생을 억제하기 위하여 부득이한 경우 현장책임자의 판단으로 필요한 최소한의 범위 안에서 분사기(총포 · 도검 · 화약류 등 단속법의 규정에 의한 분사기와 최루 등의 작용제) 또는 최루탄을 사용할 수 있다.

4) 무기의 사용

(1) 무기

무기라 함은 인명 또는 신체에 위해를 가할 수 있도록 제작된 권총 · 소총 · 도검 등을 말한다.

(2) 요건

① 위해를 수반하지 않는 경우

직무집행시 위협적 수단으로 사용하는 경우로서 상대방에게 위해를 발생시키지 않는 정도의 무기사용으로 공포 같은 것이 그 예이다.

㉠ 범위의 체포 · 도주의 방지를 위해

㉡ 자기 또는 타인의 생명 · 신체에 대한 방호를 위해

㉢ 공무집행에 대한 항거의 억제를 위해

② 위해를 수반하는 경우

㉠ 형법상 정당방위 또는 긴급피난의 해당하는 때

㉡ 사형 · 무기 또는 장기 3년 이상의 징역이나 금고에 해당하는 범인을 체포하는 경우 그 항거나 도주 방지를 위해 필요한 때

㉢ 체포 · 구속영장과 압수 · 수색영장 집행시 항거 · 도주 방지를 위해 필요한 때

㉣ 무기 · 흉기 등 위험한 물건을 소지한 범인, 소요행위자가 경찰관으로부터 3회 이상 투기명령을 받고도 불응하면서 계속 항거할 때

㉤ 대간첩작전수행 중 무장간첩이 경찰관의 투항명령을 받고도 이에 불응할 때

10. 손실보상

국가는 경찰관의 적법한 직무집행으로 인하여 다음에 해당하는 손실을 입은 자에 대하여 정당한 보상을 하여야 한다.

① 손실발생의 원인에 대하여 책임이 없는 자가 생명 · 신체 또는 재산상의 손실을 입은 경우(손실발생의 원인에 대하여 책임이 없는 자가 경찰관의 직무집행에 자발적으로 협조하거나 물건을 제공하여 생명 · 신체 또는 재산상의 손실을 입은 경우를 포함한다)

② 손실발생의 원인에 대하여 책임이 있는 자가 자신의 책임에 상응하는 정도를 초과하는 생명 · 신체 또는 재산상의 손실을 입은 경우

11. 범인검거 등 공로자 보상

경찰청장, 시 · 도경찰청장 또는 경찰서장은 다음의 어느 하나에 해당하는 사람에게 보상금을 지급할 수 있다.

① 범인 또는 범인의 소재를 신고하여 검거하게 한 사람

② 범인을 검거하여 경찰공무원에게 인도한 사람

③ 테러범죄의 예방활동에 현저한 공로가 있는 사람

④ 그 밖에 제1호부터 제3호까지의 규정에 준하는 사람으로서 대통령령으로 정하는 사람

12. 소송의 지원

경찰청장과 해양경찰청장은 경찰관이 제2조(직무범위) 각 호에 따른 직무의 수행으로 인하여 민 · 형사상 책임과 관련된 소송을 수행할 경우 변호인 선임 등 소송 수행에 필요한 지원을 할 수 있다.

13. 직무수행으로 인한 형의 감면

다음의 범죄가 행하여지려고 하거나 행하여지고 있어 타인의 생명 · 신체에 대한 위해 발생의 우려가 명백하고 긴급한 상황에서, 경찰관이 그 위해를 예방하거나 진압하기 위한 행위 또는 범인의 검거 과정에서 경찰관을 향한 직접적인 유형력 행사에 대응하는 행위를 하여 그로 인하여 타인에게 피해가 발생한 경우, 그 경찰관의 직무수행이 불가피한 것이고 필요한 최소한의 범위에서 이루어졌으며 해당 경찰관에게 고의 또는 중대한 과실이 없는 때에는 그 정상을 참작하여 형을 감경하거나 면제할 수 있다.

① 「형법」 제2편제24장 살인의 죄, 제25장 상해와 폭행의 죄, 제32장 강간과 추행의 죄 중 강간에 관한 범죄, 제38장 절도와 강도의 죄 중 강도에 관한 범죄 및 이에 대하여 다른 법률에 따라 가중처벌하는 범죄

② 「가정폭력범죄의 처벌 등에 관한 특례법」에 따른 가정폭력범죄, 「아동학대범죄의 처벌 등에 관한 특례법」에 따른 아동학대범죄

14. 벌칙

「경찰관직무집행법」에 규정된 경찰관의 의무를 위반하거나 직권을 남용하여 다른 사람에게 해를 끼친 사람은 1년 이하의 징역이나 금고에 처한다.

제3장

헌법 및 형사법

제3장 헌법 및 형사법

제1절 헌법

1. 헌법의 의의

1) 헌법의 의의

헌법은 국가의 통치체제에 관한 기본원칙을 규정한 국가의 최상위법이며 국가의 근본규범이다. 헌법은 한 나라의 기본법이요 나라의 구성원인 국민이 주인이다. 또한 나라를 다스리는 법질서이며 기본권을 보장하는 규범으로서 가장 높은 효력을 가진다. 그렇기 때문에 헌법에 위반하는 법률은 모두 위헌에 해당한다. 경비업법, 청원경찰법 등 경비관련법도 헌법의 규정에 위반되지 않는 범위 내에서 타당성을 보장 받는다.

2) 헌법의 종류

헌법은 성문의 형식에 근거하느냐에 따라 성문헌법(成文憲法)과 불문헌법(不文憲法)으로 구분된다. 최초의 성문헌법은 1776년의 버지니아 헌법이고 영국의 대헌장 · 권리장전 · 권리청원 등이 불문헌법에 해당한다. 또한 제정의 주체에 따라 절대 군주의 독단에 의한 흠정헌법(欽定憲法)[1]과 군주와 국민 또는 국민 대표간의 타협에 의하여 제정된 협약헌법(協約憲法)[2]과 연방국가에 있어서 연방과 지분방(支分邦) 사이의 합의에 의하여

1) 제2차대전 전의 일본헌법

제정된 국약헌법(國約憲法)[3]과 국민의 주권사상에 입각하여 국민 또는 대표자에 의하여 제정된 민정헌법(民政憲法)으로 분류된다. 개정절차의 난이정도에 따라서 그 개정 절차가 일반법률의 개정 절차보다 까다롭게 되어 있는 경성헌법(硬性憲法)과 법률과 동일한 절차로 개정되는 연성헌법(軟性憲法)으로 구분된다.

2. 대한민국 헌법

대한민국 헌법은 대한민국의 최고 기본법으로, 인적으로는 대한민국의 국민에게 적용되고, 장소적으로는 대한민국의 영역 내에서 적용된다.

3. 헌법의 제·개정

1) 헌법의 제정

대한민국 헌법은 1948년 5·10선거로 제헌의회가 구성되고 그 의결로 헌법이 확정되어 1948년 7월 17일 공포·시행되었다.

2) 헌법의 개정

대한민국은 1948년 7월 17일 대한민국정부수립의 기초가 된 헌법을 제정·공포한 이래 1987년 10월 29일 전부개정까지 8차에 걸친 개정을 시행하였다. 헌법개정안의 주요내용은 다음과 같다.

첫째, 대통령직선제의 채택으로 국민의 직접선거에 의한 정부선택을 보장함과 아울러, 대통령단임제에 기한 평화적 정권교체의 전통을 계승 확립함으로써 민주국가발전의 기틀을 더욱 확고히 하였다.

둘째, 대통령의 비상조치권·국회해산권의 폐지를 통하여 대통령의 권한을 합리적으

2) 1830년 프랑스 헌법
3) 미합중국 헌법

로 조정하고, 국정감사권을 부활하는 등 국민의 대표기관인 국회의 권한을 강화하여 그 기능을 활성화함으로써 국가권력의 균형과 조화를 도모하였으며, 법관의 임명절차 개선과 헌법재판소의 신설 등을 통하여 사법권의 독립을 실질적으로 보장하고 헌법의 실효성을 제고하였다.

셋째, 구속적부심사청구권의 전면보장, 형사보상제도의 확대, 범죄피해자에 대한 국가구조제도 신설 등 국민의 신체와 생명에 대한 보호를 강화하고, 언론·출판·집회·결사에 대한 허가·검열의 금지등 표현의 권리를 최대한 보장하며, 근로 3권의 실질적 보장과 최저임금제의 실시 등 근로자의 인간다운 생활을 할 권리를 확충하여 기본적 인권을 신장하였다.

넷째, 경제질서에 관하여는 자유경제체제의 원리를 근간으로 하면서 적정한 소득의 분배, 지역경제의 균형발전, 중소기업과 농·어민 보호 등을 통하여 모든 국민의 복리를 증진시키고, 국민생활의 기본적 수요를 충족시키는 사회정의를 실현하도록 하였다.

4. 헌법 전문(前文)

유구한 역사와 전통에 빛나는 우리 대한국민은 3·1운동으로 건립된 대한민국임시정부의 법통과 불의에 항거한 4·19민주이념을 계승하고, 조국의 민주개혁과 평화적 통일의 사명에 입각하여 정의·인도와 동포애로써 민족의 단결을 공고히 하고, 모든 사회적 폐습과 불의를 타파하며, 자율과 조화를 바탕으로 자유민주적 기본질서를 더욱 확고히 하여 정치·경제·사회·문화의 모든 영역에 있어서 각인의 기회를 균등히 하고, 능력을 최고도로 발휘하게 하며, 자유와 권리에 따르는 책임과 의무를 완수하게 하여, 안으로는 국민생활의 균등한 향상을 기하고 밖으로는 항구적인 세계평화와 인류공영에 이바지함으로써 우리들과 우리들의 자손의 안전과 자유와 행복을 영원히 확보할 것을 다짐하면서 1948년 7월 12일에 제정되고 8차에 걸쳐 개정된 헌법을 이제 국회의 의결을 거쳐 국민투표에 의하여 개정한다.

5. 대한민국 헌법의 기본원리

1) 국민주권주의

현행 헌법은 제1조 제2항에서 '대한민국의 주권은 국민에게 있고, 모든 권력은 국민으로부터 나온다.'라고 규정하여 국민주권을 직접 명시하고 있고, 헌법 전문에도 헌법제정과 헌법 개정의 주체가 국민임을 명시하고 있다. 이 국민주권주의를 구체화하기 위해 간접민주정치(의회제도, 선거제, 공무담임권 보장)를 원칙적으로 채택하고 있으며, 예외적으로 직접민주정치(국민투표)도 실시하고 있다.

2) 권력분립주의

국가 권력의 집중에 따른 폐단을 방지하기 위하여, 국가 권력을 입법권(국회)·사법권(법원)·행정권(정부)의 세 부문으로 나누어 서로 견제하도록 하여야 한다는 정치사상이다.

3) 기본권 존중주의

기본권존중주의는 대한민국 헌법의 기본원칙 중 하나이다. 헌법 전문을 통해 기본권 보장을 선언하고 있으며, 헌법 제10조에서 "모든 국민은 인간으로서의 존엄과 가치를 가지며, 행복을 추구할 권리를 가진다. 국가는 개인이 가지는 불가침의 기본적 인권을 확인하고 이를 보장할 의무를 가진다"라고 함으로써 기본권 존중주의를 규정하고 있다. 이것은 근대적 헌법의 핵심이며, 헌법이 민주주의를 기본원리로 하고 민주주의가 '인간의 존엄과 가치'를 기본적인 가치내용으로 하는 한, 기본권존중주의는 민주적 헌법질서 자체를 의미한다. 이와 같은 기본권존중주의는 헌법 제2장의 각 조항에서 구현되고 있다. 헌법이 보장하는 기본적 인권의 내용은 자유적 기본권만이 아니라 사회정의의 원칙에 입각한 사회적 기본권을 제한하는 경우에도 법률로써 하되 국가안전보장·질서유지 또는 공공복리를 위하여 필요한 경우에 한정하고 있을 뿐 아니라 자유와 권리의 본질적 내용은 침해할 수 없게 하고 있다(헌법 제37조).

4) 문화국가의 원리

헌법 제9조에는 국가는 전통문화의 계승·발전과 민족문화의 창달에 노력해야 한다는 국가의 의무를 규정하고 있다.

5) 복지국가의 원리

현행 우리나라의 헌법은 자유시장 경제질서를 기본적 원칙으로 하면서 복지국가의 원리를 수용하고 있다. 복지국가라는 표현은 1930년대 유럽에서 유래된 개념으로 권력국가나 전쟁국가에 대비되는 것으로, 국가는 모든 국민을 위하여 적극적인 사회보장과 완전고용의 실현을 추구하는 것을 말한다.

6) 국제 평화주의

대한민국 헌법 전문에 '안으로는 국민 생활의 균등한 향상을 기하고, 밖으로는 항구적인 세계 평화와 인류 공영에 이바지함으로써 우리들과 우리들의 자손의 안전과 자유와 행복을 영원히 확보할 것을 다짐하면서'라고 국제 평화주의에 관한 내용이 명시되어 있다. 또한 헌법 제5조에서는 대한민국은 국제평화의 유지에 노력하고 침략적 전쟁을 부인한다고 규정하고 있으며, 제6조에서는 헌법에 의하여 체결·공포된 조약과 일반적으로 승인된 국제법규는 국내법과 같은 효력을 가진고 외국인은 국제법과 조약이 정하는 바에 의하여 그 지위가 보장된다고 규정하여 국제평화주의를 규정하고 있다.

7) 사회적 시장경제주의

헌법 제119조에는 대한민국의 경제질서는 개인과 기업의 경제상의 자유와 창의를 존중함을 기본으로 한다. 또한 국가는 균형 있는 국민경제의 성장 및 안정과 적정한 소득의 분배를 유지하고, 시장의 지배와 경제력의 남용을 방지하며, 경제주체간의 조화를 통한 경제의 민주화를 위하여 경제에 관한 규제와 조정을 할 수 있도록 규정하고 있다.

6. 기본권의 의의

1) 기본권의 개념

기본권은 헌법에 의하여 보장되는 국민의 기본적 권리이다. 일반적으로 개인의 자유로운 영역이 국가권력의 간섭이나 침해를 받지 아니할 소극적 · 방어적 공권인 자유권적 기본권과 국민이 인간다운 생활을 확보하기 위하여 일정한 국가적 급부와 배려를 국가에 대해 요구할 수 있는 권리인 사회적 기본권으로 구분한다.

2) 기본권의 특성

기본권이 가지는 특성에는 보편성, 고유성(천부성), 항구성, 불가침성이 있다.

① 보편성 : 인종 · 성별 · 신앙 · 사회적 신분 등에 구애받지 아니하고 모든 인간이 보편적으로 누리는 권리

② 고유성(천부성) : 인간이 인간으로서 생존하기 위해 당연히 누려야 할 권리

③ 항구성 : 영구히 보장되고 박탈당하지 아니하는 항구적 권리

④ 불가침성 : 인간이 향유하는 불가침의 권리로서 기본적 인권의 본질적 내용을 어떠한 경우에도 침해될 수 없음을 명시

3) 헌법상의 기본권 체계

(1) 포괄적 기본권

① 인간의 존엄과 가치 · 행복추구권

인간으로서의 존엄과 가치라는 것은 사회 공동체의 구성원으로서 고유한 인격 주체성을 가지고 있으며, 개성 신장을 통하여 자주적 인격체로서 살아갈 수 있음을 강조하는 것이다. 행복 추구권은 안락하고 만족스러운 삶을 추구할 수 있는 권리를 말하는데, 포괄적 인권으로써 행동의 자유권, 신체 불훼손권, 평화적 생존권, 휴식권 수면권, 일조권, 스포츠권 등이 있다.

참고 **헌법 제10조** 모든 국민은 인간의 존엄과 가치를 가지며, 행복을 추구할 권리를 가진다. 국가는 개인이 가지는 불가침의 기본적 인권을 확인하고 이를 보장할 의무를 가진다고 규정하고 있다.

② 평등권

합리적인 이유 없이 불평등한 대우를 받지 않을 권리를 말한다.

참고 **헌법 제11조** ①모든 국민은 법 앞에 평등하다. 누구든지 성별 · 종교 또는 사회적 신분에 의하여 정치적 · 경제적 · 사회적 · 문화적 생활의 모든 영역에 있어서 차별을 받지 아니한다.
②사회적 특수계급의 제도는 인정되지 아니하며, 어떠한 형태로도 이를 창설할 수 없다.
③훈장 등의 영전은 이를 받은 자에게만 효력이 있고, 어떠한 특권도 이에 따르지 아니한다.

(2) 자유권적 기본권

개인이 국가 권력의 간섭이나 억압을 받지 않을 권리로서 소극적 · 방어적 공권, 포괄적 권리, 절대군주에 항거하여 최초로 획득한 권리로 천부인권성이 가장 강한 기본권이다.

① 신체의 자유

신체의 자유는 기본적 인권 가운데서 가장 중요한 자유이다. 신체의 자유는 생명권을 전제로 사회적 존재로서의 사람이 외부적인 구석을 받지 아니 할 자유권이기 때문이다. 다만 이 자유는 다른 인권도 마찬가지지만 긴급명령이나 계엄이 선포되었을 때에는 예외적으로 엄중한 제한을 받게도 된다.

② 사생활영역의 자유

개인이 사생활에 대한 공개를 강요당하지 않고 사생활을 영위할 수 있는 자유. 헌법 제17조에서 "모든 국민은 사생활의 비밀과 자유를 침해받지 아니한다."라고 규정하고 있다.

③ 정신적 자유

정신적 자유는 자칫 추상적으로 생각하기 쉽지만, 사람이 이성을 가진 존재로서 사회적인 활동을 한다고 할 때에 자기 생각에 따라 움직인다고 하는 한 가지 사실만으로도 그 중요성을 인정 할 수 있고 어떠한 통치체제이든 그 구성원의 정신적 승복이 없이는 존립할 수 없다는 그 당위성이 있다. 이에 관하여 우리 헌법에는 제19조 양심의 자유와 제20조 종고의 자유가 있으며, 제21조가 정하고 있는 표현의 자유 및 언론 · 출판의 자유, 집회의 자유, 결사의 자유, 학문 · 예술의 자유, 제18조 통신의 비밀보장이 등이 ㅠ

정되어 있다.

④ 표현의 자유

표현의 자유는 공동체의 구성원으로서 가지는 권리다. 특히 민주주의의 필수불가결한 기본권이라 할 수 있다. 의사 표현은 개인적 개성 신장의 수단으로, 궁극적으로는 인간의 존엄성을 실현하는 데 기여한다. 그리고 그런 개별적 의사가 모여 여론을 형성하고, 그 공론 경쟁력의 정도에 따라 제도화하거나 제도에 영향을 미친다. 이는 의사 표현의 공적 기능에 해당된다. 표현의 자유 중 대표적인 것은 언론과 출판의 자유다.

(3) 경제적 기본권

경제적인 자유를 누릴 수 있는 권리이다. 헌법에서는 제23조 재산권의 불가침, 제15조 직업선택의 자유, 제10조, 제124조, 제27조 제1항을 통하여 소비자의 권리를 규정하고 있다.

(4) 정치적 기본권

헌법이 정한 국민이 가지는 기본적인 정치적 권리를 말한다. 대한민국 헌법재판소는 2001헌마710 판결에서 "종래 정치적 기본권으로는 헌법 제24조(공무원선거권)와 제25조(공무담임권) 및 그밖에 제72조 제130조(국민투표권)가 규정하는 이른바 '참정권'만을 의미하는 것으로 보았다. 그러나 오늘날 정치적 기본권은 국민이 정치적 의사를 자유롭게 표현하고, 국가의 정치적 의사형성에 참여하는 정치적 활동을 총칭하는 것으로 넓게 인식하고 있다."하고 판시하였다.

(5) 청구권적 기본권

청구권적 기본권은 국민이 자신의 권리나 이익이 침해되었을 때나 그 우려가 발생 하였을 때 국가에 대하여 적극적으로 일정한 행위를 요구할 수 있는 권리이다. 청구권적 기본권은 다른 기본권을 보장하기 위한 수단적 권리로써의 특징을 가진다. 따라서 다른 기본권을 위한 기본권, 이를 보장하기 위한 절차적 측면을 강조한 기본권이다. 우리 헌법은 제26조 청원권, 제27조 재판청구권, 제28조 형사보상청구권, 제29조 국가배상청구권, 제30조 범죄피해자국가구조청구권 등을 인정하고 있다. 청구권적 기본권은 자연권이 아니기 때문에 법률이 제정됨으로써 비로소 구체적으로 행사할 수 있는 권리이다. 따라서 법률의 규정이 없는 때에는 국민은 국가에 대하여 일정한 행위를 청구할 수 없다.

(6) 사회적 기본권

국민이 생존을 유지하거나 생활을 향상시켜 '인간다운 생활'을 하기 위하여 국가에 대하여 적극적인 배려를 요구할 수 있는 권리이다. 구체적으로 국가가 국민의 사회·경제생활에 대한 방임적 정책에서 벗어나서 적극적으로 빈곤·실업·불경기·공황 등의 문제에 대처하여 복지를 증진시켜 주고자 하는 정책을 바탕으로 하여 국민이 그에 대응하여 보장된 복지국가의 이념에 따른 현대적 기본권이라 할 수 있다. 우리헌법은 제34조 인간다운 생활권, 제32조 근로의 권리, 제33조 노동3권, 제31조 교육을 받을 권리, 제35조 제1항 환경권, 제35조 제3항 쾌적한 주거생활권, 제35조 제1항 건강권으로 규정하고 있다.

(7) 신체의 자유

신체의 자유는 기본적 인권 가운데서 가장 중요한 자유이다. 신체의 자유는 생명권을 전제로 사회적 존재로서의 사람이 외부적인 구속을 받지 아니 할 자유권이기 때문이다. 다만 이 자유는 다른 인권도 마찬가지지만 긴급명령이나 계엄이 선포되었을 때에는 예외적으로 엄중한 제한을 받게도 된다. 우리 헌법은 제12조 제1항 죄형법정주의, 제12 제2항 고문 금지 및 묵비권, 제12조 제3항 영장제도, 제12조 제4항 변호인의 조력을 받을 권리, 제12조 제5항 체포·구속시의 형사피의자 보호, 제12조 제6항 구속적부심사 청구권, 제12조 제7항 자백의 증거능력 제한, 제28조 형사보상청구권으로 규정하고 있다.

제2절 형사법

1. 형사법

범죄와 형벌에 관계되는 법을 형사법이라고 한다. 형법과 형사소송법, 형의 집행 및 수용자의 처우에 관한 법률 외에도 예컨대 도로교통법, 심지어 상법 속에도 범죄와 형벌이 규정된 것이 있으며 경비업법에도 벌칙의 조항에서 그 처벌이 형벌을 가하도록 되어 있는 것은 범죄와 형벌을 정한 형사법의 영역에 속한다. 형사실체법으로는 일반법인 형법을 비롯하여 특별법인 군형법, 폭력행위 등 처벌에 관한 법률, 가정폭력방지 및 피해자보호 등에 관한 법률, 성폭력방지 및 피해자보호 등에 관한 법률 등이 있고, 형사절차법으로 형사소송법 및 형사사법절차 전자화 촉진법, 형사집행법으로 형의 집행 및 수용자의 처우에 관한 법률 등이 있다.

2. 형법

1) 형법의 의의

형법은 일정한 행위를 범죄로 규정하고, 그에 대하여 형벌 또는 보안처분을 부과하는 법규범위 총체이다. 형법은 '…한 자는 …에 처한다'는 식으로 규정하는 가설적 규범이다. 형법은 일정한 행위를 규제하는 행위규범이자, 사법활동을 규제하는 재판규범이다. 나아가 형법은 평가규범이면서 의사결정규범이다.

형법은 어떠한 행위가 범죄로 되며 또 그에 대하여 어떠한 형벌을 얼마만큼 과할 것인가를 규정한 법률을 말한다. 예컨대 형법 제250조를 보면, 전반부의 '사람을 살해한 자'는 범죄의 내용이고 후반부의 '사형 · 무기 또는 5년 이상의 징역에 처한다'는 형벌의 종류와 정도를 규정하고 있다. 이와 같이 형법전에 규정된 법규들을 형식적 의미의 형법이라고 한다.

또한 형법은 형법전 외의 많은 단행법에도 규정되고 있다. 예컨대 폭력행위 등 처벌에 관한 법률이나 특정범죄 가중처벌 등에 관한 법률과 같은 것이다. 이것들을 형사특별법 또는 특별형법이라고 부른다. 특별형법에는 그 외에도 행정목적을 달성하기 위하여 형벌을 과하는 법규가 있다. 예컨대 도로교통법 안에 있는 형벌법규나 경비업법에 있는 형벌법규 등을 말한다. 이들을 행정형법이라고 한다.

국가공무원법 · 선거법 · 세법 · 상법 등에 보이는 범죄와 형벌을 정한 규정은 모두 '실질적 의미의 형법'이라고 한다. 이러한 실질적 의미의 형법을 '광의의 형법'이라고도 한다. 이에 대하여 형식적 의미의 형법을 '협의의 형법'이라고도 한다.

2) 형법의 체계적 지위

형법은 공법(公法)이다. 국가와 범죄자 사이의 배분적 정의를 규율한다. 개인과 개인의 법률관계를 규범하는 사법(私法)과는 구분된다. 형법은 대표적인 공법이고, 민법은 대표적인 사법이다. 또한 형법은 사법법(司法法)이다. 즉 재판에 적용된다는 의미로서 합목적성보다는 법적안정성을 우선한다. 그리고 형법은 실체법(實體法)으로 범죄와 형벌의 실체를 규정한다. 그렇기 때문에 절차법인 형사소송법과 구분된다.

3) 형법의 성격과 기능

(1) 형법의 성격

① 가언규범성

가설규범성이라고도 한다. 단언, 명령하지 아니하고 가설적 형태를 취한다는 것이다. 예컨대 '…한 자는 …에 처한다.'

② 행위규범성

국민에게 일정한 행위를 금지하고 있으므로 이로써 행위의 기준으로 삼도록 한다는 측면에서 행위규범이다.

③ 재판규범성

법관의 판단기준으로 삼게 한다는 측면에서 재판규범이다.

④ 평가규범성

일정한 행위가 법가치에 반한다는 것을 평가한다는 점에서 평가규범이다.

⑤ 의사결정규범성

형법이 금하는 불법을 행하여서는 안 된다는 의무를 부과한다는 측면에서 의사결정규범의 성격도 존재한다.

(2) 형법의 기능

① 규제적 기능

일반국민에게는 행위규범 내지 의사결정규범으로 작용하고, 법관에게는 재판규범과 평가규범으로 작용하여 행위를 규제한다. 즉 형법은 '사람을 살해한 자는 사형 · 무기 또는 5년 이상의 징역에 처한다'와 같이 그 규정형식에서 볼 때, 타인의 살해행위는 위법하다고 평가하여 이런 행위를 하지 말 것을 간접적으로 수범자에게 요구함으로써 그의 행위를 규제하고 있다. 이와 같이 형법은 어떤 행위에 대한 규범적 평가를 가하여 그러한 행위를 하지 않도록 또는 하도록(예: 형법 제319조 제2항 퇴거불응죄) 의사를 결정하여(의사결정규범) 행위를 취하도록 강제하는 기능을 한다.

② 보호적 기능

형법은 생명, 신체, 재산, 명예, 공공의 안전, 국가 등의 법익을 보호한다. 법익의 침해 없는 범죄는 존재하지 않는다. 형법에 의하여 보호되고 있는 법익은 보통 개인적 법익과 사회적 법익 및 국가적 법익으로 나뉜다. 개인의 생명 · 신체 · 자유 · 명예 · 비밀 · 재산 등은 개인적 법익에 속하고, 사회의 평온 및 불특정 다수인의 생명 · 신체 · 재산 등의 이익은 사회적 법익에 그리고 국가의 존립과 안전이나 공무의 적정한 수행 등은 국가적 법익에 속한다.

③ 보장적 기능

국가형벌권의 한계를 제한하여 임의적 형벌로부터 국민을 보호한다. 형법상 책임원칙, 비례의 원칙 등이 이에 해당하며, 죄형법정주의에도 보장적 기능이 있다 할 것이다. 자유민주주의에서 가장 강조되는 기능이다. 형법에 해당하는 행위는 범죄이고 형법에 따라 처벌할 것이나, 달리 말하자면 형법에 해당하지 않는 모든 행위는 범죄가 아니며, 형법에 저촉되지 않는 그 모든 자유행위를 법으로 규제하지 않고, 다만 자유로 보장하겠다는 것이다.

4) 죄형법정주의(罪刑法定主義)

(1) 죄형법정주의의 의의

범죄와 형벌을 미리 법률로써 규정하여야 한다는 근대형법상의 기본원칙이다. 권력자가 범죄와 형법을 마음대로 전단하는 죄형전단주의(罪刑專斷主義)와 대립되는 원칙이다. "법률이 없으면 범죄도 없고, 법률이 없이는 형벌도 없다(nullum crimen, sine lege nulla poena sine lege)"는 이 원칙은 범죄와 형벌을 미리 법률로써 규정하여야 한다는 근대 형벌제도를 지배하여 왔다. 여기에서 말하는 법률은 제정법만을 의미한다. 따라서 아무리 사회적으로 비난받아야 할 행위라 할지라도 법률이 범죄로서 규정하지 않았다면 처벌할 수 없으며, 범죄에 대하여 법률이 규정한 형벌 이외의 처벌을 과할 수 없다는 것이 이 주의의 본래적 의미이다. 결국 죄형법정주의의 근본적 의의는, 국민 개인의 자유와 권리를 보장하기 위하여 승인되는 국가권력의 자기제한(自己制限)인 것이다.

(2) 죄형법정주의의 파생원칙

죄형법정주의는 법률주의, 소급효금지, 유추해석의 금지, 형벌법규의 명확성의 원칙, 형벌법규의 적정성의 원칙을 주요내용으로 한다.

① 법률주의

형법은 민법이나 상법과 달리 관습법에 의한 구성요건의 창설이나 형의 가중이 금지되며, 오로지 입법의 형식에 의해서만 범죄와 형벌이 정해져야 한다는 원칙이다.

② 소급효금지

소급효금지는 형벌 법규는 시행 이전의 행위까지 소급하여 적용할 수 없다는 원칙이다. 즉 형벌법규는 그것이 시행된 이후의 행위에 대해서만 적용되고, 시행 이전의 행위에까지 소급하여 적용할 수 없다는 원칙이다. 이는 법적 안정성과 법률에 대한 예측 가능성을 높이기 위함인 것이다.

③ 유추해석 금지

유추해석의 금지는 형법을 해석할 때는 법조문의 문장과 표현대로 엄격히 해석해야 하고, 해석자(수사기관, 재판기관)가 자의적으로 해석해서는 안 된다는 원칙이다. 다만 피고인에게 유리하거나 형을 감경하는 유추해석까지 금지하지는 아니한다. 또한 법률에 규정이 없는 사항에 대하여 그것과 유사한 성질을 가지는 사항에 관한 법률을 적용하는 것도 금지한다. 그러나 피고인에 유리한 유추해석과 소송법규정의 유추해석은 가능하다.

④ 형벌법규의 명확성

형벌법규의 명확성의 원칙은 어떤 행위가 형법에 의하여 금지되는 행위인지가 명확함으로써 누구나 알 수 있어야 한다는 원칙이다. 즉 구성요건과 그 법적 결과를 명확하게 규정해야 한다는 원칙이다.

⑤ 형벌법규의 적정성

형벌법규의 적정성은 법률 자체가 불합리하거나 부정한 것을 배제하여 적정해야 한다는 원칙이다. 형법은 사회 질서를 침해하는 행위 제재에 한정해야 하고, 범죄와 형벌 간에 적정한 균형이 이루어져 범죄와 형벌을 규정하는 법률의 내용은 기본적 인권을 실질적으로 보장할 수 있도록 적정해야 한다는 원칙이다.

5) 범죄론

(1) 범죄의 개념

범죄란 반사회적인 비행일반을 가리키는 것이 아니고 살인 · 방화 · 강도 · 절도 등 각각 다른 것과 구별되는 구체적이고 실질적인 내용을 갖는 것을 말한다. 또한 형식적 범죄의 개념으로 구성요건에 해당하고 위법 · 유책한 형벌을 과할 수 있는 행위를 말한다. 즉 법익을 침해하는 반사회적 행위로서 법정된 구체적인 인간의 의사활동이 범죄라고 하겠다.

(2) 행위론

범죄란 형법에 의하여 금지된 행위를 행하는 것이다. 그러므로 행위주의의 원칙에 의해서 '모든 범죄는 행위이어야 하고 행위 아닌 것은 범죄가 아니다'라는 명제가 성립한다. 즉 범죄의 구성요건을 따지기에 앞서 형법상 행위개념을 확정할 필요가 있다. 예컨대 성격, 사상, 의사, 인격 등은 그 자체만으로는 아무리 나쁜 것이라도 범죄로 되지 않는다. 비로소 외부적으로 표출된 행위만이 형법의 대상으로 된다.

(3) 구성요건의 해당성

어떠한 행위라도 법률상 명시한 구성요건에 해당하지 않는 한 범죄로 되지 않는다. 구성요건을 통하여 개개 범죄가 분류되고, 구성요건에 해당하는 행위는 위법하다고 추정된다. 어떠한 사실이 구성 요건에 해당할 때 위법성 조각 사유와 책임 조각 사유가 없으면 범죄가 성립하게 된다.

(4) 위법성

① 위법성의 개념

구성요건에 해당하는 행위가 전체 법질서에 반하는 속성을 위법성이라고 한다. 형식적 위법성은 어떤 행위가 실정법을 위반한 경우를 가리키고, 실질적 위법성은 실질적 관점에서 평가한 위법, 즉 법익침해를 의미한다. 형식적 위법성은 실질적 위법성을 기초로 성립하므로 이 둘은 상호보완관계이지만, 죄형법정주의의 요구 때문에 실질적 위법이 곧 형식적 위법을 뜻하는 것은 아니라는 점에서 이 둘은 구별된다.

② 위법성 조각 사유

구성요건에 해당하는 행위는 보통 위법하지만, 일정한 사유가 있으면 위법성이 조각된다. 즉 적법한 행위가 되는 것이다.

첫째, 정당행위이다. 법령에 의한 행위에는 공무집행행위, 적법한 명령복종행위, 징계행위, 현행범인체포행위, 정신병자에 대한 감호행위 등이 있다. 업무로 인한 행위에는 치료행위, 치료유사행위(정형수술 · 성전환수술 등) 등이 있다.

둘째, 정당방위이다. 자기 또는 타인의 법익에 대한 현재의 부당한 침해를 방위하기 위한 행위이다.

셋째, 긴급피난이다. 자기 또는 타인의 법익에 대한 현재의 위난을 피하기 위한 상당한 이유 있는 행위이다.

넷째, 자구행위이다. 법정 절차에 의하여 청구권을 보전할 수 없을 경우에 그 청구권의 실행 불능 또는 현저한 실행 곤란을 피하기 위한 행위이다.

다섯째, 피해자의 승낙이다. 피해자가 본인의 법익에 대한 침해를 허용 및 동의한 경우를 말한다. 다만 피해자의 승낙이 성립하려면 조건이 필요하다. 피해자가 승낙의 내용과 의미를 이해할 수 있는 판단 능력을 갖추고 있어야 한다. 또한, 피해자가 훼손해도 괜찮다고 승낙한 법적 이익이 개인적이어야 한다. 사회적 · 국가적 법익에 대해서는 피해자 개인이 승낙했다고 해서 위법성이 없어지지 않는다.

(5) 책임성

"책임 없으면 형벌 없다"라는 표현으로 이해되는 형법의 기본원칙으로 책임주의 또는 책임원칙이라고 하는데 헌법원칙이기도 하다. 범죄의 성립을 위해서는 행위가 구성요건에 해당하고 위법성을 갖출 뿐만 아니라 유책성이 인정되어야 한다.

다만 형법이 전제하고 있는 자유로운 의사결정을 할 수 있는 책임능력에 따라 유책성을 판단할 수 있다. 이때 형사미성년자나 심신상실자는 책임무능력자에 해당되어 책임이 조각되고 심신미약자와 농아자는 한정책임능력자에 해당하여 책임감경 사유가 된다.

3. 형사소송법

1) 형사소송법의 개념

범죄가 구체적으로 발생하였을 때는 형법에 의해서 실질적인 범죄사실 및 범죄자를 확인하고 행위에 맞는 형벌을 과하여야 한다. 그런데 그 절차는 법률이 규정한 적법하고 공정한 절차에 의하지 않으면 안 된다. 전자를 실체적 진실주의라고 하며 후자를 적정절차의 원칙이라고 한다.

국가형벌권을 구체적으로 실현하는 형사재판에 관한 절차가 형사소송이며, 그 절차를 규율하는 법률이 형사소송법이다. 형사소송법은 형사소송절차를 규율하는 법률로써, 형사소송절차는 범죄를 인정하고 형벌을 과하기 위한 절차인 것이다. 즉 형벌을 청구하는 자와 방어하는 자가 대립되는 구도가 되고, 제3자인 법원이 이것에 관하여 객관적으로 판단한다는 소송의 구조를 가지는 일련의 절차를 규정한 절차법인 것이다.

형식적 의미의 형사소송법은 형사소송법이라는 이름을 가진 법률을 말하며, 1954년 9월 23일 법률 제341호에 의해서 제정되었다. 제1편 총칙, 제2편 제1심, 제3편 상소, 제4편 특별소송절차, 제5편 재판의 집행까지 총 493조와 부칙으로 되어 있다.

실질적 의미의 형사소송법은 형사절차에 관한 법규범의 총체를 말한다. 즉 형사사건에 대해 수사를 진행하고, 공소를 제기를 하며, 재판하고, 선고된 형벌을 집행하는 일련의 형사절차를 규율하는 법이다. 정확하게는 형사절차법이라는 용어가 더 적절하지만, 형사절차의 중심이 소송절차에 있으므로 형사소송법이라고 한다.

2) 형사소송법의 이념

(1) 실체적 진실주의

형사소송법상 실체적 진실주의는 진상규명의 지향을 의미하며, 죄 있는 자를 밝혀서 처벌하고자 하는 적극적 실체적 진실주의와 죄 없는 자의 무죄를 밝히고자 하는 소극적·실체적 진실주의를 포함한다. 실체적 진실주의는 형사소송의 근본원칙으로서, 이를 실현하기 위하여 피고인과 증인의 신문(제161조의 2, 제287조), 직권증거조사(제295조), 전문법칙(제310조의 2), 심급, 재심(제420조 내지 제440조) 등의 제도를 두고 있다. 그러나 실체적 진실주의는 초소송법적 이익에 의하여 제약되기도 한다. 군사상이나 공무상, 업무상 비밀에 속하는 장소 또는 물건에 대한 압수와 수색은 제한되고(제110조 내지 제112조), 공무상 또는 업무상 비밀에 속하는 사항과 근친자에게 불이익한 사항에 대하여는 증언을 거부할 수 있다(제147조 내지 제149조). 그러나 실체적 진실을 추구함에 있어서 피고인의 인권을 유린할 우려가 있으므로 그 방지를 위하여 적정절차의 원칙과 신속한 재판의 원칙이 강조된다.

(2) 적정절차의 원칙

형사절차가 공정한 법정절차에 의하여야 한다는 원칙을 말한다. 이는 곧 형사절차가 헌법의 인권보장의 정신에 부합하여야 한다는 것을 의미한다. 적정절차의 원칙은 형사피고인의 인권을 존중할 뿐 아니라, 공정한 형사절차를 유지함으로써 법질서에 대한 신뢰를 제고하고 국가의 형벌권의 남용을 견제하는 데에 그 의의가 있다. 적정절차의 원칙은 헌법에의 의하여 선언되어 있으며, 공정한 재판의 원칙과 과잉금지의 원칙을 내용으로 하고, 형사소송법상 법관의 제척·기피·회피제도, 피고인에 대한 변호인의 조력권, 법원의 피고인에 대한 묵비권고지의무와 피고인의 묵비권, 구속적부심사제도 등에 의하여 구현된다.

(3) 신속한 재판의 원칙

신속한 재판의 원칙이란 형사재판절차가 적정한 기간 내에 종료되어야 한다는 원칙을 말한다. 재판의 지연은 재판의 거부와 같은 효과가 있을 수 있다. 신속한 재판의 원칙은 피고인의 부당한 장기구금과 재판의 지연으로 인해 발생할 수 있는 피고인의 방어력 약화를 방지하고, 피고인의 불안과 피고인에 대한 비난을 최소화하기 위한 것이다. 나아가 신속한 재판의 원칙은 실체적 진실주의 및 적정절차의 원칙을 뒷받침하고, 소송절차의 촉진 및 소송비용의 절감 등 공익을 위해서도 필요하다. 신속한 재판의 원칙은 형법에 명시되어 있으며, 형사소송법상 수사기관의 구속기간제한, 공소시효제도, 공판준비절차, 궐석재판제도, 집중심리주의, 구속기간 및 판결선고기간제한, 신속한 상소심재판 등으로 구현된다.

3) 소송의 주체

소송의 주체는 법원·검사 및 피고인(변호인)이다. 검사와 피고인을 당사자라고 하며, 검사는 구가기관이면서 원고이다. 법원은 심판의 주체이다.

참고 형사소송의 주체 및 관계인

소송주체		법원·검사·피고인	
소송관계인	당사자	검사	피고인
	보조인	사법경찰관리	변호인, 보조인
소송관여자		증인, 감정인, 고소인, 고발인	

4) 소송절차

형사소송 절차는 공소 전 절차와 공소 후 절차로 크게 나누어진다.

(1) 공소 전 절차

공소 전 절차는 수사절차와 공소절차로 나눌 수 있다. 수사절차는 강제수사절차와 임의수사절차로 나눌 수 있다. 강제수사절차에 있어서는 인권옹호를 위하여 구속·압수·수색영장제도, 묵비권·고문금지 등 특별한 적법절차가 요구된다. 수사가 끝나면 공소 또는 불기소절차가 행하여지며, 공소가 제기되면 공판절차가 개시된다.

(2) 공소 후 절차

공소 후의 소송절차는 판결절차와 집행절차로 나누어진다. 판결절차는 민사소송의 판결절차와 다름이 없으나, 직권주의가 민사소송보다 강하게 작용한다. 집행절차는 판결에 따라 행형법에 의하여 집행된다. 특별절차로서 약식명령절차와 간이공판절차 및 즉결심판절차가 있다.

제 4 장

범죄예방론

제4장 범죄예방론

제1절 범죄예방의 기초

1. 범죄의 개념

범죄의 개념은 형식적 의미와 실질적 의미로 구분한다. 형식적 의미의 범죄는 형법 등 형사법을 위반하는 행위를 의미하는 것이고, 실질적 의미의 범죄는 형식적 의미뿐만 아니라 사회윤리에 어긋나는 비행행위도 포함한다. 이러한 범죄는 시간과 공간을 따라 정의가 달라지는 상대적인 개념으로 파악할 수 있다.

1) 형식적 의미의 개념(법률적 정의)

형식적 의미의 범죄는 형사법을 위반한 행위로 법규에 따라 형벌이 부과된다. 즉, 법률적 의미의 범죄는 범죄의 구성요건에 해당하며, 위법하고 책임이 있어야 한다. 범죄의 개념은 합의론적 관점과 갈등론적 관점으로 구분할 수 있다. 합의론적 관점에서 범죄로 간주하는 행위는 시민이 범죄행위를 비난하는 데 합의한다는 것을 가정하며, 갈등론적 관점에서 범죄행위는 지배계층이 피지배계층을 통해 이익을 도모하기 위해 만든 것으로 본다.

2) 실질적 의미의 개념(비법률적 정의)

사회가 복잡하고 다양화됨에 따라 형벌을 부과할 필요가 있는 불법적인 행위를 모두 법률로 규정할 수는 없지만, 사회의 존립과 기능을 현저히 침해하는 행동은 반드시 존재한다. 이처럼 법률적인 의미의 범죄뿐만 아니라 사회규범을 어기는 행동인 비행 행동까지 포함하는 것이 실질적 의미의 범죄이다.

2. 범죄의 두려움

범죄로 인해 발생하는 영향은 실제로 발생하는 사망, 폭행, 절도 등의 직접적인 피해뿐만 아니라 시민이 범죄로부터 갖게 되는 두려움도 반드시 고려되어야 한다. 범죄의 두려움이란 피해자가 될 가능성에 대한 주관적 인상을 말한다. 즉, 범죄로부터 야기되는 무서움 또는 불안감의 정서적 반응으로 잠재적 위협에 대한 지각된 위험이다.

직접적인 범죄행위와 범죄로 인해 야기되는 두려움은 시민의 삶에 지대한 영향을 미친다. 즉 범죄와 범죄에 대한 두려움은 경제적, 심리적, 시간적 손실 등의 측면에서 범죄의 직접적인 피해자와 사회 전체에 심각한 악영향을 초래한다. 경찰 등 국가기관에서 파악하는 실제 발생 건수도 많지만, 범죄로 인한 두려움은 직접적인 범죄피해자가 아니더라도 간접적으로 범죄에 관한 정보를 접한 모든 시민의 일상적인 생활을 바꿀 수 있을 정도로 그 해악성은 매우 크다.

3. 범죄예방

1) 범죄예방의 개념

범죄예방이란 범죄의 양적 수준 혹은 인지된 범죄두려움을 감소하기 위한 모든 활동을 포함한다. 이러한 활동들에는 경찰, 검찰 등 형사사법기관의 노력 이외에 지방자치단체나 민간단체의 활동까지도 포함한다. 범죄예방과 범죄통제는 유사한 의미로 쓰이는 경우가 많지만, 사실 두 개념은 같은 개념은 아니다. 범죄예방이란 특정 범죄가 발생하기 전 혹은 새로운 형태의 범죄가 발생하기 전에 그 범죄들이 발생하지 않도록 개입하는 것을 말한다. 이에 반해 범죄통제는 일정한 목표수준 또는 현재의 수준으로 범죄발생을 유지하고 관리하는 것을 말한다.

2) 범죄예방의 모델

범죄예방 모델은 질병예방과 의학적 치료를 위한 의료모델을 범죄예방에 응용한 것으로 1차 예방, 2차 예방, 3차 예방으로 구분할 수 있다.

첫째, 1차 범죄예방은 처음부터 범죄가 발생하지 않도록 하는 활동이다. 1차 예방의 영역에서는 사회적 결함 또는 결핍의 개선과 범죄를 저지르기 전 단계의 실업, 교육문제 등의 개선을 중요시한다. 1차 예방의 영역에서는 문제지향적 경찰활동과 지역사회 경찰활동을 강조하게 된다. 여기에는 범죄예방 교육 및 캠페인, 민간경비, 환경개선 등도 포함된다.

둘째, 2차 예방이다. 이는 범죄를 시도하려는 잠재적 범죄자를 조기에 발견하여 이들이 범죄행동을 저지르기 전에 개입하는 것이다. 즉, 범죄자의 범행기회를 억제하는 것과 관련이 있다. 이는 순찰의 강화 등을 통해 정복 경찰관의 가시성(Visibility)을 높임으로써 범죄를 사전에 억제하려는 노력도 이에 속한다. 또한 범죄자 예측, 상황적 범죄예방, 약물 중독자 관리, 문제학생 관리 등도 포함된다. 최근 전 세계적으로 도입하고 있는 셉테드(CPTED : Crime Prevention Through Environmental Design)가 여기에 속한다고 할 수 있다.

셋째, 3차 예방이다. 이는 이미 범죄를 저지른 사람(범죄자)들을 대상으로 한다. 주로 재범을 억제하고 제지하기 위한 교정 활동들이 해당한다. 여기에는 성범죄의 재범을 억제하기 위해 도입된 전자팔찌 등과 같이 범죄자의 범죄능력을 무력화시키는 활동 이외에도 교도소의 직업훈련 등과 같이 사회복귀를 도우려는 활동 등 재사회화를 위한 활동도 포함된다.

제2절 범죄의 원인

1. 생물학적 원인

생물학적 범죄원인론은 범죄의 원인을 범죄자의 신체에 초점을 둔다. 즉, 일반인과 범죄자의 신체적 차이에서 범죄의 원인을 찾는다. 범죄생물학을 주장하는 학자들은 일부 범행을 선택하는 사람은 바로 생물학적으로 결함이 있고, 열등한 사람들이라고 믿었다. 이들의 신체적 열등성은 비범죄자와는 구별되는 어떠한 신체적 특성을 일으키는 것으로 보고 있다.

대표적인 학자에는 '범죄학의 아버지'라고 불리는 롬브로조(Lombroso)가 있다. 이후에 고링(Goring)은 범죄생물학적 입장에서 범죄자와 비범죄자의 특징을 조사하여 차이점이 없다는 주장함으로써 롬브로조의 생물학적 결정론을 반대하였다. 그러나 후튼(Hooton)의 경우 범죄자는 생물학적으로 열등하고 신체적인 특징에 의해 범죄를 범하기 쉬운 유형을 제시함으로써 롬브로조의 주장을 뒷받침하였다.

또한 생물학적 범죄원인은 기본적으로 범죄자의 범죄적 기질은 유전된다는 연구결과가 있다. 이외에도 XYY 염색체, 두뇌구조, 뇌파, 호르몬, 쌍둥이, 가계, 신체구조, 체격형, 화학적 불균형 등을 연구함으로써 생물학적 이론을 지지하고 있다.

2. 심리학적 원인

심리학은 인간의 행동과 심리과정에 대한 과학이다. 즉, 심리학적 범죄원인이란 범죄자의 행동과 범죄자의 심리형성과정에 대한 과학이다. 여기에서는 개인의 범죄행동이 어떻게 획득되고, 유발되고, 유지되고, 변화되는가에 주목한다.

범죄행동에서의 사회적·성격적 영향력들은 심리과정을 거쳐서 그 행위에 매개된다. 성격이란 심리학자들이 행동의 통제와 매개에 중요하다고 발견한 생물학적 영향력, 심리적 특징, 인지적 특성을 의미한다. 최근 심리학적 범죄원인은 범행의 인지적 측면에 초점을 맞추고 있다. 인지란 인간이 환경이나 상호관계에서 자기 자신에 관해 가진 태도, 신념, 가치, 사고를 말한다. 또한 심리학적 범죄원인은 범죄행동의 억제에 시도되어 온 예방, 개입, 치료전략의 검토와 평가를 수행하고 있다.

3. 사회학적 원인

사회학적 범죄원인은 1920년대 미국의 시카고학파의 사회생태학적 연구에서 시작되었고, 이후 범죄자와 사회적 환경을 중심으로 관심의 초점이 옮겨졌다. 그런데 이처럼 범죄원인의 규명에 있어서 사회학적 접근이 시도되는 이유가 있다.

우리는 지역과 계층에 따라 범죄행위의 유형이 다양해짐을 경험했지만, 개인적 요인을 지향하는 이론들로는 이런 범죄율의 차이를 설명하지 못했다. 이에 사회학적 범죄학자들은 그 이유가 무엇이며 어떻게 제거할 수 있을 것인가를 규명하고자 노력했다. 전체적으로 사회학적 범죄원인은 범죄행동을 이해하는 데 있어 사회의 구조, 제도, 과정상의 역할을 강조한다.

1) 사회구조이론

현대사회는 계층화되고 다원적인 사회이기 때문에 사회구성원 모두가 합의할 수 있는 규범을 찾기가 어렵다. 따라서 사회규범이 범죄억제기능을 발휘하지 못하는 경우가 생길 수밖에 없다. 또한 현대사회의 계층화는 부와 권력 그리고 특권 등의 불평등한 분배 때문에 생성되며, 특정 사회계층은 가치관, 태도 그리고 규범 등을 공유하는 사람들로 구성되기 때문에 계층 간에 갈등을 겪을 수밖에 없다. 그런데 하위계층은 현대사회에서 요구되는 교육 등 성공을 위한 기회와 수단이 제한되거나 차단됨에 따라 가장 많은 박탈감을 가지게 될 수밖에 없다. 따라서 이들은 합법적으로 상류계층과 경쟁할 수 없으므로 때로는 일탈할 수밖에 없게 되는 것이다. 즉, 이렇게 사회경제적 하류계층을 범죄의 주요한 원인으로 규정하는 관점을 사회구조이론이라고 한다.

여기에는 일반긴장이론이 포함된다. 애그뉴(Agnew)가 주장한 일반긴장이론은 목표달성의 실패, 긍정적 자극의 소멸, 부정적 자극의 발생과 같은 긴장요인들로 인해서 청소년들이 부정적 감정을 경험하기 때문에 비행청소년이 된다고 이해한다. 청소년들이 자신보다 뛰어난 친구와 비교하거나, 부모의 이혼과 같은 경험을 한 청소년들은 긍정적인 자극이 부족한 경우 대리만족을 위해 비행친구를 찾는다는 것이다. 또한 교사의 야단과 같은 부정적 자극을 받은 청소년이 그들의 분노를 자기보다 약한 교우를 향한 폭력행위로 해소하는 것도 긴장에 의한 영향으로 보았다.

2) 사회과정이론

사회과정이론은 범죄를 유발하거나 조장할 수 있는 환경이나 범죄자의 특성이 무엇인가보다는 개인이 범죄자가 되는 과정을 설명하고자 한다. 사회과정이론에 따르면 인간의 행위란 학습되는 것이며 또한 범죄행위도 우리가 비범죄적 행위를 습득하는 것과 마찬가지의 동일한 방법으로 습득되는 것으로써 가정한다. 즉 사회화 과정이 범죄행위의 중요한 결정요인이 되는 것이다. 대표적인 이론은 다음과 같다.

첫째, 차별적 접촉이론이다. 차별적 접촉이론은 청소년들이 비행행동을 하는 것은 타인과의 의사소통과 상호작용을 통해 학습했기 때문이라고 이해했다. 서덜랜드(Sutherland)에 따르면, 청소년들의 비행행동은 친밀한 타인과의 상호작용과 교제를 통해 비행행동을 지지해 주는 가치관, 동기, 충동, 합리화, 태도 등을 학습의 결과이다. 특히 비행성 있는 사람과 얼마나 자주 만나는지, 얼마나 오래 만나 왔는지, 처음 사귀었던 친구가 누구였는지, 얼마나 친한지 등에 따라서 학습의 정도가 달라진다. 정상적인 행동과 마찬가지로 비행행동도 일반적인 욕구와 가치관의 표현으로 비행행동을 옹호하는 가치관이 강할수록 비행행동을 할 가능성이 커진다. 이처럼 청소년이 접촉하는 가족구성원, 친구, 교사 등과의 관계형성이 일탈행동을 예측하는데 주요 요소가 된다.

둘째, 사회유대이론은 사회결속의 붕괴와 약화를 청소년비행의 원인으로 이해한다. 허쉬(Hirschi)는 청소년 누구나 비행 동기가 있는데 만약, 통제되지 않으면 비행행동을 할 수 있지만, 자신의 비행행동으로 가족과 친구와 같은 중요한 사회적 관계자들이 피해를 당하기 때문에 스스로 자신들의 비행행동을 통제한다고 가정한다. 또한 허쉬는 애착(attachment), 전념(commitment), 참여(involvement), 신념(belief) 이라는 네 가지 요소를 통해 사회유대를 설명했다. 즉, 부모, 친구 등과의 애착이 있고, 학교생활 등 학생으로서의 일상활동에 전념하며, 학교활동에 참여하고 규율과 규범을 존중할수록 비행의 가능성이 작아진다고 설명했다. 이처럼 부모와 친구 등 주위사람과의 애착관계 형성 및 학교생활에 유대감을 형성하는 것이 청소년의 비행행동을 통제하는 데에 매우 중요하다는 것을 알 수 있다.

제3절 범죄예방의 필요성과 관련이론

1. 범죄예방의 필요성

현대사회는 사회 환경의 변화와 함께 개인생활이 다양해지고 복잡해지면서 시민의 안전한 삶을 위협하는 다양한 위험요인들이 발생하고 있다. 이러한 위험요인 중에서 매년 증가하고 지능화 · 흉포화 · 기동화 되어가는 범죄문제가 가장 대표적이다. 범죄는 정신적 · 물질적으로 피해회복이 힘들고, 피해의식이나 두려운 기억에 의해 원만한 대인관계가 불가능하게 되는 등의 결과를 가져오기 때문이다.

범죄가 심각한 사회문제로 간주되는 상황에서 최선의 해결책은 범죄를 사전에 예방하는 것이다. 우리보다 범죄문제의 심각성을 먼저 경험한 서구국가들도 사전에 범죄를 예방하고 감소시키기 위한 정책을 적극적으로 실시하고 있으며, 범죄로부터 안전한 도시 등을 건설하기 위한 노력을 하고 있다.

2. 범죄예방이론

1) 억제이론

범죄예방이론의 기초가 되는 억제이론은 18세기 고전학파 범죄이론을 바탕으로 하며, 범죄행위에 대한 국가의 강력한 처벌을 통하여 범죄를 억제하려는 것이다. 억제이론에서는 인간의 자유의지와 도덕적 책임감을 강조하며, 범죄자를 자기 행동을 실행에 옮기기 이전에 합리적으로 결정하고 행동하는 존재로 파악하고 있다.

이 이론은 즐거움을 극대화하고, 고통을 극소화하려는 속성을 가진 인간을 전제한다. 개인은 자유의지에 의하여 범죄를 저지르게 되는데, 범죄를 행할 것인지, 행하지 말 것인지를 스스로 선택하고 행동한다. 따라서 범죄를 저지를 것인가의 여부는 전적으로 자신의 책임이지 결코 사회의 책임이 아니라고 본다. 그러므로 국가는 범죄를 저지른 사람을 처벌함으로써 그 대가를 받게 하고, 이러한 처벌을 통하여 미래의 범죄를 예방하려는 것이다. 즉, 범죄자와 일반인들에게 국가의 처벌을 두려워하게 만들어 범죄를 저지르지 못 하게 하려는 것이다.

억제이론에서는 처벌을 통한 범죄예방의 효과를 높이기 위한 것으로써 처벌의 엄격성, 확실성, 신속성을 요구한다. 처벌의 엄격성은 복역 기간이나 벌금액의 정도와 같은 처벌의 가혹성 또는 강도에 관한 것이다. 억제이론은 처벌이 엄격하면 엄격할수록 법규위반율은 낮아질 것으로 가정한다.

처벌의 확실성은 처벌의 가능성에 관한 것이다. 억제이론은 체포와 기소, 제재 받을 가능성이 높을수록 법규위반율이 낮아질 것으로 가정한다. 처벌의 신속성은 즉각적인 처벌 즉, 법규를 위반하는 것과 처벌을 받는 시점 사이의 시간적 관계에 관한 것을 말한다. 처벌을 신속하게 실행할수록 법규위반율이 낮아질 것으로 가정한다.

2) 상황적 범죄예방이론

상황적 범죄예방이론은 범죄의 기회를 감소시켜 범죄를 예방하려는 이론이다. 이 이론에서는 억제이론과 같이 인간의 자유의지, 공리주의적 인간관, 합리적 선택 등에 근거한 범죄관을 전제로 한다.

이 이론에 따르면 첫째, 합리적 선택이론은 인간은 주어진 조건에서 손해를 줄이고 이익을 최대한 추구하려는 합리적 선택을 통하여 행동한다는 공리주의적 이론의 바탕 위에서 범죄행위를 분석한다. 범죄를 결정하는 과정이 완전한 합리성에 따르지는 않지만 제한된 영역 내에서 자기 나름의 합리적 선택을 한다. 또한 범죄자는 자신의 범죄행위에 있어서 비용(cost)과 이익(benefit)을 계산하고 자신에게 유리하다고 판단이 되었을 때 범죄를 저지른다는 것이다. 따라서 상황적 범죄예방전략은 사람들이 자기 집에 경보장치를 설치하거나 경비원을 고용하였을 때 잠재적 범죄자들에게 이익보다는 비용이 훨씬 높다는 메시지를 강력하게 전하는 것이다.

둘째, 뉴만(Newman)의 생태학적 이론이다. 뉴만은 방어공간(defensible space) 개념을 제시하면서 주택건축에 범죄예방을 고려할 것을 주장하였다. 그는 공공건축물에 대해 공동체의 익명성을 줄이고, 범죄자의 침입 및 도주로를 차단하며, 순찰 및 감시의 용이함을 고려하여 설계함으로써 범죄를 예방할 것을 제시하였다. 또한 제퍼리(Jeffery)도 환경설계를 통한 범죄예방 개념을 제시하였는데, 그는 물리적 환경, 주택설계, 주민참여, 경찰활동 등의 요소를 종합적으로 고려하여 주택 및 도시를 설계함으로써, 지역

사회, 우범지역, 주택지역, 교육기관 등을 범죄로부터 안전하고, 범죄에 대한 두려움을 제거할 수 있다고 주장했다. 이 관점에 따르면 경보장치, 잠금장치, 밝은 가로등의 설치, 이웃감시순찰 등과 같은 활동은 범죄자의 범행기회를 감소시킬 수 있다는 것이다. 이것은 범죄발생이 쉬운 하는 환경을 파악하고 개선하여 범죄발생을 줄이려는 시도이다.

셋째, 코헨과 펠슨(Cohen and Felson)이 주장한 일상활동이론이다. 일상활동이론에서 범죄는 첫째, 범죄를 저지르고자 하는 범죄자, 둘째, 범죄의 적당한 대상, 셋째, 감시의 부재라는 조건이 충족될 때 발생한다고 본다. 이러한 맥락에서 상황적 범죄예방에서는 범죄발생요인을 범죄자의 욕구, 범죄능력, 범죄기회로 구분하고, 범죄가 발생하는 상황적 요인 특히 범죄기회를 통제함으로써 범죄를 예방하려는 것이다. 범죄피해에 취약한 일상활동을 가진 사람의 일상활동 변화는 범죄피해의 가능성을 감소시킬 수 있다.

제4절 경찰에 의한 범죄예방 활동

1. 예방 순찰활동

경찰의 순찰활동은 개괄적인 경찰임무의 수행과 관내 정황을 파악하기 위해 일정지역을 순회 시찰하는 가시적 활동을 통해 범죄를 예방하려는 것을 목적으로 한다. 예방순찰을 통해 수행해야 할 개괄적인 순찰임무는 불심검문, 범죄의 예방과 제지, 현행범 또는 피의자 체포, 위험발생의 방지, 위험방지를 위한 출입, 방범 · 방화 또는 방첩의 지도계몽, 관내 상황의 시찰 및 파악, 보호 및 수배 또는 경찰사범의 단속, 기타 순찰 중 인지한 사건들의 취급 및 처리 등이 있다.

2. 방범진단과 방범심방

방범진단이란 범죄(특히 침입절도)의 방지를 도모함을 목적으로 하여 주택, 상가, 건물 등에 대하여 문단속, 시정, 그 외 방범상의 시설 · 기구 등의 상황을 점검하여 불비 또는 결함이 있는 것에 대하여 지도 조치를 마련하는 것을 말한다.

방범심방이란 지역경찰관이 관내의 각 가정, 기업체, 기타 시설을 방문하여 범죄예방, 청소년 선도, 안전사고 방지 등의 지도계몽과 상담 및 연락 등을 행하고 민원 사항을 청취한 후 주민의 협력을 얻어 방범의 기초자료를 수집하는 활동을 말한다.

3. 경찰관직무집행법상의 범죄예방활동

1) 불심검문

불심검문은 범죄예방이나 범인검거를 위하여 거동이 수상하여 범죄와 관련 있다고 인정되는 자를 정지시켜 질문하거나 부근의 경찰서에 동행하여 질문하는 것을 말한다. 그 성격은 경찰상의 즉시강제로써 경찰강제의 하나이며 대인적 강제처분에 속한다.

불심검문은 범죄예방의 중요한 수단이 될 뿐만 아니라 범죄를 발견하는 수사의 단서로써도 큰 역할을 하는 효과적인 활동이다. 실제로 간첩이나 중요범죄의 범인이 경찰관의 불심검문에 의하여 포착·검거되는 경우가 많다.

2) 보호조치

경찰관이 응급구호를 요하는 자를 발견했을 때 보건의료기관·공공구호기관에 긴급구호를 요청하거나 경찰관서에 보호하는 등 적당한 조치를 취하는 것을 말한다. 법적 성격은 경찰강제 중 즉시강제의 일종이며, 대인적 즉시강제에 속한다.

3) 위험발생의 방지

위험발생 방지란 경찰관이 시민의 생명과 신체에 위해를 미치거나 재산에 중대한 손해를 끼칠 위험한 사태가 발생할 때 경찰이 행하는 경찰상의 즉시강제조치를 말한다.

법적 성격은 경찰강제 중 즉시강제이다. 그중에서 경고, 억류, 피난, 접근, 통행의 제한·금지는 대인적 강제수단이고, 위해방지조치, 광견·분마류에 대한 조치는 대물적 강제수단이다.

4) 범죄의 예방과 제지

경찰관은 범죄행위가 목전에서 행하여지려고 하고 있다고 인정될 때는 이를 예방하기 위하여 관계인에게 필요한 경고를 발할 수 있고, 그 행위로 인하여 인명 · 신체에 위해를 미치거나 재산에 중대한 손해를 끼칠 우려가 있어 긴급을 요할 때는 그 행위를 제지할 수 있다.

5) 위험방지를 위한 예방출입

경찰관은 흥행장 · 여관 · 음식점 · 역 기타 다수인이 집합하는 장소의 영업 또는 공개시간 내에 범죄의 예방 또는 인명 · 신체 · 재산에 대한 위해예방을 목적으로 출입할 수 있다.

제5절 민간경비에 의한 범죄예방

1. 민간경비의 개념

1) 협의와 광의의 개념

민간경비의 개념은 협의로는 특정 고객의 생명, 신체, 재산을 보호하고, 질서유지를 위한 모든 범죄예방활동을 말한다. 광의로는 협의의 민간경비 이외에 방범, 방재, 방화, 사이버보안 등을 포함한다.

2) 형식적 의미와 실질적 의미 개념

형식적 의미의 민간경비는 실정법인 경비업법에 규정하는 업무를 수행하고, 동법에 의해 허가받은 법인에 의해 수행되는 활동을 말한다. 형식적 의미에서는 경찰과 민간경비는 명확히 구별된다.

실질적 의미의 민간경비는 특정 고객의 생명, 신체, 재산의 보호와 사회적 손실감소 및 질서유지를 위한 모든 활동을 의미한다. 실질적 의미의 민간경비활동은 경찰이 수행하는 경비활동과 본질적으로 같지만, 경비활동의 주체가 민간과 국가라는 측면에서 차이가 존재한다.

민간경비란 특정의뢰자와 영리성, 법적강제권의 미보유, 범죄예방을 핵심내용으로 한다. 즉 민간경비란 민간인 신분인 법인이나 경비원이 고객으로부터 받은 보수만큼 안전서비스를 제공하여 범죄를 예방하는 활동을 말한다.

2. 민간경비에 의한 범죄예방의 필요성

1) 범죄경향의 변화

현대의 범죄는 COVID-19(코로나)를 비롯하여 국제 유가의 상승, 미국 등 세계 경제의 장기침체, 신용카드 발급 및 사용의 남발로 인한 개인 채무 증가 등 국내·외 경제상황의 악화로 인한 내부부진, 실업률 상승이 범죄현상에도 반영되어 경제적 이익을 목적으로 하는 경제범죄가 수년 동안 계속해서 증가하고 있다. 또한 인간사회의 고도화에 따라 전문기술직, 관리직, 사무직 근로자가 증가하고 이들의 사회적 역할이 확대되면서 소위 '화이트칼라 범죄'도 증가하고 있다.

교통과 통신의 발달은 범죄의 광역화 및 초스피드화를 촉진하고 있으며, 첨단기술을 활용하는 지능적인 범죄와 컴퓨터 등을 활용하는 각종 신종범죄가 증가하고 있다. 그리고 조직범죄 및 반인륜적 범죄가 사회분위기에 편승하여 국민의 불안감을 확산시키고 있으며, 마약류의 남용이 점차 보편화되고, 연령층도 갈수록 낮아지고 있어 개인뿐만 아니라 사회와 국가 전체에 악영향을 끼치는 등 범죄는 점차 그 심각성이 증대되고 있다.

2) 경찰력의 한계

경찰은 범죄로부터 사회를 최일선에서 지켜주는 기능을 하고 있다. 하지만 범죄의 증가 및 다양화로 인해 경찰력만으로 범죄를 예방하고 통제하는 것은 불가능하다. 그 이유로는 첫째, 증가하는 범죄에 대한 경찰인력의 수급 부족, 둘째, 과중한 업무의 스트레스가 많은 민생치안부서의 근무를 기피하는 현상, 셋째, 경찰에 대한 주민의 이해가 부족해서 업무의 협조 미흡, 넷째, 경찰장비의 노후로 인하여 최근의 첨단 범죄에 대한 대응 미비, 다섯째, 유관부처와의 업무협조의 미흡 등이 있다.

3) 시민의 안전의식 증대

민주주의가 발전하고 자유시장 경제원리가 보편화됨에 따라 시민들은 자신의 안전을 위한 개인적·집단적 노력이 점차 증대되고 있다. 안전에 대한 욕구는 특히 범죄와 관련하여 개개인의 자경주의를 강화시키고 있다. 따라서 경찰의 역할에만 전적으로 의존하는 전통적인 사고방식에서 벗어나고 있다.

시민의 안전의식의 증대는 경찰서비스에 대한 인식전환을 가져왔다. 경찰의 치안서비스는 기본적으로 거시적인 측면에서 지역사회 중심의 안전확보와 관련된 역할을 중심으로 전개되고 있다. 따라서 사회구성원 개개인 차원이나 여타 집단과 기업과 같은 조직 등의 안전과 보호는 해당 개인이나 조직이 담당해야 한다는 인식을 초래했다. 결국 대안적 생산자로서 민간경비에 관심이 집중되고 있다.

4) 민간영역의 성장

(1) 치안경계의 모호성

오늘날 할인마트, 백화점 등과 같은 다중이용시설 증가로 인해 민간소유 재산의 치안활동에 대한 경계가 모호하게 되었다. 일반적으로 개인영역은 사생활 보호차원에서 공공의 접근이 가능한 한 제한되고 있지만, 할인마트, 백화점의 경우 민간소유의 재산임에도 불구하고 경찰의 접근을 특별히 제한되지 않고 있다. 할인마트, 백화점과 같은 쇼핑센터는 항상 수많은 고객이 이용함으로써 영리를 추구하기 때문에 다중이용시설 사업주가 그 공간의 치안을 확보하는 것이 자연스럽게 되었다.

(2) 민간영역에서의 치안활동

다중이용시설의 사업주는 질서유지 및 범죄예방 등 치안서비스를 수행하기 위하여 민간경비를 자체적 또는 계약을 통하여 고용하고 있다. 여기서 민간경비는 소비자의 소비욕구를 최대한 활용하기 위해 공공접근을 극대화하는 동시에 들치기, 걸인, 부랑자, 음주사, 불량청소년 등 상업적 활동을 침해하는 사람들의 불법적 행위를 동제하는 역할을 수행하고 있다.

(3) 민간영역의 상품화

민간경비의 치안유지활동은 고객이 소비활동을 하는 데 있어서 안정성을 확보해 주는 데서 그치지 않고 경비활동 자체가 점차 상품화되고 있으며, 그 규모면에서도 경찰을 능가하는 실정이며 최근에는 하나의 산업으로 성장하고 있다.

(4) 민간영역의 대규모화

민간경비가 성장함에 따라 민간경비기업들은 하나의 이익집단을 형성함으로써 자신들의 활동영역을 더욱 확대하고 있다. 이익집단이론에서 보면 한 사회 내에 존재하는 많은 이익집단이 그들의 이익을 최대화하기 위한 방법들과 유사한 방식으로 민간경비도 자신의 집단적 이익을 실현하기 위해서 조직 규모를 팽창시키고, 새로운 규율이나 제도를 창출시키는 등의 노력을 기울이게 된다.

3. 지역사회 경찰활동

지역사회 경찰활동이란 개인, 가정, 직장, 기관 또는 지역사회 단체가 스스로 범죄의 발생을 방지하기 위해 경찰 및 치안 관련기관과 협조하는 다양한 형태의 범죄예방활동을 말한다.

지역사회 경찰활동은 치안활동의 단위를 가정 · 마을 · 학교 · 기업 등으로 규정하여 각각 공동체의 협력을 통해 범죄예방활동을 도모하는 것이다. 이를 위해서는 주민들의 협력을 담보할 수 있는 '민'과 '관'의 협력체제 확립과 조직적인 운영이 필요하다.

1) 이웃공동감시

이웃공동감시는 주거지역 내에서 아파트 동별 혹은 가까운 이웃끼리 서로 협력하여 공동경계 및 감시체계를 결성한 후 집을 비우게 될 때나 어떤 사건이 발생할 때, 이웃을 중심으로 주민들 스스로 자율적으로 범죄를 예방함으로써 피해를 줄이고자 하는 것이다. 좋은 사례로 서울 강남구 압구정동 현대아파트의 주부방범대와 노인방범대를 들 수 있는데, 이들은 이웃 간의 단절로 강력사건이 빈발하자 자율적으로 방범체계를 구성,

출입자 통제, 빈집 돌봐주기, 취약지역 순찰 등을 통하여 효율적으로 주택가의 강·절도를 예방하고 있다.

2) 시민경보체제

지역주민 각자가 자기 집이나 이웃집에서 범죄가 발생하거나 범죄를 목격했을 때는 112에 신고하거나 비상벨 등으로 신속하게 가까운 이웃이나 방범초소·경찰서·파출소에 연락하여 거동수상자의 출현, 범죄상태와 범인의 도주경로, 기타 수사의 단서가 될 수 있는 각종 정보를 제보할 수 있도록 민간신고망을 조직하는 것이다.

4. 환경설계를 통한 범죄예방기법(CPTED)

1) 셉테드의 개념

(1) 셉테드의 정의

셉테드(Crime Prevention Through Environment Design: CPTED)란 '환경설계를 통한 범죄예방'으로 범죄피해가 예상되는 잠재적 피해자를 보호하기 위해 범죄자, 피해자, 범행 장소 간의 상관성을 분석한 후 적절한 건축설계나 도시계획 등 주변환경의 설계를 통해 범죄자의 범행기회를 감소시키는 것이다. 이 범죄예방기법은 범죄를 예방하고, 주민들에게는 범죄피해의 두려움을 감소시킴으로써 심리적인 안전감을 증진함으로써 삶의 질을 향상시키는 것을 목적으로 한다. 즉 범죄란 결국 동기화된 범죄자에게 피해자가 기회를 제공하여 줌으로써 발생하기 때문에, 셉테드는 범죄자에게 유리하고 피해자에게 취약한 환경적 특징의 변화를 이끄는 것이다.

(2) 뉴만의 방어공간 개념

물리적 환경설계를 통해 범죄를 예방하려는 시도는 뉴만의 방어공간이라는 개념에서 출발했다. 셉테드 이론은 뉴만의 방어공간 개념을 발전시켜 정립되었고, 상황적 범죄예방이론으로 발전되었다.

범죄예방에 대한 상황적 접근방식은 범죄자 중심의 해석이 아닌 범죄피해가 일어날 수 있는 장소 중심의 해석이다. 이러한 해석방법은 장소의 특성을 이해하는 방어공간 연구를 중시하고 있다. 따라서 특정 장소와 시간대에 범죄발생률이 높다는 근거에 주목한다. 이는 범죄라는 행위에 기회를 제공하는 상황적 요인에 대한 잠재적 범죄자의 판단을 통제하는 것이다.

2) 셉테드의 필요성

최근 빈발하는 범죄에 대해 시민들은 “과연 범죄는 예방될 수 있는가?”라는 의문을 제기하고 있다. 범죄수법은 다양해져 가지만 경찰조직은 인력, 예산, 장비에 있어 한계를 보인다. 우리와 비슷한 고민을 경험했던 서구 국가들은 범죄를 예방하는 실천적인 정책으로 환경설계를 통해 범죄를 예방하는 셉테드를 적극 도입하고 있다.

대부분 국가가 국민의 안전과 사회질서를 유지하기 위해 경찰조직을 운영하고 있다. 문제는 현재의 경찰력만으로는 현대사회의 급진적이고 다양한 변화를 감당하기에 많은 한계가 존재하는 것이다.

경찰력에 기반을 둔 전통적인 범죄예방활동에 대한 의문이 계속 제기되고 있는 시점에서 현대의 범죄양상에 대응할 수 있는 새로운 범죄예방전략이 필요하게 되었다. 즉, 범죄를 야기하는 물리적 환경의 개선을 통해 범죄기회를 원천적으로 감소시키는 근본적 해결책으로 셉테드에 주목할 필요가 있다.

3) 방어공간의 방어기제

셉테드를 중시하는 범죄예방론자들은 범행의 동기보다는 물리적 환경의 변화에 주목한다. 뉴만의 방어공간의 기제로는 대상강화(target hardening), 접근통제(access control), 감시강화(surveillance enhancement), 그리고 영역성 강화(territorial reinforcement)에 의한 지역사회 건설 등이 있다.

(1) 대상강화

대상강화 혹은 하드웨어적 범죄예방대책은 물리적인 장애물을 설치하는 것이다. 물리적 장애물은 자물쇠, 잠금장치, 석쇠, 경보장치, 담장 등이 있다. 이러한 물리적 장애물은 범죄자가 범행대상에 접근하는데 곤란함과 발각의 잠재적 위험성을 증가시키는 효과를 거둘 수 있다. 그러나 대상강화 조치들이 성공하는 것은 아니다. 범죄자는 아파트나 주택단지에서 열쇠나 잠금장치, 보호장치가 파괴하고, 각종 복잡한 대상강화장치를 해제할 수 있는 능력을 갖추고 있다. 또한 범죄자들은 대상강화가 완비된 방어공간을 포기하고, 대상강화장치가 미흡한 다른 대상(지역)으로 옮겨가는 전이현상이 발생할 수도 있다.

(2) 접근통제

접근통제는 조직의 통제(경비원), 기계적 통제(시건장치), 그리고 자연적 통제(공간구획)로 분류된다. 접근통제전략은 범죄자가 목표물에 접근하는 기회를 차단하는 것을 목적으로 한다. 예를 들어, 막다른 골목이나 일방도로를 이용해 차량통행을 제한시키면 범죄자의 활동을 감소시킬 수 있다. 뉴만은 출입구나 외부로의 통행로를 사용하는 가구수를 소수로 제한하여 아파트의 접근을 통제하려고 했다.

(3) 감시강화

감시강화는 범죄자를 관찰할 수 있는 환경을 설계하는 것이다. 감시전략은 전형적으로 조직적인 감시(경찰순찰), 기계적인 감시(조명), 그리고 자연적인 감시(창문)로 분류된다. 범죄행동을 감시하기 위해 중요한 장소에 더 많은 조명과 더 많은 사람을 배치하는 것이다. 이런 방법은 공식적 감시라고 불린다. 이에 반해 자연적 감시는 물리적 환경을 변화시켜서 의심스러운 행동이나 실제 범죄행동에 대한 감시를 촉진하는 것이다.

(4) 영역성 강화에 의한 지역사회 건설

영역성의 개념은 물리적 설계가 지역의 범죄방어영역으로 자리매김하는 것이다. 물리적 설계를 통해 범죄로부터 영역성을 강화하는 것은 잠재적인 범죄자가 지역의 영역성을 인식하여 범행을 시도하는 것을 주저하게 만든다. 영역성에 기반을 둔 지역사회 건설이나 활동지원 실천방안은 환경설계와 범죄 그리고 범죄예방활동을 연결시켜주는 복잡한 체계이다. 이 전략은 공개된 장소에 사람들을 모이게 하고, 사람들의 움직임과 활동을 안내하며, 특정지역의 이용자를 합법적인 이용자나 거주민들로 제한하도록 설계된다.

제5장 테러 대응요령

제5장 테러 대응요령

제1절 테러의 개념과 뉴테러리즘

1. 테러의 개념

테러리즘(Terrorism)과 동의어로 테러(Terror)라는 용어가 사용되고 있다. 그러나 이 용어의 개념은 실질적인 차이가 있다. 테러리즘에 대한 정의는 매우 다의적이고 복합적이며 이중적인 가치를 포함하고 있다.

테러란 발생 원인이 무엇이든지 간에 극도로 불안한 심리적 상태를 말한다. 테러는 테러리즘의 중요한 요소이기는 하지만 테러는 테러리즘 없이도 발생할 수 있다. 따라서 테러는 '특정한 위협이나 공포로 인해 모든 인간이 심적으로 느끼게 되는 극단적인 두려움의 근원이 되는 것'으로 두려움에 기반한 자연스러운 심리적 현상을 말한다.

2. 테러리즘의 개념

테러리즘이란 정치적 목적달성의 수단으로 폭발물을 사용한 공격, 살해, 납치와 같은 행위를 조직적으로 사용하는 것이며, 이러한 테러리즘은 사용하는 대상에 따라서 해석을 달리할 수 있다. 즉, 정부가 이를 사용할 때는 폭도를 진압하는 탁월한 효과를 얻을 수 있으나, 폭도나 게릴라가 사용할 때는 정치적 변화에 영향을 주는 노력의 일부가 될 수 있다는 것이다.

따라서 테러리즘은 공통적으로 정치적 목적이나 동기가 있으며, 폭력(Violence)의 사용이나 위협(Intimidate)이 따르고, 심리적 충격과 공포심을 일으키며, 특정의 목표나 요구를 관철하려는 것으로 집약될 수 있다.

현대적 의미에서 테러리즘이란 협박 · 강압 · 공포의 유발을 통해 정치 · 경제 · 이념적 목표를 달성하기 위한 계산된 사용 또는 폭력행사의 위협을 말한다. 따라서 테러리즘이란 '개인이나 집단이 정치적 또는 이념적 목적달성을 위하여 기존체제에 대한 찬성 또는 반대행위로서 자행하는 직 · 간접적 방법을 위한 모든 폭력 또는 폭력적 위협행위'라고 정의할 수 있다.

3. 뉴테러리즘

현대 테러리즘의 특성은 '뉴테러리즘'이라는 용어로 표현되는데, '뉴테러리즘'은 1999년 미국의 민간연구소인 랜드(RAND)연구소에서 처음 쓰기 시작한 용어로서 종래의 테러리즘과는 다른 새로운 유형의 테러리즘을 말하며, 9.11 테러가 대표적인 예다. 뉴테러리즘은 과거의 테러와 비교해서 다음과 같은 특성이 있다.

첫째, 자신을 공격무기로 삼는 '가미가제식 공격' 또는 화생방무기를 사용한 공격으로 무차별적인 대상을 향하여 최대한 타격을 가하며, 인적 · 물적 피해가 대형화되는 특성이 있다.

둘째, 극단주의자들이 서방에 대한 반감 및 신식민주의 반대 등 추상적 명분을 내세워 테러를 감행하며, 범행 후 정체도 밝히지 않고 구체적 요구조건도 제시하지 않은 소위 '얼굴 없는 테러'를 자행한다.

셋째, 미국의 9.11 테러처럼 서류 절단용 칼만으로 여객기를 납치, 빌딩에 충돌시키는 등 기존의 예상을 초월한 수법과 장비를 사용하고 있다. 여객기 납치에서부터 빌딩에 충돌하기까지 40~50분 만에 상황이 종료되는 것과 같이 긴박하게 진행되어 대응 시간이 절대적으로 부족하다.

넷째, 테러조직이 여러 국가 · 지역에 걸쳐 그물망처럼 연결된 이념적 결사체로서 인터넷 비밀 사이트, 전자메일 및 첨단 이동통신 등을 연락수단으로 활용한다. 조직원도 부유한 중산층 출신으로 고학력 소유자이고, 심지어는 미국이나 유럽의 유학생도 조직원에 포함되는 등 지도부를 제거해도 조직의 무력화는 어려운 특징이 있다.

이처럼 테러에 대한 정의는 동기, 대상, 주체, 이념 등의 포함 여부에 따라 달라지고, 학자들과 테러전담기관의 시각차에 따라 달라지는 특색이 있어 명확한 개념정의를 내리기 어렵다.

【한국의 테러 행위 정의 및 유형 요약】

정의	"테러"란 국가 · 지방자치단체 또는 외국 정부(외국 지방자치단체와 조약 또는 그 밖의 국제적인 협약에 따라 설립된 국제기구를 포함한다)의 권한행사를 방해하거나 의무 없는 일을 하게 할 목적 또는 공중을 협박할 목적으로 하는 다음 각 목의 행위를 말한다.
유형	① 사람을 살해하거나 사람의 신체를 상해하여 생명에 대한 위협을 발생하게 하는 행위 또는 사람을 체포 · 감금 · 약취 · 유인하거나 인질로 삼는 행위 ② 운항 중인 항공기를 추락시키거나 전복 · 파괴 · 손괴 · 강탈하는 행위 등 ③ 운항 중인 선박 또는 해상구조물을 파괴 · 손상 · 강탈하는 행위 등 ④ 생화학 · 폭발물 · 소이성(燒夷性)무기 화재를 일으키거나 사람에게 화상을 입히는 것을 주목적으로 한 무기나 장치를 차량 또는 시설에 배치하거나 폭발시키거나 그 밖의 방법으로 이를 사용하는 행위 ⑤ 핵물질, 방사성물질 또는 원자력 시설의 파괴 · 부당한 조작 등을 통해 사람의 생명 · 신체에 위험을 가하는 행위

출처: 「국민보호와 공공안전을 위한 테러방지법」 제2조

제2절 한국의 테러위협 실태

1. 국제테러 환경에 따른 위협요인

1) 테러위협의 글로벌화

9 · 11테러 이후에도 꾸준히 증가해 오던 테러는 최근까지 전세계에 위협을 가져오고 있으며, 우리나라도 이러한 위험에서 예외가 될 수 없다. 이처럼 전 세계로 테러위협이

확산된 것은 알 카에다의 영향력이 확대된 것과도 밀접한 관련성이 있다. 알 카에다는 파키스탄과 아프간 국경지역에 거점을 두고 새로운 조직원 및 지도자를 충원하여 조직을 재건해 가고 있는 것으로 알려졌다. 또한 알 카에다는 각 지역별로 활동하고 있는 이슬람 극단주의 단체들을 산하 단체로 공식 인정해 줌으로써 그들이 조직원 확보 및 자금조달을 쉽게 할 수 있도록 도움을 주는 방법으로 테러 실행능력을 강화하고 있다.

아래의 표에서 보는 바와 같이 아시아 지역에는 제마 이슬라미아를 중심으로 한 과격단체가 활동하고 있는데 이러한 테러단체에 대한 위협은 현재 동남아시아 지역 외국인 노동자의 국내 유입이 자유롭다는 점과 우리나라 국민들이 상대적으로 저렴한 경비의 동남아시아 여행을 선호한다는 점에서 현실적인 문제로 인식되고 있다.

【지역별 알 카에다 산하 · 연계 단체】

중동지역	아프리카	유럽	아시아
이라크 알 카에다 사우디 알 카에다 예멘 알 카에다	알 카에다 마그렙지부 이집트 이슬람 지하드 소말리아 알 샤하브	영국 알카에다 (실체는 미확인)	제마 이슬라미아 아부사야프 그룹

아래의 표에서 보는 바와 같이 전체 테러 중 72.9%에 해당하는 이슬람 원리주의자들의 테러의 중심에 있는 알 카에다는 산하 · 연계 단체뿐만 아니라 이슬람권 국가의 반정부 세력들에게 직 · 간접적인 지원을 하거나 이슬람 과격 세력 간의 연대를 강화하는 방법으로 전 세계 무슬림들에 대한 영향력을 확대해 나가고 있다. 그리고 테러조직들 간에는 비밀 통신이 가능한 인터넷 시스템을 구축하고 일반 무슬림을 대상으로 과격사상을 선전하는 수천 개의 사이트를 운영하면서 반미 · 반서방 테러에 동조하는 세력을 확보해 나가고 있다.

【테러성향 및 조직】

구분	이슬람 원리주의	민족주의	극좌	극우	기타	총계
비율(%)	72.9	19	3.8	0.4	4.2	100
건수(건)	2,495	653	130	13	144	3,435
조직(개)	22	28	10	1	미상	61

결론적으로 테러위협에 대해 전 세계에 안전지대가 없다는 점, 그리고 알카에다가 우리나라에 대해서는 테러공격을 하도록 선동하고 있다는 점과 과격 테러단체가 활동하고 있는 지역의 외국인 노동자들이 한국에 유입되고 있다는 점 등을 감안할 때, 우리나라에서도 언제든지 테러가 발생할 수 있으며 테러에 대한 예방대책은 물론 테러발생시 신속히 대응할 수 있는 체계를 갖추어야 할 것이다.

2) 테러주체의 분화

최근의 테러단체의 동향을 보면 생성되었다 소멸하는 주기가 점차 빨라지고 있으며 테러단체 내부 조직간 이해관계에 따라 여러 개의 단체로 분열하는 경향이 있다. 또한 조직 간의 구속력이나 활동형태를 보면 과거에는 테러단체의 중앙지휘부의 지령에 따라 테러를 자행하였으나 최근에는 소규모 단체들이 자율성을 가지며 자체 판단으로 테러를 자행하기도 한다.

결론적으로 최근의 테러조직은 과거와 같은 중앙집권적인 조직형태에서 벗어나 소규모 단위로 분산되어 있으며 조직별로 횡적 연대가 긴밀하게 유지되는 형태로 발전하고 있다. 즉, 중앙의 지시 없이 테러가 이루어지는 등 조직 간의 독자성과 자율성을 유지하는 형태로 발전하고 있다.

우리나라도 동남아시아 등 테러단체를 근거지로 한 외국인들이 다수 체류하고 있어 은밀히 잠입한 소수의 테러 요원에 의한 테러 발생과 외국인 2세들에 의한 자생적 테러에도 대비가 필요하다.

3) 테러대상의 다양화

테러위협이 세계 곳곳으로 확산되면서 테러대상 또한 다양화되는 경향이 있다. 기존의 테러대상은 주로 정부 주요 인사나 국가 중요시설, 군사시설, 항공기 등이 주종을 이루었으나 9.11 테러 이후에는 민간시설이 주요 테러 대상이 되는 것이 특징이다. 알 카에다 등 테러단체들은 보안체계가 상대적으로 허술한 호텔 · 음식점 등을 테러대상으로 선호하고 있으며, 대중에 대한 공포효과를 높이기 위해 철도 · 지하철 · 버스 등 대중 교통수단, 유전이나 송유관 등 경제에 타격을 줄 수 있는 산업시설, 종교시설이나 예배장소도 예외가 아니다. 나아가 국가 간의 이해관계에 대한 중재역할을 하는 국제기구나 순수 민간구호단체 등도 테러 대상이 되고 있다.

즉, 테러조직의 테러위협 대상이 과거 외교관과 같은 특정 주요인물 중심에서 불특정 다수인으로 변화되었으며 국가중요시설을 목표로 한 테러에서 민간시설이나 다중이용 시설에 대한 테러로 변모하고 있다. 우리나라 역시 미군시설지역은 물론 외국인들이 거주하고 있는 시설 혹은 빈번히 개최되고 있는 대규모 국제행사 현장 및 그로 인한 민간인 밀집지역이 언제든지 테러의 대상이 될 수 있다.

4) 테러수단의 잔인화 · 지능화

최근 국제테러의 수단적인 특징은 매우 잔인한 방법이 사용되고 있다는 점이다. 이라크전 직후, 당시 이라크에서 활동하던 「유일신과 성전」은 미군 및 서방국가 인물을 납치하여 참수하는 장면을 인터넷에 유포하여 전세계를 경악하게 한 사실이 있다. 그들의 목적은 더 잔인한 방법을 사용하여 공포심을 유발시키려는 데 있었다. 가장 많은 테러수단의 유형은 폭발물에 의한 폭파로 나타나고 있으나 최근 들어 무장공격에 의한 테러가 증가하고 있다.

테러수단은 과학기술과 정보통신의 발달에 맞춰 지속적으로 변화할 것으로 예상된다. 또한 테러단체들은 폭발물 전문가를 양성하고 여권 위변조 전문조직과도 연계하여 테러능력을 강화하는 방법을 모색하고 있으며 그 방법도 더욱 잔인하고 고도로 지능화되어 가고 있다.

테러수단이 잔인하고 지능화된다는 점은 예상 가능한 모든 수단이 테러에 이용될 수 있으며, 인명에 대한 살상도 고려의 여지가 없는 대규모화가 나타날 수 있다는 점에서 더욱 두려움을 준다. 이는 테러위협에 대한 예방차원에서의 활동을 더욱 어렵게 하는 요인이 되고 있다.

따라서 테러에 이용되는 물질에 대한 통제와 검색시스템을 개발하고 정보통신의 발달에 맞춰 테러 대응 태세도 적절하게 발전시켜야 한다.

5) 테러 피해의 대형화

9.11 테러로 인해 미국은 6,300여 명의 인명피해는 물론 주가 급락 및 산업 마비로

4,700억 달러 규모의 경제적 손실, 피해복구비 800억 달러 등 천문학적인 손실을 입었다. 경제성장도 연초 1.5% 내외의 성장을 예상했으나 테러 사태로 성장률이 0.3%대로 떨어지면서 경기 침체는 물론 수출, 성장, 물가 등 실물지표가 좋지 않게 나타났다. 또한 중동지역의 긴장고조에 따른 유가급등, 주식시장 폭락과 같은 금융시장 마비, 소비자와 기업의 공황심리 확산에 따른 경기회복 시기 지연 등 간접적인 피해도 막대하였다.

결론적으로 오늘날의 테러위협은 우선 테러로 인한 대량살상뿐만 아니라 국가의 신뢰도 하락으로 인한 투자 유치의 어려움 및 관광객의 감소 등 국가적 차원에서 커다란 경제적 타격을 줄 수 있다는 점이다. 우리나라도 테러 방지를 위한 적극적이고 세부적인 준비가 요구된다.

2. 우리나라와 직접 관련된 위협요인

1) 북한의 대남 테러위협

북한의 대남 무력도발을 테러와 구분하여 군사적인 측면에서 접근하기도 하지만, 비전투요원에 가해지는 폭력행위라는 점을 고려하면 테러의 범주에 포함된다고 할 수 있다. 따라서 북한은 분명 수많은 대남 테러를 저질렀다고 할 수 있다.

통계상으로 북한은 휴전 이후 요인위해 11건, 항공기 테러 5건, 시설물 폭파 5건, 침투정찰 및 납치 19건 등 총 40건의 대남 테러행위를 자행하였다. 북한은 한반도 적화를 북한정치의 생존 목적으로 인식하고 있으므로 2000년대 이후에도 남한에 대한 도발 가능성은 여전히 상존한다. 만약 대남 도발을 실행한다면 재래식 혹은 핵무기 사용보다 비용이 저렴하고 책임회피가 쉬우며 내부 선전 · 선동용으로 활용이 가능한 신종유형의 테러를 기도할 가능성이 높다.

2) 국제사회 역할 증가에 따른 표적테러 가능성

우리나라가 알 카에다 등 이슬람 과격세력으로부터 테러위협 대상으로 직접 거론된 것은 2004년 8월 자이툰 부대를 이라크에 파병한 이후부터였다. 또한 아프간에 동의 · 다산부대, 레바논에 동명부대를 파병함으로써 위협 가능성이 더욱 커졌다. 실제로

2004년 10월 알 카에다가 우리나라를 공격대상으로 지정한 사실이 외신언론에 보도되었고, 2005년 7월에는 알 카에다 2인자 알 자와히리가 우리나라를 테러대상 2순위국으로 지목하기도 하였다.

자이툰 부대의 파병이 가시화되던 2004년 6월에 이라크에서 미군에 물품을 제공하던 한국 군납업체 가나무역의 직원 김00이 자이툰 부대의 파병과 기존의 서희 · 제마부대의 철수를 요구하는 무장단체「유일신과 성전」에 의해 피살된 사건이나 2007년 2월 아프가니스탄 다산부대에서 통역병으로 근무하던 윤00 병장이 바그람 공군기지에서 폭탄테러로 사망한 사건 등은 우리나라가 국제사회 일원으로서 역할이 증가하면서 발생된 비극적인 사건이라고 할 수 있다.

또한 경제성장과 함께 국제사회에서 우리나라의 위상이 제고되면서 주요 국제행사의 국내 유치가 잦아짐은 물론 해외 행사에 대규모 인원이 참가하고, 해외에서 우리 국민이 부자나라 국민으로 인식되면서 테러 표적이 될 가능성이 그만큼 커졌다고 할 수 있다. 그리고 2007년 3월 반기문 UN 사무총장이 이라크 바그다드 그린존을 방문할 당시 박격포 공격을 받은 사례에서 보듯이 국제무대에서 활동하는 주요 인물이 늘어나는 것도 테러위협이 증가하는 요인이 되고 있다.

3) 국민의 해외 위험지역 여행 · 진출 증가

1988년 여행자유화 조치가 시행된 이후 해외 출국자의 수는 꾸준히 증가하고 있다. 이는 1998년의 외환위기나 2003년 중국의 사스(SARS) 확산 등을 제외하고는 매년 증가 추세를 보여 왔다. 우리 국민이 진출해 있는 국가로는 이라크 · 아프간 · 나이지리아 · 인도네시아 등 테러가 빈발하고 있는 국가를 포함하여 전 세계 240여개 국가에 달하고 있어 세계 곳곳에 우리 국민의 발길이 닿지 않는 곳이 없을 정도이다.

이처럼 우리 국민 출국자 수 및 방문국가 수가 늘어나면서 해외에서 우리 국민의 테러 피해도 늘어날 수밖에 없다. 비공식 집계에 의하면 2000년 이후 직 · 간접적으로 우리 국민이 해외에서 테러 피해를 본 사건은 70여 건이 넘는다.

해외에서 피해를 본 테러 사례를 보면 건설 현장이 공격받거나 근로자가 납치된 사례가 26건으로 가장 많고 외교 공관 8건, 해상에서의 선박 피랍 6건, 파병부대의 피격 3건, 선교사 피습 7건, 일시 방문객 피해 8건, 기자 피랍 3건 등으로 파악되고 있다. 지역별로는 이라크에서 17건이 발생하였고 나이지리아 10건, 아프간 7건, 소말리아 6건, 필리핀 4건, 인도네시아 · 파키스탄 각각 3건 등 중동, 아프리카, 동남아 등지에서 테러 피해가 발생한 것으로 나타났다.

현재 우리나라는 109개 국가에 153개 공관을 운영하고 있고 해외진출 기업은 180여 개국 3만 9천여 개 기업에 이른다고 한다. 또한 기독교 단체가 해외에 파송한 선교사들은 168개국 18,600명에 이른다.

더구나 2007년 7월 아프간에서 탈레반에 의해 샘물교회 봉사단원 23명이 피랍된 사건 이후 우리나라는 이슬람권 국가에 공세적인 선교활동을 벌이고 있는 기독교 국가라는 이미지가 각인되어 과격 이슬람 테러 조직의 표적이 되고 있다. 더구나 에너지 수입국으로서 중동 · 중앙아시아 · 아프리카 등 자원 부국으로의 진출을 확대해 나갈 수밖에 없어 테러 피해도 늘어날 전망이다.

4) 반한 외국인 세력 형성 가능성

2005년 7월 런던 지하철 폭탄테러가 파키스탄계 이민 2세들이 알카에다 사상에 동조하여 스스로 저지른 사건으로 밝혀지면서 독일 · 프랑스 · 호주 등 서방 각국에서 알카에다에 동조하는 이슬람 이민자들의 자생테러 세력화 문제가 주요 안보 이슈로 대두되었다.

최근 글로벌 사회가 본격화 됨에 따라 국내에는 많은 외국인이 체류하고 있고 이슬람권의 외국인도 계속 증가하고 있다. 그동안 인력 수출국 범주에 속해 왔던 우리나라에서 외국인 근로자는 이제 없어서는 안 될 산업의 한 부분을 차지하고 있고 외국인 밀집 지역내 커뮤니티도 증가하고 있다.

이러한 상황에서 체류기한이 만료되어 잠적한 불법체류자들이 정부의 단속에 반감을 품거나 고용주들의 차별대우에 불만을 갖는가 하면 국내 교육 · 종교제도 등에 적응하지 못한 이민 2세 등이 반한 세력으로 성장할 위험이 있다. 이들 반한 세력들이 조직화되어 이슬람 과격사상을 따르게 될 때 테러주체로 변모할 가능성도 있다.

제3절 테러리즘 관련 이론

1. 상대적 박탈감이론

사회·심리 이론적 측면에서 비합법적 폭력의 원인 즉, 테러리즘의 발생원인은 로버트 거(Ted Robert Gurr)가 체계화한 '상대적 박탈감이론(Relative Deprivation Theory)'이 가장 설득력을 가지고 있다.

상대적 박탈감이론은 사회적 욕구형성도가 사회적 욕구만족도를 훨씬 초과할 경우 여기에는 결과적으로 사회·심리적 좌절감이 형성되고, 이것은 곧 폭력적 사태로 발전될 가능성이 높다는 주장이다. 즉, 세계사의 흐름에서 소외됐고, 국내적으로 지배계급의 피동적 객체였던 제3세계 민중이 정치적 독립이 달성되고 근대화되는 과정에서 야기된 박탈감의 돌파구를 폭력에서 찾고 있는 것이다.

2. 동일시이론

동일시(同一視·Identification)란 특정인이 다른 사람의 행위에 영향을 미치는 영향력을 설명하는 사회심리학적 용어로, 이는 두 가지 다른 현상을 의미한다고 볼 수 있다. 첫째, 다른 개인이나 단체와 같이 존재하거나 똑같이 되려는 희망이며, 둘째, 좋든 싫든지 간에 자신과 동일시 대상 간에 존재하는 유사성을 인정하려는 것이다.

이러한 두 가지의 동일시의 의미의 차이는 '사람이 어떻게 적대하는 현상을 인식하느냐' 그리고 '현상이 어떻게 되기를 바라느냐' 하는 것과의 차이라 볼 수 있다. 즉, 전자는 현재 존재하는 일에 대한 평가이며, 후자는 미래의 목표와 소망에 관련된 것이다.

동일시의 적용은 일반적으로 인질이 자신을 인질로 잡은 자에게 연민을 느끼는 것과 같은 '공격자와의 동일시'에 한정되어 왔다. 그러나 테러리즘은 통상 다른 동일시 현상을 바탕으로 발생한다고 볼 수 있다. 대중 매체 등을 통해 인질극을 접하는 많은 수의 일반대중은 희생자와 자신의 운명을 동일시하며, 감정이입에 의해서 희생자의 고통을 공감하게 된다. 그 과정이 테러리즘 발생의 원인이 되며 이는 테러리스트들이 궁극적으로 바라는 것이라고 볼 수 있다.

3. 다원주의 갈등이론

셀린(Sellin)의 갈등이론은 상이한 문화적 집단 간의 갈등에 기초하고 있다. 즉, 행동규범은 상이한 집단에 의해서 상이하게 규정되기 때문에, 사회가 복잡해짐에 따라 상이한 집단의 행동규범 간에 갈등과 충돌이 생기게 되는데 이를 '문화갈등'이라고 불렀다. 이를 기초로 셀린은 일차적 문화갈등과 이차적 문화갈등이란 개념으로 자신의 갈등론적 범죄관을 제시하였다.

셀린에 의하면, '1차적 문화갈등'은 상이한 두 문화 사이의 경계지역에서 일어나는 것으로 본다. 이 외에도 식민지화의 경우처럼 특정 문화의 법이 다른 영역으로 확대될 때, 또는 이민의 경우처럼 특정 문화집단의 구성원들이 다른 영역으로 이동할 때도 일어날 수 있다고 한다.

한편, '2차적 문화갈등'은 한 문화 내에서의 갈등으로 하나의 문화가 각자 자신의 고유한 행동규범을 갖는 여러 상이한 부문화로 진화될 때 일어나는 것이다. 즉, 머튼이나 뒤르켐의 아노미이론과 같은 구조기능론자들처럼 사회구조란 문화적으로 인정되는 목표와 수단을 내포하게 된다고 보고 있으며, 집단에 따라서 이들 목표의 성취에 차이가 있다는 것이다. 그리고 그들의 목표달성을 위해서 서로 상이한 수단을 활용하는데, 이런 방법 중 일부가 범죄적이거나 일탈적인 것으로 간주된다는 것이며 이러한 논리는 인접국가간 혹은 종교적 · 역사적 차이를 가지고 있는 국가 간에도 적용될 수 있으며 이러한 점이 테러를 유발시키는 원인으로 해석될 수도 있다.

4. 국제정치체제이론

주권국가는 타국과의 사이에서 발생하는 이해관계의 해결에 있어 가능한 수단과 방법을 가리지 않고 현실주의적으로 국가이익을 추구하는 것이 국제사회의 공통된 속성이라 볼 수 있다. 일부 주권국가들에게는 테러가 정당한 수단으로 수용될 수 있으며, 특히 경제적 · 군사적 측면에서 상대적으로 열등한 제3세계의 탈식민지화 과정에서의 테러리즘은 목적 달성을 위한 최선의 방책으로 선택되기도 한다.

그 결과 독립쟁취에 성공한 저항세력의 지도자가 적대국가의 승인을 받은 주권 국가의 지도자로서 변신하게 되었다는 점이다. 이와 같은 정치목적 달성의 도구로서 테러리즘활용의 역사적 선례는 작금의 국가간 테러리즘의 수평적 사용을 증가시키고 있으며, 오늘날 국제테러리즘의 발생에 고무적인 영향을 미치고 있다.

5. 현대사회구조이론

수단으로서 선택되어 사용되고 있는 테러리즘에 도구적 합리성과 타당성을 부여하고, 이를 촉진시키는 환경적 배경은 인류가 생활을 영위하고 있는 현대의 생태학적 상황조건에 있다. 즉, 현대적 상황들이 테러리즘 수단 사용을 쉽고 용이하게 만들어주고 있다는 것이다.

테러리즘의 발생을 촉매하는 현대사회의 환경은 고도의 도시집중화, 기술의 발달에 따른 고도화된 교통체계의 존재와 대중전달매체의 발달, 과학기술의 발달에 따른 무기체계의 고도화, 발생한 테러리즘에 대한 주권국가 차원의 묵인현상의 존재 등을 들 수 있다.

6. 감염이론

감염이론(Contagion Theory)이란 TV 등 매스미디어가 테러리즘 행위를 확산시킨다는 연구이론을 말하는데 현대사회의 테러리즘 증가에 언론이 어느 정도의 책임이 있다고 하는 테러리즘의 발생원인에 대한 연구이론 중 하나이다.

감염이론에 따르면 테러리즘 행위에 대한 언론의 무절제한 보도 내지는 특종 위주의 발표행위가 잠재적 테러리즘 행위를 현실에 끌어들임으로써 모방테러리즘을 증가시키며, 기존의 테러리스트들이 테러목적을 달성하기 위한 수단으로서 매스미디어를 악용하고 있다고 보고 있다.

이와 같은 감염이론에서 발전하여 테러리즘과 매스미디어는 상호간에 공생적 관계에 있다고 주장하는 공생관계론까지도 제기되고 있다. 이는 테러범들이 자신들의 활동이념과 주의 · 주장을 전파하는데 매스미디어를 이용하고 있으며, 반면에 매스미디어는 판매부수의 증가와 인기도 향상을 위해 테러리즘 사건을 확대 · 왜곡하여 무분별하게 보도함으로써 테러리스트와 언론기관이 결과적으로 공생관계에 있다는 이론이다.

제4절 테러예방 및 사후처리 활동

1. 테러예방 활동의 개념

테러예방 활동은 통상 '대테러활동'이라 규정되고 있으며 테러 관련 정보의 수집, 테러혐의자의 관리, 테러에 이용될 수 있는 위험물질 등 테러수단의 안전관리, 시설 · 장비의 보호, 국제행사의 안전 확보, 테러위협에의 대응 및 무력진압 등 테러예방 · 대비와 대응에 관한 제반활동을 말한다.

정부는 테러를 위험도에 따라 테러 경보를 관심, 주의, 경계, 심각을 구분하고 이에 따라 단계별로 대응하고 있으며, 대테러활동의 근거로 국가대테러활동지침(대통령 훈령)이 있다. 9 · 11테러 이후 미국 등 선진국에서는 수많은 정책 및 제도를 정비하여 적극적인 대테러활동을 전개하고 있다.

출처: http://www.nctc.go.kr/nctc/activity/system.do#

【한국의 대테러체계】

2. 테러 예방의 중요성

테러가 발생할 가능성이 있는 취약한 대상을 사전 점검하여 안전시설을 보강하는 등 테러 취약요소를 사전에 제거할 수 있으며 생명과 재산에 대한 피해를 미연에 방지하고 테러발생시 피해를 최소화할 수 있다. 또한 모든 준비가 되어 있으면 테러 발생시 야기될 수 있는 심리적 공황 상태에서 쉽게 벗어나 신속한 대응이 가능하다.

3. 사전 테러 예방법

경비원을 눈에 잘 띄는 지역에 배치하고, 순찰을 통해 경계가 이루어지고 있음을 보여주어야 하며 중요 위험물 반입을 차단하기 위해 모든 출입구에 금속탐지기 등을 가급적 설치하고 출입자는 탐지기를 통과하도록 해야 한다.

침입자 방지 장비를 설치한 후 주기적으로 유지·보수하고 테러범의 침입 의도를 사전에 차단하기 위해 이러한 장비가 설치되어 있다는 것을 표지판 등으로 알려야 한다. 또한 국가중요시설 등을 설치하고 모든 차량을 일단 정지시켜 검색한 후 통과되도록 조치하여야 한다.

주요시설은 카드키 등을 설치하여 출입할 수 있는 사람을 최소화하고 쓰레기장 등 폭발물이 설치될 가능성이 있는 주요 지점과 출입구에 CCTV를 설치하고 점검해야 한다. 또한 장소별 일일점검표를 작성하여 주요지점에 비치 주기적으로(2~3시간 단위) 이상 유무를 확인하고 보안관리자는 전체적인 관리사항을 매일 확인해야 한다.

【장소별 체크리스트 주요 내용, 근무자용 예시】

구분	점검내용							
	09시	12시	15시	18시	21시	24시	03시	06시
출입문 시정 여부								
창문 시정 여부								
천장 이상 유무								
CCTV시정 여부								
조명 시설 상태								
대피 가능 여부								
방화 시설 상태								
출입 흔적 여부								
폭발물 은닉 여부								

(이상 없음 : 0, 추가조사 필요 : △, 문제있음 : X)

【일일 체크리스트 주요 내용, 관리자용 예시】

년 월 일(점검관:)

점검사항	점검 결과
검문·검색을 거치지 않고 출입가능한 곳이 있는가?	
출입차·출입차량에 대해 검문·검색이 이루어지는가?	
외부차량이 지하주차장이나 건물 30m 이내에 주차되어 있는가?	
보일러실, 지하실 등 주요시설의 안전관리 상태는?	
보안요원의 근무 장소와 위치는 적절한가? (인수·인계 및 근무 중 취급사항 기재 상태)	
CCTV 등 보안 시설은 정상적으로 작동하고 있는가? (정상작동여부, 테이프 잔량 등)	
유과기관 비상연락망이 적절한 장소에 게시되어 있는가?	
방화시설, 피난시설, 조명시설 등이 정상적인가?	

4. 사후 처리대책 수립

1) 대책기구 구성

대책기구는 상설로 안전 관련 전담팀을 구성하여 비상계획 수립 및 교육·훈련을 전담하게하고 사건 발생시 조직 전체를 활용한 비상설 긴급대책본부를 조직해야 한다. 테러 발생에 대비한 조직은 하나의 건물에 여러 기관이 있는 경우에도 반드시 통합 기구를 구성해야 하며 주기적으로 훈련을 실시해야 한다.

상설조직은 대응팀, 예방팀 등으로 구성되며 테러 발생시 긴급사태 유형별로 현장조치를 전담한다. 비상설 조직은 전체 조직 모두를 포함하도록 편성하고 각 부서의 현재 임무를 고려하여 적절한 전담임무를 부여하여 업무의 효율성을 도모해야 한다.

【상설 안전 관련 전담 부서(조직표 예시)】

총괄책임자 : 00부사장

구분	인원	수행업무
총괄팀	00명	- 종합 대테러 대책 수립 - 종합 안전진단 및 점검 - 구조 및 구급활동
대응팀	00명	- 대피팀, 수색팀, 비상대기조 훈련 및 운영 - 비상대비 대피 훈련
예방팀	00명	- 재난, 테러 예방 업무수행 - 경비원 교육 - 주요시설 및 위험물 안전관리

2) 비상대기조 편성 · 운영

테러 발생시 초기대응 및 인명구조 등 응급조치를 위하여 비상대기조를 편성 · 운영한다. 비상대기조는 테러 발생시 즉시 현장에 출동할 수 있는 경비원, 남자직원들을 대상으로 각 층별로 균형 있게 편성하고 유사시 비상 출동을 위해 미리 지정된 건물내 암호방송을 통해 현장으로 출동하도록 사전에 교육이 필요하다. 비상대기조는 평상시 주기적으로 훈련하고 방독면, 랜턴, 무전기 등 출동장비를 사전에 준비하여 대비한다.

3) 대피 계획

대피유도의 우선순위는 다음과 같다.

▷ 1순위 : 상황발생층 및 직상층 인원 대피유도

▷ 2순위 : 상황발생층의 상층부 인원 대피유도

▷ 3순위 : 상황발생층의 하층부 인원 대피유도

※ 1순위 대피자 우선 대피 후 시간차에 의해 방송 및 유도원의 안내로 대피

4) 테러 발생에 대비한 필수 준비사항

발신번호 표시 및 대화 녹음이 가능한 전화기 준비하고 건물 주요지점에 녹화 가능한 CCTV를 설치해야 한다. 유관기관 전화번호를 상설 대응팀 내에 항시 비치, 숙지하도록

하여 비상사태 발생시 원활한 신고로 신속한 대응체제를 유지하고 현장보호의 중요성에 대한 수시교육을 통해 유사시 수사가 용이하도록 해야 한다.

제5절 테러 대응요령

1. 테러 예방 수칙

1) 일반적인 유의사항

(1) 방문 · 체류지역에 대한 테러 발생 가능성 확인

① 현지에 테러조직이 존재하는가?

② 테러조직이 존재한다면 지금도 활동하고 있는가?

③ 테러조직들의 과거 활동 수법은?

④ 테러조직들은 어떤 전술, 어떤 무기를 사용하며 어떤 형태의 테러를 저지르는가?

⑤ 우리 국민들을 대상으로 테러를 자행했거나 할 가능성은 있는가?

⑥ 현지인들은 우리 국민들에게 호의적인가?

(2) 행동과 복장 등이 유별나지 않도록 유의

① 거액의 현금을 가지고 다니거나 분위기에 어울리지 않는 사치스러운 복장은 테러조직의 눈에 띄기 쉬움

② 버려진 편지봉투 · 지갑 내용물 · 직원 명부 등은 특정인의 신분을 노출

③ 호화스런 VIP 차량 · 과다한 영접 · 직책 호칭 등은 주요 인사임이 노출

④ 테러는 적대국가의 시설물과 사람들을 대상으로 한다는 점에 염두에 두고 항상 현지인들 틈에 섞여 행동

(3) 테러 영향권 내에 들어가지 않도록 주의

① 테러가 자주 발생하는 국가나 분쟁지역 방문은 가급적 삼가고 테러관련정보가 입

수되거나 징후가 보이면 현장을 즉시 떠나는 것이 최선의 방법

② 군사시설 · 치안불안 지역 · 낯선 곳은 방문하지 말고 외국계 호텔 · 백화점 · 은행 · 대형식당 이용은 자제

③ 대중집회 · 데모 · 시위 발생 지역은 테러뿐만 아니라 현지 당국의 대응 과정에서 본의 아니게 희생될 수 있으므로 접근하지 않도록 함

④ 대중교통 · 호텔 · 식당 등 대중 밀집 장소나 특정 외국인들이 집단으로 거주하는 아파트 등은 테러 조직들이 노리는 목표

(4) 대테러 안전수칙을 생활화

① 평소 주변에 의심스러운 사람이나 물품 등이 있는지 관심을 가지고 계속 확인하고 점검하는 태도가 필요

② 테러가 일어났을 때를 가정하여 주위 환경과 여건에 맞게 신변안전 대책을 수립하고 교육 및 반복훈련을 실시

③ 테러분자들이 예측할 수 없도록 평소의 행동반경 · 다니는 길 · 활동 시간 등을 자주 변경하는 것이 바람직

④ 중동 등 테러 발생이 우려되는 지역을 여행할 때는 외출시 휴대폰을 항시 휴대하여 유사시 위치추적이 가능

2) 체류별 · 상황별 행동 요령

(1) 가정에서(해외 거주자)

① 집 울타리 주변 관목 제거, CCTV 등 보안장비 확보, 창문 잠금장치 보강

② 대문이나 창문은 항상 잠그는 것을 생활화

③ 사전 예약된 경우가 아니면 낯선 사람의 방문 허용하지 말 것

④ 가족들에게 항상 이웃의 움직임을 주시

⑤ 비상시 가족간 연락할 수 있는 전화번호와 가족들이 만날 수 있는 공공장소 사전 지정

⑥ 집 근처에 의심스러운 차량이나 낯선 사가 배회할 경우 경찰 등 당국에 신고하고 차량번호나 외모 등을 기억

(2) 폭파위협 전화를 받았을 경우

① 즉시 상급자나 안전관계자에게 보고하되 타인에게 일절 발설하지 않도록 하며 선불리 무사하거나 묵살하지 않도록 해야 함

② 가능한 한 통화를 지연시켜 여러 가지 정보를 얻도록 노력하고 협박범이 말한 내용은 하나도 빼지 말고 기록

③ 협박범 성별, 목소리 특성 · 억양 · 소음 등에도 주의를 기울여야 함

④ 경찰이 도착했을 경우 접수 일시 · 협박 내용 · 협박범 특징 등 관련 정보를 최대한 지원4)

【폭파위협 전화 접수양식】

■ 접수 일시 :		
■ 협박 내용 :		
■ 질문 사항		
◦ 폭발 예정시간	◦ 폭발물 설치 장소	◦ 폭발물 종류
◦ 신고자가 폭발물 설치 당사자인지 여부		
◦ 신고자 성명(　　　　), 성별(남 · 여), 인종(　　　　)		
◦ 신고자 주소	◦ 공중전화를 이용하고 있는지	
◦ 위치 또는 전화번호		
■ 신고자 음성		
◦ 침착	◦ 억양이 있음	◦ 가성
◦ 느림	◦ 화난 목소리	◦ 친근한 목소리
◦ 목소리가 큼	◦ 빠른 속도로 말함	◦ 흥분한 목소리
◦ 일반적인 목소리	◦ 웃음 섞인 목소리	◦ 부드러운 목소리
◦ 콧소리로 말함	◦ 또렷한 목소리	◦ 울음 섞인 목소리
◦ 신경질적인 목소리	◦ 더듬거림	◦ 불분명함
◦ 헛기침을 함	◦ 저음	◦ 혀 짧은 소리
◦ 심호흡을 함	◦ 거친 목소리	
■ 배경 소음		
◦ 길거리 소음	◦ 장거리 전화	◦ 공중전화
◦ 주변 안내방송	◦ 찻잔 소리	◦ 통화자의 음성
◦ 자동차 소리	◦ 사무실 비품 소음	◦ 공장 기계소리
◦ 동물 소리	◦ 수신기 잡음	◦ 지방 사투리
◦ 조용함	◦ 가정집 소리	◦ 음악 소리
◦ 뱃고동 소리		

4) 국가정보원(2004), 테러, 이럴땐 이렇게 하세요. pp. 9~23

<table>
<tr><td colspan="3">■ 위협 용어</td></tr>
<tr><td>◦ 조리있게 말함
◦ 녹음된 소리</td><td>◦ 저질스러움
◦ 미리 작성된 메시지 읽기</td><td>◦ 비이성적
◦ 일관성 결여</td></tr>
<tr><td colspan="2">■ 수신 전화번호 :</td><td>■ 수신자 :</td></tr>
</table>

출처: 국가정보원(2004), 테러, 이럴땐 이렇게 하세요. pp. 24~25

2. 테러 발생시 신변보호 요령

1) 생물 테러

(1) 주요 증상

고열, 구역질, 복통, 설사, 얼굴색이 창백해지거나 붉게 변할 때, 두통, 기침, 귀 통증, 콧물, 인후염, 피부 발진 및 피부염, 안구 충혈, 식욕 감소, 무기력증 등

(2) 기본 유의사항

① 생물 테러는 증상이 즉시 나타나지 않고 시일을 두고 나타나므로 조기에 대처하는 것이 가장 중요

② 테러에 사용되는 물질들은 이미 치료제가 개발되어 있으므로 조기에 치료하면 치유가 가능

③ 생물 테러 징후가 보이면 방송이나 보건 당국의 인터넷 홈페이지를 통해 관련 정보를 수시로 파악

【생물 테러시 중점 수집사항】

▶ 위험지역 또는 위험한 그룹에 속해 있는지? ▶ 질병의 증상 또는 징후가 어떤지? ▶ 치료약 또는 백신이 공급되고 있는지? ▶ 어디서, 누가 질병에 감염되었는지? ▶ 감염시 응급치료를 받을 수 있는 장소는 어디인지?

(3) 인근지역 생물 테러 경보시

① 자신과 가족이 보건 당국의 경보내용에 언급된 것과 유사한 증상을 보이는지 여부를 확인

② 생물 테러 감염시 증상은 일반 질병과 유사하므로 미리 겁먹지 말고 보건관계자 등 전문가의 조언.

③ 질병의 확산을 방지하기 위해 보건 및 청결 상태 등을 유지하고 보건당국의 지시

④ 자신이 감염 위험 그룹이나 지역에 속해 있을 가능성을 항시 염두

⑤ 알려진 것과 유사한 증세를 보이고 감염 위험 그룹에 속해 있을 때는 반드시 응급치료

⑥ 정확한 처방 없는 항생제 오남용은 부작용을 야기하고 면역성을 저하시킬 수 있으므로 자제

(4) 생물 테러 의심물질을 발견했을 경우

① 즉시 그 자리를 피해야 함

② 손수건 등을 여러 겹으로 겹쳐 코와 입을 가리고 호흡해야 하며 이러한 것이 없을 경우 휴지를 여러 겹으로 접어 사용

③ 비누와 물로 손을 깨끗하게 씻고 당국에 신고

④ 전염성 질병에 감염되었을 경우 의료진의 진찰과 치료를 받아야 하며 이 경우 격리 수용될 수도 있음

2) 화학 테러

(1) 주요 증상

① 신체 - 눈물이 남, 근육 경련, 피부가 화끈거림, 호흡곤란, 균형감각 상실 등

② 주변 - 동물·조류·어류 등의 죽음, 정상적인 곤충 활동의 현저한 감소, 나뭇잎 변화 및 나무 고사, 성분 미상의 물방울 산재 등

(2) 화학 테러 징후가 발견되었을 경우

① 가능하다면 오염지역과 오염원을 신속히 확인

② 단시간 내 오염지역에서 벗어나는 것이 중요

③ 오염물질이 건물 내에 있을 경우 오염된 곳을 통과하지 않도록 주의하면서 건물에서 빠져 나오도록 함

④ 오염지역을 통과하지 않고 건물에서 나올 수 없거나 맑은 공기를 마실 수 없는 경우 가능하다면 오염물질에서 멀리 떨어지거나 대피소로 이동

⑤ 건물 밖에 있을 경우 오염되지 않은 맑은 공기를 신속히 확보

⑥ 오염지역을 벗어날 수 있는지, 건물내 대피소로 이동해야 할지를 빠른 시간 내에 판단

(3) 화학물질에 노출되었다고 판단될 경우

① 소지하고 있는 물건으로 코 · 입 · 눈 · 상처부위 등을 보호

② 촘촘한 면제품 등으로 코와 입을 가려 화학물질이 걸러진 공기를 호흡하는 것이 중요

③ 신속하게 옷을 벗고 비누로 깨끗이 씻되 피부를 문지르면 오염물질이 피부를 통해 침투될 수 있으므로 주의

④ 응급치료를 받도록 함

(4) 화학테러 시 행동요령

① 신속히 코와 입을 가리고 방사능에 오염되지 않은 건물 안으로 피신

② 실내에 있을 경우에는 건물이 방사능에 오염되었는지를 확인하고 오염되지 않았다면 바깥으로 나오지 말고 그대로 있는 것이 좋음

③ 건물내 방사능 유출 경고가 있을 경우 코와 입을 가리고 신속히 바깥으로 나와 오염되지 않은 건물이나 대피소로 피신

④ 건물이나 대피소에 들어가서는 창문을 잠그고 에어컨 · 히터 · 환풍 장치를 끄도록 할 것

⑤ 방사능에 노출되었다고 판단되면 신속하게 오염된 옷을 벗고 온몸을 깨끗하게 씻어야 함

⑥ 현지 관계당국이 현재상황과 행동요령 등에 대한 지침을 주지 않을 수도 있으므로 TV · 라디오 · 인터넷 등을 통해 관련 정보를 입수

제 6 장

폭발물 처리요령

제6장 폭발물처리요령

제1절 폭발물의 의의

1. 폭발물의 정의

폭발이란 단일물질이나 혼합물의 평형상태가 파괴되어 다량의 가스와 열이 발생하는 화학변화를 말한다. 화학류의 폭발에는 폭연(Deflagration)과 폭굉(Detonation)이 있으며 이 두 가지의 차이는 폭발전파 속도에 따른다.

폭발물이란 열, 충격 또는 기계적인 작용에 의해 급격한 반응을 일으켜 다량의 가스와 열을 방출하면서 분해 또는 재배열하는 화합물 또는 혼합물을 말한다. 성능에 의한 분류에 따르면 폭발물은 저성능 폭발물과 고성능 폭발물로 분류되는데, 저성능 폭발물은 일반적으로 화약이라 부르며 폭발속도는 초당 400m내외이고 단계적 연소(폭연)방식에 의한 폭발이 일어난다.

2. 화약류의 정의

화약류란 폭발물의 일종으로 충격, 마찰, 열 등의 외부작용에 의하여 짧은 시간에 화학반응을 일으킴으로써 고온의 열과 고압의 가스를 발생시켜 순간적으로 큰 힘을 얻을 수 있는 물질을 말한다. 화약류는 분자 결합이 불안정한 상태로 평형을 유지하고 있기 때문에 외부로부터 약간의 충격을 받으면 분자결합이 깨어지고 이때 발생하는 반응열은 아직 분해되지 않은 층으로 전파되어 급격한 반응을 일으키게 된다. 이에 따라 높은 온도의 열과 많은 가스가 발생하여 처음보다 훨씬 큰 팽창을 하고 큰 파괴력을 가지게 된다. 또한 화약은 자체 내에 산소를 가지고 있어 공기가 없는 곳에서도 반응이 가능하다.

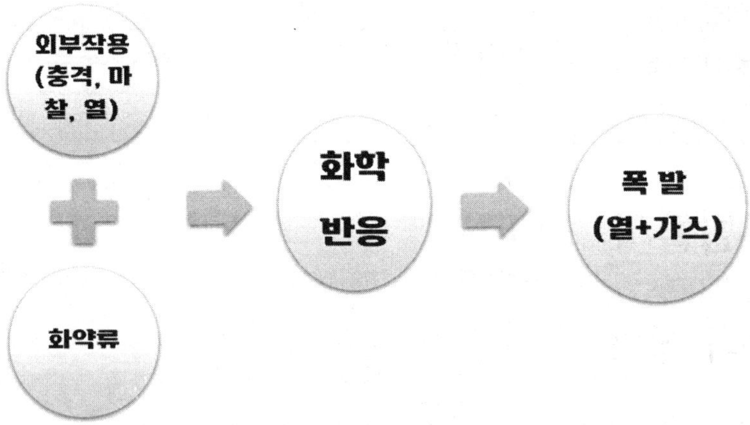

【화약류 폭발원리】

3. 폭발물의 구성

폭발물은 각기 다른 용기에 각각의 성질이 다른 작용제를 주입하여 폭발하도록 설계되어 있다. 그렇기 때문에 용기에 화학제를 넣게 되면 화학탄이 되고, 세균을 넣게 되면 생물학무기 된다. 또한 방사능을 넣으면 핵무기가 되며 이를 발사하거나 매설, 투척, 투하, 유도를 통해 목표지점에서 폭발하도록 구성한다.

4. 폭발물의 유형

위력에 의한 분류	① 고성능 폭약(HIGH EXPLOSIVE) ② 저성능 폭약(LOW EXPLOSIVE)
조성에 의한 분류	① 혼합류 폭약 ② 화합류 폭약
성능에 의한 분류	① 화약 ② 폭약 ③ 화공품
용도에 의한 분류	① 발사 및 추진약 ② 파괴약 - 작약, 폭파약, 점화약, 점폭약
총단법에 의한 분류	① 화약 ② 폭약 ③ 화공품

5. 주요 폭발물과 특성

1) T.N.T

특성	① 색깔 : 황갈색 ② 폭발현상 : 폭굉 ③ 감도 : 대단히 둔함 ④ 안정도 • 비 흡수성, 유독성(폭파시 유독 가스 발생) • 물에 용해되지 않고 아세톤, 벤젠, 알코올 등에 용해 ⑤ 위력 : 모든 폭약의 표준(기준) 1.00 ⑥ 폭속 : 22,500ft/s(농도 1.6gml) ⑦ 폭발온도 : 295℃~300℃ ⑧ 폭발 자체온도 : 2,820℃ ⑨ 용해온도 : 80℃ ⑩ 물리적 형태 • 주물형(CAST) • 얇은 조각형(FLAKE) • 압축형(PRESS) • 정형(CRYSTALLINE)
원료	루엔 및 초산(NITRATE: 질산염, 질산칼륨)
용도	① 주폭약 및 보조폭약으로 사용 ② T.N.T를 사용한 폭발물 • CHG DEMO BLOCK TNT 1/4, 1/2, 1LBS, MK14 MOD0, 1 • CHG DEMO CRATERING MK2, MOD 0, 1, 2, 3 • CHG DEMO FLEXIBLE LINER MK 8 MOD 0, 1 • CHG DEMO OUT FIT MK 133, MOD 0, 1 • 수류탄 MK2, MK2A2

식별방법	① 태웠을 때 검은 그을음을 내며 타고 폭발시 짙은 검은 연기가나며 폭발장소(폭발화구) 역시 짙은 그을음의 흔적이 남음 ② 연황색의 블록형태로 제조되나 테러범들은 이를 가루로 만들어 접착제와 다시 혼합 압착하여 여러 가지 모양을 만들어 위장 은닉하고 있다(분말 TNT는 옥수수가루 또는 메주가루와 유사). ③ 중국산 TNT는 약간의 회색을 띠고 있다. ④ TNT는 연황색을 띠고 있으나 햇빛 또는 자외선에 오래 쪼이면 점차적으로 퇴색되고 분해되면서 충격에 대한 감도가 증가한다. ⑤ 175시간 가량 자외선에 쪼이면 TNT는 갈색으로 변색되고 충격에 매우 민감해진다.

2) 플라스틱 폭약(콤포지션 C-4)

특성	① 색깔 : 백색 ② 감도 : TNT와 유사 ③ 안정도 • 비 흡수성 • 저장이 용이 ④ 위력 : 1.34 ⑤ 폭속 : 26,500ft/s(농도 1.6gml) ⑥ 용해온도 : 일정치 않음 ⑦ 물리적 형태 : 유연한 반죽 덩어리 ⑧ 폭발온도 : 197℃
구성	RDX+둔감제
용도	① 강철 표적 파괴 혹은 절단용으로 적합 ② CHG DEMO OUT FIT MK138 MOD1, (CHG DEMO MK35 MOD1) ③ CHG DEMO M5A1(BLOCK) ④ CHG DEMO M112(BLOCK)
참고	① 기폭시 보조 폭약이 필요 없다. ② 유독성 폭약이다(접촉 후 손을 씻을 것)
식별방법	① 백색으로 손으로 뭉쳤을 때 백설기 떡과 유사함 ② 특이한 냄새가 없으며 손으로 만지거나 주물러도 손에 묻지 않음 ③ 태웠을 때 연기 없이 연황색 불꽃을 내며 맹렬하게 연소하며 재가 거의 남지 않음 ④ 백색비닐이나 국방색 비닐로 포장됨 ⑤ 아세톤에 약간 녹음

3) 판형폭약(FLEX-X)

특성	① 색깔 : 군용(국방색), 상요(적색) ② 감도 : 폭약 주성분이 PETN이므로 예민 ③ 안정도 • 비 흡수성 • 65~160℉ 주물러서 사용 가능 ④ 위력 : 1.26 ⑤ 폭속 : 23,000ft/s ⑥ 용해온도 : 일정치 않음 ⑦ 물리적 형태 : 유연성 물질(가소성)
구성	① PETN ② NITRO CELLURO ③ CETYL-TRIBUTYL CRITRATE
용도	강철 표적 파괴용으로 적합
참고	① 규격 : 10″×20″ ② 중량 : 14, 22, 28, 36, 43, 50, 57온스 ③ 무독, 무취 ④ 뒷면에 접착제 부착 ⑤ 용기가 별도로 없고 고무판과 유사
식별방법	① 사무실 탁자용 고무판과 유사하며 필요시 칼이나 가위로 필요량만큼 잘라 사용함 ② 구두굽, 구두창, 단추 등으로 변형하거나 폭약자체로 가방 등을 만들어 위장하기도 함. ③ 특별히 제작한 폭약은 매우 부드러워 조끼형식으로 만들어 옷속에 입어 은닉하기도 함

4) 군용 다이너마이트

색상	황갈색
폭속	14,500~20,000ft/s
규격	0.5Lbs
성분	RDX, TNT, 전분, 모터오일
위력	0.92
용도	파괴용
특성	성분상 나이너마이트가 아니나 외형이 유사하여 통상의 다이니마이드로 호칭되고 있음

5) 흑색화약(유연화약)

특성	① 색깔 : 흑색 ② 감도 : 둔하다 ③ 용해온도 : 일정치 않음 ④ 총포의 발사 화약으로 가장 오래된 것이다. ⑤ 흑색 화약은 도화선 및 몇몇 점화기와 기폭기에 사용된다. ⑥ 물리적 형태 : 유연한 반죽 덩어리 ⑦ 기폭방법 : 주로 불꽃으로 기폭 되며, 타격, 충격, 마찰 온도 상승 및 연소체로서 폭발
원료	① 가연물인 폭탄 및 유황 ② 산소 공급체인 초석 혹은 지리초석
형태 및 용도	① 입상(GRANULAR) : 수렵용, 연화 제조시 사용 ② 분상(POWDERED) : 도화선에 사용 ③ 구상(SPHERICAL) : 채석, 경질암석, 석탄 등 채취용 ④ 편평형, 원통형, 육모형 : 군용 총포의 발사 장약, 무연화약 개발 후에는 사용치 않음
식별방법	① 회흑색의 분말 또는 과립형이며 과립형은 겉면에 광택이 있다. ② 불에 태웠을 때 백색의 연기를 내며 빠른 속도로 연소하여 재가 남음 ③ 물에 녹음 ④ 젖은 경우 스텐레스를 제외한 모든 금속과 반응 ⑤ 엽총 실탄의 추진 장약으로 사용

6) 무연화약

색상	오렌지색, 흑갈색, 흑색, 백색, 적색 등 다양
형태	구형, 환형, 판형, 세장형, 봉형, 단공관형, 성형, 다공관형, 장미형 등 다양
용도	총탄 또는 소형포탄, 박격포탄의 발사약으로 사용, 파이프폭탄 제조에 사용되기도 함
민감도	열 및 마찰에 민감
식별요령	① 아세톤에 녹음 ② 불에 태웠을 때 연기가 거의 없으며 빠른 속도로 연소하며 재가 거의 남지 않음 ③ 색상이나 형태가 다양하고 반투명인 것도 있음 ④ 제조시 화약의 정전기 방지를 위해 흑연으로 도포 하므로 만지면 흑연가루가 손에 묻는 경우가 있음

7) 초안폭약

특성	① 색깔 : 백색 ② 감도 : 열, 충격, 마찰에 둔감 ③ 안정도 • 흡습성 폭약으로 수분을 흡수하면 위력 감속 또는 저속도 폭발(불완전 폭발) 혹은 불발되기 쉽다. • 공기 중에 노출되면 퇴화되기 쉽다. • 폭발시 유독 가스 발생 ④ 위력 : 0.42 ⑤ 폭속 : 3,600~9,000ft/s ⑥ 용해온도 : 170℃ ⑦ 폭발현상 : 폭굉, 가연성
원료	① NH_4NO_3(질산암모늄) ② DNN, DNT ③ 목분, 전분 ④ 규소철
용도	① CRATERING CHARGE로서 효과적이다. ② 다른 폭약과 혼합하여 사용한다.

8) 함수폭약

색상	회색
폭속	14,100~18,700ft/s
성분	질산암모늄+TNT+알루미늄 파우더+물
용도	광산, 토목공사용
특성	감도가 둔하여 기폭에 부스터가 필요하고, 물을 함유하고 있어 소각 처리시 고열로 소각
식별방법	① 비닐로 포장된 소세지형(양쪽에 금속으로 밀봉) ② 불에 잘 타지 않고 물에 녹지 않음 ③ 내용물은 회색빛의 죽과 같은 형태임 ④ 발효된 젓갈 냄새 ⑤ 황동, 구리화합물을 부식

9) 다이너마이트

참고	① 다이너마이트의 주성분은 니트로글리세린 ② 니트로글리세린은 강력한 폭발력이나 유상의 무독성 물질로 서열, 충격에 민감하고 취급 및 사용에 있어서 극히 위험 ③ 니트로글리세린을 취급하고 사용하기에 적합하도록 하기 위하여 니트로글리세린을 흡수제에 흡수시켜 유연성 고체로 만들어서 사용 ④ 다이너마이트는 1866년 스웨덴의 알프레드 노벨이 발명
특성	① 대기 중에서 점화하면 다량이면 폭발하고 소량이면 연소 ② 폭발온도 : 200~240℃ ③ 감도 • 매우 예민하여 타격, 충격에 폭발 및 직사 일광에도 위험 ④ 산 또는 알칼리에도 분해를 촉진 ⑤ 습기 중 수분 흡수, 장시간 경과하면 니트로글리세린이 흘러내린다. ⑥ 6℃ 내외의 온도에서 동결되고 동결된 것은 기폭제에 대하여 둔감하여 불완전 폭파의 원인이 되는 반면 타격, 충격 등 기계적 작용에는 민감
용도	① 채석, 채광, 굴착, 진지구축 ② 암석폭파
종류	① 스트레이트 다이너마이트 • 일명 Ditching Powder, Blasting Powder, Ditching Dynamite • 색상 : 엷은 황갈색, 적갈색 • 풍속 : 15,000~19,000ft/s • 성분 : 니트로글리세린+목재펄프 • 특성 : 열, 충격, 마찰에 민감하여 뇌관 없이 총탄의 충격으로 폭발 ② 암모니아 다이너마이트 • 일명 Extra Dynamite • 색상 : 8,900~12,000ft/s • 성분 : 니트로글리세린+질산암모늄+목재펄프 • 용도 : 탄광용 • 특성 : 둔감하고 널리 사용, 흡습성(습기에 의해 감도가 저하) ③ 암모니아 젤라틴 다이너마이트 • 풍속 : 16,000~18,700ft/s • 성분 : 니트로글리세린이 면약과 질산암모늄에 용해된 상태 • 특성 : 질산암모늄이 주성분이나 비흡습성임 ④ 스트레이트 젤라틴 다이너마이트 • 풍속 : 7,900~16,000ft/s • 성분 : 니트로글리세린으로 셀룰로오스를 용해한 상태 • 위력 : 0.91(N/G함유시)

6. 폭파부수 기재

뇌관	뇌관은 폭발물을 기폭 시키기 위해 사용하는 폭파 부수 기재로서 뇌관 속에서 매우 민감한 고성능 폭발물이 들어있다.
비전기식 뇌관	도화선의 불꽃에 의해 기폭 되므로 전기뇌관과 같은 전기식이 부착되어 있지 않고 구리 또는 알루미늄 관체로 되어 있다.
전기식 뇌관	뇌관 속에 들어 있는 필라멘트가 전기저항에 의해 내는 불꽃에 의해 기폭되도록 장치된 뇌관이다.
도화선	① 뇌관을 점화시킬 목적으로 사용되는 화공품, 물속에서도 연소가능 ② 비전기식 폭파 방식 때 사용
도폭선	① 도화선과 모양은 같으나 그 자체가 고성능 폭발물이다. ② 도폭선은 여러 개의 폭파 목표물을 도시 폭파시 사용 ③ 색상 : 백색, 적색, 분홍색, 국방색 ④ 충전물은 PETN, RDX, TNT, HMX

7. 폭파의 개념 및 효과

1) 폭파의 개념

폭파란 폭약을 사용하여 물체를 파괴하는 작업으로 군사적인 폭파와 일반적인 발파로 구분하며 발파는 바위 같은 데에 구멍을 뚫어 화약을 장전하여 암석을 폭파하는 일을 말한다.

2) 폭파의 3대 효과

폭파의 3대 효과는 화구형성효과, 분쇄효과, 균열효과가 있다. 각각 시차를 두고 일어나지 않고 폭약이 폭발하면서 동시에 일어나게 된다.

(1) 화구형성 효과

폭약을 부착한 부위에 폭약이 폭발하면서 폭약의 위력에 의해 그 부위가 움푹 들어가는 현상을 화구형성 효과라 한다.

(2) 분쇄 효과

폭약이 설치된 표적의 반대편이 폭약이 폭발하면서 발생되는 강한 압축충격파에 의해 분쇄된다.

(3) 균열 효과

화구가 형성되면서 폭약의 폭발력에 의해 충격파가 폭약설치 부위 반대편으로 진행되면서 물체에 균열이 생긴다. 폭약량이 많으면 화구형성 및 분쇄효과 이상으로 고압가스 압축하중 때문에 폭약위치로부터 방사형으로 균열이 생긴다. 콘크리트 벽체에서는 폭약을 설치한 곳으로부터 균열이 일어나 벽체를 파괴시킨다. 강판은 폭약을 설치한 곳으로부터 휘어지게 된다.

8. 사제폭발물(IED: Improvised Explosive Device)

1) 사제폭발물의 정의

급조폭발물로도 불리는 사제폭발물은 테러단체나 개인이 제조한 폭발물로 주위환경과 목적에 적합하게 임의로 제조한 폭발물로 인가되지 않은 비표준 폭발물을 말한다. 사제폭발물로 인하여 사회혼란 발생할 수 있으며 테러단체에서 테러용으로 활용될 가능성이 높다는 측면에서 고위험군에 해당하는 폭발물이라고 할 수 있다. 2013년 4월 15일 미국 매사추세츠 주에서 열린 보스턴마라톤 대회 도중 폭발해 많은 사상자를 발생시킨 압력솥 폭탄도 급조폭발물의 일종이다.

2) 사제폭발물의 사용목적 및 특징

(1) 사용목적

특정인을 살상하거나, 정부에 대한 신뢰도를 저하시키고 대중의 혼란 및 공포심을 조성시키며 재산피해와 매스컴의 주의 집중을 목적으로 활용된다. 구체적인 목적별로 보면 적대세력에 대한 보복테러, 사회혼란 조성, 분리독립, 요구관철 기타 등의 목적을 실현하기 위한 방법으로 그 위력이 가공할 만한 폭발물 테러가 이용되고 있다.

(2) 특징

사제폭발물은 폭탄의 위력을 군용 대인지뢰 크레모아에 비유해 홈 메이드 크레모아(home made claymore)라고 부르기도 할 만큼 사제폭발물의 고위험성의 특징을 가지고 있으며, 홈페이지라고 불릴 정도로 집에서도 간단하게 제작이 가능한 특징을 가지고 있다. 다음과 같은 특징들을 가지고 있다.

① 폭발물 제작에 걸리는 시간이 짧다.
② 폭발물 제작을 위한 재료의 구입이 쉽다.
③ 폭발물 제작이 간단하다.
④ 폭발물의 은닉 및 위장이 용이하다.
⑤ 목표에 접근하기 쉽다.
⑥ 폭발물의 설치가 간단하다.
⑦ 불특정 다수에 대한 살상 효과가 있다.
⑧ 폭발물을 이용하여 목표를 달성할 수 있는 확률이 높다.
⑨ 흔적 제거가 용이하다.

3) 사제폭발물의 주요 구성품

사제폭발물을 제작하는데 필요한 주요구성품은 다음과 같다.

① 폭약(Explosive) : C-4, TNT, 저성능 폭약, 발화성 화공약품
② 뇌관(Detonating Cap) : 전기식, 비전기식 뇌관
③ 전원(Power) : 건전지
④ 스위치(Switch)
⑤ 용기(Container) 및 포장지(Packing Paper)

4) 사제폭발물 식별요령 및 예상설치장소

(1) 식별요령

① 배선이나 외부 전원, 인계철선 등이 노출되어 있는 물건
② 주인 없이 장시간 비정상적으로 방치된 물건

③ 가벼운 기계장치나 전자장치가 부착되어 있는 물건
④ 시계소리가 과도한 물건
⑤ 폭파용 부수물(뇌관, 폭약 등)이 노출되어 있는 물건
⑥ 비금속성 물체에서 금속성이 탐지되는 물건

(2) 예상설치장소

① 다중의 인원 접근용이 장소(복도, 로비, 계단, 승강기, 화장실 등)
② 2차 폭발 가능 장소(변전실, 위험물저장소, 연료탱크, 가스 관련 시설 등)
③ 움직이는 부분(출입문, 창문, 책상서랍, 차량 엔진 등)
④ 식별이 곤란한 사각지점(사각의 모서리, 캐비닛 등)
⑤ 압력이 가해지는 부분(의자, 차량시트, 침대 등)
⑥ 상시 사용하는 물품(전화기, 냉장고, 스탠드 등)
⑦ 관심의 대상이 아닌 곳(쓰레기통, 오물장 등)
⑧ 다중인원 유동지역(위락시설, 여객터미널, 병원, 학교, 식당 등)
⑨ 휴대용품(가방, 핸드백, 핸드폰 등)

제2절 폭발물처리 요령

1. 폭발물처리 정의

인원, 시설 또는 물자에 손상을 미칠 장소에 있는 각종 폭발물(불발탄, 유기탄, 불량탄, 급조폭발물 등)에 대한 검출, 식별, 평가 및 안전조치를 한 후 폭파, 소각, 분해, 매몰 등의 적절한 방법으로 위험성을 제거하고 각종 폭발물에 의한 인적·물적 피해를 사전에 방지하는 일련의 행위를 말한다.(국방부 훈령 제2124호 폭발물처리 훈령)

2. 폭발물처리의 중요성

폭발물은 자극이나 충격에 의해 폭발을 일으키는 물체나 물질로 적은 양으로 굉장히 큰 피해를 줄 수 있어 전 세계적으로 전쟁이나 테러 등에 활용되고 있다. 우리나라는 전쟁이 끝난 지 70여년이 지난 지금도 6. 26. 당시 발생한 각종 불발탄 · 폭발물이 지속적으로 발견되고 있으며, 급조(사제)폭발물(IED) 테러에 대한 위협도 점차 증가하고 있다. 많은 관련 군 · 경찰 등 많은 관련 조직에서 폭발물에 의한 피해를 최소화하기 위하여 폭발물을 안전하게 처리할 수 있는 전문부서인 폭발물처리반(EOD)을 운영하고 있다.

3. 탄약처리 방법

1) 회수 후 기폭에 의한 처리

(1) 대상탄종

기폭에 의한 처리 대상 탄종은 탄체에 고성능 화약이나 화약제가 충전된 탄약 및 폭발물로서 신관이 장착된 포탄약, 항공용 투하탄약, 박격포탄약, 대전차 및 대인지뢰, 로켓탄약, 수류탄 및 총류탄약, 신관, 뇌관, 각종 불발탄약 등이다.

(2) 기폭처리에 소요되는 폭약기준

탄 종	TNT (L/B)	Comp (L/B)	비 고
57미리 이하 포탄 및 총류탄	0.5	0.38	3발 이상 동시 기폭시 기폭약량 조정 • 3~6발 : 80% • 7~12발 : 70% • 13~20발 : 60% • 21발 이상 : 50%
로켓탄약	1	0.75	
60미리 이상 90미리까지 탄약	1	0.75	
105미리 이상 155미리까지 탄약	2	1.5	
8인치 이상 탄약	2.13	1.87	
500 L/B 이하 투하탄	3.8	3.8	
500 L/B 이상 투하탄	1	0.75	

(3) 기폭처리에 소요되는 부수자재 소요기준

전기뇌관은 폭약 3L/B당 1개 도화선은 비전기뇌관 1개당 4피트 도폭선은 폭약 1L/B 당 4피트 대전차 및 대인지뢰가 필요하며 부수자재는 처리 대상탄종 및 처리량에 따라 조정한다.

(4) 기폭처리 요령

① 1회 처리량은 그 지역 여건에 따라 결정하며 파편이 인접 건물 인원 및 재산에 안전하도록 수량을 조절한다.

② 땅을 깊이 4피트 이상 굴토하고 2피트 이상 없은 후에 기폭 한다.

③ 소구경의 탄약은 하부에 대구경의 탄약은 상부에 피라미드형으로 장전한다.

④ 고폭탄약과 화학탄약은 별도 장전하고 폭발물 장전시 완폭이 될 수 있도록 포장물을 제거한다.

⑤ 불발예방을 위하여 1개 폭파구에 2층 점화장치(비전기식)를 구성하여야 한다.

2) 소각에 의한 처리

(1) 대상탄약

소각처리 대상탄약은 흑색화약이나 덩어리 폭약 등 연소성이 있는 탄약 및 폭발물로서 흑색화약과 무연화약, 각종 폭약(TNT, 컴포지션, 테트리톨 등), 군용화학제(조명제), 뇌관(전기뇌관, 비전기뇌관 제외), 신관, 기폭관 및 전폭관과 소화기탄약, 기타 신관을 제거한 각종 포탄약(화학탄 제외) 등이다.

(2) 소각처리 요령

① 흑색화약은 1회 소각량은 50L/B로 하고 5~7.5cm 넓이 이상 살포를 금지하며 점화는 풍향의 반대방향에서 점화를 시도하고 작업요원의 대피를 위한 시한장치를 하여 점화하며 불꽃은 3m이상 높지 않도록 조정한다.

② 고성화약은 흑색화약 처리요령과 동일하되 1회 소각량을 달리해야 한다. 예를 들어 TNT는 500L/B, 테트리톨과 컴포지션은 50L/B로 조정해야 한다.

3) 분해처리

경제적으로 활용할 수 있는 가치가 있을 때 한하여 분해할 수 있다.

4) 매몰처리

지하매몰 등의 처리로서 다른 영구적인 처리방법이 준비될 때 까지 임시방편적인 위험감소 대책으로 매몰처리 방법을 활용한다.

4. 불발탄처리 방법

출동 전 준비	① 신고된 탄종에 대한 기능 및 제원을 확인하고, 처리절차 교범을 숙지 ② 출동장비 이상 유무 점검 • 차량 상태 점검 및 폭파기구세트 및 폭파용 자재 확인 • 무전기 및 경광등, 메가폰 기타 개인보호 장구 이상 유무 확인 • 유기 및 불발탄 적재함 모래 충만 및 모래주머니 준비 여부 확인 ③ 유기 및 불발탄 신고 장소까지 도로망 확인 ④ 출동 전 장소, 탄종, 수량, 탄약상태, 처리방법 등 지휘관 보고 ⑤ 유기 및 불발탄 인수 확인서 휴대
현장 도착 후 조치	① 현장 안전대책 확인 • 주위 인원의 근접여부 확인 • 탄종과 주위여건 고려하여 현지처리 여부 판단 • 불안전 요소 발견시 임시 안전조치 • 새로운 적성탄약 발견시 정보사령부에 통보하여 조치 ② 불발탄약으로 판단시 현지처리 원칙, 불가시 안전 조치하여 회수처리 ③ 현지처리 가능 판단 고려사항 • 기술정보수집이 요구되지 않을 때 • 인원에 피해가 없을 때 및 기타 방호수단이 불가시
현지 처리시 준수사항	① 발사된 불발탄은 가능한 촉수를 금하고 간접 장전에 의해 처리 ② 폭파지점에 대한 인원 접근 방지책 강구 ③ 처리요원에 대한 안전대책 강구(처리요원 대피장소 선정) ④ 주민 거주지역 유기탄약 현지 처리시 경찰 협조하에 안전 강구
회수 처리시 준수사항	① 기폭장치(신관계열)의 무장여부를 판단하고 무장 및 폭발가능시 안전조치를 먼저 조치하고 회수처리 시도 ② 탄약을 이동시 충격이 가지 않게 양손으로 수평을 유지하고 운반 ③ 적재함 모래 속에 탄약을 견고하게 적재하고 소량 및 소형의 탄약은 방

	폭담요 이용 ④ 적재함 속에 탄약 적재시 탄두방향은 차량 측면으로 향하게 적재 ⑤ 탄약 적재차량의 적재함에는 인원 탑승을 절대금지하고 도심지 통과시 주차와 정차를 금지하고 경광등을 작동하여 위험을 경고 ⑥ 유기 및 불발탄 적재차량의 추월을 금지하고 적재, 하적시 엔진 정지
부대 도착 후 행동	① 회수한 유기 및 불발탄약은 처리장에서 가능한 당일 처리 ② 당일 처리가 불가시 처리탄약 저장고내 보관 후 단기간 내 처리 ③ 당일 소모한 처리용 폭약 및 뇌관소모 정리 ④ 각종 장비를 점검하고 반납 ⑤ 부대복귀 후 지휘관에게 보고

제 7 장 화재대처법

제7장 화재대처법

제1절 화재의 의의

1. 화재의 정의

화재란 인간의 통제를 벗어난 광적인 연소 확대 현상으로 사람의 의도에 반하거나 고의에 의해서 발생하여 인명 및 재산의 피해를 주는 것이다.

2. 화재의 구분

【화재의 구분】

화재의 분류		소화기 표시색	특징
A급	일반화재	백색	• 백색 연기 발생 • 연소 후 재를 남김
B급	유류화재	황색	• 검은색 연기 발생 • 연소 후 재가 없음
C급	전기화재	청색	• 전기시설물이 점화원의 기능을 함
D급	금속화재		• 금속이 열을 생성
E급	가스화재		• 재를 남기지 않음

3. 화재의 종류별 특징

1) 일반가연물 화재(A급 화재)

① 가연물의 종류 : 목재, 종이, 섬유류, 합성수지류, 특수가연물 등

② 대상장소 : 주택, 공장, 음식점, 숙박시설, 시장 등

③ 특징

㉠ 연기의 색은 백색이며, 연소 후 재를 남긴다.

㉡ 고체상태이므로 기체, 액체에 비해 상대적으로 큰 착화에너지가 필요하다.

㉢ 소화시 물을 이용할 수 있으므로 주수에 의한 냉각효과를 이용한다.

2) 유류화재(B급 화재)

① 가연물의 종류 : 4류 위험물과 같은 액체 가연물

② 대상장소 : 4류 위험물 및 기타 액체 가연물을 취급하는 장소

③ 특징

㉠ 탄소수가 많을수록 흑색의 연기를 띄며, 연소후 재를 남기지 않는다.

㉡ 액체이므로 용기에서 누설될 경우 연소면이 급격히 확대된다.

㉢ 대부분 물에 녹지 않고 물보다 가벼우므로 주수소화시 연소면이 확대된다.

㉣ 화재 진행속도가 A급 화재에 비해 빠르고 활성화에너지가 작다.

㉤전기의 부도체이므로 정전기로 인한 착화의 우려가 있다.

① 고비점 액체위험물에서 발생될 수 있는 현상

㉠ 보일오버(Boil over)현상[5] : 유류탱크 화재시 액체위험물의 밑 부분에 존재하고 있던 물이 열파에 의해 비점 이상으로 되면 급격히 증발하면서 가연성액체를 탱크 밖으로 비산시켜 화재를 확대시키는 현상

㉡ 슬롭오버(Slop over)현상 : 액체위험물 화재시 화재의 계속진행에 의해 연소유면이 가열된 상태에서 물이 포함되어 있는 소화약제를 방사할 경우 물이 갑자기 기화하면서 액체 위험물을 탱크 밖으로 비산시키는 현상

5) http://tvpot.daum.net/clip/ClipView.do?clipid=10522195

㉢ 후로스오버(Floth over)현상 : 화재가 아닌 경우에 발생하는 현상으로 점도가 높은 유류를 저장하는 탱크의 바닥에 있는 수분이 어떤 원인에 의해 비등하면서 액체위험물을 탱크 밖으로 넘치게 하는 현상

3) 전기화재(C급 화재)

① 가연물의 종류 : 통전중인 전기시설물

② 대상장소 : 가정의 전기시설, 발전실, 변전실, 변압기 등

③ 특징 : 통전중인 전기시설물의 연소에 의한 화재로 주변의 일반가연물화재 및 유류화재로 전파되며 감전의 우려가 있어 물의 주수에 의한 소화방법이 곤란

④ 발생원인

㉠ 단락에 의한 발화 : 전기도체를 통하여 흐르는 전류의 순간적 스파크를 말하며 전선의 피복이 벗겨지거나 전선에 못 또는 핀을 박거나 전선이 중량물에 의해 눌리게 되면 단락이 될 수 있다.

㉡ 과부하(과전류)에 의한 발화 : 전선에 전류가 흐르면 열이 발생되는데 이로 인하여 전선의 온도가 상승하게 된다.

㉢ 정전기에 의한 발화 : 전기부도체간의 마찰 및 충돌시 정전기가 발생되는데 정전기가 방전될 때 주위에 가연성기체 또는 분진이 있으면 폭발을 일으킬 우려가 있다.

㉣ 낙뢰에 의한 발화 : 천둥, 번개는 전기에너지의 일종으로 건축물에 낙뢰가 접하면 순간적인 고열에 의한 불꽃이 발생하므로 점화원의 기능을 할 수 있다.

㉤ 접속기 과열에 의한 발화 : 전기가 통하고 있는 전로(電路)에는 수많은 접속점이 있고 이 접속점에 전류가 흐르게 되면 접속저항에 의해 다른 부분보다 집중적으로 열이 발생되어 발화의 원인이 된다.

㉥ 전기불꽃에 의한 발화 : 전기콘센트에 플러그를 꽂거나 뺄 때 또는 각종 스위치를 개폐할 때 크고 작은 전기스파크가 발생한다. 이때 가연성가스나 가연성분진이 폭발범위 내에 있을 때 착화의 우려가 있다.

㉦ 누전에 의한 발화 : 배선공사의 불량, 절연의 파손, 전기기기재료의 불량 등으로 누설전류가 있을 때 감전 또는 화재의 원인이 될 수 있다.

4) 금속화재(D급 화재)

① 가연물의 종류 : Na, K, Al, Mg, 알킬알미늄, 그 밖의 금속성물질
② 대상장소 : 금속을 분말 상태로 취급하는 장소
③ 특징 : 분진상태로 공기 중에서 부유시 분진폭발의 우려가 있다. 물 또는 CO_2와 반응하여 심한 발열과 함께 많은 가연성가스를 발생하므로 주의를 요한다.

5) 가스화재(E급 화재)

① 가연물의 종류 : LNG, LPG, 도시가스 등
② 대상장소 : 가연성 가스를 제조, 저장, 취급하는 모든 장소
③ 특징
㉠ 작은 에너지로 착화되어 폭연, 폭굉에 이를 수 있어 특별히 주의해야 한다.
㉡ 주성분이 유류와 동일하여 화학적 성질은 유사하지만, 기체 상태이므로 매우 민감한 성질을 갖는다.
㉢ 폭굉으로 전이되기 전에 소화가 필요하다.

제2절 연소일반

1. 연소의 정의

① 산소와 화합하는 산화반응
② 반응이 너무 급격하여 열과 빛을 동반하는 발열반응으로 화학적 반응
③ 일반적으로 연소(Combustion)란 물질이 빛이나 열 또는 불꽃을 내면서 빠르게 산소와 결합하는 반응을 말한다. 가연물이 공기 중의 산소 또는 산화제와 반응하여 열과 빛을 내면서 산화하는 현상으로 정의된다(류상일 외, 2020).

2. 연소의 3요소

연소는 연료로서 가연물, 산소를 공급하는 지연물, 발화에 필요한 열에너지(점화원)를 필요로 하고, 이를 연소의 3요소라고 말한다(류상일 외, 2020).

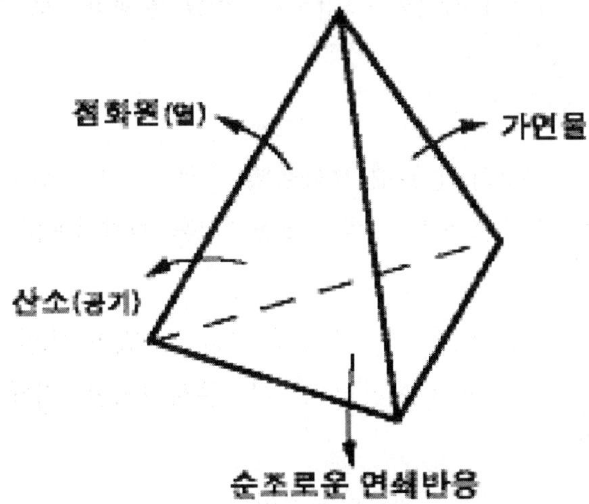

【연소의 3요소】

1) 가연물

① 고체가연물 : 목재, 종이, 섬유, 고무, 플라스틱 등으로 건조한 것일수록, 공기와 접촉하는 표면적이 넓을수록 잘 연소

② 액체가연물 : 가솔린, 등유, 경유, 중유, 알코올, 글리세린 등

③ 기체가연물 : 액화석유가스(LPG), 액화천연가스(LNG), 부탄, 수소 등

참고 가연성 기체는 공기 중에 일정한 비율의 범위에서만 연소가 일어나는데 이 범위를 연소범위라 한다.

2) 산소공급원

① 가연물이 연소하기 위해서는 가연물이 산화반응을 하기 위한 산소가 필요

② 공기 중의 산소 : 21%

③ 가연물이 연소하기 위하여 필요로 하는 최소 산소농도 : 15% 정도

3) 점화원

① 가연물이 연소하기 위해 가연물과 산소를 반응시킬 수 있는 에너지가 필요
② 화학적 에너지 : 연소열, 자연발열, 분해열
③ 기계적 에너지 : 마찰열, 마찰스파크, 압축열
④ 전기적 에너지 : 저항가열, 정전기가열, 낙뢰에 의한 발열

4) 연쇄반응

불꽃연소의 경우 연소의 3요소 외에 계속적인 가연성기체의 공급이 필요하며, 발생된 가연성기체는 지속적이고 순조롭게 산화반응을 할 수 있어야 하는데 이러한 반응을 연쇄반응이라 한다.

3. 연소의 형태

1) 확산연소 - 기체의 연소

가연성 기체가 대기 중으로 확산되면서 공기와 혼합기체를 형성하며 연소하는 형태로 공기와 혼합되지 못하는 부분은 불완전연소 우려

2) 증발연소 - 액체의 연소

액체 가연물은 액체상태의 연소가 아닌 액체로부터 발생된 가연성 기체가 연소하는 것을 말한다. 즉 액체가 증발에 의해 기체가 되고, 그 기체가 산소와 반응하여 연소하는 형태 예) 알콜류, 가솔린 등 저비점 액체가연물

3) 표면연소 - 고체의 연소

고체의 표면에서 가연성 기체가 발생되지 않아 고체 표면에서 불꽃을 내지 않고 연소하는 형태 예) 코크스, 목탄, 금속분 등

4) 분해연소 - 고체의 연소

가연물이 온도상승에 의한 열분해를 통하여 여러 가지 가연성 기체를 발생시켜 연소하는 형태 예) 목재, 종이, 섬유, 플라스틱 등

4. 연소 생성물과 유해성

1) 연기

가연물의 열분해 및 연소의 과정에서 발생하는 다양한 생성물과 그 주변에서 잔존하는 기체, 고체 미립자들의 혼합물이다. 화재초기에는 가연물에 수분이 많이 함유되어 있어 백색 또는 회색의 연기가 발생되며, 플라스틱이나 유지류에 있어서는 흑색을 띈다.

2) 연기의 유해성

(1) 산소 결핍

연기에 의해 산소의 농도가 희석됨과 동시에 이산화탄소의 농도가 상승한다. 산소농도가 낮은 공기를 흡입하면 산소결핍에 의한 질식 상태에 이르게 되는데 산소의 농도 15% 정도에서 인체에 영향을 나타나기 시작하여 6% 이하에서는 급격히 의식을 잃게 된다.

(2) 일산화탄소 중독

일반가연물이 불완전연소 시 일산화탄소가 발생되며 일산화탄소는 혈액 중에 헤모글로빈과 결합하여 COHb가 되므로 산소운반을 저해하여 두통을 일으키고 고농도의 경우 의식불명을 초래한다.

(3) 호흡기의 화상

(4) 입자에 의한 자극

미세한 탄소입자가 눈 및 폐를 자극하고, 호흡기를 통해 흡입되면, 질식 및 호흡곤란 초래

(5) 시계적 유해성

연기농도의 증가에 따라 시계가 좁아져 피난 및 소화활동에 지장을 초래

(6) 심리적 유해성

연기농도의 증가에 따른 호흡곤란, 시계의 제한 등으로 인하여 공포감에 휩싸이게 되어 행동능력 및 판단능력의 저하

3) 일산화탄소(CO)

① 탄소를 함유한 가연물의 불완전연소 시 발생.
② 무색, 무취의 유독성가스
③ 일반가연물 화재 시 가장 많이 발생되는 독성가스

4) 이산화탄소(CO_2)

탄소함유 물질의 완전연소 시 발생한다. 일산화탄소처럼 인체에 대한 독성은 없지만 화재 시 다량 발생하므로 공기 중의 산소부족에 따른 질식의 우려 및 호흡속도가 빨라져 기타 유독가스의 흡입을 촉진시킬 수 있다.

5. 건축물 화재

1) 플래시 오버(Flash over) 현상[6]

실내화재는 실외화재에 비해 화재로 인한 연소열을 외부로 방출하기 어렵다. 따라서

6) http://tvpot.daum.net/clip/ClipView.do?clipid=31264483

실내 온도가 급격히 상승하여 가연물의 열분해 또는 증발을 촉진한다. 어느 순간 화재실 전체에 가연성혼합기가 형성되면 실내 전체로 화염이 확대되는 현상을 말한다.

2) 백드래프트(Backdraft) 현상

실내화재는 실외화재에 비하여 공기의 유통이 자유롭지 못한다. 화재가 최성기로 접어들면 많은 양의 공기를 필요로 하지만 개구부가 폐쇄되어 있는 실내라면 공기의 공급이 어렵게 되어 연소현상이 원활치 못한다. 이 때 문을 열거나 공기를 공급하게 되면 실내에 축적되어 있던 가연성가스가 폭발적으로 연소하는데 이를 '백드래프트 현상'이라 한다.

제3절 소화의 방법

1. 소화의 원리

연소 과정은 점화원(열), 산소, 가연물, 연쇄반응의 상호작용이라고 볼 수 있다. 이 중에서 하나라도 제거된다면 불은 꺼진다. 즉, 연소의 반대 개념으로 연소 4요소인 가연물, 산소, 점화원(점화에너지), 연쇄반응이 성립되지 못하게 제어하는 것

① 냉각소화 ⇨ 점화에너지 차단
② 질식소화 ⇨ 산소 차단
③ 제거소화 ⇨ 가연물 제거
④ 억제소화 ⇨ 연쇄반응 차단

2. 냉각소화

가연물 또는 그 주변의 온도를 냉각시켜 발화점 및 인화점 이하로 떨어뜨려 소화하는 방법이다. 물은 다른 소화약제에 비해 쉽게 구할 수 있으며, 가격이 저렴하고, 사용시

안전함은 물론, 일반가연물 화재에 뛰어난 소화효과를 가지므로 냉각소화용으로 가장 많이 쓰이는 소화약제이다.

참고 물의 냉각 특성 : 물은 비열(1kcal/kg · ℃) 및 잠열(539kcal/kg)이 크므로 화재면에 방사시 많은 양의 에너지를 흡수하게 되어 가연물의 온도를 인화점, 발화점 이하로 낮출 수 있다.

3. 질식소화

정상적인 연소가 진행되기 위해서는 일정농도 이상의 산소가 필요하며, 대부분의 산소공급은 공기를 통해 이루어진다. 그러므로 가연물 주변의 공기를 차단하여 산소농도를 15% 이하로 하면 산소부족에 의해 계속적인 연소가 어려워진다. 질식소화를 위한 산소농도의 유효한계치는 10~15%이다.

① 이산화탄소, 할론 : 화재실에 방사시 상대적으로 산소의 농도를 떨어뜨려 연소반응을 저해

② 포(거품) : 포가 가연물을 피복하여 가연성가스의 발생을 억제함과 동시에 공기와의 접촉을 차단

③ 소화분말 : 열분해 시 생성된 수증기 및 탄산가스에 의해 산소의 농도를 희석하여 질식효과에 의한 소화

④ 불연성 고체로 연소물을 덮는 방법

4. 제거소화

연소를 지속시키는 물질의 공급을 차단하는 것으로써 가연물질 등을 제거해서 소화하는 방법을 말한다. 가연물질을 완전 제거하거나 가연성액체 또는 가연성증기의 농도를 희석시켜 연소하한계 이하로 하여 연소를 저지시키는 소화방법이다.

참고 소화방법

- 가스나 유류화재시 밸브를 폐쇄하는 방법
- 촛불을 입으로 불어 소화하는 방법
- 산불화재시 진행방향의 나무를 벌목하는 방법
- 전기화재시 전원을 차단하는 방법

5. 억제소화(부촉매소화)

불꽃연소에 한하여 사용할 수 있는 방법으로 화학반응력의 차이를 이용한 연쇄반응의 억제를 통하여 소화하는 방법이다. 화재면에 화학반응성이 큰 원소를 발생시킬 수 있는 물질을 투입하여 가연물이 산소와 반응하는 것을 억제하는 원리를 이용하는 소화방법이다.

참고 소화방법
- 할론약제 및 할로겐화합물 청정약제를 방사하는 방법
- 소화분말을 방사하는 방법

제4절 긴급상황시 대처요령

1. 긴급상황시 신고 요령

소방관서 신고사항은 화재, 구조, 구급 등 긴박한 상황이나 침착성 요구

참고 119 누름 ⇨ 소방관서 지령실 응답 ⇨ 능동적으로 필요한 내용을 침착, 간결

1) 화재가 발생한 경우(소방대를 요청하는 경우)

① 화재장소의 위치

② 정확한 화재발생 장소 및 용도

③ 화재장소 내 사람의 유무

④ 간단한 상황설명

⑤ 신고자 및 전화번호

2) 응급환자가 발생한 경우(119구급대를 요청하는 경우)

① 환자발생 위치

② 환자의 수

③ 간단한 상황설명

④ 신고자 및 전화번호

3) 구조 요청 시(119구조대를 요청하는 경우)

① 사고발생 위치

② 사고와 관련되어 구조가 필요한 사람의 수

③ 간단한 상황설명

④ 신고자 및 전화번호

2. 화재시 행동요령

1) 화재신고 및 경고

육성, 경보기 등을 통해 신속히 주변에 알려 주위 사람이 대피하도록 함

2) 초기 소화 및 소방관서에 신고

① 화재를 신고(119)

② 소화활동을 돕도록 함

㉠ 화재규모가 작으면 담요나 이불을 덮어씌움(시간적 여유 있으면 물에 적시는 것이 효과적)

㉡ 소화기, 소화전 활용

㉢ 전기스위치를 내림(전원이 연결된 기구에 물을 뿌리면 감전 위험)

㉣ 가스밸브 차단, 가스용기를 열기가 미치지 않는 곳으로 이동

㉤ 유류화재는 물 사용 금지(화재 확대)

3) 대피

① 화재건물 내의 문은 갑자기 열지 않도록

㉠ 문 열기 전에 손잡이나 다른 부위를 만져보고, 열이 느껴지면 열지 말아야 함(백드래프트 현상 우려)

㉡ 부득이 문을 열어야 할 상황에선 분이나 벽 뒤에 숨어 분출되는 화염이나 열기를 직접 받지 않도록 주의

② 피난시 자세 낮추고 젖은 수건으로 코와 입을 보호하면서 호흡

㉠ 연소생성물은 일산화탄소 등 유독가스 다량 포함

㉡ 가스들은 열기로 인해 부피가 팽창하여 뜨는 부력이 있음

㉢ 뜨거운 공기를 호흡하는 것도 위험하며 젖은 수건은 필터 역할을 하여 어느 정도 안전한 호흡을 도움

㉣ 화재로 인한 사망자 대부분은 질식사가 직접적인 원인

③ 불 난 곳의 반대방향의 피난구와 비상구 이용

④ 화장실 등 막다른 장소로 대피하지 않음

⑤ 전원이 차단되어 갇히거나 연기에 질식 가능성 높기 때문에 엘리베이터를 이용하지 않음

⑥ 귀중품을 가지고 나오려고 시간을 지체하는 것은 위험

⑦ 피난자가 많을 경우 질서를 지켜 노약자, 어린이, 부녀자를 먼저 대피시킴

⑧ 고립된 경우 각종 수단과 방법을 동원하여 자기존재를 알려야 함

제5절 소화기

1. 소화기의 종류

분말소화기, 이산화탄소소화기, 할론소화기 등[7)]

7) http://tvpot.daum.net/clip/ClipView.do?clipid=25054435

1) 분말소화기

(1) 소화기의 구조원리

분말약제는 미세한 고체입자로 CO_2 또는 할론약제와 달리 자체 증기압을 가질 수 없으므로 약제방출을 위한 추진가스로 N_2, CO_2가 필요하다.

① 가압식 소화기

㉠ 소화기 내에 질소를 넣은 압력용기가 들어 있어 레버를 누르면 압력용기가 개방되어 분말을 밀어내어 분사

㉡ 한번 레버를 누르고 나면 재사용 못하고 재충전하여야 함

② 축압식 소화기

용기에 압력게이지가 달려 있으며 용기 내에 분말과 압축된 질소가 들어 있어 레버를 누르면 고압의 질소가 분말을 밀어내어 분사

(2) 소화원리

소화기 내에 미세한 인산암모늄 분말 등의 소화약제가 들어 있어 화점에 분사하면 억제효과, 질식효과 등이 작용

(3) 주의사항

축압식 소화기의 경우 용기내 약제상태를 점검하기 위해 본체를 분해하는 것은 위험(용기 자체에 압력이 가해진 상태에 있기 때문)

(4) 점검방법

① 축압식 소화기

손잡이 부분에 부착된 압력계의 지시압력을 확인

㉠ 정상상태 : 지시압력이 청색부분을 지시할 때

㉡ 압력 미달상태 : 지시압력이 노란색 부분을 지시할 때(재충전 필요)

② 가압식 소화기

㉠ 분해하여 소화약제 응고상태 확인

㉡ 월 1회 정도 용기를 뒤집어 약제의 응고상태 확인하고 흔들어 줌

2) 이산화탄소소화기

(1) 소화기의 구조원리

축압식 소화기의 일종으로 안전핀을 뽑고 레버를 누르면 즉시 방사

(2) 소화원리

① 액화 이산화탄소가 레버를 누르면 기화되면서 분사
② 분사된 이산화탄소는 가연물 주위에 확산되면서 산소의 농도를 낮추어 질식 소화
③ 액화 이산화탄소가 분출과 동시에 기화하면서 주위로부터 기화열을 빼앗아 냉각효과

(3) 주의사항

① 액화 이산화탄소 1kg이 15℃에서 기화했을 때 체적이 534L의 기체로 변환되므로 사용자가 질식되지 않도록 주의
② 기화에 의한 급격한 온도하강(-78.5℃)으로 동상 우려 주의

(4) 점검방법

① 축압식 소화기이지만 압력계가 없으므로 내압 확인 곤란
② 소화기 중량을 측정하여 약제의 충전량 확인

3) 할론소화기

(1) 소화기의 구조원리

① 일반적으로 축압식은 압축공기를 소화기 몸체에 축압시킨 것으로 다른 소화기 구조원리와 동일
② 레버를 누르면 즉시 방사되고 레버누름을 중지하면 방사가 중지

(2) 소화원리

① 주 소화원리는 화학적 억제효과이며 질식, 냉각 등의 부수적 효과도 있음
② A, B, C급 화재에 적응성이 있고 소화력이 뛰어남

③ 프레온 가스의 일종으로 지구온난화 등 환경적 부작용으로 인해 대체물질(청정소화약제)개발에 주력

(3) 주의사항

① 축압식 소화기는 온도변화에 민감하므로 설치장소의 온도를 고려하여 설치

② 지하층이나 무창층 또는 밀폐된 거실 또는 사무실로서 바닥면적이 $20m^2$ 미만의 장소에는 설치 불허(이산화탄소 소화기도 동일, 단 배기를 위한 유효한 개구부가 있는 장소는 예외)

(4) 점검방법

① 축압식의 경우는 압력계의 지시침을 확인

② 할론 1301 소화기는 압력계가 없으므로 중량을 측정

2. 소화기의 사용과 관리

1) 소화기 사용시 유의사항

① 소화시 바람을 등지고 방사

② 방사거리는 4~5미터가 적당

③ 방사시간이 10~12초 정도에 불과(약제중량 3.3kg 분말소화기 기준)하므로 신중하게 사용

2) 소화기의 사용 순서

① 안전핀을 뽑는다.

② 바람을 등지고 화점을 겨냥한다.

③ 레버(손잡이)를 강하게 움켜쥔다.

④ 빗자루로 쓸듯이 앞으로 뿌려 나간다.

3) 소화기의 관리

① 통행이나 피난 등에 지장이 없고, 사용시 쉽게 반출할 수 있는 곳에 위치

② 습기나 직사광선을 피함

③ 주위의 잘 보이는 곳에 '소화기'라는 표시할 것

④ 분말소화기는 정기적으로 용기를 뒤집어 약제가 응고되지 않도록 함

⑤ 축압식 소화기는 게이지 압력을 정기적으로 확인하고 압력이 부족하면 즉시 재충전하여 보관할 것

제 8 장

응급처치법

제1절 응급처치의 개념 및 원리
제2절 응급처치법

제8장 응급처치법

제1절 응급처치의 개념 및 원리

1. 주요 법률

1) 제2조(정의)

(1) “응급환자”란 질병, 분만, 각종 사고 및 재해로 인한 부상이나 그 밖의 위급한 상태로 인하여 즉시 필요한 응급처치를 받지 아니하면 생명을 보존할 수 없거나 심신에 중대한 위해(危害)가 발생할 가능성이 있는 환자 또는 이에 준하는 사람으로서 보건복지부령으로 정하는 사람을 말한다.

(2) “응급의료”란 응급환자가 발생한 때부터 생명의 위험에서 회복되거나 심신상의 중대한 위해가 제거되기까지의 과정에서 응급환자를 위하여 하는 상담 · 구조(救助) · 이송 · 응급처치 및 진료 등의 조치를 말한다.

(3) “응급처치”란 응급의료행위의 하나로서 응급환자의 기도를 확보하고 심장박동의 회복, 그 밖에 생명의 위험이나 증상의 현저한 악화를 방지하기 위하여 긴급히 필요로 하는 처치를 말한다.

일반인도 어느 정도 할 수 있지만, 이를 위하여 응급처치에 대한 교육을 받아야만 한다. 이러한 응급처치 또는 응급의료의 목적은 급한 신체적 이상에 대해 환자의 생명을 구하고, 환자의 상태를 최단시간 내에 정상 내지는 이에 가까운 상태로 회복시켜 계속

요구되는 치료의 효과를 높이는데 있는 만큼 응급처치만으로 모든 것을 해결하려 들면 안되고 신속하게 의료기관으로 이송하는 것도 중요하다. 우리가 응급처치를 시행하여야 하는 이유는 생명을 유지시키고, 상태의 악화를 방지하고 회복을 촉진시키는 것임을 명심해야 한다.

2) 제5조의2(선의의 응급의료에 대한 면책)

생명이 위급한 응급환자에게 다음 각 호의 어느 하나에 해당하는 응급의료 또는 응급처치를 제공하여 발생한 재산상 손해와 사상(死傷)에 대하여 고의 또는 중대한 과실이 없는 경우 그 행위자는 민사책임과 상해(傷害)에 대한 형사책임을 지지 아니하며 사망에 대한 형사책임은 감면한다.

2. 현장 응급처치의 중요성

병원 도착 전의 응급처치 여부에 따라서 사망률과 불구율에 많은 차이가 있음은 이미 선진국에서 증명된 바 있다. 현장에서 응급처치를 하는 목적은 사망률과 불구율을 감소시키자는 것이다. 이 목적을 달성하지 못한다면 현장에서 응급처치를 해야 할 이유가 없다.

1) 사망 원인

최근 10여 년간 통계청의 사망 원인 상 뇌혈관질환을 포함하여 고혈압성 질환, 동맥경화증, 심장질환과 같은 순환기계 질환으로 숨진 이가 사망자 전체의 1위를 차지하였고, 암으로 인한 사망이 2위, 교통사고와 자살과 같은 각종 사고사가 3위였다. 이들 3대 사망 원인 중 응급처치가 필요한 경우는 순환기계 질환과 각종 사고이다. 순환기계 질환은 식사 및 생활방식의 변화, 현대화된 환경으로 증가할 것으로 예상되며, 각종 사고는 다양화된 사회환경으로 지속적으로 발생하고 있어 응급처치의 중요성이 강조된다.

2) 사망의 감소 예

미국의 예를 보면 1972년 이후 심혈관계 질환으로 인한 사망률은 급격한 감소를 보였는데, 이중 뇌혈관질환은 1958년에 50%까지 사망률이 감소하였고, 관상동맥질환으로 인한 사망률은 30% 이상 감소하여 평균 약 35%의 사망률 감소를 나타냈다. 사망률이 감소하는 원인은 최근 10년간의 한국의 사망률을 볼 때 의학의 발전에서 찾을 수 있다고 생각할 수 있다. 우리나라에서도 병원에서의 진료의 질은 좋아졌으나, 신속하고 효과적인 응급처치가 병원도착 전에 체계적으로 충분하게 이루어지지 않고 있는 실정이다. 만일 병원 전단계 응급처치가 충분히 이루어진다면 선진국의 예에서처럼 사망률을 현저하게 감소시킬 수 있을 것이다.

3) 신속한 응급처치의 중요성

비정상적 심장박동으로 인한 심장정지는 일반인도 교육만 받으면 시행할 수 있는 기본심폐소생술과 전문가에 의한 전문심장소생술을 실시하게 되면 43%의 생존율을 나타내지만, 기본심폐소생술과 전문심장소생술이 늦어지면 생존확률은 점점 떨어져서 10분 이상 경과하게 되면 거의 모두가 사망하게 된다. 따라서 응급처치 시작 시간이 중요하며, 이는 응급의료 체계의 확립과 시민들의 자발적 응급처치 참여와 교육이 있어야 한다.

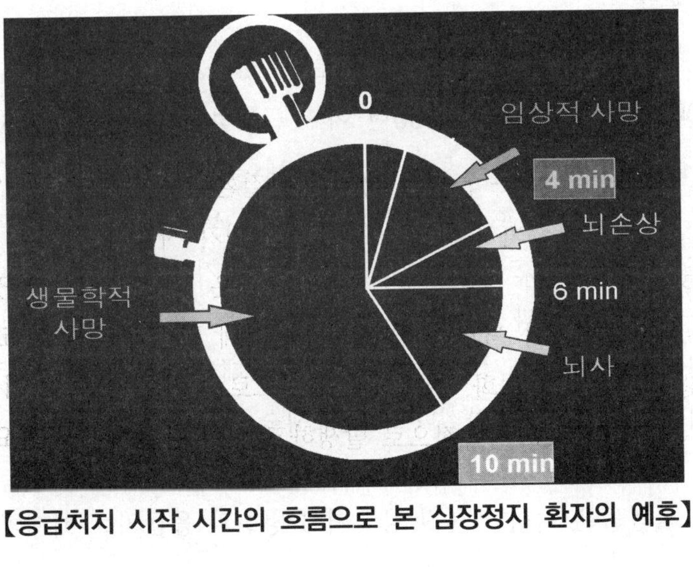

【응급처치 시작 시간의 흐름으로 본 심장정지 환자의 예후】

4) 소생의 고리

심장이 정지된 환자가 현장에서 즉시 심폐소생술을 하면서 구급차를 불러 전문소생술을 실시한다면 30~40%가 살아날 수 있다. 즉시 구급차호출, 심폐소생술, 제세동술에 이어 전문소생술을 하는 과정이 잘 연계되면 환자는 최대의 생존확률을 가질 수 있다. 이때 만일 아무런 처치도 하지 않는다면 100%가 사망하게 된다. 최대한의 생존율을 보장하기 위해서는 신고, 심폐소생술, 제세동술, 전문소생술의이 4가지 과정이 연쇄적으로 신속하게 이루어져야 한다. 이 4가지 과정을 응급처치에서 가장 중요한 개념으로 소생의 고리(Chain of survival), 혹은 생존의 사슬 등으로 부른다.

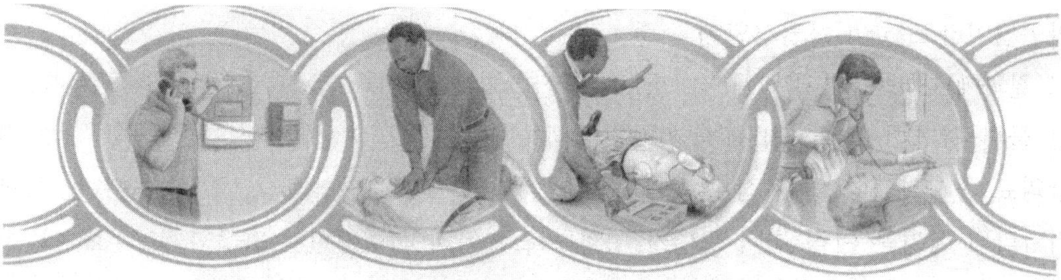

【소생의 고리】

5) 외국의 교훈

미국의 경우 1960년 경에 심폐소생술이 도입되었다. 관상동맥질환에 의한 사망률을 비교해보면 심폐소생술이 도입된 1960년 이후 급격하게 떨어져서 1984년에는 사망률이 35% 가량 감소하였음을 보여 주었다. 특히 뇌졸중에 의한 사망은 50%까지 감소하였다. 뇌졸중은 심장이 아닌 호흡정지나 의식상실이 원인이 되어 기도폐쇄로 사망하는 수가 많아 기도유지와 인공호흡만으로 소생이 가능하기 때문이다. 특히 미국에서 세계적인 대도시인 동부의 뉴욕과 서부의 시애틀을 비교한 연구에서 일반인 응급처치 교육을 제대로 체계적으로 시행한 시애틀에서 심정지 상태의 응급환자의 생존율이 뛰어났다는 것은 시사하는 바가 크다고 하겠다. 심폐소생술은 현장에서 즉시 하지 않으면 그 효과가 떨어지기 때문에 현장 응급처치의 중요성을 단적으로 잘 보여주는 대표적인 예일 것이다. 따라서 국민들은 이러한 현장 응급처치 방법과 응급의료 체계의 이용방법 등에 대하여 잘 알아야 한다.

6) 시민정신의 중요성

상기한 바와 같이 응급환자가 살 수 있는 방법은 현장에서 즉시 응급처치가 이루어지면서 신속히 전문적 처치와 연계되어야 한다. 그러나 사람이 살아가다 보면 어느 상황에서나 응급상황을 겪을 수 있는데, 이러한 경우 주위의 사람이 응급처치와 신고를 해주어야 한다. 따라서 여기에 필요한 것은 응급처치 교육이라는 기본적 지식, 능력의 배양과 타인을 응급상황에서 구해 주고자 하는 시민정신(Citizenship)이다. 이 책의 내용은 이러한 시민정신이 발휘된다는 가정 하에 기술되어 있다. 선진국에서는 선한 사마리아인법이라고 하여 응급상황에 처한 사람에 대한 응급처치를 시행하면 일반인이 하여도 그 결과에 대하여 면책 받을 수 있도록 응급처치자에 대하여 법적 보호가 되어 있다. 이는 물론 당연히 응급처치를 시행하여야 하는 응급구조사, 병원 내 응급의료진 같은 응급의료 종사자들이 업무 상 잘못을 면책받기 위한 것으로 사용되면 안된다. 그러나 우리나라의 상황은 아직 법적 토대가 미약하므로 특히 시민정신이 강조되며, 이를 뒷받침하는 제도도 개발되어야 한다.

【반드시 119에 연락하여 빨리 도움을 받아야 하는 응급 상황들】

1. 기도폐쇄	9. 마비환자
2. 호흡곤란이나 숨을 쉬지 않는 경우(무호흡)	10. 중독 환자
3. 심장마비	11. 물에 빠졌을 때(익수)
4. 심장질환이나 흉통	12. 중등도 이상의 화상
5. 의식이 없는 경우	13. 전기손상
6. 심한 출혈	14. 자살기도
7. 척수 손상이 의심되는 경우	15. 분만
8. 경련 환자	

【응급환자를 신고할 때 천천히 또박또박 전달해야 하는 사항들】

1. 환자가 발생한 위치, 주소 및 전화번호를 정확히 알려준다.
2. 응급상황이 발생한 경위와 환자상태
3. 주위의 위험요소 유무: 화재, 사고, 위험물질 등
4. 환자의 수

【증상이 경미하더라도 반드시 응급진료가 필요한 경우의 예】

1. 기침 시 혹은 가래에 피가 섞여 나오는 경우
2. 소량이라도 피를 토하는 경우
3. 흉통(가슴에 갑자기 통증을 느낀 경우)이 발현한 경우
4. 잠시라도 의식을 잃었던 경우
5. 신체에 마비증상이 일시적이라도 나타났던 경우
6. 기 타(갑자기 숨이 찬 경우)

3. 의식이 있는 경우

사고로 인하여 부상을 당한 사람의 경우 의식이 있는 경우에는 심폐기능이 정상적으로 유지되고 있기 때문에 의학적으로는 그대로 방치하면 위험한 상황으로 이어질 수가 있으나, 부상자의 상태에 따라 적절한 초기 응급처치를 시행한다면 생명을 구하고 2차적 손상을 예방할 뿐만 아니라 상황을 악화시키는 것을 병원 도착시까지 지연시킬 수가 있다.

1) 기도확보와 정상적인 호흡유지

모든 사고자나 응급질환자는 최우선적인 과제가 호흡을 정상적으로 잘 할 수 있게 기도를 확보하여 유지하여 정상적으로 편안한 호흡을 할 수 있게 하여 심장 박동을 정상적으로 유지함으로써 장기와 세포에 산소가 풍부한 혈액을 공급해 주어야만 한다.

2) 급성 출혈에 대한 지혈

부상으로 인하여 심각한 출혈이 있는 부상자는 즉시 출혈부위를 심장보다 높여 직접 압박을 가하여 지혈을 시켜야만 혈액이 모자라 순환장애를 일으키는 쇼크 상태를 막을 수가 있다.

우리 몸의 8%가 혈액이며, 정상 성인의 경우 약 5,000cc 내외의 혈액이 심장 박동에 의하여 순환되고 있다. 이 중 20% 정도인 1,000cc가 혈관에서 빠져 나오면 원활한 순환상태가 되지 못하는 쇼크 상태가 되며, 30% 정도인 1,500cc 이상이 유출되면 혈액

이 모자라 사망할 수가 있다.

이 정도의 유출은 두부손상, 경부손상, 복부손상, 골반골절로 인한 2차적 손상과 대퇴골절로 인한 2차적 손상에 의하여 외부로 유출되지 않더라도 내부 출혈만으로도 사망에 이를 수가 있다.

3) 부상으로 인한 개방성 골절의 위험성

각종 다양한 사고로 인하여 우리 골격을 유지하고, 각종 장기를 보호해 주는 지지대 역할을 하는 뼈가 외부 충격으로 골절될 수가 있다. 이때 골절된 뼈가 2차적 손상으로 밖으로 튀어나오는 개방성 골절이 보이지 않는 폐쇄성 골절보다 훨씬 더 위험하다.

흔히 시민들과 학생들에게 질문을 던져보면 거의 대부분에서 95% 이상이 개방성 골절보다는 보이지 않는 폐쇄성 골절이 더 위험하다고 인식을 하고 있다. 이 부분이 바로 철저한 교육훈련이 필요한 것이다.

사례로 런던 올림픽 축구 경기 당시 8강에서 대한민국과 영국이 맞붙은 상황에서 전반 경기 시작 약 5분경 부산 아이파크 소속의 수비수 김창수 선수가 영국 선수들과 볼을 다투던 중 낙상하면서 오른쪽 팔 요골부위가 꺾여 완전히 골절되는 장면이 있었다.

골절 이후 잠시 경기가 중단되었고, 김창수 선수는 코치와 함께 자신이 직접 오른쪽 팔목을 고정시켜 잡고 걸어 나와 검사 후 2차적 손상없이 폐쇄성 골절로 고정하여 현재 완치되었다.

그러나 만약 잘못해서 골절된 뼈가 밖으로 튀어나와 개방성 골절이 되었더라면 선수생활을 접어야하는 심각한 문제가 발생할 수도 있는 상황이었다.

4. 의식이 없는 경우

부상자나 모든 응급질환자에서 의식과 호흡을 정확히 평가하여 의식과 호흡이 없거나 정상적인 호흡을 못하는 경우에는 즉각적으로 바른 자세로 눕히고, 아래와 같이 신속하게 심폐소생술을 시행해야 한다.

1) 의식을 확인 후
2) AED를 요청하고 119에 신고
3) 호흡을 평가하여 호흡이 없는 경우
4) 기도를 유지하고, 흉부압박 30회 호흡 2회 공급을 1주기로 심폐소생술 실시
5) 심폐소생술의 중단
 ① 의식과 호흡이 정상적으로 회복되었을 때
 ② 다른 사람과 교대했을 때
 ③ 구급대원들이 도착하여 인계되었을 때
 ④ 심폐소생술을 시행하는 자신이 지쳐서 더 이상 심폐소생술을 시행하는 것이 불가능할 때
 ⑤ 심폐소생술을 시행하는 것이 위험한 지역

5. 심폐소생술의 중요성

1) 가슴압박 소생술의 도입

심폐소생술에서 인공호흡과 가슴압박의 두 요소는 심정지가 발생한 사람에 대한 필수적인 생명 보조 방법이다.

그러나 최근 다수의 동물 실험과 임상 연구를 통하여 심정지가 발생한 후 초기 단계에서는 인공호흡을 하지 않고 가슴압박만 하더라도 인공호흡을 병행한 심폐소생술과 유사한 생존 효과가 있다는 사실이 알려졌다. 인공호흡은 하지 않고 가슴압박만을 하는 심폐소생술을 "가슴압박 소생술(hands only CPR)"이라고 한다. 가슴압박 소생술을 할 경우에는 심폐소생술을 전혀 하지 않았을 경우보다 심정지 환자의 생존율을 높일 수 있는 것으로 밝혀졌다.

또한 심장질환이 심정지의 원인으로 추정되는 심장성 심정지 환자에서는 가슴압박 소생술만을 한 경우에도 인공호흡을 함께 한 심폐소생술과 생존율이 유사하다.

다만, 호흡 정지, 익수 등에 의한 심정지 환자에서는 심폐소생술 과정에서 인공호흡이 필수적으로 병행되어야 한다.

낮은 심폐소생술 보급률, 인공호흡에 대한 일반인들의 태도 등을 고려할 때, 가슴압박 소생술의 권장은 목격자 심폐소생술 시행률을 단시간에 높일 수 있는 심폐소생술 보급 전략이 될 수 있다.

가슴압박 소생술을 하면 심폐소생술의 모든 과정을 심정지 확인-신고-가슴압박의 세 단계로 단순화할 수 있기 때문에 심폐소생술에 대한 국민들의 수용 가능성을 높일 것이다.

국가적인 심폐소생술 보급 정책도 가슴압박 소생술을 우선 보급하여 심폐소생술에 대한 국민의 인식과 교육 수용성을 높임으로써 일차적으로는 목격자 심폐소생술 시행률을 높인 다음에 단계적으로 표준 심폐소생술을 확산시키는 전략적 접근이 가능하다.

2) 심폐소생술 실시 순서 변경

기존의 심폐소생술 가이드라인에서의 기본 소생술 순서는 기도 개방(airway: A)-호흡확인 및 인공호흡(breathing: B)-가슴압박(chest compression: C), 즉 A-B-C로 권장되었다. 2011 한국 심폐소생술 지침에서는 기본 소생술 순서를 가슴압박-기도 개방-인공호흡(C-A-B)으로 정하였다. A-B-C 순서의 기본 소생술은 심정지의 초기에 가장 중요한 가슴압박까지의 시간을 지연시키는 것으로 나타났다. 또한 다수의 일반인 구조자는 입-입 인공호흡을 꺼려하는 경우가 있기 때문에 가슴압박보다 인공호흡을 먼저 하여야 하는 A-B-C 순서의 기본소생술을 아예 시행조차 하지 않는 경우가 있다. C-A-B 순서의 기본 소생술은 심정지 발생으로부터 가슴압박까지의 시간을 줄이고, 일반인 구조자가 인공호흡에 대한 부담감으로 인하여 심폐소생술을 시도하지 않을 가능성을 줄일 수 있을 것으로 예상된다.

3) 심정지 확인 과정과 심폐소생술의 단순화

의료인이 아닌 일반인은 가족 또는 주변 사람이 갑자기 심정지 상태에 빠졌을 경우에 매우 당황하게 된다. 또한 심정지에 대한 경험이 없기 때문에 심정지가 발생하였는지를 확인하거나 알아차릴 때까지 상당한 시간을 보낼 수 있다. 심폐소생술은 심정지가 발생한 후 빠른 시간 내에 시작되어야 하기 때문에 심정지의 발생을 확인하거나 인지하는 과정에서 발생하는 시간 지연을 가능한 줄일 수 있어야 한다. 일반적으로 심정지가 발생한 사람은 즉시 의식을 잃고 외부 자극에 반응하지 않고 호흡이 없으며 자발적인 움직임이 없다. 그러나 심정지 직후에는 비정상적인 호흡(심정지 호흡: agonal gasps)이 일시적으로 관찰되거나 경련발작에 의한 움직임이 동반될 수 있다. 따라서 심폐소생술을 교육하는 과정에서 심정지의 임상 양상에 대한 상세한 교육을 함으로써, 심정지를 목격한 사람이 빠른 시간 내에 심정지의 발생을 인지할 수 있도록 준비되어 있어야 한다. 특히, 응급의료상담원(119구급상화센터)은 심정지의 임상양상을 신고자에게 구체적으로 설명할 수 있도록 훈련받음으로써, 심정지가 의심되는 상황이 신고 되었을 때 신고자가 목격한 상황이 심정지인지를 알 수 있도록 설명할 수 있어야 한다.

2011 한국 심폐소생술 지침에서는 기본 소생술 과정을 단순화하였다. 2006년 공용 심폐소생술 가이드라인에서는 심정지가 의심되는 사람을 발견하였을 때, 호흡을 확인하기 위하여구조자가 대상자의 얼굴 근처에 자신의 얼굴을 가까이 한 후 "가슴의 움직임을 관찰, 호흡음을 듣고, 호기를 느끼고(보고 듣고 느끼고)"하여 호흡이 있는지를 확인하도록 하였다.

2011 한국 심폐소생술 지침에서는 심정지가 의심되는 사람을 관찰하여 의식이 없으면서 호흡이 없거나 비정상 호흡상태(심정지 호흡 포함)가 관찰될 경우에는 심정지가 발생한 것으로 판단하도록 함으로써, 호흡을 확인하는 "보고 듣고 느끼고" 과정을 삭제하였다.

4) 가슴압박 방법의 조정

2011 한국 심폐소생술 지침이 권장하는 가슴압박 방법은 2006년 공용 심폐소생술 가이드라인에서의 방법과 기본적으로는 차이가 없다. 다만, 기존의 방법으로 교육받은 구조자가 심폐소생술을 한 결과를 분석한 연구에서 가슴압박의 깊이와 압박 속도가 각각 권장 수준에 미치지 못하였다고 보고되었다. 또한 권장 수준에 미치지 못한 심폐소생술을 시행 받은 경우에 적절한 수준의 심폐소생술을 시행 받은 경우보다 생존율이 낮다고 알려졌다. 적절한 수준의 가슴압박 깊이와 압박속도를 유지하도록 하기 위하여 2011 한국 심폐소생술 지침에서는 가슴압박의 깊이를 성인에서는 최소 5cm(5~6cm), 소아에서는 5cm를 권장하였으며, 가슴압박의 속도는 성인과 소아 모두에서 분당 최저 100회(100~120회)를 유지하도록 권장하였다.

5) 심실세동 (Ventricular Fibrillation)

하나 이상의 빠르게 흥분하는 이소성 병소들에 의해 발생되어 심실이 1분에 350~600회의 박동으로 무질서하게 탈분극하는 것이다. 심실조동에는 주기에 확실한 규칙성이 없으므로 심실에 관하여 세동과 조동 사이에는 뚜렷한 구별이 없다. 심실세동일 때는 심실에서 혈액이 박출되지 않으므로 순환부전을 일으켜 사망하게 된다. 소위 말하는 심장마비의 대부분은 이러한 심실세동이 직접적인 원인이다. 일차성 심실세동은 급성심근경색의 초기 사망의 주된 원인이다. 첫 4시간 동안 최고의 발생률(3~5%)를 보이다가 이후 현저히 감소한다.

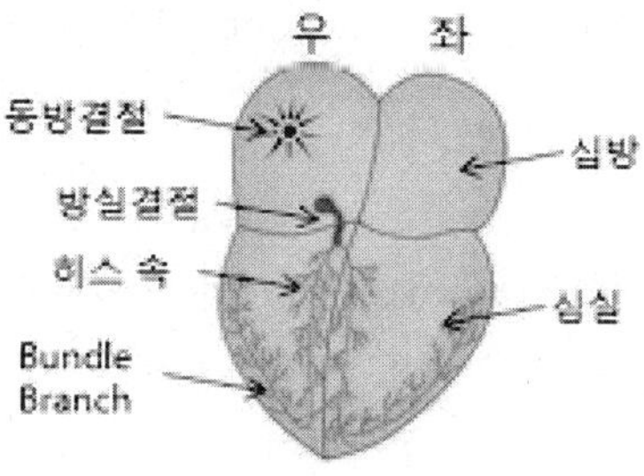

【심장 전도계】

(1) 원인

심실세동은 심낭염, 갑상성 중독증, 심근증, 관상동맥질환, 고혈압성 심장질환 및 류마티스성 승모판막질환, 심장수술, 심부전, 다량의 알코올 섭취가 원인이 될 수 있다. 하지만 심장에 구조적인 이상이 없는 경우에서도 전기생리학적인 이상에 의하여 심실세동이 발생하는 드문 질환들이 있다.

(2) 증상

심실세동이 발생하면 심장의 수축기능이 소실되는 것이므로 즉각적인 제세동(defibrillation)을 하지 않으면 사망하게 된다.

(3) 진단

심전도 검사를 했을 때 거칠게 움직이는 파장을 볼 수 있다.

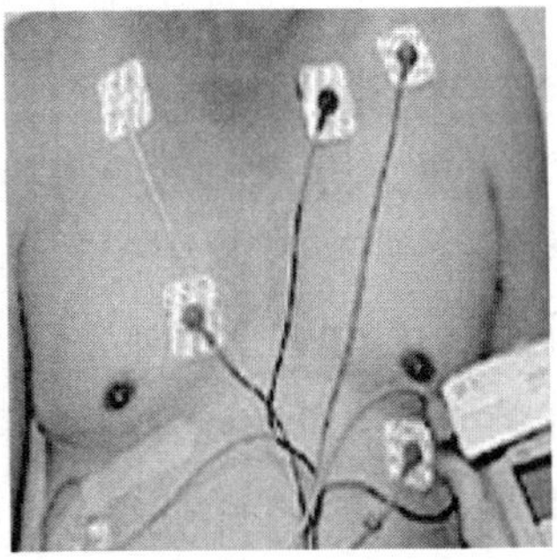
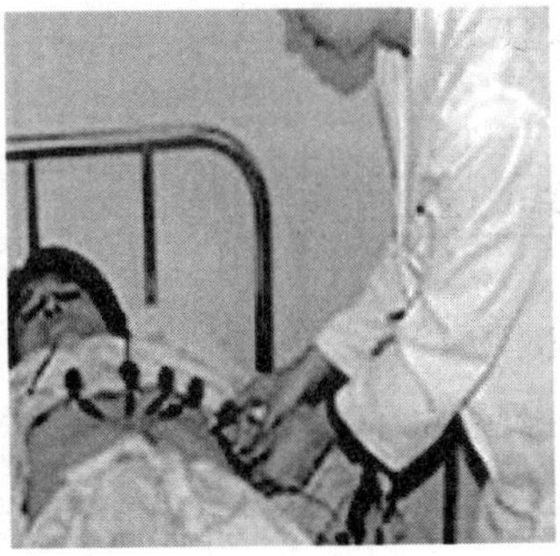
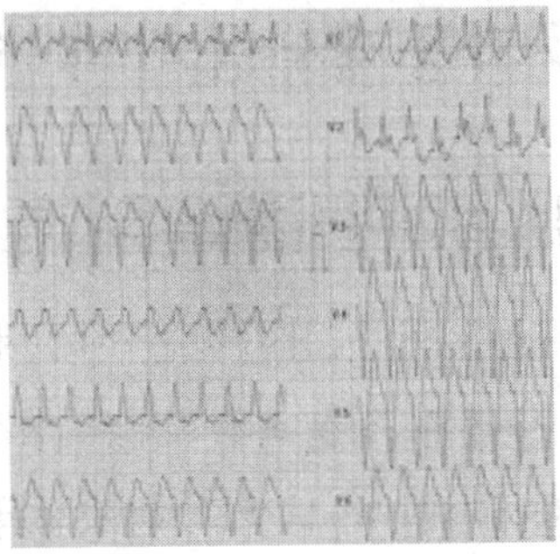

(4) 경과/합병증

심실세동은 심장박동이 없어지는 무서운 부정맥으로 발생 즉시 즉각적으로 전기충격이나 심폐소생술로 치료하지 않으면 수 분 내에 사망하게 된다.

(5) 치료

즉각적인 제세동(defibrillation)을 시행해야 하며, 제세동기가 준비되지 않은 상황이라면 심폐소생술을 시행해야 한다.

(6) 자동제세동기(AED) 사용법

① AED가 도착해서 심장리듬 분석준비가 끝날 때까지 심폐소생술을 계속한다.
② 환자에게 쇽이 전달되기 전에 환자와 접촉하고 있는 사람이 있는지를 반드시 확인한다.
③ 환자와 접촉하는 사람이 없다면 즉시 쇽 버튼을 누른다.
④ 쇼크를 가한 후 환자의 맥박과 리듬은 확인하지 않고 2분간의 심폐소생술을 한다.
⑤ 심폐소생술 후 자동제세동기로 다시 한번 환자의 심장리듬을 재평가하고 필요에 따라 처치를 한다.

(7) 주의사항

심장리듬이 정상적으로 회복되었더라도 병원에 도착하여 의사에게 환자가 인계될 때까지 AED 팻치를 제거하지 않아야 한다. 심장은 다시 정지될 수가 있다.

6. 자동제세동기의 사용법

1) 심장마비를 일으키는 원인은 무엇인가?

대부분의 심장마비는 심실세동이라는 심장의 전기기능 이상으로 발생한다. 심장의 전기 자극은 정상적일 경우 심장박동을 규칙적으로 유도한다. 이와 같은 자극이 갑자기 혼란해지면서 심장의 펌프작용이 돌연 정지하는 증상을 심실세동이라고 한다. 심장으로부터 혈액공급이 정지되면 부상자는 곧바로 의식을 잃게 되며 임상적으로 사망한 것으로 간주된다. 심실세동을 일으킨 부상자의 심장은 마치 젤리를 담은 그릇이 마구 흔들리는 것처럼 보인다. 심실세동이 발생하면 심장은 혈액을 분출할 수 없게 된다. 4분 이내에 즉시 처치를 하지 않으면 돌이킬 수 없는 뇌 손상을 일으킨다. 부상자를 그대로 두면 수분 이내에 사망하게 된다.

2) 심장마비가 환자가 발생했을 때 어떤 조치가 필요한가?

비록 심폐소생술(CPR)을 최선으로 행한다 할지라도 정상 혈류량의 약 30%의 정도만이 뇌로 공급되기 때문에 심폐소생술 만으로는 심실세동을 정상화시키기는 어렵다. 심폐소생술은 부상자가 구조 소생될 수 있도록 시간을 연장하는 방법일 뿐이다. 자동제세동기는 현재까지 개발된 최상의 응급처치 기구라 할 수 있다. 많은 나라에서 TV를 통해 심폐소생술 교육뿐 아니라 자동제세동기 사용법을 홍보하고 있다.

자동제세동기는 부상자의 가슴에 전기패드를 부착시키고 일정량의 전기충격을 심장에 가하도록 고안된 기구이다. 자동제세동기를 사용함으로써 심장마비 환자의 사망률이 크게 감소되었다. 불행히도 심정지 현장에 자동제세동기가 너무 늦게 도착하거나, 전혀 도착되지 못하는 경우가 많다. 또한 자동제세동기의 보급률이 낮아 치료가 지연되므로, 심장마비 환자들의 생존율은 아직도 매우 낮은 실정이다.

3) 자동제세동기의 사용방법은 어려운가?

자동제세동기의 작동법은 무엇보다 심전도를 모르는 사람도 사용할 수 있으며, 작동법이 쉬워 배우는데 몇 시간이면 충분하다. 자동제세동기의 종류는 여러 가지가 있으며, 이 안에는 처치자가 정확하고 간결하게 지시를 하는 음성 안내장치가 저장되어 있다. 자동제세동기에는 꺼짐/켜짐, 분석, 쇼크의 세 가지버튼이 있으며 의사나 전문요원이 아니어도 쉽게 작동할 수 있다.(최근의 자동제세동기는 쇼크 버튼만 있어 사용이 훨씬 용이하다.)

4) 자동제세동기를 사용할 때 알아야 할 기준은 무엇인가?

자동제세동기를 사용할 때에는 다음의 세 가지 조건에 맞아야 한다.

첫째, 부상자가 반응이 없어 (무의식)

둘째, 호흡이 없으며 (무호흡)

셋째, 전혀 생존의 증거(자연호흡, 기침, 움직임)가 없을 때여야 한다. 이때 자동제세동기의 패드 2개를 부상자의 가슴에 부착시키면 부상자의 심장은 자동으로 분석되며 전기충격으로 치료 가능한지를 신속하게 판별될 수 있게 한다.

제2절 응급처치법

1. 쇼크

1) 쇼크의 정의 및 분류

(1) 쇼크의 이해

조직세포에서 필요로 하는 산소 및 영양소들이 요구량에 못 미치는 용량의 산소 및 영양소들이 조직으로 공급되는 상황을 쇼크라 하며, 산소 및 영양소들의 결핍 상태이다. 실제로 인체에서는 조직으로의 산소 및 영양소의 공급로가 전전으로 순환계를 통하여 이루어지므로, 순환계 기능 부전을 쇼크와 거의 동일하게 취급한다.

신체는 스스로 위기상태임을 감지하여 이를 극복하기 위해 교감신경계를 활성화시키게 되는데 우리가 흔히 아는 쇼크의 증상(피부 및 내장 혈관 수축, 빠른 맥, 빠른 호흡, 식은 땀)이 이렇게 해서 나타난다.

(2) 쇼크의 분류

쇼크는 순환계의 3요소인 심장, 혈액, 그리고 혈관의 기능부전 여부에 따라 분류한다. 즉, 심장성 쇼크, 혈액량감소 쇼크, 그리고 분포성 쇼크로 분류하면 이해하기 쉽다.

① 심장성 쇼크

혈액 순환의 원동력을 제공하는 심장의 기능이 부족하여 유발되는 쇼크 상태를 말한다. 이것은 다시 심장 펌프기능 자체의 기능부전에 기인한 형태와 심장 출입 인접 혈관의 폐쇄에 기인한 형태로 나뉜다. 울혈성 심부전증, 폐동맥 색전증, 심장눌림증, 심장판막 파열, 대동맥 박리증 등이 여기에 해당된다.

② 혈액량감소 쇼크

산소 및 영양소를 전달하는 매체인 혈액의 기능이 부족하여 유발되는 쇼크 상태를 말한다. 이것은 다시 혈액량 부족에 기인한 형태와 혈액 기능저하에 기인한 형태로 나뉜다. 출혈, 탈수, 빈혈, 일산화탄소 중독 등이 여기에 해당된다.

③ 분포성 쇼크

혈액 순환의 통로를 제공하는 혈관이 확장되어 '상대적 혈액량감소' 쇼크가 유발되는 것을 말한다. 이것은 혈관 확장의 원인이 무엇이냐에 따라 다시 신경성 쇼크(혈관의 수축력을 유지하는 교감신경계의 기능 부전으로 혈관 확장이 됨. 척수 손상에서 흔히 나타남)과 혈관성 쇼크(혈액 내에 혈관 확장을 유발하는 물질의 농도가 증가하여 혈관이 확장됨. 히스타민과 내독소 및 산화질소 등이 혈관 확장제로 작용함)으로 나뉜다. 알리지성 과민반응, 아나필락시스 패혈증 등이 여기에 해당된다.

(3) 쇼크 증상 및 징후

환자가 나타내는 증상과 징후들을 보고, 그 환자가 쇼크 상태인지 의심할 수 있어야 한다. 쇼크는 신속한 응급조치가 매우 중요한데, 일단 환자의 보호자가 환자의 상태를 보고 쇼크를 의심하여 늦지 않게 119를 통하거나, 본인이 직접 적절한 의료기관으로 환자를 후송하여야 환자를 구할 수 있다.

쇼크의 증상과 징후들은 너무 다양하며 한 가지 증상이나 징후로 평가할 수 없다. 따라서 의심하는 마음을 가지고 세심하게 관찰하여 종합적으로 판단할 수 있어야 한다.

다음 표는 쇼크를 의심할 수 있는 일반적인 상황들을 나열한 것이다 :

(4) 쇼크의 처치

쇼크 환자의 응급처치법은 모든 형태의 쇼크에서 거의 대동소이하다. 즉, 환자에게 산소를 더 많이 공급하고 뇌와 심장으로 가는 혈액 순환을 더 원활하게 해 주는 것이다. 다른 점은 3가지 쇼크 종류 중에서 심장성 쇼크(그중 특히 심부전에 의한 심장성 쇼크)에서는 수액요법과 쇼크 자세 취하기를 제한해야 한다는 점에서 주의가 필요하다:

다리를 30cm 정도 거상하고, 따뜻하게 보온을 해주며, 의식이 저하된 경우에는 음료를 먹여서는 안된다.

2. 출혈

1) 출혈의 종류

외상에 의한 출혈은 두 가지 기준으로 나눌 수 있다. 즉, '동맥성 출혈-정맥성 출혈'로 구분하는 방법과 '내부 출혈-외부 출혈'로 구분하는 방법이다.

(1) 동맥성 출혈-정맥성 출혈

동맥성 출혈은 맥박이 뛰면서 뿜듯이 쏟아내는 출혈 양상을 보인다. 비교적 선홍색의 혈액이 배출되며, 혈압이 높으므로 정맥성 출혈에 비하여 출혈속도가 더 빠르고 지혈하기 위해서는 더 강력한 압박이 필요하다.

정맥성 출혈은 맥박과 상관없이 흐르는 양상의 출혈을 보인다. 상대적으로 검붉은 색의 혈액이 배출된다.

(2) 내부 출혈-외부 출혈

내부 출혈이란, 피부 표면 밖으로 흘러나오지 않고 신체 내부의 체강(흉강과 복강)이나 연부조직 속으로 흐르는 출혈을 말한다. 실제로 병원이 아닌 장소에서는 지혈할 방법이 전혀 없다. 따라서 내부 출혈이 의심되는 환자를 보면 최대한 신속히 적절한 병원으로 후송하는 것이 최선의 방법이다. 119를 즉시 호출하고 환자의 상태를 알린다.

외부 출혈이란, 손상된 피부 표면을 통해서 체외로 혈액이 유출되는 출혈을 말한다. 배어나오는 수준을 넘는 심각한 속도의 외부 출혈은 빨리 막아야 한다. 외부 출혈이 계속되고 있는 상황에서는 쇼크가 점점 더 악화될 것이다.

(3) 외부 출혈의 지혈

가장 손쉬우면서도 효과적인 지혈법은 직접 압박법이다. 팔다리 외부 출혈의 경우에, 직접 압박법으로 안 되면 지혈점 압박법을 시도하고, 그래도 안 되면 최후의 수단으로 지혈대 사용법을 시행할 수 있다. 몸통 외부 출혈의 경우에는 지혈점 압박법이나 지혈대 사용법을 사용할 수 없다.

(4) 직접 압박법

피가 흐르는 부위에 깨끗한 거즈나 수건을 대고 지긋이 압박하는 방법이다. 정맥성 출혈에 비하여 동맥성 출혈은 더 강한 압박이 필요할 수 있다. 그러나 불필요하게 강하게 압박하면 주변 연부조직을 손상시킬 수 있으며, 치료자의 피로감이 더하여 오래 압박을 유지할 수 없으므로 주의해야 한다.

팔다리 손상의 경우, 손상 부위를 압박하면서 심장보다 더 높이 들어 올려주면 지혈에 더 도움이 된다.

압박 붕대가 준비되어 있을 경우에, 압박 부위에 두껍게 거즈를 대고, 그 위를 압박 붕대로 감아 압박을 유지할 수도 있다. 이렇게 하면 치료자의 손이 자유로워져 다른 처치를 할 수 있어서 편리하겠지만, 손으로 직접 누르는 것보다는 압박 효과가 떨어질 가능성이 있다.

(5) 지혈점 압박법(간접압박법)

팔다리 출혈이 직접 압박법으로 충분한 지혈이 되지 않을 때 사용할 수 있다. 그 팔다리에 혈액을 공급하는 동맥을 압박하여 혈액 공급을 차단함으로써 출혈을 감소시키려는 시도이다.

팔 출혈은 겨드랑이 동맥이나 위팔 동맥을 양손의 엄지손가락을 사용하여 강하게 압박한다.

다리 출혈은 사타구니 부위를 지나는 넙다리 동맥을 주먹 쥔 손으로 체중을 사용하여 강하게 눌러 압박한다.

이 방법으로 지혈이 된 경우에도 장기적으로 지혈점 압박을 유지해야 할 상황이라면, 30 분마다 5분 정도 압박을 풀어서 그 팔다리의 혈액 순환을 정기적으로 재개시켜 주어야 한다. 그러지 않으면 그 팔다리 전체에 허혈성 손상을 초래할 위험성이 있다.

(6) 지혈대

팔다리 외부 출혈이 위의 방법들로 지혈되지 않을 때, 최후로 사용할 수 있는 지혈법이다. 팔다리 출혈 부위보다 몸쪽 부위를 질긴 노끈이나 수건으로 맨 후 막대기를 끼워 빙빙 꼬아 그 노끈이나 수건을 조아서 팔다리로 가는 혈액 공급을 차단하려는 시도이다.

하부 팔다리로 가는 혈액 공급을 거의 완전히 차단하기 때문에 오래 유지하면 팔다리 전체를 손상시켜 팔다리 절단을 초래할 위험성이 있다. 따라서 지혈점 압박법과 마찬가지로 30분마다 5분 정도 조임을 풀어서 그 팔다리로의 혈류가 재개되게 해 주어야 한다.

팔다리가 거의 완전히 절단된 상처가 아니라면 처음부터 이 방법을 사용하여 지혈을 시도해서는 절대 안 된다. 다른 방법으로 지혈이 도저히 안 되는 심각한 출혈에서만 시도해야 하는 최후의 방법임을 기억하여야 한다.

3. 화상

화상이란 피부 또는 피부 아래에 있는 지방, 근육 그리고 심한 경우에는 뼈에까지 손상을 입는 것을 말한다. 인체의 피부는 표피, 진피, 피하조직으로 되어 있으며, 세균침입 방지와 체온조절, 수분의 침투와 증발을 방지한다. 그러나 화상을 입을 경우 이러한 피부의 중요한 기능들에 손상되어 심각한 후유증 및 사망까지 초래할 수 있는 결과를 낳게 될 수 있다. 화상의 원인으로는 높은 온도(예: 불, 뜨거운 물, 기름)에 의한 손상을 열상 화상이라 하며, 가장 흔히 볼 수 있는 종류의 화상이다. 그 외에 화학 물질과의 접촉에 의한 화학 화상, 전기 손상에 의한 전기 화상, 그리고 뜨거운 공기나 연기를 마셔서 생기는 흡입 화상이 있다.

흔히 화상은 피부에만 손상을 주는 것으로 인식되어 있는데, 화상의 무서움은, 중증 열상화상에서 발생할 수 있는 피부 손상에 따른 감염과 체액 손실에 의한 쇼크, 근육 파괴에 의한 급성 신부전증 등의 발생, 전기화상의 경우 심장에 손상에 따른 심장 박동의 이상(부정맥), 심장 쇼크 그리고 흡입화상에서 발생할 수 있는 기도가 부어서 생기는 기도 폐쇄에 의한 질식 등이 발생할 수 있다. 따라서 각종 화상으로 인한 심각한 후유증 및 장애가 발생할 수 있으며, 죽음을 초래할 수도 있다.

화상의 정도는 화상손상의 깊이와 넓이를 고려하여 분류하게 되는데, 이는 앞으로 화상의 치료와 예후에 관한 대책을 세우는데 있어 매우 중요한 척도로 사용된다.

1) 화상의 깊이

1도 화상 : 주로 강한 태양광선에 장시간 노출되었을 때 발생하는 일광화상이 흔하다. 화상을 입은 부위가 붉게 변하면서 약간 부우면서 통증을 동반된다. 그러나 물집은 생기지 않고 대부분의 경우에서 간단한 치료만으로도 후유증 없이 낫게 된다.

2도 화상: 피부 아래로 약간 더 깊이 침범한 화상으로 수포(물집)가 생기고 붓고 심한 통증이 발생하는 화상으로 피부에 손상이 동반된 관계로 감염이 발생할 수 있다.

2도 화상은 깊이에 따라 다시 표재성 2도 화상과 심부 2도 화상으로 나눌 수 있다.

① 표재성 2도 화상 : 진피의 일부만이 손상된 것으로 손상된 진피층이 사라지면서 아래에서 상피재생이 일어나면서 약 2주일 정도면 별 다른 반흔(흉터) 없이 낫게 된다.

② 심부 2도 화상 : 진피 증 대부분을 포함하는 것으로 감염만 되지 않는다면 2주에서 4주 정도 경과하면 엷은 반흔을 남기면서 치유가 가능하나 감염되는 경우는 반흔을 남기고 치유되게 된다.

③ 3도 화상 : 피부 전층이 화상을 입은 손상을 말하며, 피부는 건조하며, 흰색 또는 검은색으로 변하며 피부신경에 손상으로 오히려 통증은 없다.

④ 4도 화상: 피부의 전층과 근육, 신경 및 뼈 조직까지 손상 받은 경우를 말한다.

2) 화상의 넓이

성인의 경우 "9의 법칙"이라는 계산식이 있어 체표면적에 대한 화상범위의 백분율(%)로 표기한다.

① 성인: 머리 9%, 앞가슴과 배 18%, 등과 허리 18%, 팔 각각 9%, 다리 각각 18%, 성기 1%.

② 소아: 머리 18%, 앞가슴과 배 18%, 등과 허리 18%, 팔 각각 13.5%, 다리 각각 13.5%, 성기 1%. 소아의 나이가 많아질수록 얼굴의 비율은 떨어지고 팔다리의 비율은 올라가 성인과 유사하게 된다.

(1) 열상화상

불, 뜨거운 증기, 기름, 물, 주방기구 등에 의해서 화상을 입으며, 주로 어린이들에서 많이 발생한다.

① 응급 처치법

㉠ 환자를 안전한 곳으로 옮기고 화상이 더 진행되지 않도록 조치하고(그을린 의복 제거), 시계와 반지 등은 피부가 부어오르기 전에 빨리 제거한다.

㉡ 옷을 입은 채 뜨거운 물로 데었을 때는 옷을 벗기기 전에 흐르는 찬물로 15~30분 정도 식힌 후 벗긴다. 만약 벗기기가 어려우면 그 부위를 가위로 찢는다. 얼굴인 경우 얼굴 전체를 세면기에 담근다.

㉢ 바셀린이나 화상 거즈를 화상 부위를 덮어주고 붕대를 가볍게 감는다.

㉣ 수포(물집)가 있는 경우에는 터뜨리지 않는다.

㉤ 화상부위를 심장보다 높게 위치하여 붓기를 줄인다.

㉥ 몸의 상당한 부분에 화상을 입었을 때는 깨끗한 큰 수건으로 찬 물을 적셔 몸 전체를 감싸고, 즉시 (화상전문)병원으로 이송하며, 아기들은 가벼운 화상이라도 집에서 응급조치 후에 병원에 가는 것이 안전하다.

(2) 화학 화상

화학반응을 일으키는 물질이 피부와 접촉할 때 발생한다. 산과 알칼리에 의한 화상은 그 약액이 피부에 침투해서 피부 깊숙이 도달하는 위험이 있기 때문에 즉시 수돗물 등으로 씻어 낸다. 때로는 화학물질이 호흡기나 눈에 화상을 일으키기도 한다. 고형 화학물질(생석회, 소다회)에 의한 손상일 경우 고형물질이 물과 접촉할 때 더 심한 화학반응을 일으키므로 물로 씻기 전에 먼저 고형물질을 털어낸 후에 씻는 것이 중요하다.

① 응급 처치법

㉠ 환자를 안전한 곳으로 옮기고 화상이 더 진행되지 않도록 조치한다.

㉡ 화학 물질이 액체가 아닌 고형 물질이라면 물로 씻기 전에 먼저 털어 낸다.

㉢ 약품이 묻은 의류와 신발 등은 즉시 제거하고, 화학약품이 전부 제거될 때까지 흐르는 물로 계속 씻는다. 이때 씻는 것이 부족할 때에는 깊은 상처가 될 수도 있다.

㉣ 약품이 눈에 들어간 경우 손가락으로 눈꺼풀을 충분히 벌리고, 그다지 세게 흐르지 않는 물로 세척이 골고루 잘 되도록 하고, 세척하는 물은 눈 언저리에서 눈 꼬리 쪽으로 물을 흘려줘 다른 눈에 물이 흘러가지 않도록 각별히 주의하여야 한다.

② 주의 사항

㉠ 화학 물질이 액체가 아닌 고형 물질이라면 물로 씻기 전에 먼저 털어낸 후에 물로 씻는다.

㉡ 화학물질이 눈에 들어간 경우 눈을 만지거나 비비지 않도록 한다(각막 손상 증대).

㉢ 세척하는 물이 다른 눈에 들어가지 않도록 각별히 주의하여야 한다.

㉣ 안구의 세척은 반드시 물로만 한다.

(3) 전기 화상

전기 감전에 의한 사고는 가정집, 사업장 등에서 쉽게 볼 수 있는 사고 가운데 하나이다. 전기 화상의 다른 화상과 다른 특징은 다음과 같다.

① 외견상 보이는 손상보다 몸 안의 심부조직에 손상이 훨씬 심할 수 있다.

② 전류가 몸으로 들어간 부위(입구)와 빠져 나온 부위(출구)를 볼 수 있는 경우가 있

으며, 입구의 상처보다 출구의 상처가 크고 심하다.

③ 가정용(220V)의 감전에서도 주위 여건에 따라 위험하고, 전류가 심장과 호흡의 중추인 연수를 통하면 즉사할 가능성이 있다.

④ 전기 에너지에 의해 부정맥(심장 활동이 정상이 아닌 상태)을 유발시켜 심장 정지를 발생 시킬 수 있다.

⑤ 전기 에너지에 의해 근육을 수축시켜 뼈가 부러지거나 탈골될 수 있다.

⑥ 응급 처치법

㉠ 전원을 차단하고 구조자가 안전하게 환자를 구출할 수 있는지 먼저 확인하는 것이 매우 중요하다.

㉡ 전원이 차단되지 않을 때에는 건조한 막대로 환자 몸에 부착되어 있는 전선을 제거한다. 고무장갑을 끼든가 골판지 위에 올라가 떼어내도 좋다. 그러나 섣불리 나서기보다 전문가에 의뢰하는 것이 안전할 수 있다.

㉢ 심장 정지가 발생한 경우에는 심폐소생술을 시작한다.

㉣ 호흡과 심장의 회복 후에 화상에 대한 처치를 한다.

㉤ 골절 또는 탈골이 의심되는 부위에는 부목을 댄다. 끝.

제 9 장 분사기 사용법

제9장 분사기 사용법

제1절 경찰장비의 의의

1. 경찰장비의 개념 및 법적 근거

"경찰장비"란 무기, 경찰장구(警察裝具), 최루제(催淚劑)와 그 발사장치, 살수차, 감식기구(鑑識機具), 해안 감시기구, 통신기기, 차량 · 선박 · 항공기 등 경찰이 직무를 수행할 때 필요한 장치와 기구를 말한다. 또한 인명 또는 신체에 위해를 가할 수 있는 경찰장비의 종류 및 그 사용기준, 안전교육 · 안전검사의 기준 등에 대하여는 대통령령으로 정하고 있다(「경찰관직무집행법」 제10조).

2. 위해성 경찰장비의 종류

「위해성 경찰장비의 사용기준 등에 관한 규정」 제2조에서는 위해성 경찰장비를 다음과 같이 구분하고 있다.

1) 위해성 경찰장구

위해성 경찰장구에는 수갑 · 포승(捕繩) · 호송용포승 · 경찰봉 · 호신용경봉 · 전자충격기 · 방패 및 전자방패

2) 위해성 무기

위해성 무기에는 권총 · 소총 · 기관총(기관단총을 포함) · 산탄총 · 유탄발사기 · 박격포 · 3인치포 · 함포 · 크레모아 · 수류탄 · 폭약류 및 도검

3) 위해성 분사기 · 최루탄 등

위해성 분사기 · 최루탄 등에는 근접분사기 · 가스분사기 · 가스발사총(고무탄 발사겸용을 포함) 및 최루탄(발사장치 포함),

4) 기타장비

기타장비에는 가스차 · 살수차 · 특수진압차 · 물포 · 석궁 · 다목적발사기 및 도주차량 차단장비가 해당된다.

3. 위해성 경찰장비의 사용기준 및 제한

1) 수갑 · 포승의 사용기준

경찰관은 체포 · 구속영장을 집행하거나 신체의 자유를 제한하는 판결 또는 처분을 받은 자를 법률이 정한 절차에 따라 호송하거나 수용하기 위하여 필요한 때에는 최소한의 범위 안에서 수갑 · 포승 또는 호송용 포승을 사용할 수 있다.

또한 범인 · 주취자 또는 정신착란자의 자살 또는 자해기도를 방지하기 위하여 필요한 때에는 수갑 · 포승 또는 호송용 포승을 사용할 수 있다. 이 경우 경찰관은 소속 국가경찰관서의 장에게 그 사실을 보고하여야 한다.

2) 경찰봉 · 호신용경봉의 사용기준

경찰관은 불법집회 · 시위로 인하여 발생할 수 있는 타인 또는 경찰관의 생명 · 신체의 위해와 재산 · 공공시설의 위험을 방지하기 위하여 필요한 때에는 최소한의 범위 안에서 경찰봉 또는 호신용경봉을 사용할 수 있다. 경찰관이 경찰봉 또는 호신용경봉을 사용하

는 때에는 인명 또는 신체에 대한 위해를 최소화하도록 주의하여야 한다.

3) 전자충격기 등의 사용제한

경찰관이 보유하고 있는 전자충격기(테이저건)는 두 개의 전극침이 신체에 발사하는 장치로 2.1ma의 전류를 신체로 흘려보내 전자파동을 교란시킴으로써 신체근육을 일시적으로 마비시킨다. 이에 경찰관은 14세 미안이나 임산부에 대하여 전자충격기 또는 전자방패를 사용하여서는 아니 된다. 또한 수갑을 채워 제압된 경우나 단순주취자, 폭력성이 없는 시비소란자에 대해서는 사용이 제한되어 있으며 대상자가 계단, 난간 등 높은 곳에 있거나 주변에 인화성 물질이 묻어있거나 소지하고 있을 때에는 사용을 자제해야 하며, 안면부, 후두부, 생식기를 향하여 전극침을 발사하여서는 아니 된다.

4) 권총 및 소총의 사용제한

경찰관은 사람을 향하여 권총 또는 소총을 발사하고자 하는 때에는 미리 구두 또는 공포탄에 의한 사격으로 상대방에게 경고하여야 한다. 다만, 경찰관을 급습하거나 타인의 생명·신체에 대한 중대한 위험을 야기하는 범행이 목전에 실행되고 있는 등 상황이 급박하여 특히 경고할 시간적 여유가 없는 경우, 그리고 인질·간첩 또는 테러사건에 있어서 은밀히 작전을 수행하는 경우로서 부득이한 때에는 경고하지 아니할 수 있다.

또한 경찰관은 권총 또는 소총을 사용하는 경우에 있어서 범죄와 무관한 다중의 생명·신체에 위해를 가할 우려가 있는 때, 총기 또는 폭발물을 가지고 대항하는 경우를 제외하고는 14세 미만의 자 또는 임산부에 대하여 권총 또는 소총을 발사하여서는 아니 된다.

다만, 권총 또는 소총을 사용하지 아니하고는 타인 또는 경찰관의 생명·신체에 대한 중대한 위험을 방지할 수 없다고 인정되는 때에는 필요한 최소한의 범위 안에서 이를 사용할 수 있다. 그리고 공공의 안전을 위협하는 동물을 사살하기 위하여 부득이한 때에는 권총 또는 소총을 사용할 수 있다.

5) 가스발사총 등의 사용제한

경찰관은 범인의 체포 또는 도주방지, 타인 또는 경찰관의 생명 · 신체에 대한 방호, 공무집행에 대한 항거의 억제를 위하여 필요한 때에는 최소한의 범위 안에서 가스발사총을 사용할 수 있다. 이 경우 경찰관은 1미터 이내의 거리에서는 상대방의 얼굴을 향하여 이를 발사하여서는 아니 된다. 최루탄발사기로 최루탄을 발사하는 경우 30도 이상의 발사각을 유지하여야 하고, 가스차 · 살수차 또는 특수진압차의 최루탄발사대로 최루탄을 발사하는 경우에는 15도 이상의 발사각을 유지하여야 한다.

6) 가스차 · 살수차 · 특수진압차 · 물포의 사용기준

경찰관은 다음의 경우에 해당하는 때에는 가스차 · 살수차 · 특수진압차 · 물포를 사용할 수 있다.

첫째, 불법집회 · 시위 또는 소요사태로 인하여 발생할 수 있는 타인 또는 경찰관의 생명 · 신체의 위해와 재산 · 공공시설의 위험을 억제하기 위하여 부득이한 경우에는 현장책임자의 판단에 의하여 필요한 최소한의 범위 안에서 가스차 또는 살수차를 사용할 수 있다.

둘째, 소요사태의 진압, 대간첩 · 대테러작전의 수행을 위하여 부득이한 경우에는 필요한 최소한의 범위 안에서 특수진압차를 사용할 수 있다.

셋째, 불법해상시위를 해산시키거나 정선명령에 불응하고 도주하는 선박을 정지시키기 위하여 부득이한 경우에는 현장책임자의 판단에 의하여 필요한 최소한의 범위 안에서 경비함정의 물포를 사용할 수 있다. 다만, 사람을 향하여 직접 물포를 발사하여서는 아니 된다.

7) 석궁 및 다목적발사기의 사용기준

경찰관은 다음의 경우에 해당하는 때에는 석궁 및 다목적발사기를 사용할 수 있다.

첫째, 경찰관은 총기 · 폭발물 기타 위험물로 무장한 범인 또는 인질범의 체포, 대간첩 · 대테러작전 등 국가안전에 관련되는 작전을 은밀히 수행하거나 총기를 사용할 경우에는 화재 · 폭발의 위험이 있는 등 부득이한 때에 한하여 현장책임자의 판단에 의하여 필요한 최소한의 범위 안에서 석궁을 사용할 수 있다.

둘째, 경찰관은 인질범의 체포 또는 대간첩 · 대테러작전 등 국가안전에 관련되는 작전을 수행하거나 공공시설의 안전에 대한 현저한 위해의 발생을 방지하기 위하여 필요한 때에는 최소한의 범위 안에서 다목적발사기를 사용할 수 있다.

8) 도주차량차단장비의 사용기준

경찰관은 무면허운전이나 음주운전 기타 범죄에 이용하였다고 의심할 만한 차량 또는 수배중인 차량이 정당한 검문에 불응하고 도주하거나, 차량으로 직무집행중인 경찰관에게 위해를 가한 후 도주하려는 경우에는 도주차량차단장비를 사용할 수 있다. 도주차량차단장비를 운용하는 경찰관은 검문 또는 단속 장소의 전방에 동 장비의 운용중임을 알리는 안내표지판을 설치하고 기타 필요한 안전조치를 취하여야 한다.

제2절 경찰장구의 의의

1. 경찰장구의 개념

경찰장구란 경찰관이 휴대하여 범인검거와 범죄진압 등 직무수행에 사용하는 수갑, 포승, 경찰봉, 방패 등을 말한다.

2. 경찰장구의 사용요건

경찰관은 현행범인인 경우와 사형, 무기 또는 장기 3년 이상의 징역이나 금고에 해당하는 죄를 범한 범인의 체포 · 도주의 방지, 자기 또는 타인의 생명 · 신체에 대한 방호, 공무집행에 대한 항거의 억제를 위하여 필요하다고 인정되는 상당한 이유가 있을 때에는 그 사태를 합리적으로 판단하여 필요한 한도 내에서 경찰장구를 사용할 수 있다.

제3절 분사기의 의의

1. 분사기의 개념

총포 · 도검 · 화약류 등의 안전관리에 관한 법률에서 규정하고 있는 '분사기'라 함은 사람의 활동을 일시적으로 곤란하게 하는 최루 또는 질식 등의 작용제를 분사할 수 있는 기기로서 대통령령이 정하는 것을 말한다(총포 · 도검 · 화약류 등 단속법 제2조 4항). 일반적으로 분사기와 가스총의 용어를 혼용하여 사용하는 경우가 있지만, 가스총은 총포 · 도검 · 화약류 등 단속법 시행령의 규정상 엽총과 사격총의 종류로 구분하고 있기 때문에 분사기와는 종류가 다르다고 할 수 있다(총포 · 도검 · 화약류 등의 안전관리에 관한 법률 시행령 제3조).

2. 분사기의 작동 원리

분사기는 약제통 내부에 최루 또는 질식작용제(분말 또는 액체의 식물성 물질로서 불연성인 물질)를 내장하고 그 물질을 약제통 내부에 액화질소 또는 액화 프레온가스를 강제로 압입하여 노즐을 통하여 분출되는 힘의 분사원리를 응용하여 제조된 기기를 말한다.

3. 분사기의 종류

총포 · 도검 · 화약류 등의 안전관리에 관한 법률 시행령에서는 분사기의 종류로써, 총포형 분사기, 막대형 분사기, 만년필형 분사기, 기타 휴대형 분사기로 구분하고 있다(총포 · 도검 · 화약류 등의 안전관리에 관한 법률 시행령 제6조 2). 또한 구조 및 성능에 따라 분말식 분사기와 액체식 분사기로 구분하고, 사용목적에 따라 호신용 분사기와 경비용분사기, 치안용 분사기로 구분하고 있다.

1) 형태에 의한 분류

(1) 총포형 분사기

총포형 분사기는 외관이 권총 등과 같은 총기류와 유사하게 만들어진 분사기로써 액체 및 분말로 생산되며, 대표적으로 리벌버형 분사기를 들 수 있다. 이 분사기는 실탄방식과 분사식(스프레이)형으로 되어 있는데, 실탄방식은 5연발과 6연발이 있으며 작용제가 내장된 실탄을 장전하여 사용하게 된다. 발포하였을 때는 실탄은 움직이지 아니하고 실탄에 내장된 작용제가 발사되는 것을 말한다.

(2) 막대형 분사기

액체 및 분말 약제로 생산되며 막대형태의 분사기를 말한다. 부피가 커서 소지하는데 약간의 제한이 있으나 분사량이 많아 경비용으로 많이 사용되고 있다.

(3) 만년필형 분사기

주로 액체식으로 생산되며 만년필형태의 분사기를 말한다. 만년필과 유사한 형태를 띠고 있기 때문에 소지하기가 간편하다. 간편하고 기계적 원리로 원터치방식이며 정확한 조준력과 상의 포켓에 꽂고 다닐 수 있고, 거부감 없이 사용이 가능하여 금융기관 등에서의 사용이 좋다.

(4) 기타 휴대형 분사기

기타 휴대하기가 간편한 형태의 분사기들로 립스틱 형, 핸드폰 형, 화장품 형 등 다양한 종류로 생산되고 있다.

총포형 분사기	막대형 분사기
	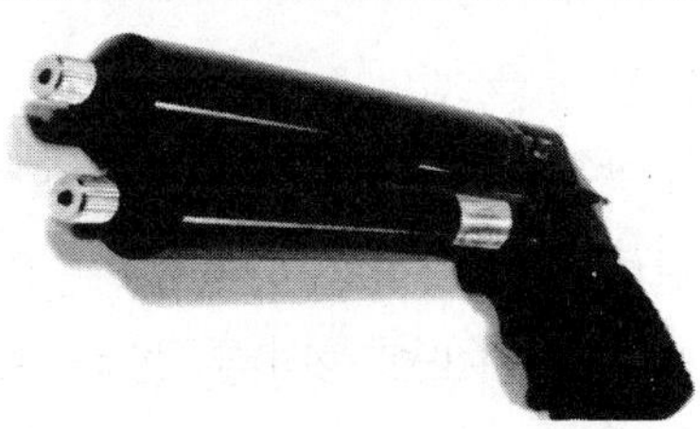

만년필형 분사기	기타 휴대형 분사기
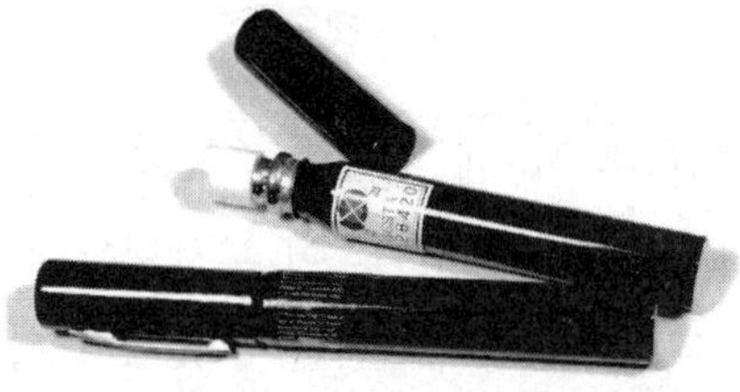	

2) 구조 및 성능에 의한 분류

분사기는 구조 및 성능에 따라 분말식분사기와 액체식 분사기로 구분하고 있다. 분사기의 구조 및 성능에 따라 총포 · 도검 · 화약류 등의 안전관리에 관한 법률 시행규칙에서 규정하고 있다(총포 · 도검 · 화약류 등의 안전관리에 관한 법률 시행규칙 제2조의 2).

(1) 분말식 분사기

약제통 내부에 분말을 넣어 압축되어 있는 가스의 압력으로 분말을 외부로 분출시킬 수 있도록 만들어진 것으로 아래와 같은 장단점이 있다.

① 장점
- 분사되는 약제의 양이 액체식에 비해 많고, 반경이 넓고 멀리 분사된다.
- 분사되는 약제의 매운 성분이 액체식에 비해 더 강력하다.
- 분사되는 약제의 유효기간이 액체식에 비해 월등히 길어 경제적이다.
- 다수의 범인을 제압하는데 더 효과적이다(특히 막대형의 경우).
- 확실하게 한발씩 발사할 수 있다.
- 추위와 더위에 민감하지 않아 사계절 사용이 가능하다.

② 단점
- 모양을 권총형이나 소형, 경량화 등 다양화하기 어렵다.
- 단발 또는 2발을 발사할 수 있으며, 그 이상 발사 횟수를 늘리기 어렵다.
- 분사시 바람의 영향을 많이 받는다.

(2) 액체식 분사기

약제통 내부에 고액체로 되어 있는 작용제를 넣어서 강압되어 있는 냉매(압축가스)를 통해 작용제를 외부로 분출시킬 수 있도록 만들어진 것으로 아래와 같은 장·단점이 있다.

① 장점

- 권총모양 등 형태를 다양화 할 수 있고, 경량화 시킬 수 있다.
- 짧게 여러번 나누어서 단발부터 6~7회 이상까지 분사할 수 있다.
- 탄창 리벌버 화약식의 경우 1발씩 나누어 5발까지 발사할 수 있으며, 총성이 발생하므로 방범효과가 뛰어나다.
- 바람의 영향을 많이 받지 않는다.

② 단점

- 분말식에 비해 약제량이 적으며 매운 성분이 약하다.
- 약제의 유효기간이 짧아 비경제적이다.
- 점사식분사로 한발씩 분사할 경우 분사거리가 짧아진다.
- 일단 한번이라도 분사하고 나면 약제의 잔량을 측정할 수 없어 다음번에 분사하고자 할 때 분사가 되지 않는 경우도 있으며, 약제의 성분이 유성(油性)이기 때문에 분사노즐이 완벽하게 고압축된 압력을 막지 못하여 약제가 누출되어 소지시 맵고 역겨운 냄새가 날 수 있다.
- 언제든지 사용할 수 있게 하기 위하여 약제통을 지속적으로 교환하여야 하므로 유지비가 많이 든다.
- 추위와 더위 등 온도변화에 민감하여 약제통 내부의 압력이 수축 또는 팽창하여 추울 때는 분사효과가 현저히 떨어지고, 더울 때는 압력팽창으로 자연 분사되는 경우가 있다.

【분말 및 액체식 분사기의 비교】

구분	분말분사기	액체분사기	비고
약제효과	강함	약함	
약제량	많음	적음	
유효거리	길다(5~7m)	짧다(3~5m)	
분사범위	넓음	좁음	
소형화	어려움	가능	
경량화	어려움	가능	
연발분사	제한적	가능	
경제성	경제적(20~24개월)	비경제적(15~18개월)	약제 유효기간
바람영향	매우 큼	적음	

3) 사용목적에 따른 분류

(1) 호신용 분사기

소화기와 같이 가스가 폭넓게 분사되기 때문에 범인이나 흉악범으로부터 신변을 안전하게 보호할 수 있는 분사기이다. 호신용 분사기는 부피가 작아 휴대하기가 간편하고, 대부분 스프레이 방식을 사용되는 립스틱형, 핸드폰형, 화장품형 등으로 사용하기가 매우 용이하다.

(2) 경비용 분사기

경비업법상에서 규정된 경비원의 휴대장구 중 하나로 경비목적을 달성하기 위하여 사용할 수 있는 분사기이다. 경비용 분사기는 호신용 분사기보다 부피가 커서 일반인이 휴대하기는 부적합하지만 호신용에 비해 약제량이 많고 다수의 범인을 제압할 수 있다. 대표적으로 막대형 분사기를 말한다.

(3) 치안용 분사기

치안용 분사기는 주로 경찰 등에서 사용하는 분사기로써 범인검거나 범죄자 진압 등은 물론 민생치안과 데모진압을 위해서 사용할 수 있다. 이 분사기에는 호신용이나 경비용 등 일반분사기 약제로는 사용이 금지되어 있는 최루작용제를 내장하여 사용할 수 있다.

제4절 분사기의 사용요건

1. 분사기 소지

1) 분사기 소지의 금지

누구든지 다음에 해당하는 경우를 제외하고는 허가 없이 분사기를 소지하여서는 아니 된다.

① 법령에 의하여 직무상 분사기를 소지하는 경우
② 제조업의 허가의 규정에 의한 제조업자가 그가 제조한 분사기를 소지하는 경우
③ 제조업의 허가의 규정에 의하여 화약류를 제조한 사람이 그가 제조한 화약류를 소지하는 경우
④ 판매업의 허가의 규정에 의한 판매업자가 분사기를 소지하는 경우
⑤ 판매업의 허가의 규정에 의한 총포판매업자가 판매하는 총용 실탄 또는 공포탄을 소지하는 경우
⑥ 수출입의 허가의 규정에 의하여 수출입허가를 받은 사람이 그 분사기를 소지하는 경우
⑦ 화약류의 사용의 규정에 의한 화약류의 사용허가를 받은 사람이 그 화약류를 소지하는 경우
⑧ 양도 · 양수 등의 제한의 규정에 의한 화약류의 양수허가를 받은 사람이 그 화약류를 소지하는 경우
⑨ 종업원이 그 직무상 분사기를 소지하는 경우
⑩ 대통령령이 정하는 사람이 분사기를 소지하는 경우

2) 분사기의 소지허가 및 허가 절차

(1) 분사기의 소지허가

① 소지의 금지 규정에 해당되지 아니하는 사람이 분사기를 소지하고자 하는 때에는 행정안전부령이 정하는 바에 의하여 주소지를 관할하는 지방경찰청장 또는 경찰서

장의 허가를 각각 받아야 한다.

② 경비를 위하여 법인의 대표자 또는 대리인·사용인 기타 종업원이 분사기를 소지하고자 하는 때에는 그 법인의 대표자가 허가를 받고자 하는 분사기의 수 및 이를 소지할 사람을 특정하여 그 법인의 주된 사업장의 소재지를 관할하는 경찰서장의 허가를 받아야 한다.

③ 분사기의 범위는 그 종류 및 용도별로 대통령령으로 정한다.

(2) 분사기의 허가 절차

① 개인소지 허가 절차 및 구비서류

분사기 소지에 관한 신청접수는 관할 경찰서 민원봉사실(생활질서계)에서 담당하며 신청서류는 분사기 소지허가 신청서, 신체검사서(운전면허가 있는 경우는 면허증 사본), 분사기의 출처를 증명할 수 있는 서류, 증명사진 2매가 필요하다. 처리기간은 7일 이내이다.

② 법인 소지허가 절차 및 구비서류

분사기 소지 허가권자는 법인의 주된 사무소 관할 경찰서장이며 허가신청에 필요한 서류는 대표자 개인 허가신청, 사용자 지정신청서, 실제사용자 전원의 신체검사서(운전면허가 있는 경우는 면허증 사본), 분사기의 출처를 증명할 수 있는 서류, 정관 및 대표자와 임원의 명단이다.

3) 분사기소지자의 결격사유 등

(1) 법 제13조 제1항에 해당하는 사람

① 20세 미만인 사람. 다만, 대한체육회장이나 특별시·광역시 또는 도의 체육회장이 추천한 선수 또는 후보자가 사격경기용 총을 소지하고자 하는 경우에는 그러하지 아니함

② 심신상실자, 마약·대마·향정신성의약품 또는 알콜의 중독자 그 밖의 이에 준하는 정신장애자

③ 금고 이상의 실형의 선고를 받고 그 집행이 종료(집행이 종료된 것으로 보는 경우를 포함한다)되거나 집행이 면제된 날부터 3년이 지나지 아니한 사람

④ 이 법의 규정을 위반하여 벌금형의 선고를 받고 3년이 지나지 아니한 사람
⑤ 특정강력범죄의 처벌에 관한 특례법에 의한 특정강력범죄를 범하여 징역 이상의 형의 집행유예선고를 받고 그 유예기간이 끝난 날부터 2년이 지나지 아니한 사람
⑥ 이 법의 규정을 위반하여 금고 이상의 형의 집행유예선고를 받고 그 집행유예의 기간이 끝난 날로부터 1년이 지나지 아니한 사람
⑦ 제조업자 등에 대한 행정처분(제45조) 또는 총포 등의 소지허가를 받은 사람 등에 대한 행정처분(제46조 제1항)의 규정에 의한 허가취소처분을 받고 1년이 지나지 아니한 사람

(2) 법 제13조 제2항에 해당하는 사람

지방경찰청장 또는 경찰서장은 제13조 제1항에 해당하지 아니하는 사람에 대하여도 다른 사람의 생명 · 재산 또는 공공의 안전을 해칠 염려가 있다고 인정되는 경우에는 분사기의 소지허가를 하지 아니할 수 있다.

(3) 법 제13조 제3항에 해당하는 사람

지방경찰청장 또는 경찰서장은 위장한 분사기 또는 그 구조와 기능이 행정안전부령이 정하는 기준에 적합하지 아니한 분사기에 대하여는 소지허가를 하여서는 아니 된다.

2. 분사기 사용에 따른 벌칙 및 과태료

1) 벌칙

총포 · 도검 · 화약류 등의 안전관리에 관한 법률에서 분사기와 관련된 법규 또는 명령을 위반하였을 경우 징역과 벌금 등으로 엄격히 통제하고 있으며 징역과 벌금을 병과할 수 있도록 되어 있다.

(1) 10년 이하의 징역 또는 2천만원 이하의 벌금

수출하기 위한 목적으로 규정에 의한 구조 및 성능기준을 적용하지 아니하고 제조된

분사기를 국내에 판매하거나 유출시킨 사람(미수범 처벌)

(2) 5년 이하의 징역 또는 1천만 원 이하의 벌금

① 제조업 허가사항, 판매업 허가사항, 수출입 허가사항의 규정을 위반한 사람
② 화약류의 사용의 규정을 위반한 사람
③ 양도 · 양수의 제한의 규정을 위반한 사람
④ 화약류 제조보안책임자 및 화약류 관리보안책임자의 의무 등의 규정을 위반하여 안전상의 감독업무를 게을리 한 사람
⑤ 제조업자 등에 대한 행정처분의 규정에 의한 영업정지명령 또는 사용정지명령을 위반한 사람
⑥ 공공의 안전 등을 위한 조치의 규정에 의한 명령 또는 조치를 위반하거나 공공의 안전 등을 위한 조치의 규정에 의한 보관명령에 위반한 사람

(3) 3년 이하의 징역 또는 700만 원 이하의 벌금

① 행상과 옥외판매금지, 취급의 금지, 화약류의 저장, 화약류저장소 설치허가, 화약류 제조보안책임자 및 화약류 관리보안책임자의 선임, 화약류의 안정도시험, 화약류의 포장 등, 응급조치 등, 위해예방 규정, 자체안전 점검 또는 완성검사의 규정을 위반한 사람
② 화약류 제조보안책임자 및 화약류 관리보안책임자의 선임 또는 화약류의 안정도시험의 규정에 의한 명령을 위반한 사람
③ 정기안전검사 또는 총포 · 분사기 · 전자충격기 · 석궁의 검사 규정을 위반한 사람
④ 총포 · 분사기 · 전자충격기 · 석궁의 검사 규정을 위반한 총포 · 분사기 · 전자충격기 · 석궁의 제조업자 · 수입자 또는 판매업자
⑤ 출입 · 검사 등의 규정에 의한 출입 또는 검사를 거부 · 기피 또는 방해하거나 거짓 진술을 한 사람
⑥ 화약류의 사용 또는 화약류의 운반 규정에 의한 기술상의 기준이나 지시에 따르지 아니한 사람
⑦ 거짓이나 그 밖의 옳지 못한 방법으로 이 법의 규정에 의한 허가 또는 면허를 받

은 사람

(4) 2년 이하의 징역 또는 500만 원 이하의 벌금

① 제조업자의 지위승계, 모의총포의 제조 · 판매 · 소지의 금지, 총포 · 도검 · 분사기 · 전자충격기 · 석궁의 휴대 · 운반 · 사용 및 개조 등의 제한, 화약류 제조보안책임자 및 화약류 관리보안책임자의 의무 또는 화기취급 및 흡연의 금지 등의 규정을 위반한 사람

② 화약류의 폐기의 규정에 의한 기술상의 기준을 위반하여 화약류를 폐기한 사람

③ 발견 · 습득의 신고 등의 규정에 위반한 사람

④ 화약류의 운반의 규정에 의한 신고를 하지 아니하거나 거짓으로 신고를 한 사람

2) 과태료

(1) 다음에 해당하는 자는 300만 원 이하의 과태료를 과한다.

① 수출입의 허가 등, 모의총포의 제조 · 판매 · 소지의 금지, 화약류의 폐기, 화약류제조보안책임자 및 화약류관리보안책임자의 선임, 도난 · 분실의 신고 또는 폐업 및 휴업신고 등의 규정에 따른 신고를 하지 아니하거나 거짓으로 신고를 한 사람

② 총포 · 도검 · 분사기 · 전자충격기 · 석궁의 휴대 · 운반 · 사용 및 개조 등의 제한, 화약류의 안정도시험, 남은 화약류에 대한 조치, 자체안전교육, 장부비치와 기장, 간판 그 밖의 표지, 허가증 등의 규정을 위반한 사람

③ 화약류의 운반 규정을 위반하여 화약류운반신고필증을 지니지 아니한 자

④ 화약류의 안정도시험, 자체안전점검 또는 출입 · 검사 등의 규정에 의한 보고를 하지 아니하거나, 거짓으로 보고를 한 자

⑤ 화약류의 폐기 또는 자체안전교육의 규정에 의한 명령을 위반한 자

⑥ 공공의 안전을 위한 조치 등의 규정에 의한 준수사항을 위반한 사람

(2) 과태료는 대통령령이 정하는 바에 의하여 소관에 따라 경찰청장, 지방경찰청장 또는 경찰서장이 부과 · 징수한다.

(3) 과태료처분에 불복이 있는 자는 그 처분이 있음을 안 날부터 30일 이내에 관할관청에 이의를 제기할 수 있다.

(4) 관할관청의 과태료처분을 받은 자가 이의를 제기한 때에는 관할관청은 지체 없이 관할법원에 그 사실을 통보하여야 하며, 그 통보를 받은 관할법원은 비송사건절차법에 의한 과태료 재판을 한다.

(5) 기간 내에 이의를 제기하지 아니하거나 과태료를 납부하지 아니한 때에는 국세체납처분의 예에 의하여 이를 징수한다.

3) 형의 병과

규정에 의하여 벌함에 있어서는 징역과 벌금형을 함께 과할 수 있다.

4) 양벌규정

법인의 대표자나 법인 또는 개인의 대리인, 사용인, 그 밖의 종업원이 그 법인 또는 개인의 업무에 관하여 위반행위를 하면 그 행위자를 벌하는 외에 그 법인 또는 개인에게도 해당 조문의 벌금형을 과한다. 다만, 법인 또는 개인이 그 위반행위를 방지하기 위하여 해당 업무에 관하여 상당한 주의와 감독을 게을리 하지 아니한 경우에는 그러하지 아니하다.

제5절 분사기의 사용방법

1. 서설

분사기를 실무에서 사용하기 위해서는 사용법의 숙지가 필요하다. 왜냐하면 경비원은 항상 범죄를 감시하는 입장에 있다. 이런 면에서 언제든지 현행범인과 마주칠 수 있기 때문에 유사시 자신의 생명, 신체를 보호해야 한다. 이러한 보호수단 중의 하나가 호신용 장구인 분사기이다. 그러나 정작 분사기를 사용하고자 할 때는 분사기에 대한 올바른 사용법을 몰라 당황하거나 제대로 사용하지 못하고 속수무책으로 당하는 경우가 있다. 이런 측면에서 분사기에 대한 올바른 사용법 등을 익혀 실무에 활용할 수 있도록 해야 한다.

2. 분사기 사용 원칙

경비업무를 수행하는 중 출현한 현행범인을 제압하기 위해서 분사기를 사용할 때는 첫째, 오직 경비업무 목적으로 사용해야 한다. 둘째, 필요한 최소한도 내에서 범인을 제압하거나 방어적 수단으로만 사용해야 한다. 셋째, 적법절차에 의해서 법률에서 규정하고 있는 범위 내에서 사용해야 한다.

1) 경비업무의 목적으로 사용

경비업무 수행 중 소지하는 분사기는 경비용이며, 경비원이 경비업법에 의해 정해진 업무를 수행하고 있는 것이다. 목전의 위험에 대한 부득이한 대처 방법으로 분사기를 사용하였다면 경비업무 목적에 부합한다고 할 수 있다. 그러나 이권다툼이나 주민과의 갈등 등에 대하여 위협 또는 불안감 조성으로 위력을 과시하거나 남용 등의 물리력을 행사한다면 사용목적에 부합한다고 할 수 없다.

2) 최소한도 내에서 방어목적으로 사용

분사기 소지의 근본 목적은 방어를 위한 것이다. 순찰 중 거동수상자를 발견하였더라도 신분확인 등의 절차가 필요하다. 신분확인 등 거동행위에 대한 확인 중 기습공격을 해 올 때, 방어를 위해 꼭 필요한 최소한도 내에서 사용해야 한다.

3) 적법한 범위 내에서 사용

분사기의 사용은 반드시 현행범인 체포나 정당방위 등 적법한 범위 내에서 사용해야 한다.

3. 분사기 사용 방법

1) 분사기 휴대

경비원이 휴대하는 분사기는 근무 중에 한하여 이를 휴대할 수 있다. 또한 반드시 소지허가증과 함께 소지해야 하며, 휴대방법은 허리휴대와 어깨휴대로 나눌 수 있다.

(1) 허리 휴대법

일반적인 휴대법이며 급박한 상황에서 범인을 제압하거나 타인의 생명 또는 신체의 위해를 가할 우려가 있을 때 즉각적인 대응이 가능하다. 일반적으로 시설경비 업무 시 휴대하는 방법이다.

(2) 어깨 휴대법

신변보호 업무와 같은 경비원의 비노출이 필요한 업무를 수행할 때 주로 사용하며, 분사기 소지 여부를 노출시키지 않는다는 장점이 있다.

2) 분사기 사용요령

(1) 액체분사방식 리벌버형 사용요령

① 안전장치를 몸 바깥쪽으로 완전히 밀어 실린더를 개방, 약제를 장전
② 안정장치 해제
③ 목표물을 향해 신속·정확한 조준
④ 방아쇠를 당겨 분사
⑤ 제압여부 확인 후 다음 발사 여부 판단

(2) 분말방식 막대형 사용요령

① 약제를 장전하거나 분리할 때 약제통을 회전시킴

② 안전장치 해제

③ 목표물을 향해 신속·정확한 조준

④ 방아쇠를 당겨 분사

⑤ 제압여부 확인 후 다음 발사 여부 판단

3) 조준요령

① 신속히 분사기를 꺼냄

② 일어선 자세에서 분사기를 분사할 경우 두 다리는 안정적인 자세를 취함

③ 분사기 파지(잡기) 후 목표물 겨냥

④ 분사기를 파지한 손은 자신의 신체로부터 가급적 멀리 이격

⑤ 가늠자와 가늠쇠를 범인 안면부와 일치하고 조준점은 상대방의 인중

4) 분사기 파지요령(잡는 법)

한 손 파지법	양 손 파지법
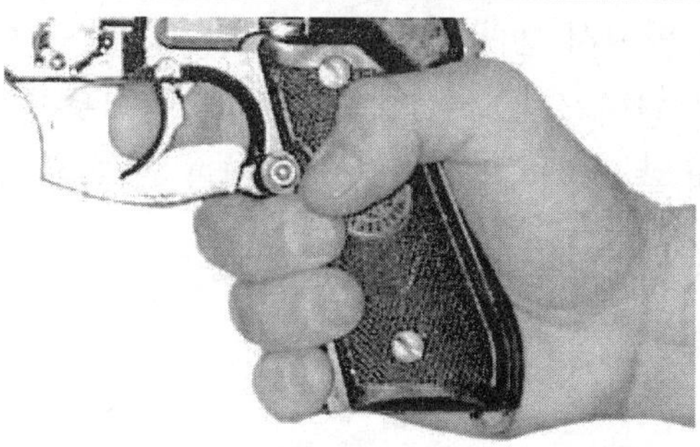	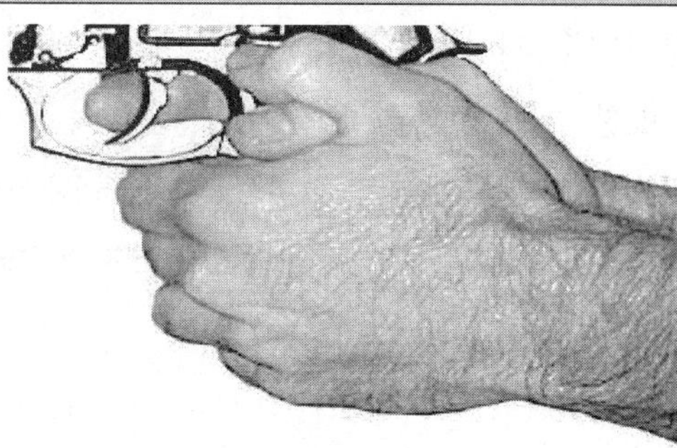

4. 분사기 관리 요령

1) 평시관리

(1) 분사기 보관

① 분사기를 도난, 분실하게 되면 제2의 범행도구로 이용될 수 있다. 따라서 분사기를 휴대하지 않고 일정장소에 보관할 때는, 잠금장치가 되어 있는 서랍 등에 안전하게 보관해야 한다.

② 약제의 유효기간을 확인하여 주기적으로 교체해 주어야 최상의 성능을 유지할 수 있다. 일반적으로 액체분사방식 리벌버형 분사기의 약제 유효기간은 약 1년이고, 분말분사방식 막대형 분사기는 약 1년에서 1년 6개월이다.

③ 약제는 제조한 후 오래 되면, 분말약제의 경우 분말이 약제통 내부에서 응고되거나 액체약제의 경우, 액체가 약제통 내부에서 증발 또는 분사노즐에 말라붙어서 분사되지 않는 경우가 있다. 따라서 주기적으로 약제를 교체하여 유사시에 분사할 때 제 성능을 유지할 수 있도록 해야 한다.

2) 사용 후 관리

분사기를 사용한 후 비눗물 등으로 깨끗하게 닦아서 냄새나 남은 약제를 제거해야 한다. 또한 분사기의 노즐 부분에 잔량의 약제가 남아서 노즐을 막고 있는지 살펴보아야 한다. 분사기의 손질이 끝나면 약제를 교체하여 즉시 사용할 수 있는 준비를 갖추고, 사용한 약제는 손질 후 충약 등의 조치가 필요하다.

제10장 출입통제 요령

제1절 출입통제를 위한 질문검색
제2절 출입통제를 위한 질문검색의 의의
제3절 출입통제의 요령

제10장 출입통제 요령

제1절 출입통제를 위한 질문검색

1. 개관

경비업에 있어서의 질문검색이란 경비원(일반경비원과 특수경비원을 모두 포함한다.)이 자신의 경비대상시설·장소 내에서 위험발생의 방지 및 범죄예방을 위하여 거동이 수상한 자 등 질문이 필요한 자에 대하여 질문하여 사실을 확인하는 행위를 뜻한다. 경비원은 공무원인 경찰관과 성격이 다르며 청원경찰과도 다르다고 할 수 있으나 배치된 중요기관, 시설 또는 사업장 등의 경비구역 내에서는 경찰이나 청원경찰과 동일한 경비업무를 수행하게 되므로 구역 내에서 불심자를 검문하는 것은 법적인 위임은 없으나 현재까지의 관례상으로 볼 때 업무상 권한의 범위 내에 있는 것으로 인정된다고 볼 수 있다고 하겠다. 이를 경찰권의 불심 검문권과 구별하여 질문·검색권이라 한다. 이러한 점을 염두에 두고 질문·검색의 직무를 수행함에 있어서도 투철한 사명감과 국가관을 가지고 그 임무에 임하여야 한다. 한편 질문·검색권은 시설물에 출입하는 거동 수상자에게 정지, 질문하는 등의 명령강제권을 발동하게 되는 것이므로 부당하게 인권이 침해되지 않도록 노력하여야 한다.

2. 법적근거

경비원의 질문검색에 대한 법적 근거는 현재 미미한 상태이다.

경비업법 전반에 걸쳐 경비원의 질문검색에 대한 근거를 살펴보면, 우선 경비업법 제2조의 '경비업무의 정의(위험발생을 방지하는 업무)'에서 위험발생 방지를 위한 포괄적인 경비업무의 근거를 찾을 수 있으나 이 역시 질문검색의 직접적인 근거가 될 수는 없다. 다음으로 경비업법 제7조 제1항을 살펴보면 경비업자는 경비대상 시설의 소유자 또는 관리자의 관리권의 범위 안에서 경비업무를 수행할 수 있음을 규정하고 있는데, 이는 시설주가 경비대상시설 내에서 자신의 관리권을 경비원에게 위임 또는 위탁한다는 규정으로 이해할 수 있다. 즉, 경비원은 경비대상시설에서 시설주가 행사할 수 있는 시설의 관리권을 대신 행사할 수 있는 것이다. 하지만 이 역시 경비원의 질문검색에 대한 명확한 근거는 될 수 없으므로 결국 경비원의 출입통제를 위한 질문검색에 대한 법적 근거는 상당히 미미하다고 보아야 할 것이다.

3. 한계

경비업자는 경비업법 제7조에 의한 경비업자의 의무를 준수하여야 한다. 즉, 경비업자는 경비대상시설의 소유자 또는 관리권의 범위 안에서 경비업무를 수행하여야 하며, 다른 사람의 권리를 침해하거나 정당한 활동에 간섭하여서는 아니 된다.

따라서 경비원의 질문검색 역시 타인의 권리를 침해하거나 정당한 활동을 간섭하는 방법으로 행할 수 없으며, 어떤 상황에서도 프라이버시 · 인격 등 대상자의 인권을 침해하여서는 아니 된다. 또한 대상자가 질문검색을 거부할 때 이를 강제하지 못한다.

제2절 출입통제를 위한 질문검색의 의의

1. 질문검색의 개념

질문검색은 크게 대상자의 판단, 질문, 조치(필요시), 종료의 순으로 이루어진다. 질문검색은 위험발생의 방지라는 공익적인 목적도 있지만 그와 상반되게 타인의 자유와 권리를 침해할 수 있는 위험성이 있으므로, 타인의 권리 침해를 최소화하기 위하여 일정한 요건 아래에서 절차를 엄격하게 준수하여 행하여야 할 필요가 있다. 따라서 경비원은 질문검색의 절차와 요령을 명확하게 이해하고 준수하여야 한다.

특히, 검색은 질문 도중 대상자의 의심스러운 부분을 확인하기 위해 대상자의 착의나 소지품을 확인·조사하는 것을 말한다. 그러나 경비원이 대상자의 의사에 반하여 대상자의 착의나 소지품을 검색할 때 형법상의 '신체수색죄'에 해당할 수 있다. 따라서 검색은 대상자의 승낙이 없이는 이루어질 수 없으며, 대상자가 검색을 허락할 때만 실시할 수 있다.

통상적으로 검색의 방법은 대상자가 자기 옷이나 가방 등을 개방하여 눈으로 내용물을 확인하게 하는 '개방 검사', 경비원이 대상자의 옷이나 가방 등을 외부에서 손으로 만져 내용물을 확인하는 '외표검사', 경비원이 대상자로부터 소지품을 건네받아 직접 내용물을 검사하는 '수색 검사'가 있으나 경비원의 경우 검색의 법적 근거가 미약하므로 '개방 검사'만 허용된다고 할 것이다.

2. 질문검색의 효과

1) 범죄의 예방

질문검색을 통하여 범죄를 결의하고 있는 자에게 심리적인 제약을 가하고, 자기 행동이 감시당하고 있다는 불안감을 유발해 행동을 둔화시키며, 검거의 위험을 증대시켜 범행을 포기하게 만듦으로써 범죄를 예방할 수 있는 효과를 거둘 수 있다. 이는 경비대상시설물에 대한 위험발생의 방지라는 경비업무의 목적에도 부합한다.

2) 범인 체포 및 수사 단서 확보

범죄를 행하였거나 행하려 하는 자는 대부분 심리적으로 불안정한 상태에 있으므로 경비원의 질문검색에 자연스럽지 못한 반응을 보이기 쉽다. 일단 질문검색에 수상한 태도를 보일 경우, 적절한 질문검색을 통하여 범죄내용을 확인하고 현행범인이나 준현행범인의 체포로까지 이어질 수 있으며, 그렇지 않더라도 이후 경찰 수사의 중요한 단서로 활용할 수 있으므로 요령 있는 질문검색의 시행은 대단히 중요하다.

3) 위험발생의 조기 발견

질문검색을 통하여 경비원은 수상한 행동이나 의심스러운 사실 등을 파악할 수 있으며, 이를 토대로 위험이나 범죄의 조기 발견이 가능해진다.

위험발생의 조기 발견은 결국 위험에 대한 경비원의 신속한 대처를 가능하게 하므로 생명 · 재산의 피해가 더 크게 확산하는 것을 막을 수 있다. 이는 결국 경비원이 능동적으로 위험의 발생을 발견하여 방지하는 적극적인 경비업무로 이해할 수 있을 것이다.

4) 경비업무의 신뢰 회복

경비대상 시설 내에서 수상한 자에 대한 질문검색이 일상화되면 범죄를 행하려는 자에게는 심리적인 제약을 가하여 범죄를 포기하게 할 수 있으며, 상대적으로 대상 시설물의 입주자에게는 범죄로부터 안전하다고 느끼게 하여 궁극적으로 경비업무에 대한 신뢰가 증대되는 효과가 있다.

제3절 출입통제의 요령

1. 거동수상자의 판단

1) 수상한 행동

경비대상 시설 · 장소에 어울리지 않는 비정상적이고 자연스럽지 못한 행동이나, 심리적으로 불안정한 상태, 타인이 오해를 살만한 부적절한 행동이나 경비원에 대한 거동이 수상한 경우 등이다.

2) 착의실태

계절 · 장소 · 시간 및 대상자의 체격 · 나이 · 직업 등과 어울리지 않는 의복 상태를 한 경우 출입통제를 위한 질문검색을 할 수 있다.

3) 휴대 물품

어울리지 않는 물품을 휴대하고 있거나, 의심스러운 물건을 소지하고 있는 경우에도 출입통제를 위한 질문검색을 할 수 있다.

2. 출입통제를 위한 질문검색 대상자

1) 질문 · 검색 대상자 발견요령

(1) 태도 · 거동으로부터 발견하는 방법

태도나 거동으로 질문 · 검색 대상자를 발견하려면 다음과 같은 점에 유의해야 한다.

① 경비원을 보고 다음과 같은 행동을 하는 자

㉠ 급히 숨거나 옆길로 빠지거나 되돌아가는 자

㉡ 자기들끼리 하던 말을 급히 중단하거나 큰소리로 화제를 바꾸는 자

㉢ 걸음을 멈칫하거나 경비원을 지나쳐 가서 경비원을 흘끔흘끔 살피는 자
㉣ 시선을 다른 데로 돌리거나 경비원의 태도를 훔쳐보는 자
㉤ 휴대품을 감추거나 그 자리에서 슬쩍 버리는 자
㉥ 경비실이나 경비원 앞을 통과할 때 타인이나 자동차 등을 숨듯이 지나가려 하는 자
㉦ 불러도 못 들은 척하는 자
㉧ 얼굴을 가리며 빠른 걸음으로 통과하는 자

② 일반적으로 거동이 수상한 자
㉠ 일정한 장소에 계속 멈춰 있다가 통행인 등과 눈이 마주치면 그 위치를 이동하는 자
㉡ 추녀 밑이나 전봇대에 숨어 타인의 가옥, 주위의 상태를 살피는 자
㉢ 주위를 경계하면서 현관 또는 집에서 나오는 자
㉣ 자주 뒤를 돌아보면서 걷거나 도망치듯 걸어가는 자
㉤ 불안 또는 흥분한 태도를 보이거나 조급하게 주위를 살피고 있는 자
㉥ 타인의 주거, 건물, 선박, 차내 등에 숨어 있는 자
㉦ 머리카락이나 얼굴, 손, 발 등이 지나치게 더럽고 눈이 충혈된 자

(2) 외모 · 복장 등으로부터 발견하는 방법

① 옷이 찢어졌거나 현저하게 흐트러져 있는 자
② 옷, 신발에 핏자국이 있거나 이상한 냄새가 나는 자
③ 옷이나 먼지, 거미줄, 흙 등이 묻어 있는 자
④ 옷이 몸에 맞지 않거나 외모와 너무 어울리지 않거나 직업이나 신분에 어울리지 않는 자
⑤ 신발이 젖었거나 흙투성이인 자
⑥ 상의는 깨끗한데 하의가 더럽거나 구겨져 있는 자
⑦ 양복, 오버코트 등을 여러 벌 껴입은 자
⑧ 옷에 남의 명찰이 붙어 있거나 명찰을 뜯어낸 자국이 있는 자
⑨ 머리털, 얼굴, 손발 등이 더러운 자

(3) 휴대품을 통해 발견하는 방법

① 자신과 어울리지 않는 물건을 가지고 있는 자
② 남의 도장, 물표, 패스 등을 가지고 있는 자
③ 중요 건의 신문기사를 오려서 다니는 자
④ 수상한 기호, 부호 등이 적힌 수첩을 가지고 있는 자
⑤ 돈지갑, 시계 등을 2개 이상씩 가지고 있는 자
⑥ 노끈, 밧줄, 전깃줄 등을 가지고 있는 자
⑦ 색안경, 장갑, 보자기 등을 가지고 있는 자
⑧ 칼, 열쇠, 드라이버, 장도리 등을 가지고 다니는 자
⑨ 수상한 약품 등을 가지고 있는 자
⑩ 나이 · 성별에 어울리지 않는 물건을 가지고 있는 자

(4) 장소적 상황으로부터 발견하는 방법

① 사당, 묘지, 빈집, 다리 밑, 공중화장실이나 건축 중인 가옥 등에 숨어 있거나 자고 있는 자
② 풀밭, 공지 등 통상 사람이 없는 장소에서 물건을 가지고 나오는 자
③ 이른 아침 물건을 가지고 급히 정거장이나 버스 정류소로 가는 자
④ 주차 중인 자동차 또는 차고 안에 숨어 있거나 자고 있는 자
⑤ 밤에 상점이나 창고 부근에서 상품이나 재료 등을 실어내고 있는 자

(5) 말투 · 언어를 통해 발견하는 방법

① 오는 도중 "이미 여러 곳에서 검문받았습니다."라고 변명하는 자
② 묻기도 전에 "나는 결코 수상한 사람이 아닙니다."하고 변명하는 자
③ 대답을 주저하거나 질문과 다른 답변을 하는 자
④ 다시 물었을 때 직장명, 주소, 나이 등을 먼저와 다르게 대답하는 자
⑤ 가고 있는 방향과 말하는 목적지가 다른 자
⑥ 출발점, 경유지 등의 교통 사정으로 보아 시간상 모순이 있는 답변을 하는 자
⑦ 2인 동반시 서로 가는 곳이나 용건을 틀리게 대답하는 자

⑧ 막다른 골목에서 나왔는데 그 골목에 아는 사람이 없는 자
⑨ 출생지와는 다른 지방의 사투리를 쓰는 자

(6) 자동차 검문을 통해 발견하는 방법

① 자동차 문의 자물통이 파괴된 차를 운전하고 있는 자
② 차체에 파손된 흔적이 있거나 핏자국이 있거나 차 안이 현저히 더러운 차를 운전하고 있는 자
③ 방범 등 기타 전조 등을 계속 점멸하거나 혹은 경음기를 계속 울리면서 운전하고 있는 자
④ 지그재그 운전, 불을 끄고 운전하는 등 부자연스러운 운전을 한 자

2) 검문 방법

(1) 정지

경비원은 어떤 자가 의심스러운 행동을 하는 자로 판단될 때는 그를 정지시켜 질문할 수 있다. 보행자인 경우에는 불러 세우며, 자동차나 자전거에 탄자는 정차시키고 때에 따라서는 하차시킬 수 있다.

(2) 질문

질문은 시설물의 내·외의 안전과 위험의 방지를 위해 사실을 청취하려고 묻는 것이다. 질문을 할 때는 상대방의 명예를 존중해야 하며 또한 대상자의 저항, 도주 및 대상자에 의해 상해를 입는 일이 없도록 주의해야 한다.

(3) 검색

경비업법상 경비원의 질문·검색권은 보장된 권한이 아니므로 경찰관의 불심 검문권한을 그대로 적용하는 것은 무리가 있다. 특히 검색의 경우 정지나 질문보다 더 큰 법적 근거를 요하므로 제한적으로 발동하여야 한다. 경찰관의 불심검문권에서는 외표검사(흉기조사)에 해당하는 검색권이 허용되고 있으나, 경비원의 질문·검색권에는 불심자의 소지품에 대한 개봉요구와 이에 대한 시각적인 확인 정도만 가능하다고 할 것이다. 절

대로 불심자에 대해 신체적 접촉이나 강제개봉은 허용되지 않는다는 점을 주의해야 한다.

3) 질문 · 검색의 준비

(1) 마음 자세

① 어떤 상황에도 동요되거나 감정에 흐르지 않도록 냉정하고 침착한 마음으로 검문에 임하고, 상황에 대처해야 한다.

② 치밀하게 관찰하여 의심스러운 사항을 놓치지 않도록 해야 한다.

③ 의심의 대상자로 판단한 후에도 주저 없이 과감하게 검문에 착수하고 소신 있게 그리고 상대방을 위압할 수 있는 자신 있는 태도로 필요한 조처를 한다.

④ 검문은 범죄의 혐의 등을 민첩하게 포착하는 기술이므로 기민한 판단과 행동력이 필요하다.

(2) 호신 용구의 준비

질문 · 검색할 때는 상대방의 불의의 공격으로부터 자신을 보호하고, 상대방의 체포를 위하여 반드시 호신용구를 휴대하여야 한다.

(3) 법규의 연구

「경찰관직무집행법」등과 같은 불심검문의 근거법규 등을 평소에 충분히 익혀두어 피검문자의 항의, 반문 등에도 명확히 대처하고 필요한 조치를 소신껏 취할 수 있도록 평소에 직무수행 능력을 길러 두어야 한다. 경비원도 경비구역 내에서도 검문권을 행사할 수 있음을 명확하게 알고 있어야 한다.

(4) 수배자 인적사항 등의 기억

범인, 가출인 등 수배된 자의 경우 경찰관에서 전단을 부착하므로 인상착의, 특징, 범죄의 개요 등을 기억해 두고 있다가 검문시 그 점에 유의하여야 한다. 중범죄자 검거시 포상금은 물론 경찰 고위기관장의 표창도 수상할 수 있으며, 국가발전에도 이바지할 수 있다.

4) 질문요령

피검문자에게 하는 질문은 그에게 꾸며대거나 회피할 겨를을 주지 않도록 기민한 내용의 것이어야 한다. 불심검문 때 질문해야 할 일반적인 내용은 목적지, 용건, 출발지, 경유지, 본적, 주소, 성명, 나이, 직업, 휴대품 등이 있다.

5) 대상자 동행시 주의사항 및 요령

(1) 주의사항

① 검문 시 대상자로부터 의외의 공격이나 상해를 입지 않도록 주의해야 한다.
② 대상자가 증거를 인멸하는 일이 없도록 해야 한다.
③ 대상자의 자살, 자해 등을 방지하여야 한다.
④ 대상자의 도주를 방지하여야 한다.

(2) 동행요령

① 도보의 경우 상대방보다 앞에 가지 말 것, 상대방의 후방 좌측이나 우측에 위치할 것, 상대방과의 사이에 자전거 등 장애물을 통과시키지 말아야 한다.
② 경비원 둘이 함께 갈 때 둘이 상대방의 양측에 나누어 동행하는 것이 좋다.
③ 상대가 둘 이상이면 세심한 경계심을 갖추어야 함은 물론 동행 방법에 고도의 기술이 요구된다.
④ 자동차에 타고 온 상대방을 동행할 때는 먼저 하차하도록 양해를 구하고 도보로 동행하거나 경찰차에 승차시켜 동행해야 하며 경비원이 상대방의 차에 승차하는 것은 절대로 피해야 한다.

6) 검문요령

(1) 차량검문

① 버스

㉠ 특수경비업무 등을 위한 총기소지 시 허리총 자세로 도로 우측에 차를 정차시키고 시동을 끄게 한다.

㉡ 2명의 검문관이 앞뒷문으로 동시에 승차한다.

㉢ 앞문으로 승차한 검문관이 승객에게 검문의 뜻을 알린다.

㉣ 1명은 앞에서 감시 경계하고, 다른 1명이 뒤에서부터 검문을 실시한다.

㉤ 검문이 끝나면 반드시 승객에게 감사의 뜻을 고하고, 먼저 앞쪽의 검문관이 하차하고 다음에 뒤쪽 검문관이 하차한다.

㉥ 밤에는 차단기를 내린 다음 차량을 정차시키고, 차량 외부의 등은 끄게 하고 차량 내부는 완전 전등하게 하고 검문한다.

참고 검문의 예

경례를 하고 나서 "000입니다. 잠시 검문을 하겠사오니 양해하여 주시기 바랍니다."라고 검문실시를 알린다. 이어 검문을 하고 "감사합니다." 혹은 "바쁘신데 시간을 지체하게 하여 죄송합니다."하고 경례를 한다.

② 화물자동차

㉠ 양쪽에서 1명씩 접근하고 우측에서 정차시킨다.

㉡ 운전자 쪽에서 검문하고 반대편에서는 감시 경계한다.

㉢ 피검문자에게 90도 방향에서 접근하고 증명서는 왼손으로 받아 확인한다.

㉣ 1명은 운전자를 감시하고 1명은 적재함을 검색한다.

㉤ 용의자를 하차시켜 차의 후면을 짚고 45°로 엎드리게 한 후 신체 수색을 한다.

③ 택시

㉠ 양쪽에서 접근하여 우측에서 정지시키고 시동을 끄게 한다.

㉡ 좌측 검문자는 차량 내부를 감시하면서 접근하고 우측 검문자는 경계 감시한다.

㉢ 필요할 때는 승객을 하차시켜 검문한다.

㉣ 운전자 입회하에 적재함 등 물품 은닉장소를 검색한다.

④ 순찰 근무시

㉠ 피검문자의 우측에서 접근한다.

㉡ 1명은 동태를 감시하고 다른 1명은 접근하여 검문한다.

㉢ 피검문자는 90° 각도의 위치에 둔다.

(2) 가두검문

① 1명은 동태를 감시하며, 다른 1명은 접근하여 검문한다.

② 피검문자가 2명 이상인 경우에는 일렬로 세우고 검문검색 한다.

(3) 산악검문

① 3인조로 검문을 실시한다.

② 1명은 사주경계를 하고 다른 1명은 피검문자를 감시하며, 또 다른 1명은 검문을 실시한다.

③ 지형지물을 이용, 잠복하여 검문한다.

④ 방광, 방음, 노출을 방지하고 지형에 적합한 복장을 착용한다.

⑤ 피검문자가 2명 이상일 경우에는 1명은 후방에서 경계하고 다른 1명은 손을 들게 하여 감시하며 또 다른 1명이 검색한다.

7) 검문 후의 조치

(1) 의심스러운 점이 없을 때

검문의 취지를 잘 설명한 후 협력에 감사하는 뜻을 표하고 친절히 돌려보낸다.

(2) 범죄의 예방 및 보호조치

검문 결과 보호조치를 해야 할 것으로 인정되는 자는 보호조치할 수 있도록 경찰관서에 인계하고, 범죄를 저지르려 하는 자에 대하여는 제지 등 범죄예방 조치를 취해야 한다.

(3) 신원 · 거주 관계의 확인

경비원은 간첩의 색출, 범인체포 등을 위한 신원의 확인을 위해 경비구역 내에서 주민등록증의 제시를 요구할 수 있으며, 신원이나 거주가 명확하지 않은 자에 대해서는 경찰관서와 협조하여 그 신원을 밝히라고 요구할 수 있다.

경찰관은 「경찰관직무집행법」에는 명시되어 있지 않으나 「주민등록법상」의 규정에 의해 주민등록증 미소지자를 동행, 사실조사를 할 수 있으므로 불심자가 경비원의 신원 확인에 협조하지 않으면 일단 수상한 자로 보아 즉시 112에 신고하여 확인토록 한다.

(4) 범죄사실이 발견된 경우

질문 · 검색의 결과 현행범인 또는 준현행범인으로 밝혀졌거나 기타의 범죄사실을 발견한 경우 경비원에게는 사법경찰권이 없으므로 범죄사실을 조사하는 등의 「형사소송법」에 의한 직무를 수행할 수 없다. 따라서 즉시 관할 경찰관서에 연락, 인계토록 해야 한다. 경비원은 관할 경찰서장에게 현행범인 또는 준현행범인을 인계하기 위하여 경비구역내의 초소나 사무실까지 동행을 요구할 수 있으며, 이 경우 최단시간 내에 인계하여야 한다.

8) 현행범 체포 요령

(1) 일반 원칙

검색대상자가 현행범인으로 판단될 시에는 현행범인 체포를 하여야 한다. 현행범인은 형사소송법 제212조의 규정에 의하여 법관의 영장 없이 체포할 수 있으며 경비원은 경찰관과 같은 국가기관에 해당하지 않으므로 미란다 원칙 등을 고지할 의무도 없다. 검거요령은 '체포 · 호신술'의 방법에 의한다. 경비원은 언제라도 현행범인 등의 범인을 체포하여야 할 수 있으므로 평소 범인검거 요령 숙달을 게을리하지 말아야 한다.

(2) 주위에 도움 요청

현행범인 체포는 무척 위험한 일이다. 체포 대상자는 체포에 항거하기 위하여 극단적인 폭력을 행사할 수 있으며, 흉기 등으로 저항하기 쉽다. 이 경우 혼자서 무리한 체포 시도보다는 큰 소리로 주위에 도움을 요청하여야 한다. 범인의 도주로를 차단하고 주위에 도움을 받을 시간을 끌어야 한다. 주위 사람이 범인 체포에 도움이 되지 않을 경우(여자, 노약자 등)에는 112에 신고해 줄 것을 요청하거나, 인근 경비원에게 연락해 줄 것을 요청한다.

(3) 장구 등의 사용

범인의 흉기 등으로 저항하거나 체포에 완강히 항거할 때에는 경봉 등의 장구를 사용하여 경비원의 신체를 보호하고 안전하게 범인을 체포해야 한다. 경비원의 범인체포는 법령에 의한 행위로써 정당행위에 해당되므로 범인이 체포에 항거할 경우, 항거 행위에 대한 정당방위가 가능하다. 특히 범인의 공격으로 경비원의 신체에 대한 위해가 예상될 경우에는 소지하고 있는 호신용 분사기 등을 사용할 수 있다.

(4) 현행범 경찰 인계

현행범을 체포하였을 경우에는 가까운 지구대나 112로 신고하여 현행범의 신병을 경찰에 인계하고 현행범 신병 처리를 위한 경찰관의 업무에 적극 협조한다.

9) 종료

(1) 공손하고 친절한 태도

질문검색에 응하여준 대상자에 대한 감사의 뜻을 표하며, 공손하고 친절한 태도를 유지한다. 특히 감사를 표시할 때는 형식적인 말투가 아닌 진심이 담겨있는 감사의 말을 전달하며 공손하게 목례한다.

(2) 기분 좋은 마무리

질문검색 도중 상대가 불쾌함을 표시하였거나, 질문 내용에 대하여 거부감을 표시한 경우에는 질문검색을 마치며 충분한 사과의 뜻을 표하여야 한다. 또한 대상자의 기분에 맞추어 우스갯소리 등을 덧붙여서 기분 좋게 마무리를 짓는다면 대상자가 질문검색 절차 자체를 긍정적으로 받아들일 수 있을 것이다.

(3) 기록

질문검색이 허술하게 진행되거나 사실 확인이 완전하지 못할 때에는 신속하게 일정한 기준에 따라 질문검색의 내용을 철저히 기록하여 사후 문제발생에 대비해야 할 것이다.

제 11 장

예절교육

제11장 예절교육

제1절 예절의 개관

1. 예절의 정의

예절이란 예의범절의 준말로써, 행동의 기준이 되는 마음가짐과 바른 몸가짐을 의미한다. 이는 가장 사람답게 살기 위해 필요로 하는 기본인 것이다. 더불어 잘 살아가기 위한 인간들의 약속이며, 그 밑바탕이 되는 것은 "인간에 대한 존중"이라는 근본정신이다. 이것은 시대와 장소를 가리지 않고 앞으로도 변치 않을 공통(共通)된 대원칙이다.

2. 기본예절

1) 용모복장 3요소

① 청결 : 몸치장을 정성스럽게 하고 옷 매무새를 잘해서 다른 사람에게 청결감을 준다는 것은 무엇보다 남에게 경의를 표한다는 의미이다.

② 단정 : 기능적인 아름다움이 돋보여야 하는데 요란한 몸치장은 자연스러운 아름다움을 저해한다.

③ 조화 : 신분에 어울리는 정결하고 단정한 옷차림은 본인의 매너임과 동시에 주위 사람들에 대한 배려이다.

2) 전화응대의 3요소

① 신속 : 신호가 3번 울리기 전에 받도록 한다.

② 정확 : 회사명 부서명 자신을 이름을 밝힌다. 정당한 속도의 응대, 메모(중요한 단어나 내용은 확인)

③ 친절과 정중 : 친절하게 응대, 밝고 상냥하게 응대, 응대 도중 대화를 끊거나 가로채는 일이 없도록 한다.

3) 인사예절

(1) 인사의 의미

한자로 보면 사람 인(人)과 일 사(事)또는 섬길 사(仕)이며 사람이 할 일이라는 뜻을 내포하고 있다. 또한 상대방의 인격을 존중하고 배려에 대한 표현하는 행위이다.

(2) 인사의 종류

구분	목례 눈인사	약례 짧은 인사	보통례 보통인사	정중례 정중한인사
시선	눈맞춤	발끝 2.5m 앞	발끝 2.0m 앞	발끝 1.5m 앞
방법	상체를 숙이지 않고 가볍게 머리만 숙여서 하는 인사	상체를 15도 정도 기울여 가볍게 인사	상체를 30도 정도 기울여 하는 인사	상체를 45도 정도 기울여 하는 인사
상황	- 2번 이상 만난 경우 - 낯선 사람과 만난 경우 - 평교지간 - 양손에 짐을 든 경우 - 통화 중인 경우	- 협소한 공간에서의 인사 - 상사나 손님을 2번 이상 만난 경우 - 동료 손아랫사람에게 하는 인사	- 상대에 대한 정식 인사 - 보편적으로 처음 상대를 만나는 경우 - 상사에게 보고하거나 지시 받는 경우	- 정중한 감사의 경우 - 사과를 해야 할 경우 - 각종 행사 예식인 경우 - 공식적인 경우

(3) 인사의 6원칙

① 내가 먼저 인사한다.

② 마주칠 때마다 인사한다.

③ 상대방이 못 보거나 인사를 받지 않아도 인사한다.

④ 제대로 정식으로 인사한다.
⑤ 일어서서 인사한다.
⑥ 즉시 인사한다.

제2절 서비스

1. 서비스 마인드

고객이 만족하려면 어떤 서비스를 취해야 만족할 수 있는지 고객의 입장에서 그 마음을 생각하고 행동을 하는 것

1) 서비스인의 마음가짐

① 상대방의 견해를 존중하라.
② 잘못했으면 즉시 분명한 태도로 인정하라.
③ 우호적인 태도로 말을 시작하라.
④ 상대방으로 하여금 많은 이야기를 하게 하라.
⑤ 상대방의 관점에서 사물을 볼 수 있도록 성실히 노력하라.
⑥ 상대방의 생각이나 욕구에 공감하라.
⑦ 더욱 고매한 동기에 호소하라.
⑧ 당신의 생각을 적극적으로 표현하라. 진정한 서비스맨이 되기 위한 평소 자세

2) 고객의 기본요구

① 기억 받는 존재가 되고 싶어 한다.
② 환영받고 싶어 한다, 관심 받고 싶어 한다,
③ 칭찬의 대상이 되고 싶어 한다.

3) 고객의 입장을 이해하기 위한 필요한 자세

① 고객의 입장에서 생각하기, 항상 고객의 입장에서 잘 경청하기
② 고객에게 친절하기, 보상을 바라지 않는 것, 고객과의 좋은 관계 유지
③ 사회적인 통념상 어긋나는 요구에는 무조건적인 친절은 배제

4) 고객응대의 기본자세

① 밝은 표정 연출을 위한 노력 및 인상을 좋게 한다,
② 적극적인 태도를 갖는다.
③ 정확한 발음과 알맞은 속도로 대화를 한다,
④ 항상 감사한 마음으로 고객입장에 선다.

2. 서비스를 위한 3가지 질문

1) 고객들이 나 자신과 회사로부터 원하는 것은 무엇인가?
2) 지원부서가 고객 서비스를 위해 해줄 수 있는 것은 무엇인가?
3) 만족시키는 데 큰 도움이 될 수 있는 작고 사소한 일은 무엇인가?

제3절 고객만족 위한 의사소통법

1. 비언어적 의사소통 능력의 중요성

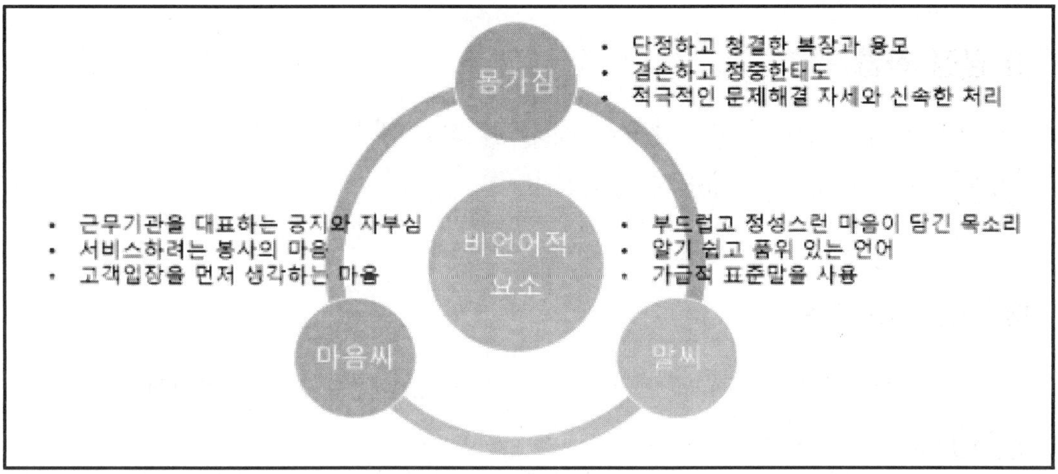

2. 언어적 의사 소통능력향상을 위한 서비스 화법

1) 존대 화법

상대를 존중하고 나를 존중받게 하는 화법

참고 예시) 잠시만 기다려 주시겠습니까?
기다리시게 해서 죄송합니다.
말씀하신 내용이 맞으신가요?

2) 쿠션 화법

단호한 표현보다 미안한 마음을 먼저 전해서 사전에 쿠션역할 화법

참고 예시) "죄송합니다만~ 수고스럽겠지만~ 번거로우시겠지만~ 실례합니다만~

3) 레이어드 화법

거부감이 들기 쉬운 명령조의 말이 아닌 부탁이나 질문형식 화법

참고 예시) "이렇게 좀 하세요!" -> 이렇게 한번 해보시는 게 어때요?
"기다리세요" -> 잠시만 기다려 주시겠습니까?

4) 긍정 화법

부정적인 상황을 설명하거나 안내할 때 긍정적으로 바꾸는 화법

참고 예시) 안됩니다 -> 그것보다는 이렇게 하는 것이 좋습니다.
리필은 안됩니다 -> 리필은 500원만 내시면 가능합니다.

5) Yes but 화법

상대방 의견에 공감을 먼저 표현한 뒤 거절이나 반박의 이유를 이야기하기

참고 예시) 고객님 입장에서는 그렇게 생각 할 수도 있겠네요.
거기까지 생각하지 못해서 죄송합니다. 그런데 이런 상황에서는 이런 이유로 처리해 드리기가 힘들 것 같습니다.

3. 언어적 의사 소통능력향상을 위한 경청

1) 경청이란?

경청이란 상대의 말을 듣기만 하는 것이 아니라, 말의 내용은 물론이며, 그 내면에 깔려있는 동기나 정서에 귀를 기울여 듣는 것

2) 경청의 효과

① 오해와 실수를 방지할 수 있다.
② 고객이 무엇을 원하고 요구하는지 알아낼 수 있다.
③ 제공하는 서비스를 향상시키는 방법에 대한 단서를 얻을 수 있다.
④ 고객과 오랜 관계를 형성할 수 있다.

3) 경청의 화법

① 정보가 복잡할 때
제가 정확히 이해하고 있는지 확인해보겠습니다.
고객님 말씀은 이런 뜻이죠?
② 확실하지 않을 때
손님께서는 A를 원하시나요? B를 원하시나요?
③ 중요한 정보 다시 읽어주기
이런 이런 게 중요하다는 말씀이시죠?

4) 경청의 방해물 7가지

① 방해: 잠시 전화를 받거나 다른 동료와 이야기하는 것
② 소음
③ 딴 생각
④ 기술: 전화로 통화하는 것은 얼굴을 보고 이야기하는 것보다 경청이 힘듦
⑤ 정형화: 상대가 어떻게 나올 건지 미리 가정
⑥ 발단이 되는 단어나 표현: 무심코 감정을 격하게 만드는 단어나 표현
⑦ 태도: 듣는 태도에 따라 같은 말도 다르게 들림

제4절 고객만족 위한 경비원의 태도

① 범죄와 사고로부터 고객을 보호하는데 최선을 다해야 한다.
② 경비원은 고객들의 안전과 편안한 생활을 보장하는 파수꾼의 역할을 한다.
③ 고객의 보호와 편의에 대해 확실하게 인식하고 그 책임을 다해야 한다.
④ 고객의 위험상황 및 재산상 손해가 예상되는 경우에 피해를 최소화해야 한다.
⑤ 업무상 고객의 정보를 소중하게 여기고 철저하게 보호해야 한다.
⑥ 고객으로부터 신뢰감을 얻고 범죄 및 사고예방에 최선을 다해야 한다.

제 12 장 기계경비실무

제12장 기계경비실무

제1절 기계경비의 이론적 개념

1. 기계경비의 의의

기계경비란 「경비업법」 제2조의 경비업 업무 중 하나로서 기본적으로는 민간경비 활동의 한 종류이다. 따라서 비용을 지급한 고객에게 그 비용지불의 대가로 위험으로부터 가치 있는 생명, 신체, 자산 등을 보호하는 서비스를 의미하나 이러한 서비스 제공의 수단으로 다양한 기능과 종류의 기기를 활용한다는 점에서 여타의 경비활동과 구별된다.

통상적으로 오랫동안 경비활동의 주체는 사람이었지만, 산업혁명이후 혹은 최근 4차 산업혁명을 계기로 다양한 경비기기는 근무자인 사람을 도와 보다 효율적인 경비근무가 가능하게 하는 수단으로서 경비원의 근무형태를 변화시키고 있다. 따라서 정보통신 기술변화와 함께 경비기기의 신뢰도가 향상되고 있으며, 경비기기의 운용방법과 적용범위는 계속 증가하고 있다.

경비기기를 선호하는 사람이나 시설이 증가하고 있기는 하나 경비기기는 인간에 의해 조작되는 기기로서 경비의 수단에 지나지 않는다. 따라서 지나치게 의존적이거나 맹신하여 적절하게 운용되지 않으면 비용만 낭비하는 결과를 초래할 수 있다.

1) 형식적 의미의 기계경비

경비업법에서 규정하는 경비업의 한 분야로, 경비대상시설에 침입감지센서를 설치하고 침입자에 의해 발생한 경보신호를 원거리에 있는 상황실에서 수신하여 대응요원을 현장에 출동시켜 이상 상황에 대응할 수 있게 하는 침입감지시스템(무인경비시스템)을 말한다.

2) 실질적 의미의 기계경비

경비기기에 의해 수행되는 경비를 말한다. 그러나 경비기기는 경비활동의 주체인 사람을 도와주는 역할을 하므로 '경비기기에 의존하는 경비'라고 표현하는 것이 바람직하다. 즉, 경비활동에 적용되어 경비활동이 보다 효율적으로 수행될 수 있게 근무자의 보조자로서의 기능을 수행하며, 근무자에게 좀 더 신속하게 정보를 제공하여 적절한 조처를 할 수 있게 한다.

2. 기계경비 운용의 장·단점

1) 장점

① 장기적으로 경비절감 효과 기대
② 경제적 부가비용 불필요
③ 감시구역 전체 동시 통제 가능
④ 24시간 계속적 감시 가능
⑤ 첨단 컴퓨터 등의 운용으로 정확성, 신속성, 계속성 기대
⑥ 강력범죄로부터 인명사상의 예방 및 최소화 가능
⑦ 화재, 가스 등 다른 위해요소들로부터 인명의 사상 예방
⑧ 사고발생시 표시, 기록장치로 증거보존 효과
⑨ 오경보가 없을 경우 사용자로부터의 신뢰성이 높음

2) 단점

① 오경보의 위험성이 큼
② 긴급출동요원이 도착하기 전까지 다소 시간 소요

③ 신속한 현장의 자체적인 대처 불가능
④ 초기 투자비용이 많이 들 수 있음
⑤ 유지보수에 많은 비용과 전문 인력 요구
⑥ 사용자가 작동을 하지 않거나, 작동법을 모르는 경우 발생
⑦ 고장시 신속한 대응 불가
⑧ 방범업무가 주요 기능이고, 부가적인 업무는 한정적

3. 기계경비시스템의 적용범위

기계경비는 무단침입자의 침입을 감지하고 경보하는 침입감지시스템이다. 대상시설에 침입감지센서를 설치하고 침입자에 의해 발생하는 경보신호로 현장에서 범인에게 경고하거나 필요한 사람에게 경보신호를 전달하여 이상 상황에 대응할 수 있게 한다. 다음에서는 기계경비시스템의 적용범위를 알아보도록 한다.

1) 범죄예방 및 대응서비스

기계경비시스템의 기능 중 범죄예방은 가장 기본적인 기능이라고 할 수 있다. 기계경비는 24시간 외부침입을 사전에 예방(기계경비장치가 설치됨으로써 얻는 일반예방의 효과), 침입이 시도 되었을 때 이를 조기에 발견하여 조치토록 함으로써 피해를 최소화시킬 수 있다.

2) 화재감지서비스

보호시설인 사업장이나 가정에 화재수신 기타 각종 화재감지기를 설치하여 화재발생 여부를 감지하고, 화재 이상을 수신했을 때 119에 통보와 긴급대처업무를 수행한다.

3) 가스누출 통보서비스

사업장의 가스시설에 가스센서를 설치하여 각종 설비의 이상 유무를 감시하고, 고객에게 통보해주고, 또 대응요원을 출동시켜 대응토록 해준다.

4) 구급 통보서비스

노약자, 고혈압 환자, 심장마비의 위험성이 있는 사람들이 갑자기 건강에 이상이 생겨 무선 구급버튼을 누르면 통제센터에서 이를 감지하여 119에 신고, 구급차량을 보내게 된다.

또한 혼자 사는 고객이 쓰러져 장시간 방치되는 것을 방지하기 위한 것으로서 고객이 쓰러져 24시간 정상적인 활동을 하지 않으면 통제센터로 자동 통보되며, 통제센터에서는 고객과 사전에 합의한 연락처로 통보하게 된다.

5) 홈 시큐리티 서비스

가정의 안전을 지키기 위해서 가스누출, 화재, 도난 및 각종 비상사태를 감지하는 첨단 감지기를 설치하여 24시간 출동체제를 통해 관련 서비스를 제공해 준다.

6) 설비이상 통보서비스

전기보일러, 물탱크, 저수조의 만수상태, 에어컨 등 각종 설비이상 유무를 감지하여 고객에게 통보해주고, 경우에 따라서는 대처요원을 출동시켜 적절한 조치를 취하도록 한다.

7) 설비제어 서비스

기계경비를 통해 은행자동화코너의 자동운영과 같이 셔터, 출입문, 전등, 안내방송, 현금자동지급기 전원 등의 설비를 365일 프로그램에 의하여 자동적으로 제어하는 업무를 수행한다.

제2절 침입감지시스템의 운용

1. 침입감지시스템의 의미

침입감지시스템은 인가되지 않은 사람의 침입을 감지하여 경보형태로 이를 필요한 사람에게 전달하는 시스템이다. 이 시스템으로 인해 인가되지 않은 사람의 침입상황을 파악·대응할 수 있다. 침입감지시스템은 무인(전자)경비시스템, 도난경보시스템, 전자경비시스템 등 여러 가지 이름으로 불린다. 침입감지시스템은 아무도 없는 시설이나 장소를 경비하는 개념에서 출발하였지만 가스누출 감지, 설비 이상 감지 등 적용범위가 다양해지고 있다.

2. 침입감지시스템의 기본 요건

침입감지시스템이 그 역할을 다하기 위해 다음과 같은 3가지 요소가 충족되어야 한다.

첫째, 경비 대상시설에 대해서 인가되지 않은 사람의 침입을 정확하게 감지해야 한다. 감지는 침입감지시스템이 우선적으로 제공하는 보호기능으로 침입자에 의한 상태변화를 인지한다.

둘째, 침입정보를 다양한 경보의 형태로 필요한 사람에게 전달되어야 한다. 경비기기의 기능을 수행하기 위하여 필요한 정보가 필요한 사람에게 전달되어야 한다.

셋째, 침입상황에 적절히 대응할 수 있어야 한다. 경비기기를 운용하는 최종 목적은 이상 상황에 대응하는 것이다.

3. 침입감지시스템의 구성

침입감지시스템이 요구하는 기본 요건을 만족하기 위하여 센서, 주장치(Controller), 경보장치가 필요하며, 센서는 침입행위를 감지하기 위한 장치이며, 주장치는 경보신호를 전달하기 위한 장치이고 경보장치는 시스템 운영자가 경보신호를 수신하여 경보상황에 대응하는 적절한 조치를 할 수 있게 해 준다.

경보장치에 따라 경보형태를 달리하게 되는데, 센서가 설치된 장소에서 발생하는 경보음이나 경보 등은 범인에게 경고하는 기능을 잘 수행한다. 디지털 기술을 침입감지시스템에 적용하여 문자형태의 경보신호를 수신할 수 있게 하였기 때문에 누구나 쉽게 경보신호를 수신하고 확인하는 것이 가능하다. 특히 경보신호를 영상신호 형태로 수신할 수 있는 시스템이 도입되고 있는데, 침입상황을 영상신호로 볼 수 있다면 경보신호의 신뢰도가 증가하여 자신 있는 현장대응이 가능하다. 센서에서 감지된 경보신호를 필요한 사람에게 전달하기 위해서는 통신망이 필요한데, 일반적으로 유선이 많이 사용되고 있지만 최근에는 무선이 사용되기도 한다.

4. 경보시스템의 형태와 시스템 운용

경보신호를 받는 장소와 경보신호 전달 형태에 따라 경보시스템의 형태를 다음과 같이 몇 가지로 구분할 수 있으며, 경보시스템의 형태에 따라 경보신호에 대응하는 방법이 다르다.

1) 현장경보 시스템

현장경보시스템은 경비대상 시설에서 발생한 경보신호를 현장이나 현장 상황실에서 수신하여 현장의 근무자가 대응할 수 있게 하는 시스템으로 현장경비원의 운용이 가능한 곳에 유리하게 적용할 수 있다.

2) 중앙상황실 시스템

중앙상황실 시스템은 경비대상 시설에서 발생한 경보신호를 원거리에 위치한 상황실(관제센터)에서 수신하여 출동요원을 경비대상시설에 출동시켜 현장조치를 할 수 있게 하는 시스템으로 경비회사에서 운영하는 시스템이 이에 해당한다.

3) 전화통보 시스템

침입상황이 발생하면 미리 설정된 전화번호로 이상 상황을 통보하는 시스템으로, 전화를 받으면 사전에 녹음된 내용이 들리게 된다. 그러나 이 시스템은 대응요원과 적절히 연결되지 않으면 침입감지시스템의 효과를 얻기 어렵다.

4) 직접통보 시스템

직접통보 시스템은 현장에서 발생한 경보신호를 경찰이나 소방기관으로 직접 통보하는 시스템으로 주로 공안기관요원에 의해 현장조치가 이루어지게 한 시스템이다. 그러나 이 시스템은 법규에 따라 적용이 제한적일 수 있다.

5. 침입감지기의 종류

침입감지 센서는 작용원리, 작용형태, 설치 환경 등에 따라 여러 가지로 구분할 수 있으나 현재 우리나라의 경비현장에서 활용되고 있는 대표적인 침입감지 센서의 원리와 작동방법 등에 대하여 살펴본다.

1) 스위치센서

가장 간단하면서도 널리 사용되는 센서는 스위치센서이다. 이것은 문이나 창문에 문이 열리고 닫히는 것을 감지하는 역할을 하며, 마그네틱센서(자석감지기)가 많이 사용된다.

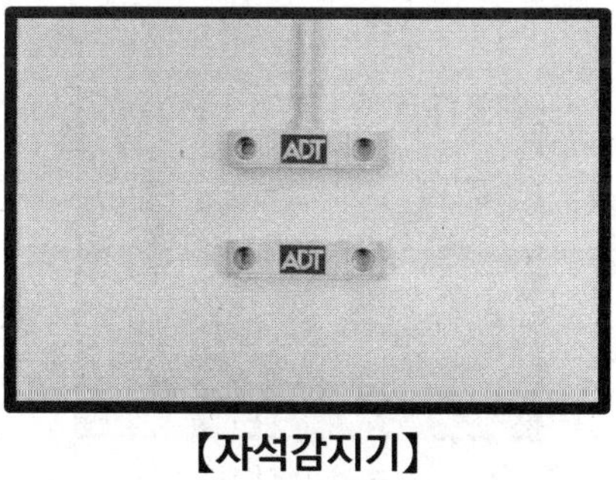

【자석감지기】

자석감지기의 오보는 부착상태 및 문 이격에 의해 발생되고 있다. 또는 겨울철 영하의 온도에서는 감지기 성능변화로 오보가능성이 있으므로 자석부와 스위치부의 이격거리를 5mm 이내로 설치하여야 한다.

2) 적외선감지기

적외석감지기는 빛을 발사하는 송신기와 수신기로 구성되는데 그 사이를 전달하는 광전빔이 침입자에 의해 차단될 때 경보가 발생하는 형태이다. 창문이나 벽, 울타리에 설치하여 사용하는데 적외선센서와 마이크로웨이브센서가 많이 사용된다.

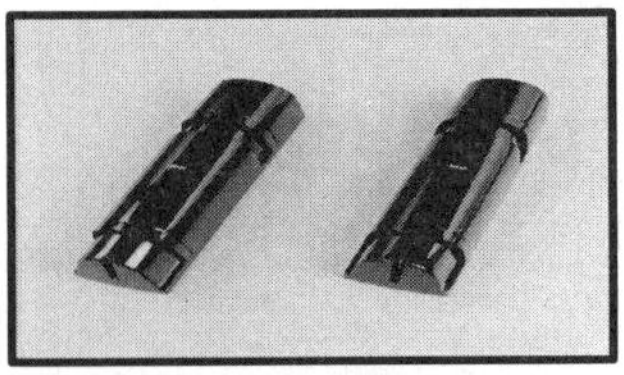

【장거리적외선 감지기】

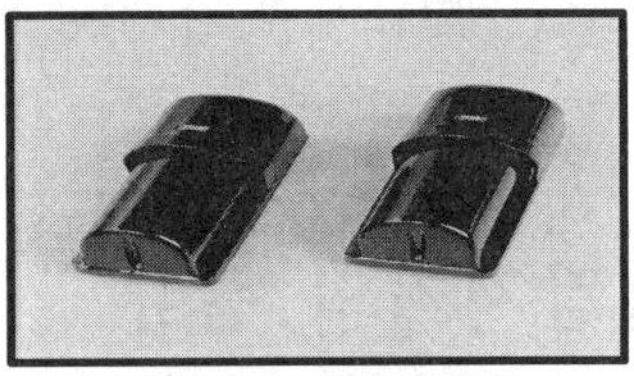

【적외선감지기】

적외선 감지기의 오보원인은 센터 장애 요인(나무 등)과 상호 간섭, 태양의 직사광선 등이다. 감지기가 복수로 설치된 장소는 상호 빔의 간섭에 의한 것은 없는지 확인 하여야 한다.

3) 열선감지기

침입자에 의해 발생하는 주변의 온도변화를 감지하여 경보신호를 발생하는 것으로는 공간을 감지하기 위해 사용되는 열선감지기가 있다.

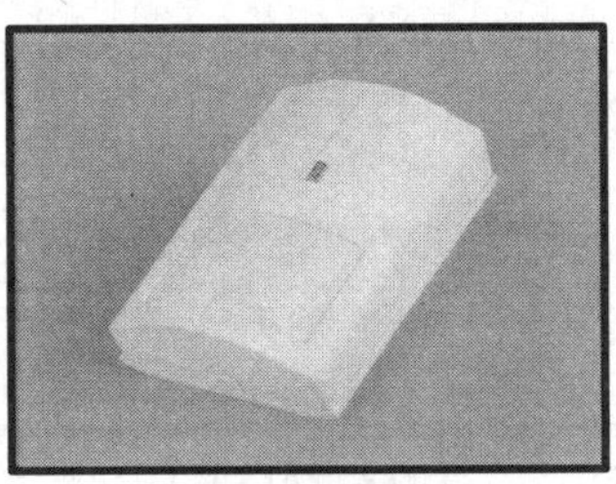

【열선감지기】

열선감지기 오보 사례는 작은 동물(쥐 등)에 의한 것이 많다. 감지기 근처에 있는 락커(Locker), 선반 적층물 상단, 통로 등을 이동하는 쥐로 인해 주로 창고에서 발생한다. 또한, 식당에서의 바닥면을 이동하는 쥐, 틈새로 들오는 개, 고양이, 천장 틈새로 날아들어오는 새 등이 있다. 그 외 감지영역 내에 전기로, 히터 등이 초퍼현상에 의해 온도차이가 날 경우와 열원체(전기로, 히터 등) 자체의 온도변화가 생길 때 나타난다.

4) 충격감지기와 금고감지기

침입자의 움직임으로 발생하는 진동을 감지하여 경보신호를 발생하는 방법으로, 출입문이나 창문 가까이 접근하는 침입자를 감지하거나 금고를 감지하기 위해 사용하는 진동감지기가 있다. 금고감지기 오보의 경우는 배선의 접속불량 가능성이 가장 많다.

【충격감지기】

【금고감지기】

5) 유리감지기

유리가 파손되면서 발생하는 음향의 변화를 감지하여 경보를 발생하는 방법으로 유리파손을 감지하기 위해 유리창에 부착하여 사용하거나 유리창 주변의 벽이나 천정에 부착하여 사용한다.

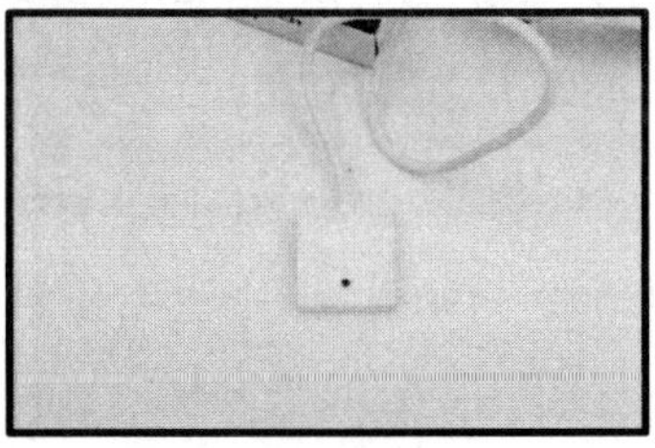

【유리감지기】

유리감기기의 오보는 주로 접착 불량에 기인하는 경우가 많다. 바른 접착 방법과 취부로 오보가 발생하지 않도록 주의해야 한다. 특히 유리감지기 부착면을 외측에서 확인하여, 접착제 취부 면적에 기포의 발생 유무를 확인해야 한다.

제3절 CCTV의 운용

1. CCTV의 개념

CCTV는 공중파를 이용한 방송용 TV와 구분된 이름으로 카메라와 모니터가 유선으로 연결된다는 것을 의미한다. 그러나 공중방송을 위해 유선TV가 등장하고 무선을 이용한 CCTV가 사용되고 있지만 CCTV는 감시장치의 한 형태로 널리 사용되고 있으며, 경비목적 외에 교통상황 감시나 공장에서 공정감시, 병원에서 환자감시 등으로 사용되고 있다.

CCTV는 현장에 설치된 카메라와 연결된 모니터를 통해 현장상황을 감시할 수 있게 도와준다. 그러나 범행이 근무자가 모니터를 주의 깊게 주시할 때까지 기다렸다가 발생하지 않으므로 모니터를 주시하는 공백을 없애지 않으면 근무자의 잘못된 자신감을 갖게 하고 자원과 돈을 낭비하는 결과를 초래할 수 있다.

2. CCTV의 기능

경비활동 시 근무자가 얻는 1차적인 정보는 보는 것으로부터 얻게 되며, 사람은 넓은 시야를 확보하기 위해 높은 장소를 선정하고 여러 명의 감시자를 필요로 하지만 CCTV는 이러한 문제를 해결해 주며, 다음과 같은 이유로 널리 이용된다.

첫째, 실내에서 소수의 인원으로 비교적 사각지역 없이 감시할 수 있으며, 근무자가 범행에 직접 노출되는 기회를 줄일 수 있다.

둘째, 침입감지장치와 함께 사용되어 경보상황을 영상으로 직접 확인함으로써 자신 있는 현장대응이 가능하다.

셋째, 상황을 녹화하여 나중에 다시 볼 수 있다.

넷째, 출입통제장치와 같이 사용하여 출입인원을 원격으로 확인 통제할 수 있다.

3. CCTV의 구성

CCTV는 기본적으로 촬상부와 전송부 그리고 수신부로 구성되며, 용도에 맞게 주변 기기들을 추가로 사용한다.

1) 촬상부

촬상부는 물체를 촬영한 영상신호를 전기신호로 변화시키는 부분으로, 카메라, 렌즈 그리고 카메라를 고정하기 위해 필요한 브라켓이나 하우징을 포함한다.

【돔 카메라】

【블랙박스 카메라】

2) 전송부

전송부는 촬상부에서 받은 신호를 수신부로 전달하는 부분으로, 신호전달을 위해 동축케이블이나 광케이블과 같은 유선매체가 널리 사용되지만 무선매체가 사용되기도 한다. 특히 최근에는 이동통신이나 인터넷이 CCTV의 전달매체로 사용되면서 CCTV의 적용범위가 확대되고 있다.

3) 수신부

수신부는 카메라에서 보낸 전기신호를 영상신호로 재생하는 부분으로 모니터라 불리는 부품이 이에 해당한다.

【모니터】

4. 주변기기의 활용

CCTV는 경비기기에 지나지 않으며, 기기가 주는 단점을 보완하기 위해 여러 가지 종류의 주변기기를 활용할 수 있다. 디지털 기술이 CCTV에 적용되면서 영상저장이나 전송을 보다 효율적으로 하고 있으며, 인터넷과 접목된 정보기술이 CCTV의 기능과 적용범위를 보다 넓혀주고 있다.

1) 녹화장치

경비의 우선목표는 현장에서 발생하는 이상상황을 감시하고 이에 대응하기 위한 것이지만, 감시대상자의 자유로운 활동을 보장해 주는 상태에서 단지 진행되는 상황을 녹화하여 문제가 발생했을 때 그 장면을 다시 보거나 법적인 증거자료로 활용할 수 있다. 현장상황을 녹화하기 위하여 여러 가지 방법을 사용할 수 있는데, 필요 시 근무자가 직접 녹화장치를 작동하게 하거나 움직임경보장치와 함께 사용하여 영상변화가 있을 때 자동으로 녹화할 수 있다.

2) 움직임 경보장치

CCTV 운용시 발생하는 문제 중 하나는 지루함으로 인하여 근무자가 모니터에 나타나는 영상변화에 집중하기 어렵다는 것으로, 때때로 침입상황을 보지 못할 수 있다. 이러한 문제를 극복하기 위하여 모니터의 영상변화를 감지하여 근무자에게 경고하여 주는 움직임 감지장치를 적용할 수 있다.

3) 영상분할장치 및 영상절화장치

일반적으로 여러 대의 카메라를 운용할 때 카메라의 수에 맞는 모니터가 필요하지만 여러 개의 영상을 분할하여 한 대의 모니터에 나타나게 하는 영상분할장치나 일정한 시간 간격으로 영상을 하나씩 차례로 보이게 할 수 있는 영상절환장치를 사용할 수 있다.

4) 팬틸트 장치

시선이 고정되어 있는 카메라를 사용할 경우, 근무자는 한정된 범위만을 볼 수 있으므로 움직이는 물체를 주시할 수 있는 시간이 짧아진다. 이러한 단점을 보완하기 위하여 카메라를 상·하, 좌·우로 조정하여 그 상황을 추적할 수 있다.

그러나 침입자가 팬틸트 장치를 조작할 때까지 기다려주지 않을 경우, 이 장치를 유용하게 사용할 수 없으므로 범인의 행동을 추적할 수 있을 정도의 속도로 조정할 수 있는 장비를 선택하여야 하며, 그렇지 않으면 여러 대의 카메라를 이용하는 것이 좋다.

5) DVR

DVR은 디지털기술과 발달과 함께 CCTV시스템에 적용되어 널리 사용되고 있는 장비로, 영상신호를 디지털로 변환하여 영상신호 저장과 영상신호의 원거리 전송을 쉽게 해 준다. 특히 영상신호를 테이프가 아닌 하드디스크에 저장함으로써 녹화된 영상을 쉽게 검색할 수 있으며, 영상저장과 검색을 오랫동안 하여도 선명한 영상을 얻을 수 있다.

또, 다른 장치와 연계하여 복합적인 기능을 수행할 수 있으며, 자체적으로 영상분할기능이나 움직임감지기능 등이 포함되어 있어 이를 위한 별도의 장치를 설치할 필요가 없다.

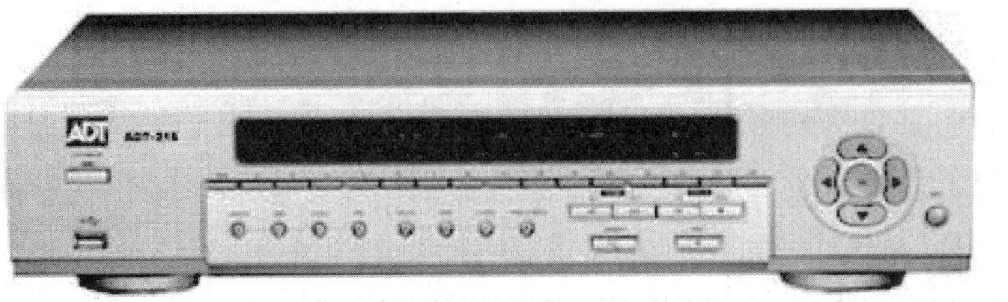

【DVR】

제4절 출입통제장치의 운용

1. 출입통제장치의 개념

출입통제란 인가된 사람과 인가되지 않은 사람을 구분하여 출입을 통제하는 것으로, 오래 전부터 출입통제를 위해 여러가지 방법이 사용되고 있으며, 출입통제장치는 단지 그 이름과 작동형태를 달리하는 경비기기의 한 형태이다.

출입통제장치를 통과하기 위해 출입하려는 사람을 확인하는 수단으로는 키나 카드와 같은 인식표로부터 지문이나 동공과 같은 신체의 특징까지 다양하다. 특히 사람 신체의 특징을 이용하는 출입통제장치의 이용이 증가하면서 '생체인식시스템'이라는 새로운 이름이 등장하고 있다. 효과적인 출입통제를 위하여 사람뿐만 아니라 물품이나 차량의 출입통제도 적절히 이루어져야 하며, 위험물품이 경비대상시설로 반입되는 것을 방지함과 동시에 귀중품이 밖으로 반출되는 것도 방지할 수 있어야 한다.

스마트 카드는 IC칩이 내장되어 보안성이나 사용범위가 넓어 사용이 증가하고 있으며, RF ID의 상용화가 실현되고 있다.

【RF카드】

2. 출입통제장치의 구성

출입통제를 위하여 출입을 하고자 하는 사람을 확인하고 출입을 통제하는 기본기능이 필요하다.

1) 확인

출입통제의 목적은 인가된 사람과 인가되지 않은 사람을 구분하는 것이며, 이를 확인하는 방법에 따라 출입통제시스템의 형태가 결정된다. 출입통제장치에 의해 출입이 허용되기 위해서는 수단이 필요한데, 인식카드와 같이 인가된 사람에게 주어지는 증표에 의한 방법과 지문과 같이 사람의 신체적 특징을 이용하는 방법 등이 있으며, 다음과 같이 간단하게 정리할 수 있다.

키는 출입자를 확인하기 위한 증표 중 가장 잘 알려진 것이지만 분실이나 도난 또는 협박으로 탈취될 수 있고 주인 몰래 복제하여 사용할 수 있다는 취약점이 있다.

플라스틱카드는 인식카드의 한 형태로 출입통제장치에 널리 사용되고 있으며, 출입통제를 위한 수단 외에 여러 가지 목적으로 사용된다. 특히 '스마트카드'라는 이름의 기능이 다양한 카드가 사용되고 있는데, 스마트카드는 카드가 CPU를 내장하고 있어 다양한 기능을 수행할 수 있다.

버튼누름식 번호키는 키를 대신하여 사용되는 대표적인 방법으로 키를 휴대할 필요는 없지만 번호를 우연히 또는 고의로 알아내어 사용할 수 있다는 위험이 있다.

인식증표를 분실하거나 위조 또는 복제로부터 보호하기 위해 개선된 방법이 있다면 개인별 차이가 있는 인간의 신체 특징을 이용하는 것이다. 출입통제를 위하여 신체 특징 중 현재 가장 많이 이용되는 것이 지문이지만 손바닥, 음성, 동공, 정맥 등과 같은 신체특징을 이용하기도 한다. 신체적 특징을 이용하여 출입자를 확인하는 방법은 출입 확인을 위한 결정시 대조할 수 있도록 신체특징을 사전에 등록하는 절차를 거친다.

【스마트카드】

2) 출입허용

출입통제장치의 확인과정에서 출입이 허용되거나 거절되면 이 정보를 문통제장치에 전달하는 것이 필요하며, 일반적으로 출입자를 확인하는 장치와 출입을 허용해 주는 장치가 같이 사용된다.

인가된 사람이 출입문으로 접근하여 카드판독기(카드리더)나 키보드와 같은 장치에서 매번 확인하는 절차를 거칠 필요없이 판독장치에 노출되면서 자동으로 출입이 결정되게 하는 근접식별시스템을 사용하면 보다 편리하고 신속하게 출입할 수 있다.

출입이 인가되거나 통제되면 출입문이 최종적으로 문을 통제하게 되는데, 출입문은 전자적으로 통제되면 사용된다. 출입문 통제장치는 문의 형태에 알맞게 선정되며, 스트라이크형, 데드볼트형, 전기장형의 장치가 주로 사용된다.

3. 출입통제장치의 보완

수준이 높은 출입통제를 위하여 다음과 같은 몇 가지 방법을 고려할 수 있다. 건물 내에 별도의 통제구역을 설정하고 그 입구에 확인방법을 달리하는 출입통제장치를 추가로 설치할 수 있다.

상황실을 운용하여 출입을 원하는 사람을 출입문에 설치된 CCTV와 인터폰을 통해 상황실근무자가 직접 확인하여 원격으로 출입을 통제하는 방법을 사용할 수 있다. 이 방법을 보다 효과적으로 사용하기 위해 인식카드와 같은 고유의 증표를 이용하여 1차문을 통과하게 한 후 상황실 근무자에 의해 확인을 받은 다음 원격으로 조정되는 2차문을 통과하게 할 수 있다.

인가되지 않은 사람이 인가된 사람과 같이 들어가고자 하는 것을 방지하기 위해 2중문을 설치하여 1차문을 통과한 후 센서를 거치는 동안 한 사람 이상이면 2차 출입문이 작동하지 않게 하는 방법을 사용할 수 있다.

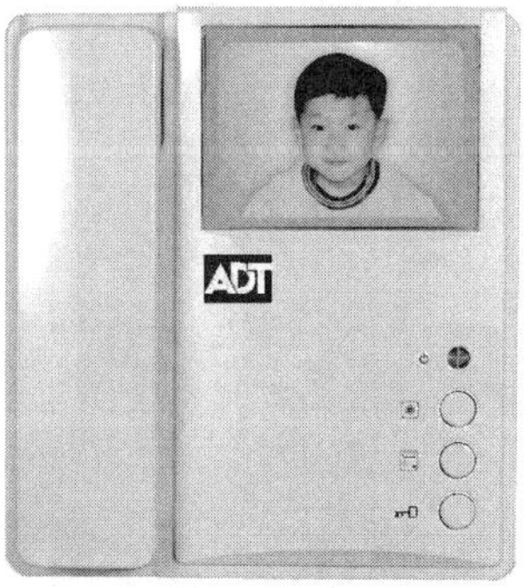

【출입자 확인】

4. 경비기기의 통합적 운용

지금까지 설명한 침입감지시스템과 CCTV, 출입통제장치는 단독으로 사용되기도 하지만 서로 연계하여 사용함으로써 그 효과를 증가시킬 수 있다. 가령, 침입감지시스템과 CCTV를 연계하여 사용할 경우, 침입감지장치에서 발생되는 경보신호를 CCTV를 통해 경보신호의 신뢰도를 확인함으로써 자신 있게 현장대응을 할 수 있다. 또, CCTV와 출입통제장치를 연계하여 사용할 경우, CCTV를 통해 출입자를 확인할 수 있으므로 출입통제장치를 보다 효과적으로 사용할 수 있다.

특히 정보통신기술을 기계경비에 적용할 경우, 경비기기의 기능이 다양화되고 경비기기를 이용한 경제적이고 효과적인 경비활동이 가능할 것이다.

제 13 장

정보보호 및 보안업무

제13장 정보보호 및 보안업무

제1절 정보보호

1. 정보의 의의

1) 정보의 개념

정보는 그것을 필요로 하는 분야에 따라서 여러 가지 의미를 내포하고 있어 이에 대한 정의 또한 다양하다. 사전적으로는 '관찰이나 측정을 통하여 수집한 자료를 실제 문제에 도움이 될 수 있도록 정리한 지식 또는 자료' 혹은 '일차적으로 수집한 첩보를 분석·평가하여 얻은, 적의 실정에 관한 구체적인 소식이나 자료를 말한다.

우리 사회에서 종종 정보의 의미에 대해 혼란을 가져오는 경우가 많은데, 그 이유는 'information'과 'intelligence'라는 용어를 구분 없이 '정보'라는 명칭으로 통용하여 사용하는데서 비롯된다. 일반사회에서 사용되고 있는 '정보(information)'는 '정보(intelligence)'에 비하여 보다 포괄적인 개념으로서, 의미를 부여할 수 없는 상태로 존재하는 자료(date)와 그 의미의 타당성이 검증되지 않은 상태의 정보, 그리고 그 현상의 의미가 분석 및 평가과정을 거쳐 일반적으로 인정된 내용으로 통용되는 지식(knowledge)을 모두 포괄하는 개념이다.

2) 정보의 가치

정보의 가치를 강조하는 입장에 의하면 정보는 물질, 에너지와 함께 자연을 구성하는 3대 요소 중의 하나이며 인류의 역사는 '정보의 역사'라고 말해도 과언이 아니다. 즉, '농업사회'가 물질을 강조하는 사회라면 '산업사회'는 물질과 에너지, 정보가 모두 중요시되며, '정보사회'는 상대적으로 정보가 가장 우선시 되는 사회이다. 이미 국제무역 패러다임도 사람, 물자, 자금의 이동에서 정보의 이동으로 변화되었다.

일반적으로 정보의 가치는 정보를 사용하는 주체나 목적에 따라 상업적, 개인적, 공공적 가치로 나눌 수 있다.

첫째 정보는 상업적 가치가 존재한다. 정보의 상업적 가치(commercial value)는 정보의 상품성을 강조하는 의미이다. 지난 수세기 동안 정보의 상품화는 서적이나 신문, 방송사업 등의 급성장에서도 잘 알 수 있다. 최근에는 인터넷을 통한 정보제공, 그리고 각종 정보서비스업 등이 주목받고 있으며 가장 유망한 사업으로 꼽히고 있는 실정이다. 그러나 정보라는 상품은 다른 일반적인 상품과는 다른 특징이 있다. 우선, 정보는 재생산이 가능하다, 뿐만 아니라 정보 재생산 과정에서 소요되는 비용이 여타 농업이나 제조업에 비해 매우 저렴하다. 또한, 정보는 최근의 각종 정보통신 기술을 이용하여 어디든지 즉시 전달이 가능하다는 장점이 있다. 또한 정보의 가치는 첨가적이지 않다. 동일한 내용의 정보를 여러 장 복사하여 가진다고 해서 더 가치가 있는 것은 아니다. 그런데 이와 같은 정보의 상업적 가치는 컴퓨터범죄나 저작권 등의 시비, 국가 간의 정보유통과 같은 문제들을 파생시키고 있다.

둘째, 정보의 개인적 가치의 측면이 고려된다. 즉, 정보의 상업적 가치를 이용하여 이득을 보는 기업이나 조직이 있는 것처럼 개인도 정보를 어떻게 수집하고 이용하는가에 따라, 그리고 그 정보를 어떻게 관리하는가에 따라 개인적 가치(private value)가 달라진다. 따라서 정보의 개인적인 가치로 인하여 정보를 알고 있는 기업이나 기관 등의 정보관리에 대한 중요성이 대두되고 있으며 이러한 문제는 정보의 개인적 가치의 영역에서 파생되는 문제라고 할 수 있다.

셋째, 정보는 본질적으로 공공적 가치(public value)를 가지고 있다. 정보를 공공복리에 영향을 미치는 것으로 보는 것이다. 따라서 정보의 공공적 가치를 높이기 위해서는 누구나 자유로이 정보에 접할 수 있도록 도서관이나 학교, 박물관 등의 설립에 사회

각계 및 정부가 지원하는 것이라 할 수 있다. 또한 학문의 자유에 대한 전통과 언론 및 출판시스템, 행정정보공개에 대한 법률 등도 정보의 공공적 가치를 인정하는 제도적 장치라고 할 수 있다.

3) 정보의 특성

정보는 사용자가 어떤 결심이나 의사결정을 하는데 필요한 요소가 되는 것이므로, 그 내용에 거짓이 있어서는 안 되며, 정확해야 하고, 사용자가 필요한 때에 사용할 수 있어야 하며, 안전성이 결여되어서는 안 된다.

따라서 정보의 정확성, 적시성, 안전성을 정보의 3대 요건이라고 하는데, 이 3대 요건이 결여된 정보는 그 가치를 인정받을 수 없을 뿐 아니라, 이들 잘못된 정보의 사용은 돌이킬 수 없는 실패와 오류, 피해 등을 야기하게 된다. 이러한 정확성, 적시성, 안전성 외에도 정보를 사용하는 목적 등에 따라, 그 가치를 높이기 위해 보다 과학적 또는 학문적 근거가 필요할 수도 있다. 또 다른 개념에서 정보의 특성으로 들 수 있는 점은 자원화가 가능하다는 것이다. 물질적 자원은 아니지만 기술, 지식의 자원은 상품화가 가능한 자원이며, 그 영역이나 발전 가능성이 무궁무진하여 한계성이 없는 특성을 가지고 있다.

2. 정보보호

1) 정보보호의 개념

정보보호의 개념은 정보의 수집, 가공, 활용, 저장하는 과정에서 정보의 훼손, 변조, 유출 등을 방지하기 위한 관리적, 기술적 수단 또는 그러한 수단으로 이루어지는 행위를 말한다.

2) 정보보호의 목적

보유하고 있는 정보자산(비밀정보 : 국가비밀, 군사비밀, 과학기술정보 등)을 적(경쟁

국가, 경쟁회사, 경쟁집단 등)으로부터 보호함으로써 정보의 가치를 유지하는 것이 정보보호의 목적이다.

3) 정보보호와 관련된 법규정

(1) 국가보안과 기밀에 관한 법규정

① 국가보안법

이 법은 국가의 안전을 위태롭게 하는 반국가활동을 규제함으로써 국가의 안전과 국민의 생존 및 자유를 확보함을 목적으로 한다.

② 국가정보원법

이 법은 국가정보원의 조직 및 직무범위와 국가안전보장 업무의 효율적인 수행을 위하여 필요한 사항을 규정함을 목적으로 한다.

③ 군사기밀보호법

이 법은 군사기밀을 보호하여 국가안전보장에 이바지함을 목적으로 한다.

(2) 개인정보보호에 관한 법규정

① 개인정보보호법

이 법은 개인정보의 처리 및 보호에 관한 사항을 정함으로써 개인의 자유와 권리를 보호하고, 나아가 개인의 존엄과 가치를 구현함을 목적으로 한다.

② 통신비밀보호법

이 법은 통신 및 대화의 비밀과 자유에 대한 제한은 그 대상을 한정하고 엄격한 법적 절차를 거치도록 함으로써 통신비밀을 보호하고 통신의 자유를 신장함을 목적으로 한다.

③ 신용정보 이용 및 보호에 관한 법률

이 법은 신용정보 관련 산업을 건전하게 육성하고 신용정보의 효율적 이용과 체계적 관리를 도모하며 신용정보의 오용·남용으로부터 사생활의 비밀 등을 적절히 보호함으로써 건전한 신용질서를 확립하고 국민경제의 발전에 이바지함을 목적으로 한다.

(3) 정보자체의 안전성 보호 관련 법규정

① 정보통신기반 보호법

이 법은 전자적 침해행위에 대비하여 주요정보통신기반시설의 보호에 관한 대책을 수립 · 시행함으로써 동 시설을 안정적으로 운용하도록 하여 국가의 안전과 국민생활의 안정을 보장하는 것을 목적으로 한다.

② 정보통신망 이용 촉진 및 정보보호 등에 관한 법률

이 법은 정보통신망의 이용을 촉진하고 정보통신서비스를 이용하는 자를 보호함과 아울러 정보통신망을 건전하고 안전하게 이용할 수 있는 환경을 조성하여 국민생활의 향상과 공공복리의 증진에 이바지함을 목적으로 한다.

③ 지능정보화 기본법

이 법은 지능정보화 관련 정책의 수립 · 추진에 필요한 사항을 규정함으로써 지능정보사회의 구현에 이바지하고 국가경쟁력을 확보하며 국민의 삶의 질을 높이는 것을 목적으로 한다.

제2절 시설보안업무

1. 시설보안의 의의

보안(security)이라는 용어는 1904년 친일단체인 유신회를 배격하는 항일운동을 전개하기 위하여 '보안회'라는 조직체를 만들면서 '보안'이라는 용어가 최초로 사용되었다. 그 후 일본경찰의 용어인 '보안경찰' 등에서 영향을 받아오다가 해방이후 미군의 주둔으로 인해 'Security'가 보안으로 번역되었으며, 후에 국가보안법을 비롯한 기밀보호를 위한 정부의 각종 보안규정 등으로부터 용어사용이 점차적으로 다양하게 사용되면서 오늘날에 이르렀다. 오늘날의 보안은 크게 소극적 보안활동과 적극적 보안활동으로 나눌 수 있다. 적극적 보안활동은 국가의 안전보장을 해치고 국가를 위태롭게 하는 불순분자에 대하여 첩보수집, 조사, 체포하는 등의 활동을 말한다. 반면 소극적 보안활동은 국가의 안전보장을 위하여 국가가 보호를 필요로 하는 비밀이나 인원, 문서, 자재, 시설 및 지역 등을 보호하는 활동을 말한다. 여기서 말하는 보안이란 소극적 활동만을 말한다.

시설보안이라 함은 예상되는 불순분자의 각종 침해행위로부터 대상시설을 보호하기 위하여 취하여지는 제반 보안대책과 그 이행을 말한다. 시설보안의 목적(Why)은 시설이라는 구조물 자체를 보호하고 시설 자체가 가지고 있는 기능이 정상적으로 수행되도록 하고 시설이 가지고 있는 실존 또는 잠재되어 있는 유무형의 가치, 즉, 보안가치를 보호하는데 있다. 물론 내부가 비어있는 건축물, 어떤 작용이나 기능을 가지지 아니한 시설물에는 보안조치를 할 필요가 없으므로 보안의 대상이 되지 아니한다. 또한 정상적인 시설의 기능수행을 침해하는 것은 각종 불순분자의 침해 행위뿐만 아니라 자연재해나 안전사고로부터의 위해까지 시설보안대상이 된다.

2. 시설보안의 대상

보안의 대상으로 되는 시설은 태업행위 등으로 인하여 전략 또는 전술적으로 막대한 침해를 초래하거나 기업의 존립과 발전에 연쇄적 혼란을 초래할 우려가 있는 시설이다. 구체적으로 어느 규모의 시설이 전략 또는 전술적 가치의 대상이 되는 것인가는 개개 시설의 능력을 평가해서 결정되어야 할 것이며 특히 개개 시설이 가지는 기능과 의존도에 따라야 할 것이다.

시설보안 관리를 시작함에 있어서 가장 먼저 해야 할 일은 어떤 시설(What)을 보호하느냐 하는 시설 보안의 대상을 선정하여야 하는 것이다. 시설보안의 대상은 시설이 가지고 있는 경제적, 정보적, 보안상 가치, 시설이 태업 등 침해로 인해 정상적 기능을 수행하지 못할 경우 기업에 미치는 영향, 시설 자체의 취약성, 안전사고의 위험성 등을 종합적으로 검토하여 선정하여야 한다.

3. 시설보안 운용원칙

1) 종심성(縱深性)의 원칙

시설보안을 위해 설치되는 방어벽이 종심적이어야 한다. 즉, 하나의 방벽이 무너지면 다음의 방벽으로써 곧 대체할 수 있어야 한다. 시설보안의 종심적인 운영을 위해서는 자연방벽, 인공방벽, 인간방벽, 동물방벽, 에너지방벽 등 각종 방벽(장애물)을 종합적으로 이용해야 한다.

그러나 장애물을 종합적으로 적용을 하기 위해서는 각종 장애물 설치해야하며 장애물을 설치하기 위해서는 예산문제가 수반된다. 따라서 시설물을 설치하기 위한 구상과 실천에는 상당한 차이가 생기게 되며 이러한 문제를 해소하기 위해서는 기업 차원의 적극적인 지원이 절대적으로 필요로 한다.

2) 유기성(有機性)의 원칙

시설보안은 종심적이어야 한다는 뜻은 곧 유기적이어야 한다는 것이다. 많은 예산을 들여 많은 장애물을 설치했지만 장애물간에 유기성을 상실했을 때는 실질적 의미에서 종심성의 원칙을 상실하게 된 것이다. 예를 들어 울타리는 높았지만 그 주변을 순찰하는 경비원이 발견하지 못했다면 높은 울타리도 결과적으로 울타리로서의 구실을 못한 결과가 되며 이러한 영향은 경비원 개인의 실수로 끝나는 것이 아니라 내부 여타의 모든 경비조직에 영향을 미치게 된다.

시설보안을 위한 장애물간의 유기성을 유지하기 위해서는 통신과 경보수단을 구비해야하며 경비원의 성실, 책임, 기지 등도 요구된다.

3) 과신금지(過信禁止)의 원칙

3m의 울타리도 3.1m의 사다리만 있으면 올라 갈 수 있다. 장애물설치의 경우 실제적인 방책은 예산가용범위 내에서 최선을 다하되 이에 대한 과신은 금물이다. 따라서 보안은 물리적인 것과 정신적인 것이 겸비될 때 효과가 있다. 보안대책에 대한 정신적 상태는 물리적인 보안대책을 보장한다.

4. 시설물의 설립 및 배치 시 고려사항

1) 시설물의 위치선정시 고려사항

① 가스 · 유류 저장탱크 등 폭발 · 인화성 물질의 생산이나 보관 시설은 가급적 주변이 산이나 언덕 등 자연방벽으로 둘러 쌓여있는 지역을 선정하여야 한다.

② 막다른 골목에 위치한 시설의 경우 긴급 피난이나 화재 등 재난 발생 시 구조가 용이치 않다.

③ 시설물 전체가 보안이 요구되는 경우에는 높은 건물 등이 둘러싸여 있는 등 주변에서 관찰이 용이한 지역을 선택하지 말아야 한다.

④ 원자력 발전소 등 다량의 수원이 필요한 시설은 해변이나 큰 강 인근에 설치하는 것이 좋다.

⑤ 산에서 내려온 퇴적물이 쌓인 선상지 지역은 산사태나 침수를 당할 우려가 있으므로 위치선정에 주의를 기울여야 한다.

⑥ 하중이 무거운 시설물은 하천이나 연못 등의 매립지를 피하는 것이 좋다.

⑦ 미세먼지가 생산물에 영향을 미치는 시설은 오염지역에서 떨어진 청정한 지역을 선택해야 한다.

⑧ 지진이나 해일의 피해가 예상되는 지역은 피하는 것이 좋다.

2) 사무실 배치 시 고려사항

① 사무실이나 공장설비는 중요도에 따라 배치하며 외곽에서 안으로 외곽에서 중심부로 갈수록 보안상 중요한 사무실이나 설비를 배치해야 한다.

② 외부인의 출입이 많은 사무실은 건물 외곽에 배치하여 외부인의 출입이 용이하면서 내부 출입을 자연적으로 통제할 수 있도록 배치하여야 한다.

③ 보안상 중요 사무실이나 설비는 건물의 심층부에 배치하는 것이 원칙이다. 단독건물인 경우에는 지하나 건물의 상층부의 중심에 배치하여야 한다.

④ 보안상 중요하지 않은 사무실이나 설비는 통제구역 밖으로 중요한 사무실이나 설비는 통제구역 안으로 배치하는 방법도 있다.

⑤ 위험물을 취급하는 사무실이나 연구실은 건물 뒤편 외곽에 설치하여 비인가자의 출입을 자연스럽게 통제하면서도 사고 발생 시 피해를 최소화할 수 있도록 배치하여야 한다.

3) 시설보안 대책수립 시 고려사항

① 시설의 위치선정, 기획 및 설계 단계에서부터 보안 대책을 감안하여야 한다. 시설 설계시 주변여건상의 취약점, 시설 기능상 중요도, 정보 · 보안적 측면 등을 고려하여야 한다. 이는 시설이 완공된 이후에는 시설변경이나 개중 · 축이 어렵고 변경 시 보안설비 예산이 추가로 소요되기 때문이다.

② 설치한 시설보안 대책은 시설의 위치 또는 주변 환경과 조화를 이루도록 해야 한다.

③ 모든 시설 보안대책은 최악의 상황을 가정하여 강구하되 시설이 가지는 고유기능 수행에 장애가 되지 않도록 설치해야 한다.

④ 모든 시설 보안대책은 시설의 중요도에 상응하는 정도의 보안대책을 강구하여야한다. 시설이 가지고 있는 경제적 가치를 넘는 보안대책을 강구하는 것은 낭비일 뿐이다.

⑤ 동일시설 내에서도 구역별 · 시설별 보안상 중요도가 다르므로 보안 대책의 수준을 달리하여야 한다.

⑥ 모든 보안대책은 시설의 보호자체도 중요하지만 시설의 정상적인 기능과 운영이 원활하게 이루어질 수 있도록 설계되어야 한다.

⑦ 모든 시설의 보안대책은 방어적인 입장이 아니라 침입자의 입장에서 고려되고 설계되어야 완벽한 보안이 이루어질 수 있다.

⑧ 시설보안 대책 강구실태 혹은 시설보안 확보계획 그 자체에 대하여도 보안이 강조되어야 한다.

⑨ 모든 보안대책은 강제적으로 지키게 하는 것보다는 의식하지 않은 가운데 자연스럽게 보안관리가 되도록 설치가 되어야 한다.

5. 시설보안방벽

1) 시설보안방벽의 개념

시설보안방벽이라 함은 시설보안을 위하여 설치되거나 이용되는 자연적 또는 인공적인 제반방책을 말한다.

2) 시설보안방벽의 유형

(1) 자연방벽

자연방벽이라 함은 시설보안에 이용되는 자연적으로 형성된 지형지물을 말한다. 자연방벽을 이용함에 있어서 주의해야 할 것은 시설의 입지조건인바 모든 시설은 각개가 그 고유의 기능에 알맞게 입지를 선정해야하기 때문에 자연적 보안방벽의 이점만을 고려하여 입지선정을 결정할 수 없다. 예컨대, 전파중개소의 입지조건은 전파가 차단되지 아니하는 고지대라야 하는 바 자연 보안방벽을 이용할 수 있는 이점이 있다하여 전파가 차단되는 협곡에 전파중개소를 설치할 수는 없는 것이다.

(2) 인공방벽

인공방벽이라 함은 인공적으로 설치한 보안방벽을 말하며 실제적인 시설보안의 수단이라 할 수 있다. 인공방벽을 구축함에는 보호해야 할 시설의 보안가치와 균형을 유지하여야 하며 최소의 경비, 최대의 효과, 이용의 편리성 등이 고려되어야 한다.

(3) 인간방벽

인간방벽이라 함은 사람에 의한 감시 감독 및 경비·순찰제도를 말한다. 인간방벽은 융통성과 임기응변, 기동성, 자율성 등의 장점이 있는 반면 근무자의 훈련 상태와 성실성 및 인내성 여하에 따라서 경각심이 해이해져 게으름을 피우거나 형식적이 되는 약점이 있으며 타인의 유혹에 취약할 뿐 아니라 개인의 고민이나 신병이 시설보안에 영향을 줄 우려도 있다. 인간방벽의 종류로는 청원경찰, 경비원, 안내원 등이 있다.

(4) 동물방벽

동물방벽이라 함은 사람에 의하여 훈련된 동물(특히, 개)이 경비수단으로 이용되는 것을 말한다. 동물방벽은 이용되는 동물이 독자적으로 경비업무를 수행하는 것은 아니며 동물의 특성인 기민성, 공격성, 후각, 청각 등 인간의 능력이 미치지 못하는 능력을 보조하는데 불과하다. 동물방벽의 종류로는 경비견이 대표적이다.

(5) 에너지(Energy) 방벽

에너지 방벽이라 함은 과학적 보안시설을 말한다. 에너지 방벽은 사람에 의하여 설치되는 구조물이므로 인공방벽의 일종이고 할 수 있으나 쓰이는 에너지 자체가 방벽의 구실을 하기 때문에 따로 구분하였다. 에너지 방벽은 주로 전력을 이용하는 것으로서 침입자에게 위험을 주고 침입자를 사전에 탐지하여 경비원의 경비능력을 보완한다. 에너지 방벽의 종류로는 등화(경비 등), 경보장치, 장력감지기, 열감지기, CCTV, 적외선감지기, 고압전선장치, 전자탐지기 등이 있다.

제14장 시설경비요령

제1절 시설경비의 이론적 배경
제2절 시설경비 근무방법
제3절 시설경비시 조치방법

제14장 시설경비요령

제1절 시설경비의 이론적 배경

1. 시설경비의 개념

1) 시설경비의 개념

현행「경비업법」제2조에서 시설경비란 경비를 필요로 하는 시설 및 장소(경비대상시설)에서의 도난·화재 그 밖의 혼잡 등으로 인한 위험발생을 방지하는 업무로 정의되고 있다. 그러나 시설경비는 민간경비의 유형 가운데 하나로서 공항·항만 등의 국가중요시설, 공공건물, 공동주택 및 단독주택, 빌딩, 상가 등 경비 대상 시설에 대한 각종의 위해로부터 그 시설물의 인적·물적 가치를 보호하는 경비형태를 말한다. 이중 우리「경비업법」은 국가중요시설 및 공공건물에 대한 경비를 특수경비업무로 구분하고 있다.

2) 시설경비 업무의 종류

시설물에 대한 경비업무의 수행은 오늘날 경비산업에서 가장 많이 행하여지고 있는 경비서비스이다. 이러한 시설경비의 주된 역할은 다음과 같다. ① 시설물에 대한 물리적 보호 ② 시설물에 대한 접근 통제 및 감시 ③ 차량 등의 교통 통제 ④ 일반적인 회사의 규칙준수 이행 등이라고 할 수 있다. 이외에도 경비원은 시설물 내에서 방문객들을 목적지까지 안내하거나 수행하기도 하고 아울러 정보원으로서의 역할도 함께 병행해야 한다. 그러나 경비원의 가장 주된 업무는 시설물 내 인적 · 물적 요소에 대한 안전과 보호 업무를 수행하는 것이다.

2. 시설경비의 위험요소

시설경비는 시설의 중요성에 따라 경비상의 위험도와 난이도가 다르다. 이러한 시설경비에 수반되는 위험은 일반 시설과는 다른 상당한 위험이 따르며, 따라서 경비근무의 어려움도 이에 못지않다고 할 수 있다.

1) 위험의 종류

시설경비에 수반되는 위험의 유형을 분류해 보면 홍수, 해일, 지진, 폭풍 등 자연적인 재해인 천재지변 등과 같은 자연적 재난과 폭발, 도난 등 사람에 의해 발생되는 인위적인 사고인 사회적 재난으로 나누어 볼 수 있다.

2) 위해에 대한 조치

자연적 위험에 대하여는 평소 폭풍우, 해일 등 자연재난 관련 방송의 예보 등을 수신한다. 붕괴위험이 있는 장소 등을 철저히 감시하여 총무과 등 해당 시설의 주무부서에 통보한다. 화재 발생시에는 비상 연락 후 주변의 소화기 등을 이용하여 초동조치를 한다. 이외에 강 · 절도 등 외부 침입에 대한 대처는 경비업자의 전속업무라고 할 수 있다.

3. 시설경비 근무자의 기본 근무자세

1) 보고체계 확립

경비업무 수행 중 언제, 어디서 돌발사고가 발생할 것인지 알 수 없는 것이다. 따라서 보고해야 할 부서, 보고수단, 전화번호, 보고 요령 등을 정확하게 숙지하여 보고하여야 한다. 제반사항을 규격화, 지침화하여 수시로 암기하고, 벽면이나 근무일지, 또는 표지이면에 기록하여 둠으로써 생활화할 필요가 있다.

2) 동료와의 협조체제 유지

유사시 혼자의 힘으로 감당하기 어려운 상황이 발생한다면 동료와의 협조가 결정적 계기가 된다. 피해를 사전 예방할 수도 있고 최소한으로 줄일 수도 있는데, 동료와의 협조체제가 원만하지 못하면, 범인을 놓칠 수도 있고 피해가 커지는 경우도 있다.

3) 유관 기관과의 원활한 연락체계 수립

경비업무 수행 중 돌발사태가 발생하면 경비원만의 힘으로는 조치가 불가능할 때가 있다. 이때는 군이나 경찰, 소방서 등 국가기관의 힘을 빌려야 한다. 이외에 전기, 가스, 수도, 인명구조, 미아구출, 재해 등도 적절한 기관에 신고 되어야 한다. 평상시 유관기관과의 연락망을 작성하여, 잘 보이는 곳에 게시하고 1개월 1회 이상 확인 및 재작성하는 것이 필요하다.

4. 시설경비 수칙

경비근무자가 배치된 시설이라면 어디든지 지켜야 할 공통의 규범을 일반수칙이라고 하며 근무장소에 따라 당해 근무자만이 지켜야 할 규범을 특별수칙이라 한다.

1) 일반수칙

① 경비책임 구역과 기본 임무를 확실히 숙지한다.
② 근무교대에 의하지 아니하고는 근무지를 이탈하지 않는다.
③ 배치된 장소에서 책임을 다한다.
④ 소속상사의 명령에 복종한다.
⑤ 근무 중 금지된 행위(음주, 오락, 졸음)를 하지 않는다.
⑥ 경비구역 접근자에 대해서 철저히 감시한다.
⑦ 모든 사건 · 사고에 대하여 즉각 저지하고 비상조치를 취한다.

⑧ 보고를 신속, 정확히 한다.
⑨ 인근 근무자와 협조체제를 유지한다.
⑩ 예절을 준수하고 공손한 언행으로 내방객을 대한다.
⑪ 근무교대 시간을 엄수한다.
⑫ 일상 취급사항과 특이사항을 정확히 인계인수한다.
⑬ 용모 및 복장을 단정히 한다.

2) 특별수칙

특별수칙은 각 근무 장소마다 그 장소에 해당하는 고유한 내용으로 정해진 수칙이며, 항상 숙지하여 실수가 없도록 한다.

제2절 시설경비 근무방법

근무의 유형에 따라 근무자가 취해야 할 행동과 근무 방법이 다르므로 각 근무자는 근무 장소나 종류에 따라 근무방법을 달리할 필요가 있다.

1. 순찰근무

1) 순찰의 의미

순찰서비스는 도보나 순찰차로 한 사람 또는 여러 명의 경비원이 한 팀이 되어 근무지역 내의 시설물들을 정기적으로 확인하는 활동이다. 순찰서비스는 고객의 여러 지역 시설물들 또는 한 지역 내의 여러 시설물들을 외곽에서 순찰할 수도 있고 철저한 순찰을 위해서 시설물 내에 들어가야 할 수도 있다. 순찰을 담당하는 경비원은 다양한 지역을 순찰한다는 점에서 한 지역에서 근무하는 경비원과는 다르다. 일반적으로 시설경비원은 보다 제한된 지역에서 활동하게 된다.

2) 순찰의 기능

(1) 범죄예방 효과

순찰의 기능 중 가장 중요한 것은 범죄를 사전에 예방하는 것이다. 허가받지 않은 시설물에 침투하려는 범인은 단순히 근무자가 가까이 지나가기만 하여도 위축되어 기도한 범죄를 포기하는 경우가 많으므로 부단한 순찰로 범죄를 예방함으로써 시설물 내의 인적·물적 요소에 대한 안전과 보호업무를 수행하여야 한다.

(2) 정황관찰

순찰 중 시설 내의 모든 상황을 파악하여 시설경비에 참고사항으로 활용하는 것도 중요한 기능 중의 하나이다.

3) 순찰의 종류

(1) 노선에 따른 구분

① 정선순찰

사전에 정해놓은 순찰 노선에 따라 규칙적으로 순행하는 순찰을 말하는 것으로, 순찰근무자의 위치를 추정하기 쉬우므로 감독·연락 등에 매우 편리하나 범죄자 등이 예측하고 순찰근무자를 피할 수 있는 단점도 있다.

② 난선순찰

순찰근무자가 임의로 노선을 택하여 목적 지역을 순찰하는 방식으로 난선순찰의 효과는 순찰근무자의 능력에 따라 크게 달라질 수 있으며, 감독, 연락이 불편하고 절도 있는 근무를 하기 어렵다는 단점이 있다. 근무보다는 감독 시에 유리하다.

③ 요점순찰

순찰구역 내의 중요지점을 지정하여 순찰근무자는 반드시 그 곳을 통과하며, 지정된 요점과 요점 사이에는 난선순찰 방식에 따르는 순찰을 하는 것을 말한다. 정선순찰과 난선순찰의 장점을 살리고 단점이 보완되는 방식이다.

④ 구역순찰

순찰구역 내의 몇 군데를 순찰 소구역으로 설정하여 이 소구역을 중점적으로 난선순찰을 하는 것을 말한다. 시설 내의 특별히 범죄의 우려가 있는 지역의 경우에 흔히 사용하는 방법이다.

(2) 기동력에 따른 구분

① 도보순찰

걸어서 순찰하는 전형적인 순찰방법으로 순찰속도가 느리다는 단점이 있으나 은밀히 순찰하면서 면밀히 관찰할 수 있다. 순찰근무자가 상세하게 순찰노선부근의 정황을 관찰할 수 있고 사고발생시 신속히 대처할 수 있다. 외부의 음향 등을 청취하는데 편리하므로 야간 등 청력을 필요로 하는 경우에 유리하다. 특별한 장비를 필요로 하지 않으며, 비좁은 장소나 도로 등 어떠한 장소에도 용이하게 순찰을 실시할 수 있고 상세하게 지리 및 주변 정황에 통달할 수 있으나 속도가 느려 소구역 순찰시 유리하다.

② 자동차순찰

차량을 이용하는 순찰로서 112순찰차, 무전기를 장치한 자동차, 오토바이 등이 이용된다. 상당히 넓은 지역을 순찰할 수 있다는 장점이 있으나 상세히 지역을 살필 수 없다는 단점도 있다. 대규모 공단 등이나 긴급히 출동하여야 할 경우에 유용하다.

③ 자전거 순찰

자전거를 이용하는 순찰로서 적당한 속도를 유지할 수 있고, 상황을 상세히 관찰할 수 있으며, 특별히 예산이나 장비가 필요 없으므로 지역적으로 중간 정도의 시설에서 유용하다.

(3) 인원에 따른 구분

① 단독순찰

한 사람의 근무자가 행하는 순찰을 말한다. 소수의 인원으로 넓은 구역을 순찰할 수 있으며 장비가 우수하면 단독순찰이라도 충분히 효과를 거둘 수 있다. 은밀히 주의력을 집중하여 순찰할 수 있으나 다수의 범죄기도자가 있을 경우 대처가 불가하다.

② 복수순찰

2인 이상의 근무자가 순찰하는 것으로서 범죄의 위협이 있을 경우 유용하다. 다수의 범인에 대한 대처가 가능하며 유사시 연락이 가능한 점이 있다.

4) 순찰근무 수칙

순찰근무자는 순찰시 경비대상시설을 아무런 목적 없이 돌아다니는 것이 아니라 순찰근무자가 지켜야 할 수칙을 준수하면서 순찰에 임해야 한다. 이는 대상시설에 따라 다소 다르겠지만 일반적인 수칙을 들면 아래와 같다.

(1) 목적의식

순찰근무자는 그저 돌아다니는 것이 아니고 시설의 안전을 지킨다는 목적의식을 가지고 순찰해야 한다. 막연히 돌아다니면 순찰 중 확인하여야 할 사항을 확인하지 못하는 수가 있다.

(2) 용모 · 복장 단정

순찰근무자는 순찰하기에 앞서 용모와 복장이 단정한가를 확인하기 위하여 거울에 비춰보고 순찰근무를 해야 한다. 용모 · 복장이 단정하지 못한 채 순찰하면, 외부인사가 볼 때 근무자의 정신자세를 의심받을 우려가 있다.

(3) 장구 점검

순찰하기 전 순찰에 필요한 장구를 다 갖추었는지 점검하여야 한다. 경비봉이나 경적은 필수품이고 때로는 가스분사기, 야간이면 손전등 등을 준비해야 할 것이다.

(4) 의연한 태도

순찰근무자는 태도가 의연해야 한다. 의연하다는 것은 굳세다는 말이다. 바위를 뚫을 듯한 매서운 눈초리고 태산이 무너져도 끄떡하지 않는다는 굳센 의지와 태도를 지녀야 한다. 콧노래 부르거나, 담배를 피우거나, 껌을 씹으면서 순찰해서는 안 된다.

(5) 정숙한 근무

순찰근무는 순찰 사실에 대해 노출되지 않는 것이 범죄자의 동태를 감시하는데 효과적이나 때로는 노출근무를 하는 것도 좋다. 전등을 소지하고 있는 경우 필요한 곳에서는 켜야 하나 그렇지 않은 곳에서는 끄는 것이 좋으며 불필요한 소음을 내는 것 등은 삼가는 것이 좋다.

(6) 중점 점검대상 숙지

순찰지점으로 지정된 곳은 대부분 취약지역이다. 그러므로 때문에 사람의 출입이 잦다든가 중요한 서류나 물건이 있는 곳을 살핀다든가, 소화기 이상 유무의 확인 등 순찰근무자가 확인해야 할 항목이 있는 것이다. 순찰함에 서명하기에 앞서 순찰지점에 대한 점검사항을 반드시 점검해야 한다.

(7) 이상시 원인 규명

순찰 중 이상한 냄새, 이상한 소리 등을 느끼면 끝까지 그 원인을 찾아 밝혀야 한다. 작은 이상의 원인을 규명하지 못하면 화재 등 대형사고로 확대될 가능성이 있다.

(8) 보고

순찰 전 감독자에게 "순찰근무 다녀오겠습니다."라고 보고 후 순찰근무 종료 후 감독자에게 각 순찰지점의 상태, 다음 순찰근무자에게 인계할 사항 등을 보고하여야 한다.

5) 순찰근무 시 착안사항

(1) 건물내부 순찰시 착안사항

① 처음 순찰 때의 실내 상황을 잘 기억하였다가 다음 순찰시 변동사항 유무를 주의깊게 관찰
② 창문, 셔터 등의 파손 및 시건 여부
③ 중요기밀실의 시건 여부
④ 계단, 통로, 화장실 등 범인은닉 가능 장소 점검
⑤ 흡연실의 재떨이 상태 점검

⑥ 전기 스위치 등 점검
⑦ 문을 열고 들어갈 때는 인적 유무 확인
⑧ 자물쇠가 잠긴 곳을 열었을 때는 순찰 후 다시 자물쇠를 채우고 확인
⑨ 소화기 상태 확인

(2) 건물외부 순찰시 착안사항

① 외부로부터 침입에 이용될 우려가 있는 전주, 수목, 공사장 하치물, 담벽 등 점검
② 출입문, 셔터, 창문 등의 시건 상태 점검
③ 관상수 주위 점검
④ 인근 불량자의 접근 유무
⑤ 휴지소각장, 쓰레기 하치장 점검
⑥ 담벽 파손시 보수 유무
⑦ 소화설비, 피난설비의 점검
⑧ 건물 모퉁이를 돌 때 인적 유무 확인
⑨ 옥외등 조명 상태 점검

2. 출입자 관리

1) 의의

출입자 관리란 건물이나 경비대상 시설의 안전을 위하여 출입자를 감시하고 반출입 물건을 확인, 점검하는 업무로서 시설경비에 가장 중요한 근무 중의 하나이다.

2) 근무자의 일반수칙

출입관리 업무는 다양하므로 일정한 유형으로 단일화 할 수는 없다. 경비가 행해지지 않은 일반건물 출입 시는 출입자의 제한이 없지만 경비가 행해지고 있는 건물의 경우 반드시 신분 확인 후 표찰을 패용하고서야 출입이 가능한 곳도 있다. 또한 은행과 같이 집무시간 이외는 일체의 출입을 못하는 곳도 있다. 경비대상시설이 여러 가지이고 출입

하는 사람의 유형과 시간이 각기 다르기는 하나 출입관리 근무자가 공통적으로 지켜야 할 수칙이 있다. 출입관리 근무자는 일반적으로 아래와 같은 것을 지켜야 한다.

① 단정한 용모 · 복장
② 공손하고 예의바른 언행
③ 의연한 태도
④ 시설 내의 사정 숙지
⑤ 업무의 인계인수 철저

3) 출입관리 근무요령

출입관리 업무를 원활히 수행하기 위하여 준수해야 할 근무요령은 아래와 같다.

(1) 사람의 출입관리

모든 범죄는 일단 사람의 출입에서 시작된다. 따라서 사람의 출입을 철저히 통제하고 나면 어떠한 범죄도 발생되기 어려운 것이다. 시설경비에 있어서 사람이 들어오고 나가는 것만 철저히 경비하면 나머지 근무는 여기에 수반되는 것이라고 할 수 있다. 출입관리 근무의 요령은 들어와야 할 사람은 경비근무자가 없는 것처럼 출입할 수 있고, 들어와서는 안 될 사람은 철저히 통제되어야 한다는 것이다.

① 고정출입자의 파악

시설근무자나 상시 통행하는 사람 등은 가급적 신속히 익혀두도록 한다. 생각나지 않는 사람은 확실히 알게 될 때까지 정중히 문의하여 확인하도록 한다. 사람에 따라 쉽게 기억되는 사람이 있고, 쉽게 기억되지 않는 사람이 있으나 이러한 경우 근무를 위하여 협조해 달라고 부탁하고 재확인하도록 한다. 명단상으로 기재되어 있으면 쉽게 파악이 되니 항상 명단을 가까이 하도록 한다.

② 의심스러운자의 발견

근무자의 근무는 출입하여서는 안 될 사람을 선별하는 것에 의해 우열이 구별된다. 평소 잘 나타나지 않던 사람이 나타나서 어떠한 사항을 문의하면 일단 의심을 가지고 유심히 관찰하여야 한다.

㉠ 거동 수상자

사방을 둘러보거나, 불안한 기색이 있는 자, 자주 뒤를 돌아보거나 도망치듯 걸음이 부자연스러운 자 등 주변과 어울리지 않은 행동을 하는 자이다.

㉡ 외모 · 복장이 수상한 자

옷이 찢어졌거나, 흐트러져 있는 자, 핏자국이 있거나 이상한 냄새를 풍기는 자, 옷에 거미줄, 흙, 먼지가 많이 묻어 있는 자, 상의와 하의의 격식이 맞지 않는 자 등이다.

㉢ 휴대품이 수상한 자

신분과 휴대품이 어울리지 않거나 칼, 열쇠, 장도리, 카메라 등을 이유 없이 휴대한 자, 남의 도장, 물품 등을 가진 자, 중요사건의 신문기사를 오려서 가지고 있는 자, 색안경, 보자기, 노끈, 밧줄 등을 가진 자 등이다.

㉣ 기타

자주 이유 없이 출입하거나, 말을 부자연스럽게 하는 자 등이다.

(2) 차량의 출입관리

최근에는 차량의 경우 주차공간의 유무에 따라 출입여부를 결정한다. 이 외에 경비대상시설에 일정한 목적을 가지고 출입하는 차량에 대해서는 다음 사항을 유의하여야 한다.

① 차량번호, 차종, 행선지, 용무, 시간 등을 출입관리부에 기재

② 화물 적재 시 화물의 종류와 수량 확인

③ 주차장소의 안내

(3) 물품의 반출입

시설 밖으로 나가서는 안 될 물품이 나가서도 안 되고, 시설 안으로 들어와서는 안 될 물품이 반입되어서도 안 될 것이나. 이렇게 하기 위하여 보통 사용하는 요령은 반출증이나 반입증을 사용하는 것이다. 이때는 반출입증과 물품 내용이 일치하는가, 반출입

증 발행인은 정확한가, 포장을 푼 흔적은 없는가를 확인하고 반출입증에 확인표시를 하여 두 번 이상 사용하지 못하도록 하여야 한다.

3. 초소근무

시설에 따라서는 시설주위에 초소를 설치하고 24시간 경계근무를 하는 경우가 있다. 초소를 지면보다 높게 설치하여 멀리 바라보기 좋도록 한 곳을 망루라고 한다. 초소근무이건 망루근무이건 근무요령은 동일하다.

① 감시 책임지역내의 모든 것을 감시한다.
② 특히 감시 책임지역내의 중요 지형지물과 의심스러운 곳을 중점 감시한다.
③ 가까운 곳에서부터 감시하여 차츰 먼 곳까지 감시한다.
④ 좌에서 우로, 우에서 좌로 반복하여 감시한다.
⑤ 50cm씩 끊어서 약간 중첩되게 감시한다.
⑥ 야간에는 청각을 최대로 활용한다.
⑦ 아주 작은 음향에도 세심한 주의를 기울인다.

제3절 시설경비시 조치방법

경비근무 중 절도범의 침입이나, 폭력사건 등 돌발사태가 발생할 수 있다. 이때 경비근무자는 즉각 조치요령을 알아 두어야 대치할 수 있다. 즉각 조치하여야 할 경우는 여러 가지가 있겠지만 여기서는 현행범의 체포와 현장보존에 대하여 설명한다.

1. 현행범체포

1) 현행범의 의의

현행범인이란 ① 범죄를 실행 중이거나 ② 실행 직후인 자를 말한다. 형사소송법 상 범죄를 저지른 사람은 법원으로부터 영장을 발부받아야 체포가 가능하나 현행범인에 대하여는 경비근무자를 포함하는 일반인도 현장에서 체포가 가능하도록 하고 있으므로 경비원은 근무 중 이를 적절하게 활용할 수 있다.

이 외에도 준현행범도 역시 현행범인으로 간주하여 현장에서 적절한 조치가 가능하도록 하고 있다. 준현행범이란 현행범에 준하는 정도의 범죄의 확실성과 긴급성이 요구되는 경우로 준현행범인의 요건은 ① 범인으로 호창되어 추적되고 있는 자, ② 장물이나 범죄에 사용되었다고 인정하기에 충분한 흉기 기타 물건을 소지하고 있는 자, ③ 신체나 의복류에 증거가 될 만한 뚜렷한 흔적이 있는 자, ④ 누구냐는 묻는 물음에 대하여 도망하려고 하는 자 등이다.

2) 현행범인에 대한 조치

(1) 체포

현행범인은 경비원을 포함한 일반인 누구라도 현장에서 영장 없이 체포할 수 있으며, 따라서 경비근무자가 경비근무 구역 내에서 현행범인을 목격하였을 경우에는 당연히 체포하여야 한다. 체포는 힘을 가하여 범인의 신체를 구속하는 것이므로 어느 정도 강제력을 행사하는 것은 법적으로 타당하다고 본다.

(2) 인도

경비근무자가 현행범인을 체포하였을 때는 지체 없이 경찰관에게 인도해야 한다. 현행범인 인도시 경찰관에게 체포자의 성명, 주소, 체포경위 등을 상세히 설명하여 줌으로써 차후 범죄사실의 확인에 도움이 되도록 하여야 한다.

참고 형사소송법 제213조(체포된 현행범인의 인도)

① 검사 또는 사법경찰관리 아닌 자가 현행범인을 체포한 때에는 즉시 검사 또는 사법경찰관리에게 인도하여야 한다.

② 사법경찰관리가 현행범인의 인도를 받은 때에는 체포자의 성명, 주거, 체포의 사유를 물어야 하고 필요한 때에는 체포자에 대하여 경찰관서에 동행함을 요구할 수 있다.

(3) 체포의 제한

현행범이라 하더라도 경미한 범죄(5만 원 이하의 벌금, 구류, 과료에 해당하는)를 범한 현행범인은 일반적으로 체포할 수 없고 경미 범죄자인 경우라도 주거가 확실하지 않는 경우에는 체포할 수 있다.

참고 형사소송법 제214조(경미사건과 현행범인의 체포)

다액 50만원 이하의 벌금, 구류 또는 과료에 해당하는 죄의 현행범인에 대하여는 범인의 주거가 분명하지 아니한 때에 한하여 제212조 내지 제213조의 규정을 적용한다.

(4) 범인이 소지한 흉기·장물

범인이 소지한 흉기, 장물 등에 대해서 수사기관 아닌 일반인은 압수·수색을 할 수 있는 규정이 없지만, 범인의 자살방지와 증거인멸 방지를 위하여 범인으로부터 분리하여야 한다.

3. 현장보존

1) 현장보존의 의의

현장보존이라 함은 범행 후의 범죄현장을 그대로 보존하여 증거 및 유류물, 유류품의 분실이나 변질 등을 방지하여 경찰관의 증거채취에 협력하는 것이다. 범죄가 발생하지 않으면 물론 좋으나, 범죄가 발생한 경우라면 범인을 검거하여야 하므로 경비근무자는 경찰관의 수사활동에 협력하여야 한다.

2) 현장보존의 중요성

범죄 현장은 증거의 보고이므로 현장을 감시할 경찰관이 현장에 나타날 때까지 현장을 확실히 보존할 필요가 있다. 현장보존을 확실히 하는 것은 범인을 검거하는 것과 거의 대등할 만큼의 중요성이 있는 일이다.

3) 현장보존의 범죄와 요령

현장보존의 범위는 범죄장소를 중심으로 될 수 있는 한 넓게 보존하는 것이 좋고 보존 요령은 테이프로 봉쇄하거나, 방어벽을 설치하여 현장접근이 필요한 자 이외의 누구라도 접근하지 못하도록 하여야 한다. 범죄의 현장은 아니라도 범인이 침입하였을 것으로 예상되는 길목이나 도주 예상 경로도 잘 보존하여야 하며, 발자국 등의 보존에도 소홀함이 없어야 한다.

4) 범죄현장에서의 부상자 처리

범죄현장에 부상자가 있는 경우 신속히 구조해야 한다. 부상자 이동시 부상자가 있었던 위치를 표시하거나, 사진 촬영 등으로 표시하여 수사 등 현장 확인목적으로 다시 조사할 때 혼동되지 않도록 조치할 필요가 있다. 범행의 정확한 위치는 범죄의 확인에 상당히 중요한 것이다.

5) 현장인계

경찰관이 범죄현장에 도착하면 경비근무자의 현장보존 임무는 끝난다. 현장에 도착한 경찰관에게 현장 발견시간, 발견 후의 조치 등을 사실대로 서명해 줄 수 있어야 한다. 경비원이 발견한 시간부터 인계까지의 경과를 메모하여 동시에 전달할 수 있으면 더욱 좋을 것이다. 특히 강력범의 경우 현장에서의 목격담은 범인검거에 상당히 중요한 역할을 한다.

제 15 장

민방공

(재난안전관리본부 민방위 표준교재)

제15장 민방공

제1절 민방위

1. 민방위의 개념

1) 민방위의 정의

'민방위'란 "민방위사태"로부터 주민의 생명과 재산을 보호하기 위하여 정부의 지도하에 주민이 수행하여야 할 방공(防空), 응급적인 방재(防災) · 구조 · 복구 및 군사작전상 필요한 노력 지원 등의 모든 자위적 활동을 말한다.

2) 민방위사태

'민방위 사태'란 다음의 어느 하나에 해당되는 상황을 말한다.

① 전시 · 사변 또는 이에 준하는 비상사태

② 「통합방위법」 제2조제3호에 따른 통합방위사태

- "갑종사태"란 일정한 조직체계를 갖춘 적의 대규모 병력 침투 또는 대량살상무기 공격 등의 도발
- "을종사태"란 일부 또는 여러 지역에서 적이 침투 · 도발
- "병종사태"란 적의 침투 · 도발 위협이 예상되거나 소규모적의 침투

③ 「재난 및 안전관리 기본법」 제36조제1항에 따른 재난사태 선포 또는 같은 법 제

60조제1항에 따른 특별재난지역 선포 등의 국가적 재난, 그 밖에 행정안전부장관이 정하는 재난사태

- 극심한 인명 또는 재산의 피해가 발생하거나 발생할 것으로 예상되는 재난
- 태풍, 홍수, 호우(豪雨), 강풍, 풍랑, 해일(海溢), 대설, 낙뢰, 가뭄, 지진, 황사(黃砂), 적조(赤潮), 조수(潮水), 그 밖에 이에 준하는 자연현상으로 인하여 발생하는 재해
- 화재, 붕괴, 폭발, 교통사고, 화생방사고, 환경오염사고, 그 밖에 이와 유사한 사고 또는 에너지, 통신, 교통, 금융, 의료, 수도 등 국가기반체계의 마비와 감염병, 가축전염병 확산, 미세먼지 등으로 인한 피해가 발생한 재난

3) 민방위의 목적과 주체

민방위는 민방위 사태 시 주민의 생명과 재산을 보호를 목적으로 하며, 민방위의 주체는 비군사 요원으로서 조직화된 국민(주민)이다.

2. 민방위대의 임무와 역할

1) 민방위 사태에 대한 국가와 국민의 책무

국가 및 지방자치단체	모든 국민
• 계획의 수립과 시행 : 민방위사태로부터 국가와 지역사회의 안전보장, 국민의 생명 · 재산 보호 • 민방위사태를 신속히 수습 · 복구	• 국가 및 지방자치단체의 민방위 시책에 협조 • 민방위 대장, 민방위 대원으로서의 임무를 성실히 이행

2) 민방위 대원의 임무와 역할

(1) 평상시의 경우

① 거동이 수상한 자 및 민방위사태 등을 신고하기 위한 신고망의 관리 · 운영

② 경보망 관리와 경보체제의 확립

③ 공동지하양수시설 · 대피소 · 대피지역 및 통제소의 설치 · 관리
④ 민방위를 위하여 필요한 물자 · 장비의 비축
⑤ 등화 · 음향 관제의 훈련
⑥ 자체 시설의 보호
⑦ 소방 및 화생방 오염방지 장비의 설치 · 관리
⑧ 그 밖에 민방위사태 예방, 수습, 복구, 지원 활동에 관한 사항

(2) 민방위사태가 발생하였거나 발생할 우려가 있는 경우

① 경보 및 대피
② 주민통제 및 소산(疏散)
③ 교통통제 및 등화관제
④ 소화활동
⑤ 인명구조 및 의료 활동
⑥ 불발탄 등 위험물의 예찰(豫察) 및 경고
⑦ 파손된 중요 시설물의 응급 복구
⑧ 민심 안정을 위한 계몽 및 승전의식 고취를 위한 주민 지도
⑨ 군사작전에 필요한 물자의 운반 등 노력 지원
⑩ 그 밖에 민방위사태를 수습하기 위하여 필요한 사항

3. 민방위 경보

1) 민방위 경보 장비란?

적의 침공, 화생방사태, 풍수해 등 민방위사태가 발생하거나 발생할 우려가 있는 경우 그 상황을 주민에게 신속히 전파하여 인명과 재산의 피해를 최소화하기 위한 장비를 말한다.

2) 경보의 종류

(1) 민방공 경보

화생방무기를 포함한 적의 항공기 · 유도탄 또는 지상 · 해상전력에 의한 공격이 예상되거나 공격이 진행 중일 때 발령한다.

① 경계경보

적의 항공기 · 유도탄 또는 지 · 해상전력에 의한 공격이 예상될 때 발령한다.

② 공습경보

적의 항공기 · 유도탄 또는 지 · 해상전력에 의한 공중공격이 임박하거나 공격이 진행 중일 때 발령한다.

③ 화생방경보

적의 화생방작용제가 살포되는 등 화생방 공격 확인 시에 발령한다.

④ 경보해제

공격 징후 소멸 및 추가적인 공격이 예상되지 않을 경우 발령한다.

(2) 재난경보

호우, 폭설, 태풍, 지진해일 등 중대한 재난이 발생되었거나 발생이 예상될 경우에 발령하는 경보를 말한다.

① 재난경계경보

자연재난 및 사회재난이 발생될 것이 예상되는 경우 발령한다.

② 재난위험경보

자연재난 및 사회재난 발생으로 긴박하게 주민대피 등이 필요한 경우 발령한다.

③ 재난경보해제

재난의 우려가 없을 것으로 예상되거나 재난발생 사유가 소멸한 경우 발령한다.

제2절 화생방

1. 화생방전의 정의

화생방전이란 적을 살상하거나 지역 및 전투 장비의 사용을 제한시키기 위해 화생방 작용제를 전쟁 수단으로 운용하는 일반적 의미의 화학전, 생물학전, 핵 및 방사능전의 총칭한다.

1) 화학전(Chemical Warfare)

화학 작용제를 운용하여 사람 등에게 살상 또는 무능화를 일으키고, 지역 및 장비·물자 오염을 통해 자원의 운용을 제한하는 전쟁 형태를 말한다.

2) 생물학전(Biological Warfare)

미생물이나 생물에서 나오는 독소를 전쟁에 활용하여 사람 및 물자의 이동을 제한하고 사람을 무능화 및 살상하는 전쟁형태이다.

3) 핵 및 방사능전(Nuclear & Radiological Warfare)

핵전은 핵무기를 통해 광범위한 특정지역의 인원 및 자원을 일시에 파괴하는 전쟁형태이며, 방사능전은 방사능을 유포하여 장기적으로 인적·물적 자원의 사용을 제한하는 형태이다.

2. 화생방무기의 종류 및 특성

1) 화학무기

<table>
<tr><th colspan="2">종 류</th><th>증 상</th></tr>
<tr><td rowspan="3">신경 작용제</td><td>사린(GB)</td><td rowspan="3">· 호흡기, 눈, 피부에 작용, 경련, 구토, 방분, 방뇨, 호흡곤란, 동공축소 등의 증상이 발생되며 수분 내 사망에 이르게 함</td></tr>
<tr><td>VX</td></tr>
<tr><td>타분(GA)</td></tr>
<tr><td>질식 작용제</td><td>포스겐(CG)</td><td>· 호흡기 흡입 시 폐에 작용하여 폐 수종을 일으켜, 질식과 같은 무산소증으로 사망에 이름
· 수 시간 후 증상 발현 및 24시간 내 사망 가능</td></tr>
<tr><td rowspan="2">혈액 작용제</td><td>시안화수소(AC)</td><td rowspan="2">· 혈액에 산소공급을 방해하여, 경련 및 혼수상태 유발하고 치사량 이상 노출 시 15분 내외 사망
· 염화시안은 방독면 기능을 다른 작용제보다 빠르게 무능화시킴</td></tr>
<tr><td>염화시안(CK)</td></tr>
<tr><td rowspan="2">수포 작용제</td><td>유황계 수포</td><td rowspan="2">· 노출인원에게 피부 및 점막 손상을 야기하여 수포를 형성하고, 심하게 노출될 경우 수일에서 수주 내 사망 가능</td></tr>
<tr><td>질소계 수포</td></tr>
</table>

2) 생물학무기

종류	증상	주 감염경로	잠복기
탄저균	고열, 호흡곤란, 패혈증	호흡기	2~5일
천연두	오한, 고열, 발진, 요통, 수포	호흡기	7~15일 (보통 14일)
페스트	경직, 두통, 고열, 피부출혈, 호흡곤란	호흡기, 쥐, 벼룩	2~6일
콜레라	설사, 구토, 탈수, 복통, 쇼크	소화기	6시간~3일
장티푸스	고열, 오한, 설사, 위장장애, 장출혈	소화기	1~2주
발진티푸스	오한, 고열, 발진	이, 쥐, 벼룩	10~14주
이질	복부경련, 구토, 설사, 오한, 고열	소화기	1~7일
유행성출혈열	일반적 출혈, 쇼크	동물쥐	3~4일
황우독소	구토, 가려움증, 혈변, 수포형성	호흡기, 피부	급속

3) 핵무기

핵무기의 종류		
원자폭탄	표준형	우라늄 235, 235U, 플루토늄 239, 239Pu 1㎏을 분열물질로 사용하고 TNT 2만 톤분의 폭발에너지를 방출
	대형	반응량이 1㎏이상의 것을 가리키며, TNT 50만 톤까지 폭발에너지를 방출
	소형	반응량이 1㎏ 이하인 것을 가리키며, 실험제조된 것에는 폭발 에너지가 TNT 1톤까지 폭발에너지를 방출
융합폭탄 (열핵무기)	수소폭탄	위력이 MT(TNT 100만 톤)급이지만, 이론상 더 크게 만들어질 수도 있음
	3F폭탄	
	X선 폭탄 (스펙트럼폭탄)	수소의 융합부분이 많고 반응온도가 높으며, 많은 X선을 방출하는 폭탄
중성자폭탄	중성자폭탄	폭풍에 의한 파괴효과를 수반하지 않고, 중성자를 주로 한 방사선으로 인명을 살상하는 폭탄
초플루토늄 폭탄	초플루토늄폭탄	플루토늄보다 무거운 인공원소를 분열물질로 사용하는 폭탄으로서 제조기술상의 문제는 해결되었으나, 생산량이 제한되고 생산비가 비싸므로 실용화되지 못하고 있음

3. 화생방전의 역사

1) 화학전

시기	내용
고대(古代)	• 독성물질을 전쟁에 사용하거나 물질을 태워 발생되는 질식성의 연기를 이용
1차 세계대전	• 화학무기의 사용으로 화학방호장비 및 화학전술 발전
	• 화학무기는 총 113,500톤이 사용되었으며 사망자는 91,200명, 피해자는 1,297,000명
2차 세계대전	• 1925년 6월 17일 질식성 독성물질과 기타 가스, 세균전 등의 전쟁방법을 금지하는 제네바 의정서를 채택
	• 쌍방 보복우려 미사용 비축량 352,000여 톤
1979~1980	• 베트남군이 캄보디아군에게 사용
	• 아프가니스탄에서 소련군이 사용
1984~1988	• 이라크군이 이란군에게 사용

1988	• 이라크군이 쿠르드족에게 사용
2013	• 시리아 정부군이 장악한 알레포 지역에 반군의 사린 로켓포 공격(2013.3월), 26명 사망 • 시라아 정부군이 다마스쿠스 인근 구타 교외 지역에서 사린가스공격을 감행(2013.8.21일, 03시경), 약 1,300여명 사상 추정
2017	• 시리아 북부 이들리브주 칸세이쿤 마을에서 정부군 추정 전투기의화학무기 미사일 공격(2017.4.4.)으로 주민 500여명 사상(100명 사망)

2) 생물학전(1925년 제네바 의정서에 의해 금지)

생물학전의 기원 및 추이	
고대(古代)	• 전염병으로 죽은 사람을 적의 성벽 위로 던져 병을 옮김
1754~1763	• 영·불 전쟁 시 북미대륙에서 영국군이 천연두에 오염된 모포를 인디언에게 제공하여 천연두 만연
1차 세계대전	• 독일군 첩자들이 유럽 및 미국의 가축에 비저균을 투여하여 수송수단인 말을 대량살상
2차 세계대전	• 독일, 일본, 러시아, 캐나다, 미국에서 생물학 작용제 연구 시작
1931~1945	• 일본 731부대가 3,000여명 이상의 포로에 생체실험 • 페스트, 장티푸스, 콜레라, 비져균 등의 세균을 대량생산

3) 핵 및 방사능전

방사능전 및 핵폭발 실험의 역사	
1939.03.	• 아인슈타인 외 4명의 물리학자가 원자폭탄 제조 필요성 강조
1945.	• 7월 16일 최초의 원자폭탄 실험에 성공 • 8월 6일 일본 히로시마에 원자폭탄 투하로 사망 6만8천명, 부상 7만6천명이 발생 • 8월 9일 나가사키에 원자폭탄 투하로 사망 3만8천명, 부상 2만1천명의 피해가 발생
1952.	• 10월 3일 영국 원자폭탄 실험 • 11월 1일 미국 수소폭탄 실험
1953.08.12.	• 소련 수소폭탄 실험
1957.05.15.	• 영국 수소폭탄 실험
1960.02.13.	• 프랑스 원자폭탄 실험
1964.10.16.	• 중국 원자폭탄 실험

방사능전 및 핵폭발 실험의 역사	
1974.05.18.	• 인도 원자폭탄 실험
1979.09.	• 이스라엘 비밀핵폭발 실험
1998.05.28.	• 파키스탄 원자폭탄 실험
2006~2017	• 북한 핵실험 : 1차('06.10.9.), 2차('09.5.25.), 3차('13.2.12.), 4차('16.1.6.), 5차('16.9.9.), 6차('17.9.3.)

4. 화생방사태 발생시 행동요령

1) 화학 공격 시 행동요령

① 화생방 경계경보 시 가족과 이웃에 알리고 방독면 등 개인보호 장비를 착용한다. 방독면 등 개인보호 장비가 없으면 물수건, 마스크 등으로 입과 코를 막고 최대한 피부가 노출되지 않도록 하여 호흡기와 몸을 보호한다.

② 전쟁용 화학작용제는 일반적으로 공기보다 무거우므로 가능한 건물상층부나 고지대 등 높은 곳으로 대피한다.(지하대피 금지)

③ 실내에서는 창문, 출입문을 닫은 후 오염된 외부 공기가 들어오지 못하도록 문틈을 막고 건물 내 모든 공조 시설, 환풍기 등을 끄고 공기 흡입구를 차단한다.

④ 자동차 안에 있을 때에는 창문을 닫고 내부순환 모드로 설정하여 외부공기 유입을 차단한 채 신속히 오염지역을 벗어난다.

⑤ TV, 라디오 등을 시청하며 정부 지시가 있을 때까지 계속 실내에서 대기한다.

2) 생물학 공격 시 행동요령

① 생물학전이 예상되면 위생을 청결히 유지하고 예방 주사를 맞는다.

② 실내에 머무르며 외부에 호흡기와 피부가 노출되지 않도록 한다.

③ 오염지역 내 인원은 임의로 다른 지역으로의 이동을 금지한다.

④ 해충에 물리거나 피부에 상처가 나지 않도록 유의해야 하며, 물은 15분 이상 끓여 마시도록 한다.

3) 핵 공격시 행동요령

① 핵폭발이 일어났을 때에는 주변에 상황을 전파하며 가까운 건물 지하나 배수로 등을 찾아 신속히 대피한다.
② 핵폭발 반대방향으로 엎드려 손으로 눈과 귀를 막고 입은 벌린다.
③ 건물 안에서는 책상, 식탁 등 엄폐물 아래로 이동해 창문 반대 방향으로 엎드린다.
④ 엎드릴 때에는 발꿈치와 발끝을 이용해 배를 바닥에서 떼야 한다.
⑤ 폭풍이 지나가고 비산물이 낙하한 후에는 정부 지도하에 오염지역을 벗어난다.
⑥ 낙진 오염 시는 옷을 벗고 샤워를 한 후 의료진을 방문 한다.

4) 화생방 공격 후 행동

① 민방위 대원은 대장의 지시에 따라 긴급구조 및 소화 활동에 나선다.
② 화생방공격으로 오염된 환자는 우선 오염지역이 아닌 곳으로 옮긴 후, 옷을 벗기고 오염된 피부를 비눗물 또는 개인 제독킷으로 제독하고, 증상에 따라 인공호흡 또는 병원 후송을 지원한다.
③ 피해가 발생하면 동사무소 등에 빨리 신고하고, 화생방 공격으로 오염된 장비와 시설은 비눗물로 깨끗이 씻는다.

경보	행동요령
1. 경계경보 시	• 각종 보호장비, 치료약품을 정비점검 • 대원별 임무와 행동요령을 숙지 • 화생방전에 대비한 행동요령을 계도 • 기술지원대 및 직장대 화생방요원 출동태세 완비
2. 공습경보 시	• 화생방 탐지·제독 등 사태수습 장비 물자를 휴대하고 출동태세 • 화생방 공격징후를 식별하며, 공격징후 시 즉시 보호장비 착용 • 화생방 경보전파 체계를 유지하고 첩보 및 정보를 교환
3. 화생방 경보 시	• 신속히 경보를 전파하고 인접 관계기관에 협조 요청 • 유관기관 협조를 통해 예상오염지역 정보 입수 • 오염지역 및 예상 오염지역으로부터 주민 대피유도 • 오염환자를 응급처치 및 긴급구호·후송 지원

5. 예상되는 화생방테러의 양상

1) 화학테러 양상

① 적 특작부대에 의한 휴대용 화학탄 투척 : 인구밀집 공공장소·운행 중인 전동차 내에서 역내 또는 인구밀집 장소에 투척, 부비츄랩으로 제작 특정지역 내부에 은밀 운용
② 다중이용시설에 화학작용제 등 독성가스 제조, 살포
③ 열기구 및 경비행기 이용 도심상공 또는 목표지역에 야간(은밀) 살포
④ 기타 다양한 수단 및 방법 활용 : 청소부위장, 쇼핑백/서류가방을 이용 건물/경기장내 유기, 세척제 상표를 부착한 드럼통 반입 백화점/지하철/공항 등 살포

2) 유독가스 테러 양상

① 대규모 유독물 제조·저장시설 폭파
② 유독가스 누출을 통한 오염 확산 : 탱크로리 탈취 후 목표 대상지역 이동 밸브개방을 통한 지역오염, 저장시설 침입 유독가스 누출로 주변지역 오염
③ 유독물 운반차량 납치, 상수도시설과 식품제조시설에 유독물 살포 및 주입

3) 생물학 테러 양상

① 인구 다중이용 시설에 건조분말(탄저균) 상태로 투척 : 지하철역 또는 차량이용 인구밀집 지역에 살포하거나 건물 환풍구이용 건물내부 투척
② 열기구 및 경비행기 이용 은밀 살포
③ 각종 경기장, 대형건물, 항공기 내부 등에 유기
④ 기타 다양한 수단 및 방법 활용 : 우편물 이용, 인체 직접주사, 각종 손잡이 오염 등

4) 핵/방사능 테러 양상

① 대규모 학살 목직으로 세계 주요 대도시에 대한 핵무기 공격
② 방사성 물질 살포 / 오염폭탄 제조 및 사용

③ 핵발전소/관련시설 직접파괴를 통한 방사능물질 외부 누출

6. 화생방 테러 징후

1) 화학/유독가스 테러 징후

① 유사한 증상환자 동시 다발적 발생(두통, 호흡곤란, 방향감각 상실 등)
② 특정지역에서 환자 다수 발생
③ 특정 증상 발생
④ 동물의 집단 폐사
⑤ 통상 관찰되는 곤충들을 발견할 수 없을 경우
⑥ 의심스러운 장치 / 꾸러미 발견
⑦ 의심스러운 액체 방출 / 기름막 발견
⑧ 이상한 냄새 발생
⑨ 기후조건과 맞지 않는 낮은 구름 또는 안개 형성

2) 생물학 테러 징후

① 비슷한 임상증세의 급성환자가 발생하는 대규모 설명되지 않은 유행성 질환
② 시간이나 유형별로 특이성이 없이 급격히 발생하는 유행성 질환
③ 설명되지 않는 지리적, 계절적, 혹은 환자의 분포
④ 사람에게서 질병이 발생 혹은 사망이 나타나기 전에 설명되지 않은 동물 사망이 관찰되는 경우
⑤ 통상적이 아닌 전파 경로를 통한 발병인 경우
⑥ 특별히 불연속적이고 개별적 인구를 대상으로 발생시
⑦ 흔하지 않은 작용제(병원균)에 의한 단순 질병 발생
⑧ 단시간 내에 증가와 감소를 보이는 유행곡선
⑨ 수시간 내지는 수일 내에 급격한 질병 발생 증가
⑩ 여러 다른 질환들의 동시 다발적 유행

⑪ 상이한 시간 / 장소에서 개별 분리된 작용제 형태가 유사한 경우
⑫ 평상시에 발생하지 않던 지역에서 비슷한 질병이 집중되어 나타날 때

3) 핵 / 방사능 테러 징후

① 핵무기 / 방사능작용제 사용위협 표명
② 핵 / 방사능 장비 목격 / 관측
③ 사용된 핵 연료봉 / 핵 운반차량 발견
④ 핵 위험 표지판 / 경고판의 사상자 주변 발견
⑤ 비일상적 수의 질병 / 사상자 발생
⑥ 집단적 구토 / 피부 홍반 현상 관찰(초기증상)
⑦ 비일상적 금속 파편 / 불명확한 폭탄 탄약 발견
⑧ 발열 / 발광성 소재 물질 발견

7. 화생방 테러상황별 행동요령

1) 화학 / 유독가스 테러시

① 방독면 또는 손수건 / 마스크 등 이용, 호흡기 보호, 피부노출 최대 방지
② 오염지역 가까이에서는 바람이 불어오는 방향으로 이동하고, 멀리 떨어진 지역에서는 바람이 불어오는 직각방향으로 대피
③ 공기보다 무거운 가스의 경우 가능한 고층건물(5층 이상)이나 고지대 등 높은 곳으로 대피
④ 화학테러가 의심되는 곳이 지하철, 백화점 등의 실내공간이라면 빨리 실외로 대피
⑤ 공기보다 가벼운 가스의 경우 가능한 지하시설로 대피
⑥ 건물실내로 대피했을 때는 외부의 공기가 유입되지 않도록 창문밀폐, 외부와 공기가 통하는 설비 작동 중단
⑦ 차를 다고 사고현징을 지나게 된다면 창문을 닫고 에어컨 등을 반드시 OFF

2) 생물학 테러시

(1) 탄저균 등으로 의심되는 우편물을 받았을 때

① 우편물을 개봉하지 말고 격리된 곳에 보관한 후 경찰서 및 보건당국에 신고

② 우편물 보관 장소로부터 사람들을 신속히 격리시킴

③ 의심스러운 우편물을 취급시에는 반드시 방독면 또는 마스크와 장갑을 착용하고, 우편물은 비닐 또는 플라스틱 백 등에 보관

④ 우편물이 개봉되어 가루 등 의심스러운 물질이 발견되었을 때에는 주변을 차단하는 등 안전조치 후 즉시 인근 경찰서와 보건당국에 신고

⑤ 분말이 흘러나온 경우에는 그 분말을 청소하지 말고, 즉시 의류, 비닐 등으로 덮어 씌움

⑥ 피부와 접촉하였을 경우에는 접촉부위를 비누와 물로 세척하고 보건당국 조치에 따름

(2) 탄저균 같은 의심물질 발견시

① 두려워하지 말고 침착하게 행동하라.(탄저포자에 노출된 후에라도 적절한 항생제 등 치료제 투여시 질병발생 방지 가능, 탄저균의 경우 사람과 사람 간에는 전염되지 않음)

② 현장접근 통제 경찰, 소방서 등 인접 긴급출동 요원에게 신고(발견 장소, 시간, 상태(백색분말 봉투 / 소포) 등)

③ 의심되는 우편물 또는 소포 절대 개봉금지(격리보관)

(3) 의심물질에 대한 조치사항

① 옷, 피부에 묻었을 경우에는 비닐봉투에 담아 밀봉하고 가능한 빨리 비눗물 샤워 실시 ⇒ 병원후송, 정밀치료

② 분말이 누출시에는 주변을 차단(봉쇄/폐쇄)하고, 백색분말이 있는 봉투나 소포는 비닐봉지 등 밀봉된 용기에 넣어 외부 누출을 방지

③ 의심물질 발견 장소는 DS2 제독용액 살포 또는 표백제(10%)를 물에 풀어 살포하여 제독

3) 핵 / 방사능 테러시

(1) 핵시설 피습 및 방사능 누출시 반드시 정부의 지시에 따라 행동

① 라디오, TV 등을 통한 정부의 지시에 따라 행동

② 방사능 측정조사 조사활동이 종료시까지 정부 및 방재 유도요원의 지시에 따라 행동

(2) 콘크리트 건물 내의 안전한 장소로 대피

① 모든 창문 / 출입문을 잠근 후 문틈을 신문지나 헝겊을 이용 밀폐시킴

② 환기 팬 또는 공기 정화기는 끄고, 방사선 물질이 통과한 뒤에는 풍향의 반대쪽문을 개방시킴.

③ 방사능에 오염된 먼지를 흡입하거나 접촉하지 않도록 주의하고 외출 후에는 반드시 비누와 물로 세척

(3) 방사능 낙진이 떨어지고 있을 때

① 가능한 한 집 또는 건물내부에서 활동

② 외출시에는 우산과 비옷을 휴대하여 방사능 낙진을 맞지 않도록 함

③ 밀폐된 건물밖에 있던 음식물과 물은 오염검사 후 섭취

제16장 체포 · 호신술

제16장 체포 · 호신술

제1절 체포 · 호신술의 의의

1. 서설

체포 · 호신술이란 직무수행 중 상대로부터의 공격 등에 대비 하여 자신의 몸을 효과적으로 보호하면서도 나아가서는 상대방을 제압 · 체포할 수 있도록 과학적 원리에 입각하여 고안한 물리적 맨손기술과 체포장구의 사용법이다. 여기서 물리적 기술이란 유도, 검도, 태권도, 합기도의 경찰무도뿐만 아니라 레슬링, 씨름, 권투 등에서 체포에 필요한 모든 기술을 말하며, 체포장구란 경찰봉을 말하며 장구 피탈시 예외적인 경우에 필요한 주변 물건 등도 포함한다. 경비란 타인의 생명 · 신체 · 재산 및 시설물 보호를 주된 업무로 하는 일련의 공 · 사적인 행위를 의미한다. 특히 경비업이란 이 가운데서 사적 영역의 경비업무로 특정한 고객으로부터 일정한 비용을 지급받고 그 대가로 타인의 생명 · 신체 · 재산 및 시설물 보호를 행하는 법인을 의미한다.

2. 체포술의 정의

범인이나 피의자 등을 제압 · 체포 또는 경찰상 목적을 달성하기 위해 신체 또는 장구 등을 안전하고 효과적으로 이용하는 것을 말한다. 또한 기세, 언어 등 직접 신체나 장구를 사용하지 않고 제압, 체포하기도 하는데 이것도 넓은 의미의 체포술이라 할 수 있다.

3. 호신술의 정의

호신술의 뜻을 사전에서 찾아보면 "자기의 몸을 보호하기 위한 무술"로 정의하고 있다. 다른 무술과 다르게 자신의 몸을 선제공격으로부터 지켜낸다는 점에서 폭력성이 적으며 인간적인 무술이다. 호신술은 기본적으로 수동형 무술이기 때문에 폭력을 배제한다. 따라서 상대방을 먼저 공격하는 행위는 호신술이 아니다. 진정한 호신술은 상대의 공격을 미리 막아내거나 봉쇄하는 것이다. 이러한 호신술은 일반적으로 무도에서 펼치는 빼기 · 풀기 · 쳐내기 · 밀기 · 꺾기 · 누르기 등의 맨손 기술을 살려 방어한다. 또한 몸 가까이 있는 기물을 호신도구로 활용하기도 한다.

4. 호신술의 필요성

폭력의 위험에 직면했을 경우 우리는 누구나 자신을 위험으로부터 보호하고 싶어 한다. 방법은 두 가지이다. 하나는 위험으로부터 도피하는 것이고 다른 하나는 폭력에 대항하는 것이다. 도피는 폭력을 암묵적으로 용인하는 반사회적인 행위이다. 그렇기 때문에 폭력에 대항하기 위해서는 상대를 제압할 수 있는 능력이 필요하다.

이러한 능력을 획득할 수 있는 기술이 호신술이다. 다른 무술들은 대부분 상대보다 더욱 강력한 힘을 필요로 한다. 이에 비해 호신술은 상대의 힘을 역이용하는 특징을 가지고 있다. 그래서 호신술은 사회적인 약자의 자기보호기술이다. 폭력으로부터 자신을 보호할 필요가 있는 사람은 국민 모두가 해당된다.

제2절 호신술과 정당방위

1. 정당방위

정당방위는 자기보호의 원칙 및 법질서수호의 원칙으로 정당화가 된다. 법질서에서 방어할 이익이 없는 경우에는 정당방위가 제한될 수 있다. 그러나 정당방위의 제한의 근거가 사회 윤리적 가치에 있다는 것은 형법의 도덕화를 통한 처벌범위의 확대를 의미하게 되므로 타당하다고 할 수 없는 것이다. 따라서 법익보호를 위한 정당방위에 대하여 법질서수호의 원칙에 따른 제한이 가능하지만, 이는 결코 사회윤리적 제한으로 파악해서는 안 될 것이다.

2. 정당방위 8개항

1) 침해 행위에 대해 방어하기 위한 행위일 것

여기서 침해 행위란 남이 시비를 걸거나 선제공격을 해오는 경우라고 보면 된다. 또 침해의 대상이 꼭 자기 자신일 필요는 없다. 누군가 '나에게' 또는 '제3자에게' 시비를 걸거나 선제공격을 할 때 나 스스로 방어하거나, 괴롭힘을 당하는 제3자를 지키기 위한 행위이면 된다.

2) 침해 행위를 도발하지 않았을 것

남에게 먼저 시비를 걸어서 그 사람의 공격을 유발한 뒤에 자기가 그 사람에게 물리력을 사용하는 것은 정당방위로 인정되지 않는다.

3) 먼저 폭력 행위를 하지 않았을 것

먼저 폭력을 행사해서는 안된다. 먼저 공격을 하게 되면 정당방위가 되지 않는다.

4) 폭력 행위의 정도가 침해 행위의 수준보다 중하지 않을 것

상대방이 내 멱살을 잡고 욕을 하여도, 내가 주먹으로 얼굴을 때린다면 정당방위 행위가 인정되지 않는다.

5) 흉기나 위험한 물건을 사용하지 않았을 것

상대방이 주먹으로 때렸는데 내가 흉기나 둔기를 들면 안 된다. 다만 상대방이 흉기를 들었을 경우, 자신도 도구를 사용하는 정도는 정당방위로 인정받을 수 있다.

6) 침해행위가 저지되거나 종료된 후에는 폭력행위를 하지 않았을 것

누군가 자신을 괴롭히다가 그만둔 상태라면 이쪽도 폭력을 써서는 안 된다.

7) 상대방의 피해 정도가 본인보다 중하지 않을 것

앞의 6가지를 다 만족한다고 해도, 상대는 전치 3주, 나는 전치 2주 나왔다면 정당방위로 인정받지 못 한다.

제3절 체포 · 호신술의 기본원칙과 활용원리

1. 3대 기본원칙

1) 예리한 판단

범인의 수 · 흉기소지 · 음주 · 약물복용 · 주변의 물건 등을 흉기로 사용할 수 있는지 여부 등 인적 · 물적 상황과, 지원경력의 필요성 · 총기사용의 요건 · 장구활용의 불가피성 등을 즉응적으로 판단해야 한다.

2) 과감한 동작

기술 사용시 주춤거리거나 자신감 없는 동작은 절대 금물이며 자신감 있고 과감하게 기술을 구사하여야 한다.

3) 완벽한 제압

완벽한 제압이 되지 않는 상대에서는 필사적으로 저항하는 범인에 대하여 수갑을 채울 수 없기에 신체를 완벽하게 제압한 후 수갑을 채워야 한다.

2. 활용원리

1) 상대의 힘에 순응

상대방의 심리상태는 일반적으로 고조된 상태이므로 완력은 그 만큼 클 수밖에 없다. 따라서 무리하게 상대방의 완력에 대응하면 목적을 달성하기 어렵다.

2) 몸 전체를 이용

힘은 질량×속도이므로 체중을 이용한다 하더라도 속도가 느리면 아무 소용이 없다. 따라서 순간적으로 힘이 집중될 수 있도록 해야 한다. 특히, 여성의 경우 가해자 남성에게 힘으로 저항할 때는 몸 전체의 무게와 힘을 이용하는 것이 필요하다.

3) 턴(turn)의 원리

팽이의 원리를 생각하면 이해하기 쉽다. 신체운동은 같은 방향으로 이동하는 병진운동과 동일한 점을 중심으로 회전하는 회전운동을 특징으로 한다.

4) 틈을 이용

상대방의 틈을 이용하는 원리이다. 예를 들어, 상대에게 손목을 잡혔다고 가정했을 때 손목의 틈을 이용해 상대편 쪽으로 밀어 위기를 벗어나는 원리이다. 이때 잡힌 손과 팔을 상대를 향해 길게 펴야하는데 그러면 상대의 팔은 굽어진다. 구부린 팔은 편 팔의 힘의 절반에 불과하게 되므로 위기탈출이 가능해진다.

3. 체포 · 호신술의 기본

다음에서는 체포 · 호신술의 기본 동작을 실습을 통해 익혀보도록 한다.

1) 낙법

(1) 전방낙법

1-1. 전방낙법 준비

1-2. 전방낙법 준비 옆모습

2. 손과 팔꿈치, 다리를 삼각형을 유지하며 앞으로 넘어간다.

3-1. 시선은 좌측 또는 우측을 바라보고 자세를 유지한다.

3-2. 전방낙법 옆모습

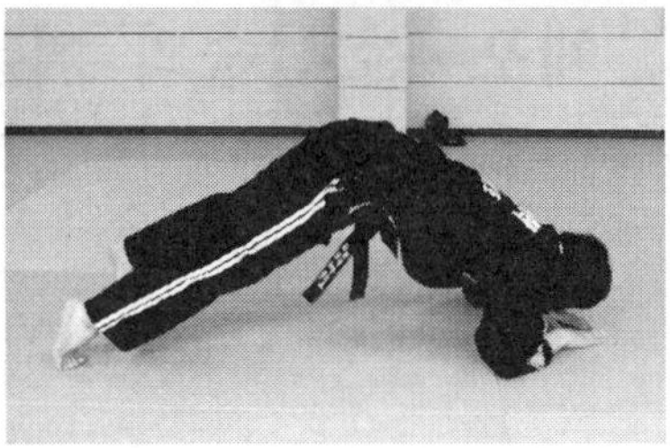

(2) 후방낙법

1. 후방낙법 준비

2. 무릎을 살짝 구부린다.

3. 엉덩이를 바닥에 댄다.

4. 팔을 45℃각도로 유지하고 시선은 띠를 바라본다.

(3) 측방 낙법

1. 우측방 준비

2. 오른발을 왼발 반보 앞으로
   오른손은 왼쪽 어깨 위로 올린다.

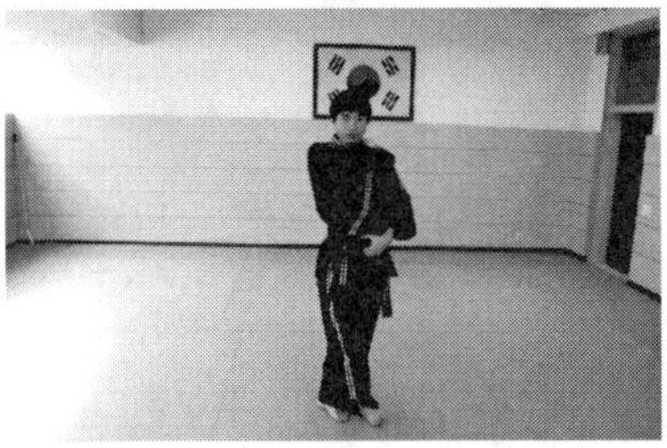

3. 무릎을 구부린다.

4. 넘어지면서 다리를 하늘로 찬다.

5. 시선은 띠 매듭, 손은 45℃를 유지
   하고 발은 뒤꿈치가 닿지 않도록
   주의한다.

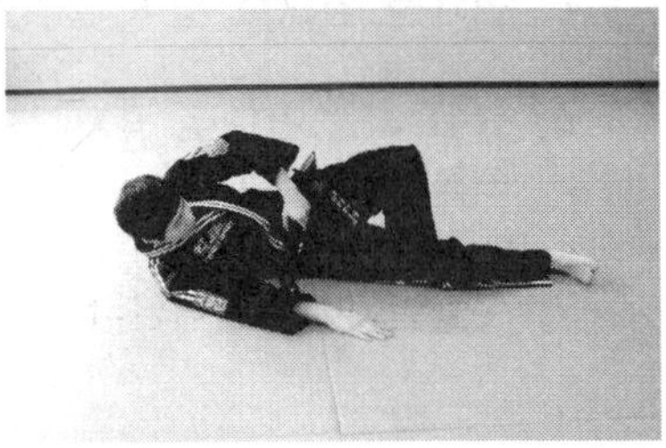

(4) 전방회전 낙법

1-1. 우전방 회전낙법 준비

1-2. 우전방 회전낙법 준비

2. 왼발을 올리면서 팔꿈치를 땅에 댄다.

3. 발 뒷꿈치를 하늘로 차면서 어깨를 땅에 대고 시선은 좌측을 바라본다.

4. 우측어깨부터 왼쪽 엉덩이로 사선으로 땅에 딿으며 구른다.

5. 외쪽 발등을 쭉 펴고 오른발은 살짝 구부린다.

6. 상체를 앞으로 밀며 일어난다.

7. 무릎을 펴고 일어난다.

2) 손빼기

(1) 손빼기-1

1. 손빼기 준비

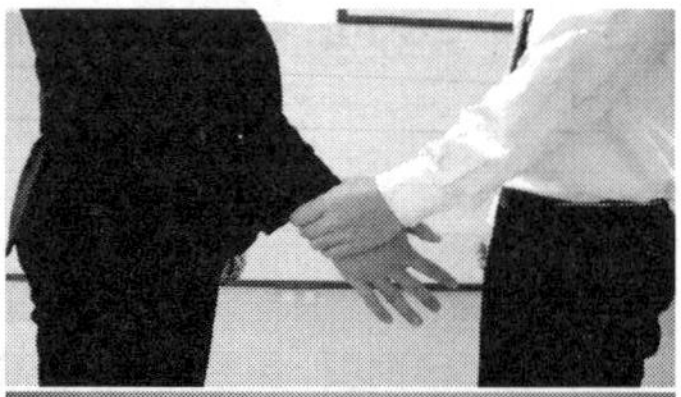

2. 팔꿈치를 상대방 쪽으로 밀어 넣는다.

3. 팔꿈치를 완전히 밀어 넣으며 손목을 안쪽으로 당긴다.

(2) 손빼기-2

1. 손빼기 준비

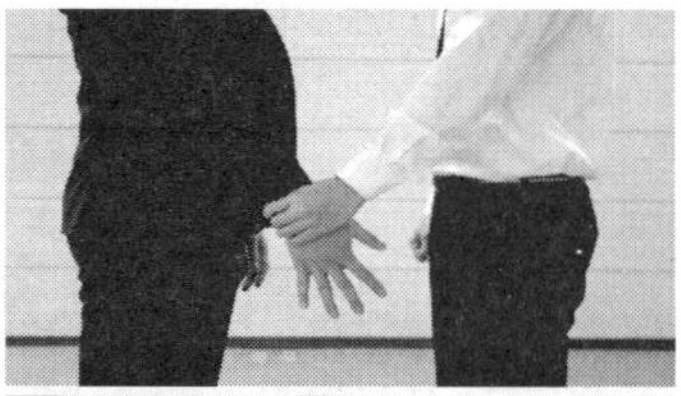

2. 손을 뒤집는다.

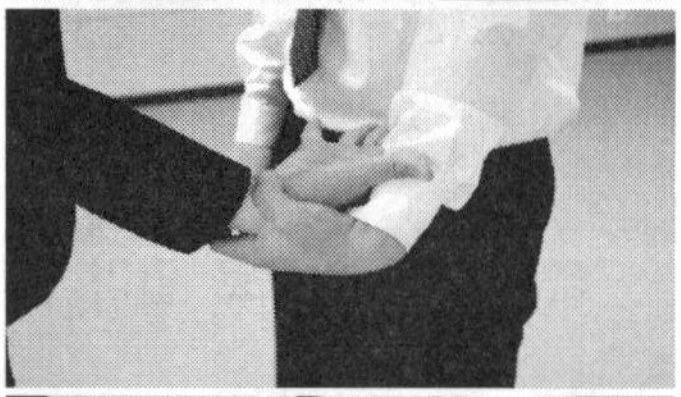

3. 손을 뒤집은 상태서 팔꿈치를 안쪽으로 밀어 넣는다.

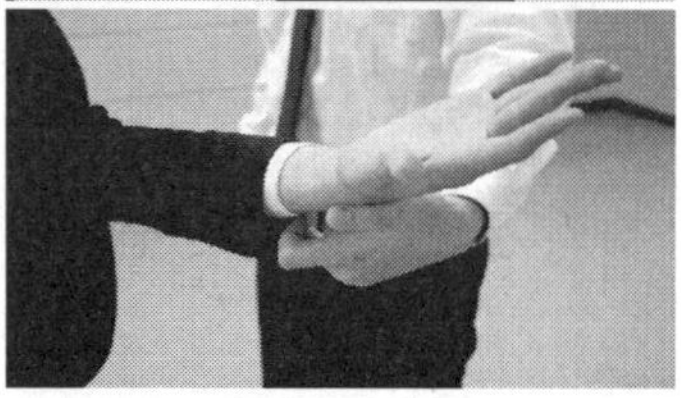

(3) 손빼기-3

1. 손빼기 준비

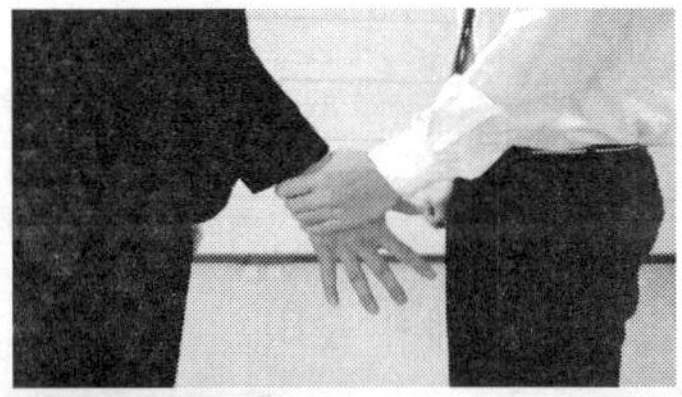

2. 엄지를 안쪽으로 오게 한다.

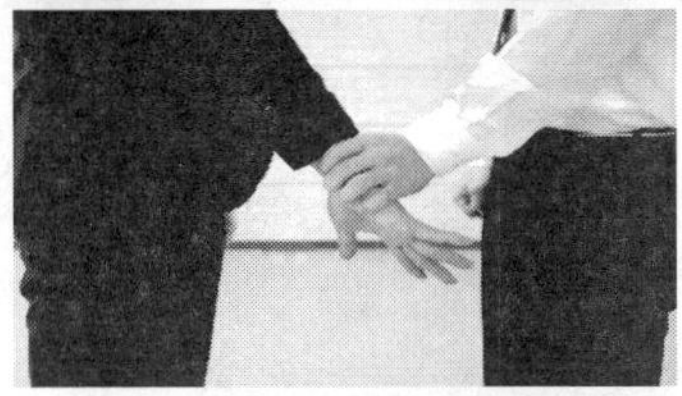

3. 엄지를 안쪽으로 놓은 상태에서
   아래쪽 45℃ 방향으로 내린다.

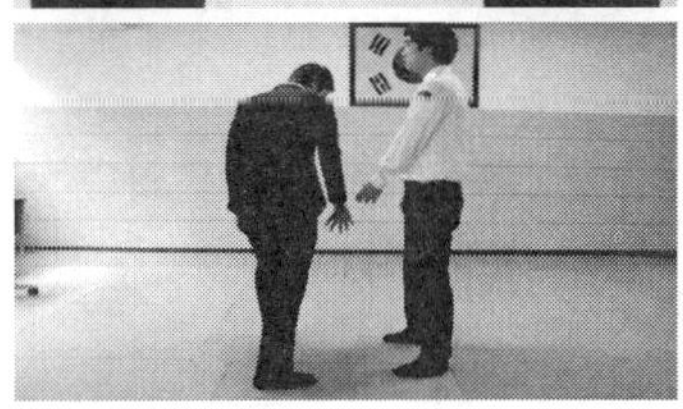

(4) 손빼기-4

1. 손빼기 준비

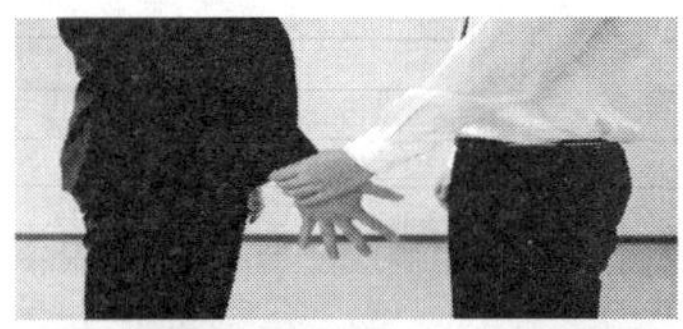

2. 오른쪽으로 돌리며 상대방 손목에
   자신의 엄지손을 올려 놓는다.

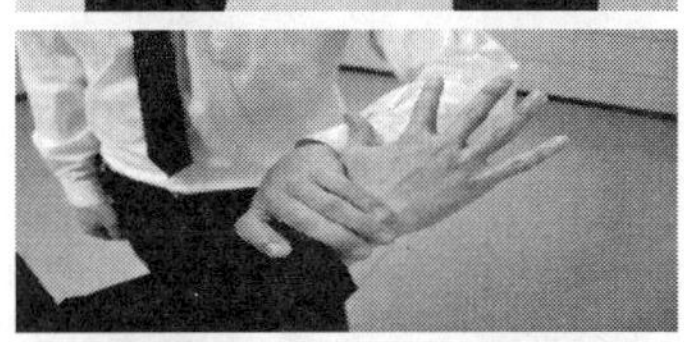

3. 팔꿈치를 밀어 넣는다.

4. 팔꿈치를 밀어 넣으며 엄지손을
   안쪽으로 당긴다.

(5) 손빼기-5

1. 손빼기 준비

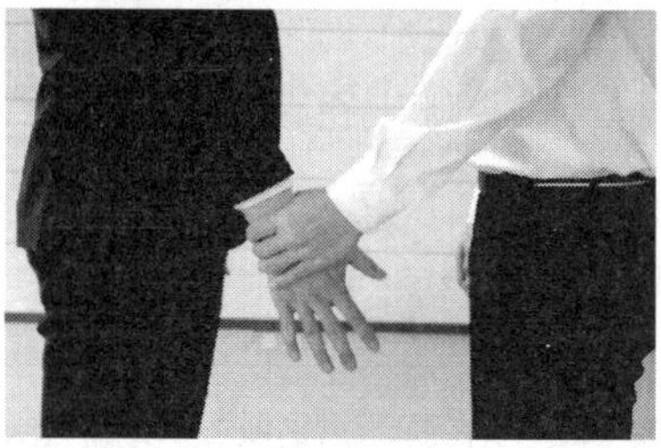

2. 안쪽방향으로 돌리며 상대방 명치 앞에 놓는다.

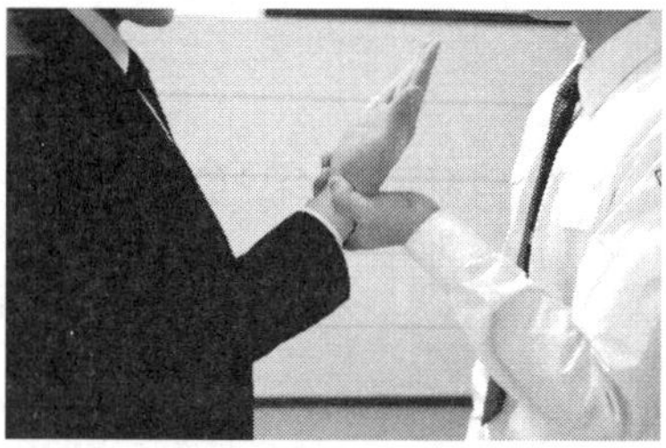

3. 상대방 목 쪽으로 밀어 넣는다.

4. 손을 틀어서 상대방 쪽으로 손을 쭉 편다.

3) 손목 잡혔을 때

(1) 안 손목 잡혔을 때

1. 팔꿈치 꺾기 준비

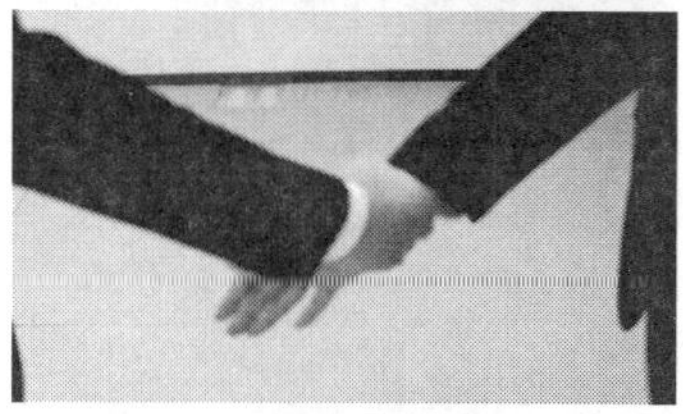

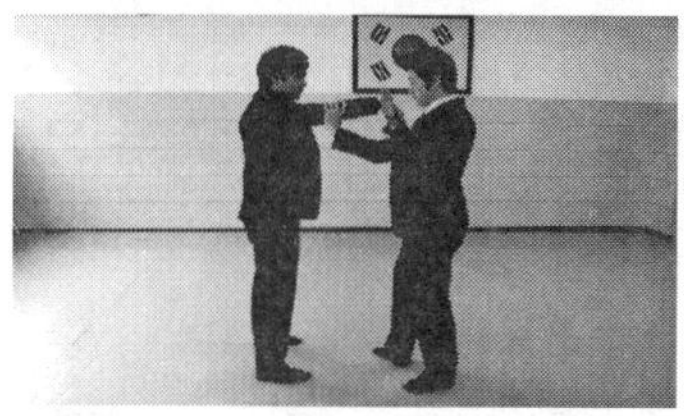

2. 오른손을 안쪽으로 돌려 손목을 잡고
   왼손으로는 상대방 팔꿈치를 잡는다.

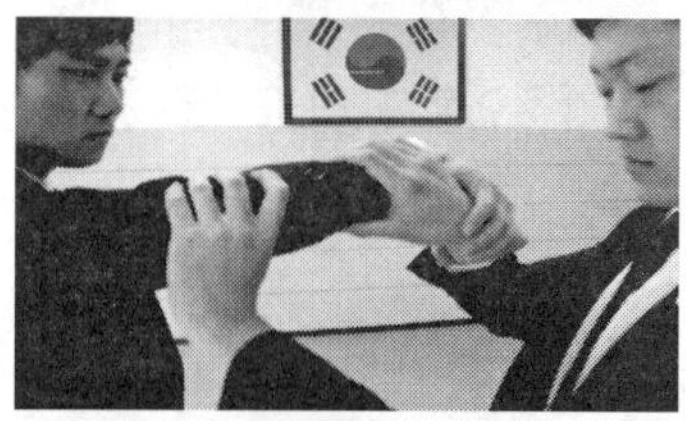

3. 왼손을 상대방 쪽으로 밀어 넣는다.

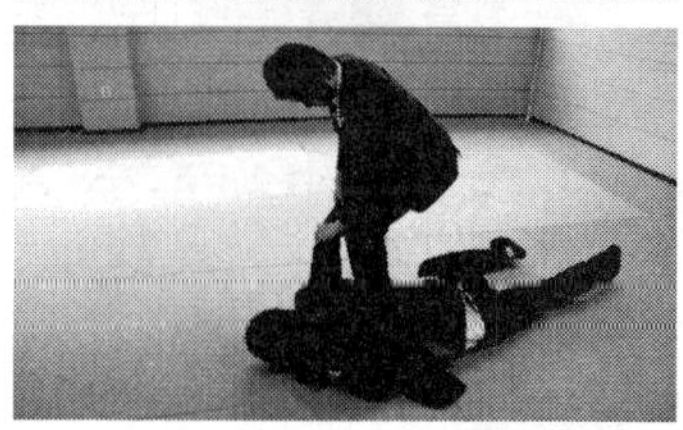

4. 팔꿈치를 밀며 제압

(2) 바깥 손목 잡혔을 때

1. 팔꿈치 꺾기 준비

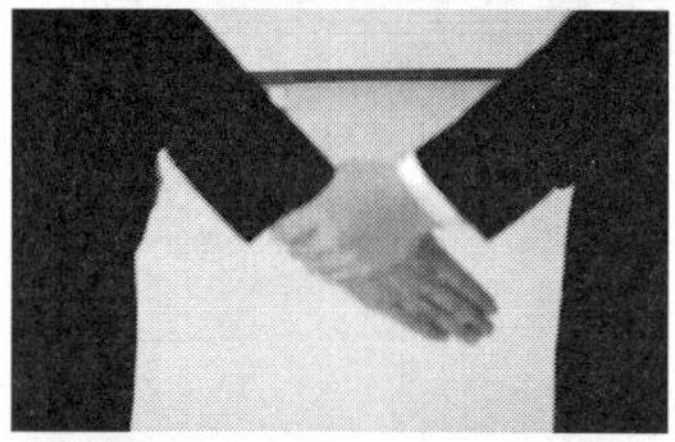

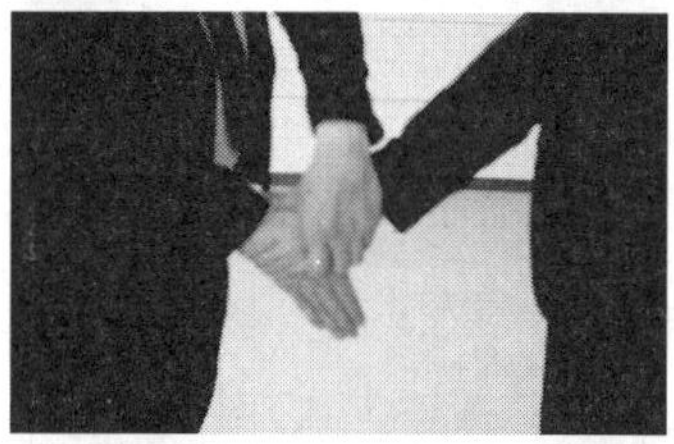

2. 왼손으로 상대방 손등을 잡는다.

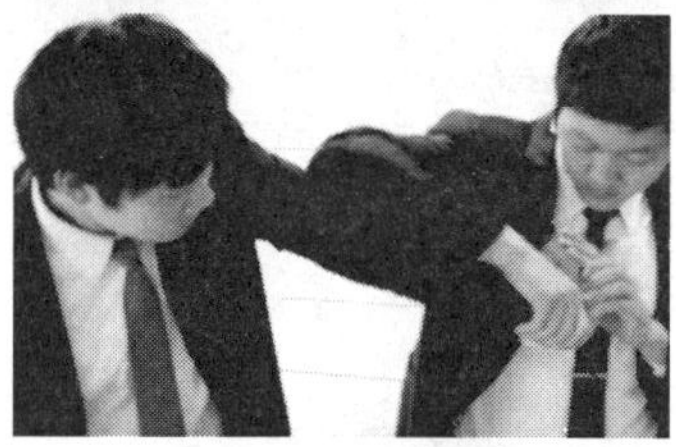

3. 오른쪽 팔꿈치로 상대방 팔꿈치를 위에 올려놓는다.

4. 팔꿈치를 깊숙이 밀어 넣는다.

5. 손목을 가슴 쪽으로 잡아당기며 제압한다.

4) 어깨 잡혔을 때

(1) 앞에서 어깨 잡혔을 때

1. 손목 꺾기 준비

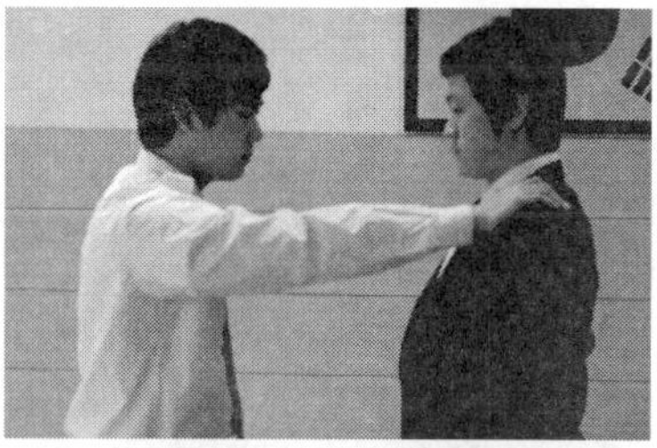

2. 오른손으로 상대방 손목위쪽을 잡는다.

3. 오른손으로 상대방 손날을 새우고 왼손으로는 상대방 팔꿈치를 잡는다.

4. 왼손을 안쪽으로 당기며 오른손으로 손목을 제압한다.

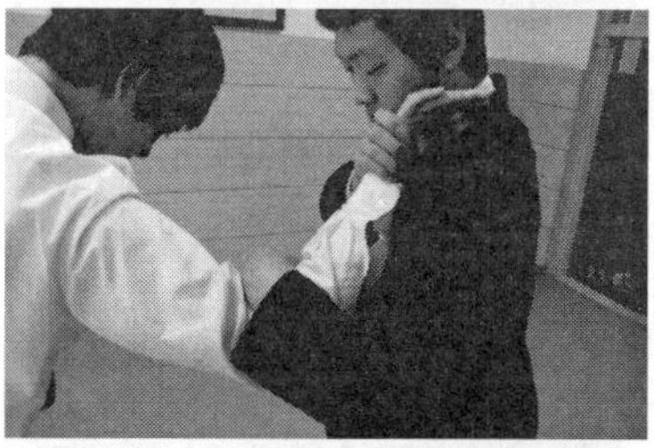

5. 왼손을 상대방 쪽으로 누르며 제압한다.

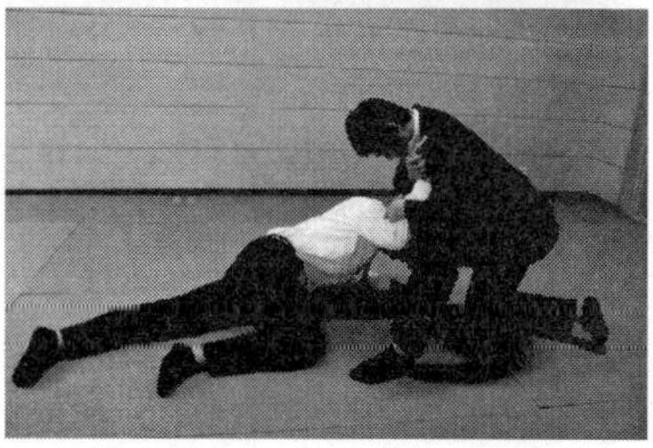

(2) 뒤어깨 잡혔을 때

1. 손목꺾기 준비

2. 왼손으로 상대방이 손을 빼지 못하게 잡아준다.

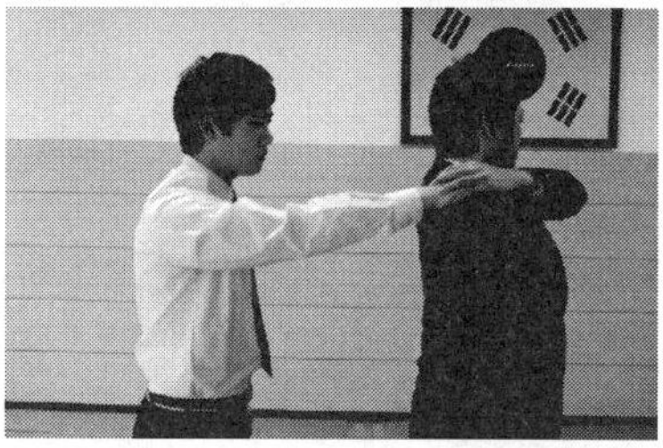

3. 오른손을 반듯하게 하늘로 들어올린다.

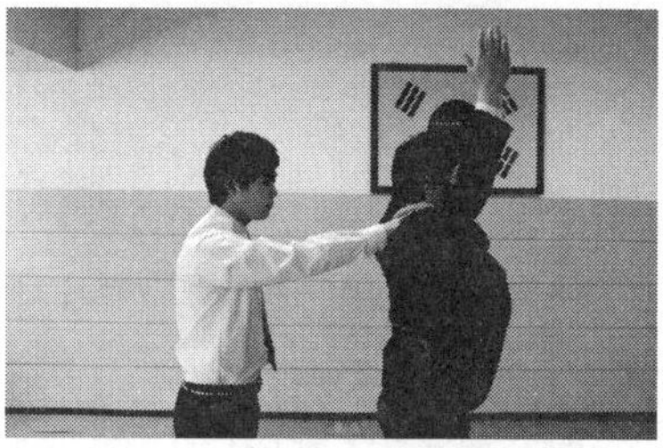

4. 상대방 손목과 일직선이 되게 내려찍는다.

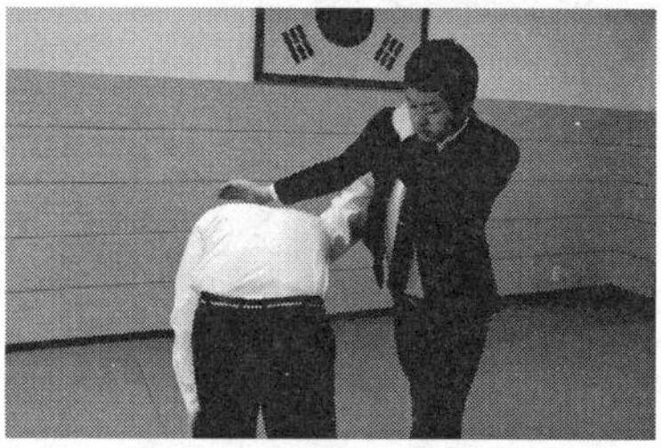

5. 오른손 팔꿈치로 상대방 팔꿈치를 제압한다.

5) 머리 잡혔을 때

(1) 앞 머리 잡혔을 때

1. 손목꺾기 준비

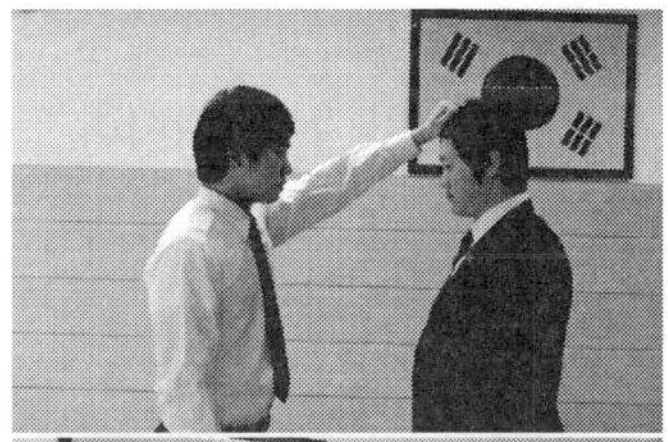

2. 양손을 이용하여 자신의 머리가 뽑히지 않도록 안쪽으로 당겨준다.

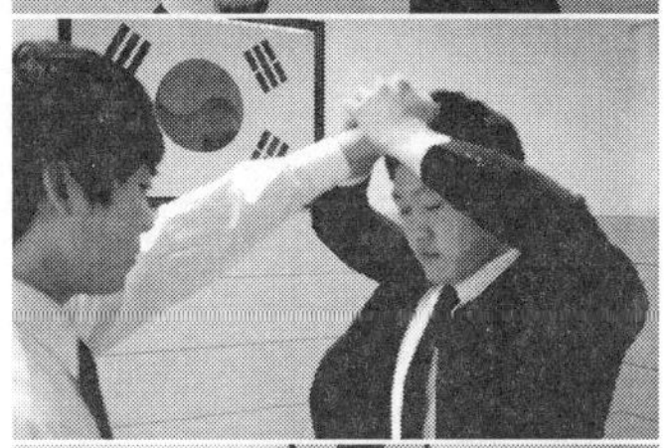

3. 왼발을 뒤로 뺀다.

4. 왼쪽으로 몸을 틀며 양손을 이용하여 손목을 꺾는다.

5. 손목을 상대방 쪽으로 밀며 상대방을 제압한다.

(2) 뒷머리 잡혔을 때

1. 오른발이 뒤로 빠지며

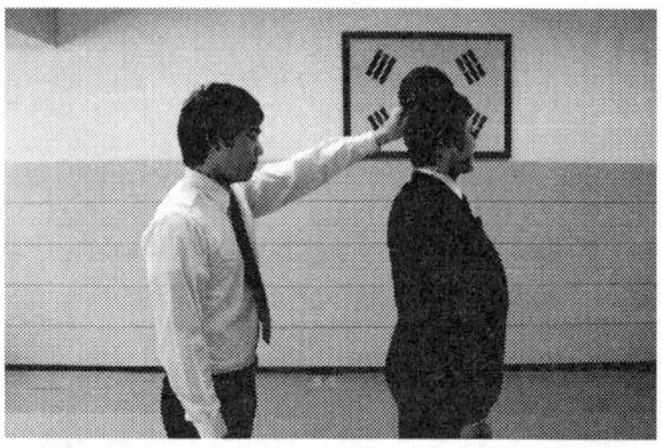

2. 오른손은 허리로 간다.

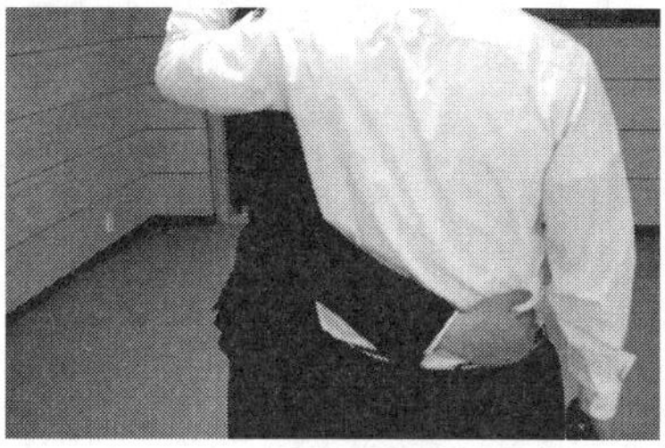

3.왼손엄지손가락으로 기도를 누른다.

4. 제압한다.

6) 안았을 때

(1) 앞에서 안았을 때

1. 목꺾기 준비

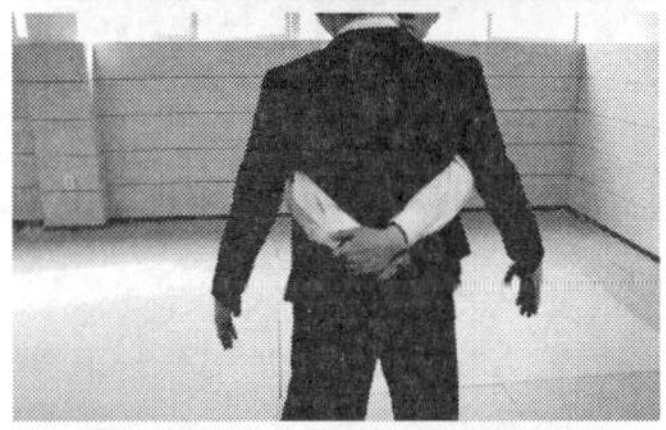

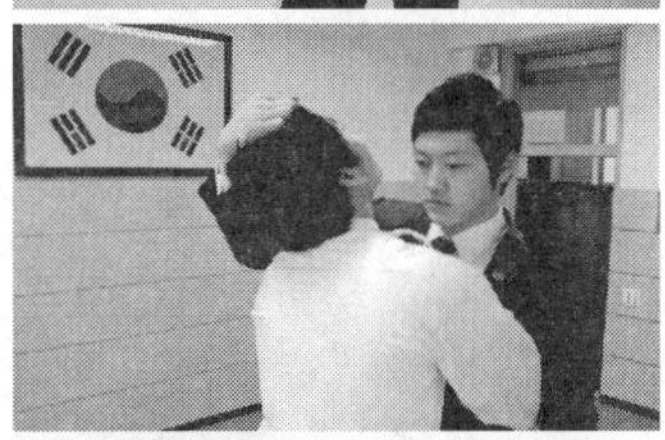

2. 오른손으로 상대방 머리를 잡는다.

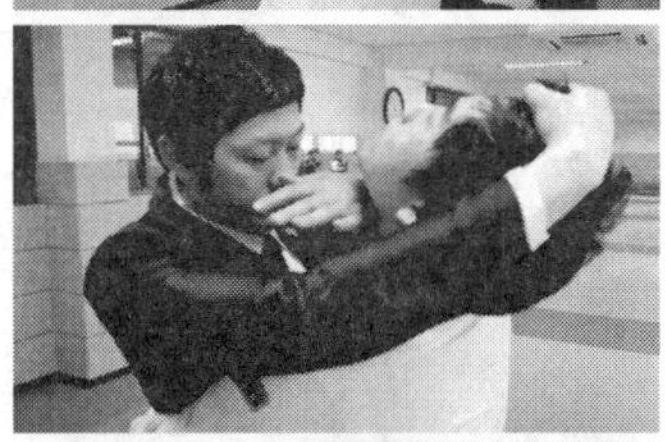

3. 왼손날로 상대방 목을 누른다.

4. 오른손은 당기고 왼손은 상대방
   쪽으로 밀어 넣는다.

5. 안쪽으로 더 깊숙이 밀며 상대방을
   제압한다.

(2) 뒤에서 안았을 때

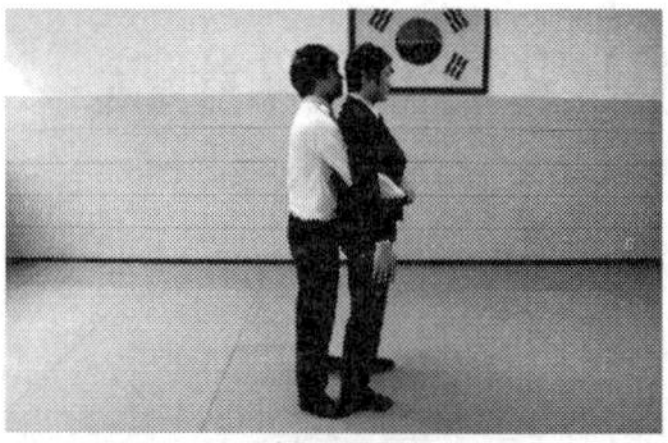

1. 발목꺾기 준비

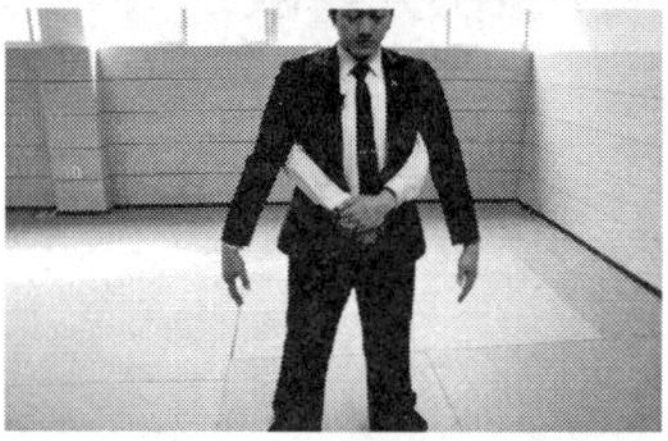

2. 오른발을 뒤로 뺀다.

3. 상대방 발목을 잡는다.

4. 상대방 발을 들어올린다.

5. 누워 있는 상대방 목을 제압한다.

(3) 뒤에서 양팔을 안았을 때

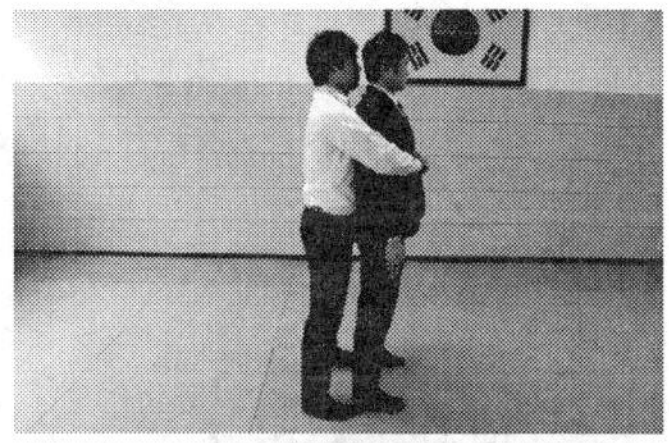

1. 매치기 준비

2. 오른발을 뒤로 뺀다.

3. 오른손을 이용하여 상대방 오른팔을 감싸 잡는다.

4. 양손을 잡아당기며 상체를 앞쪽으로 숙인다.

5. 왼손은 손목을 잡고 오른손은 상대방 팔꿈치를 눌러 제압한다.

(4) 뒤에서 목을 안았을 때

1. 매치기 준비

2. 왼발이 빠지며 오른손으로 상대방 명치를 가격한다.

3. 상대방 오른팔을 감싸 잡고 상체를 앞으로 숙인다.

4. 왼손은 손목을 잡고 오른손은 상대방 팔꿈치를 눌러 제압한다.

7) 칼막기

(1) 바로 칼 찌를 때

1. 칼막기

2. 손을 X자로 막는다.

3. 상대방 손등을 잡는다.

4. 상대방 손등을 들어올린다.

5. 오른손으로 상대방 옆구리를 누른다.

6. 왼손을 상대방 등 쪽으로 밀어 넣으며 오른손을 누른다.

7. 상대방 명치와 손목을 잡는다.

8. 상대방 팔꿈치와 손목을 제압한 후 깊게 누른다.

(2) 밑에 칼로 찌를 때

1. 칼막기 준비

2. 들어오는 칼을 왼손으로 손목을 잡는다.

3. 왼손을 안쪽으로 돌리며 오른손으로 같이 잡는다.

4. 왼발이 빠지며 손목을 상대방 쪽으로 꺾어 제압한다.

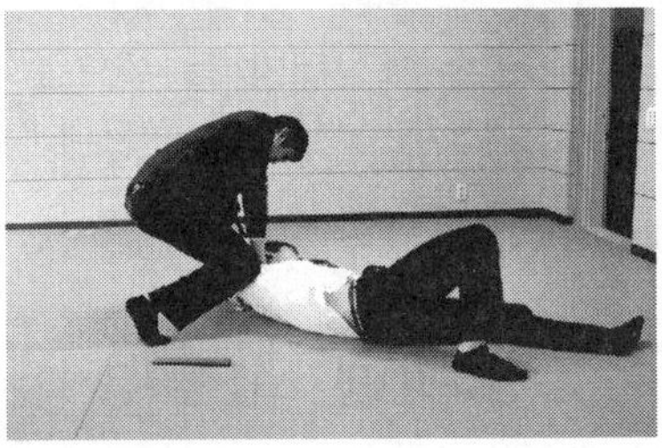

(3) 위에서 칼 찌를 때-1

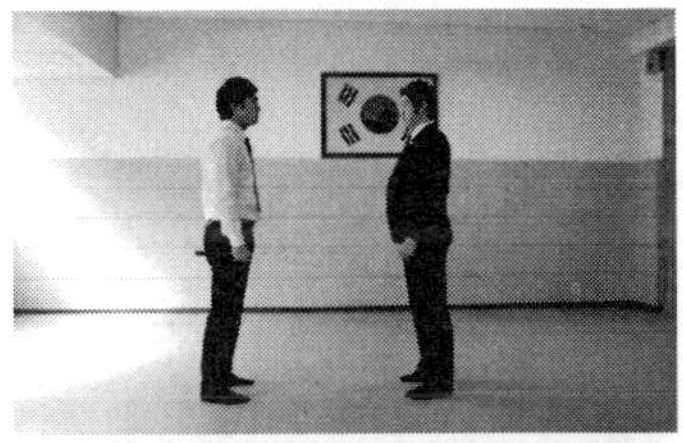

1. 칼막기 준비

2. 상체를 앞으로 숙이고 내려오는 상대방의 팔을 X자로 막는다.

3. 오른발 전진하면서 오른손을 상대방 뒤쪽으로 해서 손목을 잡는다.

4. 오른발로 상대방 오른발을 힘차게 찬다.

5. 상대방 왼손을 귀 쪽으로 잡아당기며 제압한다.

(4) 위에서 칼 찌를때-2

1. 칼막기 준비

2. 오른발 전진하며 내려오는 손을 X자로 막는다.

3. 오른손을 이용해서 상대방 팔을 감싸 잡는다.

4. 왼발을 상대방 왼발 앞으로 놓는다.

5. 왼손을 당기며 상체를 앞으로 숙인다.

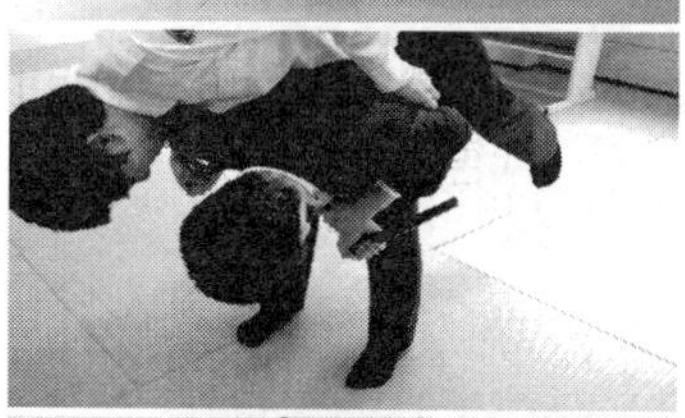

6. 왼팔로 상대방 팔을 잡은 뒤 오른손으로 팔꿈치를 누른다.

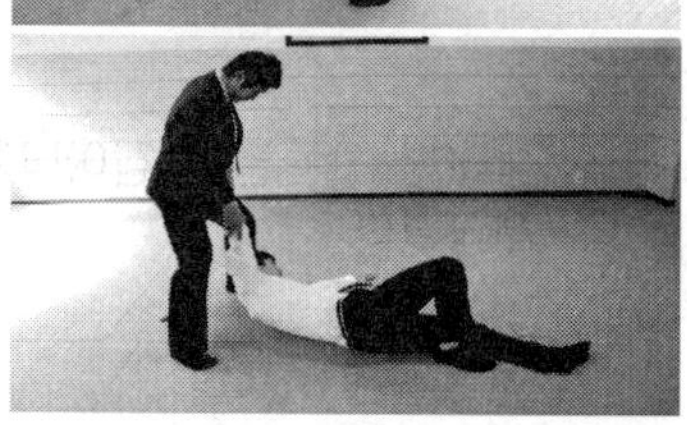

(5) 위에서 칼 찌를 때-3

1. 칼막기 준비

2. 왼발을 전진하며 내려오는 손을 X자로 막는다.

3. 상대방 팔을 오른쪽으로 밀어 넣는다.

4. 왼손으로 팔꿈치를 잡는다.

5. 양손을 이용하여 상대방 팔을 누른다.

6. 상대방 오른팔을 잡아당기며 제압한다

8) 권총막기

(1) 권총을 뒤에서 겨눌 때-1

1. 권총막기 준비

2. 오른손과 발을 돌려 상대방 권총을 밀며 총구를 돌린다.

3. 왼손으로 팔꿈치를 잡는다.

4. 상체를 숙이고 팔꿈치를 밀려 제압

(2) 권총을 뒤에서 겨눌 때-2

1. 권총막기 준비

2. 왼팔과 다리를 돌리며 상대방의 총구를 하늘로 가게 한다.

3. 오른손을 이용하여 상대방 손목을 내려친다.

4. 내려친 손과 잡고 있던 손을 함께 잡아 당긴다.

5. 상대방 손목을 잡아당기며 제압

(3) 권총을 앞에서 겨눌 때-1

1. 권총막기 준비

2. 왼손으로 상대방 손을 돌려 잡으며 총구를 하늘로 가게 한다.

3. 오른손을 든다.

4. 오른손을 내려치며 왼손과 오른손을 잡아당긴다.

5. 상대방 손목을 잡아당기며 제압

(4) 권총을 앞에서 겨눌 때-2

1. 권총막기 준비

2. 오른발과 오른손을 돌려 상대방의 총구를 오른쪽 상단을 향하게 한다.

3. 오른손을 내리며 손목을 같이 잡는다.

4. 왼손은 손목을 오른손은 팔꿈치를 잡는다.

5. 오른발이 빠지며 양손을 아래쪽으로 잡아당긴다.

(5) 권총을 옆에서 겨눌 때

1. 권총막기 준비

2. 오른손을 내리며 상대방 총구를 하단을 향하게 한다.

3. 왼발을 전진하며 손목을 같이 잡는다.

4. 팔을 들어올린다.

5. 팔을 내리며 상대방 팔을 자신의 어깨에 걸치게 한다.

6. 팔꿈치를 누르며 제압

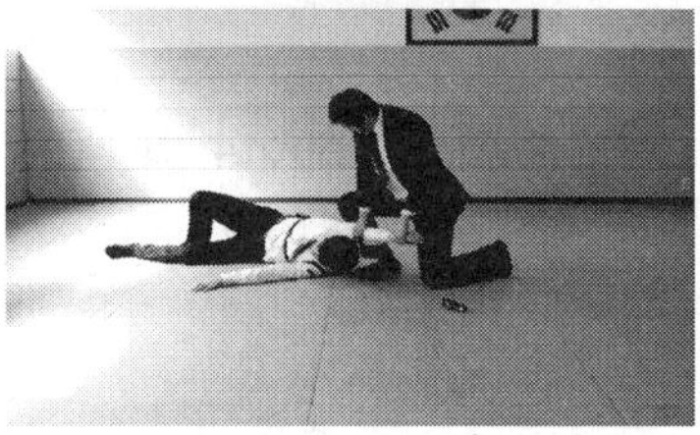

제 17 장 관찰기록법

제17장 관찰기록법

제1절 관찰의 의의

1. 관찰의 개념

사전적 의미의 관찰(觀察)이란 '볼 관(觀)'와 '살필 찰(察)'이 합하여져 '보고 살핀다'라는 의미를 가지고 있다. 사물의 동태나 현상 따위를 주의 깊게 살펴본다는 뜻을 지니고 있다. 경비업무에서의 관찰이란 경비원이 자신의 경비대상 시설 · 장소에서 출입 대상자나 사물, 발생하는 현상 등을 주의 깊게 살펴보고 파악하는 것을 의미한다. 특히 관찰은 단순히 주변의 사물이나 현상을 살펴보는 것에 그치지 않는다. 관찰의 핵심은 '사물 · 현상의 파악'에 있다. 즉 경비원이 자신의 오감을 활용하여 지각한 것을 분석하여 그 의미를 파악하는 것이 관찰활동의 핵심이다.

2. 관찰의 기능

1) 범죄 용의점 파악

체계적인 관찰활동을 통한 현상 · 사물의 분석 및 파악은 의심스러운 점이나 범죄 용의점에 대한 판단을 용이하게 한다. 또한 범죄의 조기 발견으로 조기 범죄 대응을 신속하게 할 수 있어 더 큰 피해를 막을 수 있다.

2) 수사의 단서 확보

경비원이 관찰하고 기록한 사실은 추후 범죄사건의 수사에 결정적인 단서를 제공할 수 있다. 범죄용의자가 시설물에 언제 출입을 하였는지, 당시의 심리 상태는 어떠하였는지, 행동이나 소지품 등에 의심스러운 점은 없었는지, 용의자가 주장하는 사실과 경비원이 관찰한 사실은 일치하는지 등 많은 부분이 관찰활동을 통하여 확인 되어 수사의 단서 확보하는데 중요한 자료로 활용된다.

제2절 관찰요령

1. 지각요소의 활용

사람들은 대부분 관찰자로서 훈련을 받지 않은 상태여서, 그들이 사물을 본다고 하지만 실제로 자신이 본 사물에 대한 객관적인 설명을 제대로 하지 못한다. 이는 관찰자가 자신의 주관적인 습성에 따라 자신이 보고 싶고 기억하고 싶은 부분만 관찰하기 때문이다. 따라서 관찰자가 관심을 두지 않는 사물에 대해서는 관찰자는 '사물'이라는 큰 덩어리만 기억할 뿐 그 사물의 특성에 대해서는 아무 것도 설명할 수 없게 된다.

관찰자는 오감을 사용하여 관찰할 수 있다. 이 오감은 관찰에 있어서 지각 요소가 된다. 관찰자는 자신이 보고, 듣고, 냄새 맡고, 맛을 보고 만지는 것을 통하여 관찰을 하게 된다. 따라서 경비원은 경비업무에 있어서 자신에게 부족한 지각 요소를 보완(시각: 안경을 통해 보완, 청각: 보청기를 통해 보완)해야 할 필요성이 있으며, 오감을 최대한 활용할 수 있도록 최적의 상태를 유지해야 한다.

2. 사람에 대한 관찰과 묘사요령

1) 사람에 대한 묘사

사람에 대한 관찰과 묘사를 위해서는 그 사람의 특징을 나타낼 수 있는 간단하고 정확한 사실들을 파악해야 한다.

① 성명
② 성별
③ 인종과 국적(외국인의 경우)
④ 연령
⑤ 신장 : 목격자는 대개 신장을 크게 평가하는 경향이 있다. 직접적인 신장을 알 수 없다면 주위의 물건과 비교, 그 물건의 어느 정도의 높이에 해당하는지를 사전에 파악하여 활용하는 것이 좋다.
⑥ 체중
⑦ 머리, 머리모양, 색깔, 길이, 탈모 여부
⑧ 눈의 모양 및 색깔
⑨ 피부색
⑩ 착의상태 : 안경, 보석류, 옷의 종류와 색깔, 휴대품 등
⑪ 기타특징 : 수염, 흉터, 얼굴 모양, 문신, 자세 등
⑫ 인상 : 경비원이 받은 개인적인 인상을 기억

2) 사람에 대한 관찰요령

사람에 대한 관찰은 그 사람을 특징지을 수 있는 점을 기억하는 것에서부터 출발한다. 당시 입고 있던 옷의 색깔이나 종류 등은 언제든지 변경가능하기 때문에 특징이 될 수 없으며 수사에 도움이 되지 못한다. 사람에 대한 관찰요령은 다음의 내용을 확인한다.

① 특정인의 이동경로(이동동선)
② 출입 시간과 출입순서
③ 대화내용 및 말투(어조, 음성, 높낮이, 사투리 등)

④ 다른 사람과 구별될 수 있는 특징
⑤ 개인적인 인상

3. 현상에 대한 관찰요령

1) 관찰대상

① 사람의 자연스럽지 못한 행동
② 주변에 위화감을 불러일으키는 대상물
③ 평소와 다르거나 비정상적인 현상
④ 가스누출 · 화재 등 각종 사고와 관계되는 현상
⑤ 지진 · 폭우 · 태풍 등 자연재해 현상

2) 관찰 착안점

① 의미 있는 현상인가 그렇지 않은가
② 현상이 나타나고 있는 원인 무엇인가
③ 현상은 자연적인 것인가 인위적인 것인가
④ 현상이 시작된 시간은 어느 정도이며, 현재 진행 상태는 어느 정도인가
⑤ 현상이 미치는 영향은 어디까지이며 어떠한 조치가 필요한가, 그리고 가능한 조치 사항은 무엇인가

제3절 위해행위

1. 위해행위 특징

1) 시각적 특징과 관찰기법

손	• 모든 위해기도자는 범행 전 반드시 사전 예비 동작을 취함. 손에 든 물건 혹은 호주머니속의 손을 중점적으로 관찰하는 것이 중요
눈	• 눈을 필요이상으로 움직이거나 두리번거리는 등 부자연스러움이나 눈빛의 불안감을 보임
외모 · 복장	• 정상인과 차이나는 외형 · 인상에 유의하여 관찰. 선글라스, 마스크 착용으로 얼굴을 감추는 사나 신발이 섞었거나 흙이 심하게 묻은 자
행동	• 주위의 환경이나 상황에 부적절한 행동. 특정 동선을 반복적으로 배회하는 자, 로비 등에서 과도하게 오랜 시간 동안 머무는 자, 말을 더듬거나 시선을 회피하며 도주하려는 자

2) 청각적 특징과 관찰기법

이상음	• 행사장의 성격 · 분위기와 전혀 다른 이상음 확인(총성, 굉음, 폭발음, 균열음 등)
근무자간 경고신호	• 근무자 상호간에 보내는 경고메시지 청취
행사관련음	• 행사간 모든 소리에 유의(근무지역의 특성에 유의)

2. 위해기도자

위해기도자 식별요령	① 위해를 가하려는 자는 군중속에서 주로 2~3열에 위치 ② 주머니가 불룩하거나 가방을 휴대한 자 ③ 손에 신문지 등을 말아서 들고 있거나 붕대를 감은자 ④ 날씨, 주변환경과 어울리지 않는 복장 착용자 ⑤ 주변을 살피면서 안전부절 하거나 근무자를 경계하는 자 ⑥ 자주 군중무리를 이탈했다가 합류하는 자 ⑦ 목표를 집중주시하거나 근무자의 동향을 유심히 살피는 자

	⑧ 긴장된 증상을 보이면서 행동이 부자연스러운 자(창백한 표정, 식은 땀, 침을 자주 삼킴, 다리 떨기 등) ⑨ 행사에 임박하여 군중 속으로 합류라는 자 ⑩ 얼굴이나 족장에 변장의 흔적이 있는 자(가발, 수염 등) ⑪ VIP를 잘 안다거나 과거의 전력을 떠벌리는 등 허풍떠는 자
위해기도의 특성	① 근무자가 인지하기 전 기습적으로 위해 시도(기습공격) ② 목적달성을 위해 무기 숙달훈련, 현장답사, 예행연습 등 주도면밀한 계획수립 및 시행(계획적 위해) ③ 죽기를 각오하고 무력화 될 때까지 지속적 위해(위해의 연속성) ④ 양동작전, 기만전술 등 다양한 위해기도(다양성)
위해수단의 유형	① 총기류(권총, 저격용 소총, 기관총, 독침탄 등) ② 흉기류(도검류, 장도, 각목류, 투척물 등) ③ 차량강습(폭탄탑재차량, 자살용 폭탄차량의 강습) ④ 폭발물(원격조정 폭발물, 시한폭탄, 우편물폭탄, 수류탄, 인간폭탄, 차량폭탄 등) ⑤ 화학생물학무기(독가스, 탄저균, 치명적인 전염병) ⑥ 비행물체(모형항공기, 행글라이더, 패러글라이더) ⑦ 기타수단(로켓포, 미사일, 방사능물질, 레이저광선, 사이버테러 등)

3. 근무자 행동요령 및 점검사항

근무자 행동강령	① 접근자의 손과 눈을 주시하며 의심하고 경계 ② 위해자의 입장에서 생각하고 대비책 강구 ③ 모든 인원·물품을 예외 없이 확인하고 검색 ④ 방심은 위해분자에게 기회를 제공하기 때문에 긴장 유지 ⑤ 임무를 확인하여 관련자를 최소화하고 보안누설에 따른 책임부여 ⑥ 비상상황을 예측하고 대비책 강구
근무자 일반검측요령	① 모든 버튼은 눌러서 확인 ② 모든 줄은 당겨서 확인 ③ 비품은 손바닥을 활용하여 힘껏 눌러서 확인 ④ 체인은 당겨보고 시건장치는 열고 닫아서 확인 ⑤ 노출된 선은 추적하여 확인 ⑥ 본래의 기능을 확인 ⑦ 보인는 곳보다 숨겨진 곳을 위주로 확인
근무지 주변 점검사항	① 부여된 근무지역의 범위와 임무의 숙지 ② 출입통제방식의 명확한 숙지 ③ 비표 운영계획의 숙지

	④ 근무지 주변 위험물, 폭발물, 무기류 확인 ⑤ 폭발물 은닉이 가능한 장소 및 물건들 점검 ⑥ 최근 수리, 공사한 흔적과 시설물에 대한 추적 확인 ⑦ 주변 근무자 위치파악 및 인수인계 철저 ⑧ 근무지 주변 청결 및 근무지침 숙지

제4절 기록요령

1. 기록의 의의와 기능

1) 기록의 의의

기록은 근무자가 업무의 수행시에 관찰하는 다양한 사물이나 현상 등을 메모 등의 형태로 문자화하는 작업을 말한다. 사람의 기억력은 물론 개인차가 있겠지만, 대부분의 사람들은 자신이 관찰하거나 보고 들은 내용을 기억하는 데 한계를 지니고 있기 때문에 일정시간이 경과하게 되면 기억의 상당한 부분은 잊어버리게 된다.

2) 기록의 기능

(1) 기억의 보존

기억이란 시간이 지남에 따라 관찰자의 성향에 따라 기억하고 싶은 형태로 변화하기도 한다. 사람마다 지각한 것을 해석하는 능력이 다른데, 이것은 사람들이 자신의 학식과 상황을 근거로 지각한 것을 평가하기 때문이다. 그렇기 때문에 관찰자가 기억한 사실들은 시간이 경과함에 따라 객관적인 특성을 잃게 되고 관찰자의 주관적인 기억(기억 당시의 분위기, 인상, 느낀 감정)으로 남고, 표현하게 되는 것이다. 이러한 기억의 한계를 보완해주기 위하여 기록을 하게 된다. 기록을 통하여 관찰자는 자신의 부족한 기억을 보완할 수 있다. 몇 십 년이 지나도 기록을 통하여 그 날의 상황을 생생하게 떠올릴 수 있는 것처럼 기록은 쉽게 잊혀 질수 있는 기억을 오래도록 보존해주는 기능을 한다.

(2) 객관적 사실의 보존

기록을 통하여 관찰자는 자신이 기억하고 있는 사실에서 주관적인 부분을 배제하고 객관적인 사실을 보존할 수 있다. 즉, 기록은 시간이 지날수록 기억이 관찰자의 주관적인 특성과 성향에 따라 변질 되는 것을 막고, 당시 상황의 객관적인 특성만을 보존하게 된다.

(3) 범죄수사의 단서 제공

① 용의자 특정

사건이 발생하게 되면 범죄발생 장소의 경비원은 1차적으로 중요 참고인이 되며 경비원의 기록은 매우 중요한 단서가 된다. 출입자 및 출입차량에 대한 기록을 통하여 용의자를 특정하거나 최소한 범죄 발생시간 전후 출입한 용의자를 한정지을 수가 있다.

② 수사의 중요 단서 제공

경비원의 기록을 통하여 사건 수사의 중요한 단서(범죄에 사용된 차량, 범인의 수, 범죄 발생 전후로 일어난 현상 등)가 제공될 수 있다.

(4) 기록의 분석을 통한 각종 위험의 발견

경비원의 최대 목표는 경비대상시설물의 안전 확보이다. 시설물 내에서 일어나는 현상 및 사건들에 대한 기록과 그 기록의 분석을 통하여 취약요소에 대한 개선 · 보완이 가능하고, 위험의 발생을 미연에 방지할 수 있다.

예컨대, 최근 아파트 등 공동주택에서 근무하는 경비원의 경우에는 주차장의 차량 번호를 매일 기록 · 분석함으로써 장기 주차된 차량의 파악이 가능하고 그로 인한 범죄(차량 소유주의 실종, 도난 차량 등)의 발견도 가능해질 수 있는 것이다.

(5) 기타 각종 서비스 제공

경비업무 수행 중 필요한 사항들을 기록해 둠으로써 시설주나 입주자에 대한 정보 제공 · 민원 안내 등 다양한 형태의 서비스 제공이 가능해진다.

경비업이 경비대상시설의 위험 발생의 방지를 수행하는 업무라는 점과 더불어 고객

(고용주, 대상시설 이용자, 입주자 등)에 대한 경비 서비스의 제공이라는 측면을 고려할 때, 경비업무를 전문화시킬 수 있는 각종 서비스의 연구가 다각적으로 진행되어야 할 것이다.

2. 기록의 대상

1) 출입자 · 출입차량

경비대상 시설 · 장소의 출입자와 출입차량은 기본적인 기록의 대상이 된다. 하지만 모든 출입자와 출입차량에 대하여 기록을 하는 것은 아니며, 경비원이 판단하여 의심스러운 행동이나 현상, 질문검색을 실시한 대상자나 차량 등 기록을 남겨둘 필요성이 있는 경우에 행한다.

2) 경비대상시설 주위의 차량

대상시설 주위에 주차되어 있는 낯선 외지차량, 혹은 시동을 켠 상태로 대기하고 있는 차량, 시동을 끈 상태로 사람이 탑승하여 있는 차량 등 불심점이 있는 차량에 대해 기록한다.

3) 기타 경비대상 시설 내외에서 발생하는 제반현상들

경비대상 시설 내외에서 발생하는 각종 현상들에 대해 기록을 남긴다. 이 경우에는 화재연기, 비명소리, 둔탁한 소리 등 인위적인 것에 의한 현상도 포함되지만 지진, 태풍, 벼락 등

4) 질문검색의 내용

경비원이 실시하는 질문검색의 내용은 별도의 기록을 남겨두어야 한다. 왜냐하면, 경비원이 실시한 질문검색의 내용이 불완전하다거나 대상자가 노련하여 경비원의 질문검색을 자연스럽게 넘긴다거나 대상자가 경비원의 질문검색에 끝까지 응하지 않는 등 여

러 가지 이유로 질문검색만으로 실제 범인을 확인하지 못하는 경우가 발생 할 수 있기 때문이다. 따라서 질문검색을 통하여 발견하지 못한 위해 요소들이 있을 수 있으며 이 경우 질문검색의 내용을 기록으로 남겨두게 되면 추후 경찰의 수사에 유용한 자료가 될 수 있다.

3. 기록의 요령

1) 시간 · 대상 · 이유의 기록

기록에는 기본적으로 기록시간(when), 기록대상(what), 기록이유(why)가 포함되어야 한다. 기록함에 있는 6하 원칙에 입각한 기록이라면 좋겠지만 그렇지 못한 경우 기록 시간, 기록대상, 기록이유는 반드시 포함되어야 한다.

2) 객관적 사실중심의 기록

기록을 함에 있어서 주관적인 판단은 지양하고 사실을 있는 그대로 기록해야 한다. 관찰자의 주관적 감정이나 판단이 기록되면, 그 기록을 읽는 사람에게는 당시의 객관적 상황이 왜곡될 가능성이 있기 때문이다.

3) 관찰된 사실 모두에 관한 상세한 기록

사소한 내용이라도 추후에 주요한 단서가 될 수 있기 때문에 관찰된 내용 전부를 기록하는 것이 좋다. 따라서 아무런 의미가 없어 보이는 현상이라도 가능한 한 빠짐없이 기록으로 남기는 것이 적절하다. 또한 기록된 사실만으로도 사람에 대한 기본적인 묘사가 가능하도록 기록해야 한다.

4) 기록자가 이해하기 쉽게 기록

체계적이지 못한 단순한 나열식의 문장은 다른 읽는 사람에게 혼동을 줄 수 있으므로, 기록은 기록자가 이해하기 쉽게 체계적으로 해야 한다.

5) 조치 · 결과사항의 포함

기록된 내용과 관련하여 조치된 사항이 있거나 추가된 사항, 종결된 내용이 있다면 반드시 그 결과를 기록해 두어야 한다.

부 록

의료기관에 근무하는
보안인력(경비원 등)을 위한

상황별 대처 요령 매뉴얼

1. 매뉴얼 제작 배경

- 의료기관에서 폭력 · 난동 등 위험상황이 발생하는 경우 경비원 등의 보안인력은 이러한 위험상황을 제거하기 위해 필요시 제지, 현행범 체포와 같은 조치를 취할 수 있으나, 사전지식이 불충분함에 따라 대처에 어려움을 겪는 경우가 있습니다.
- 이에, 경찰청은 안전한 의료 환경 조성 대책의 일환으로 의료기관에서 근무하는 보안인력(경비원 등)의 대처능력을 향상시키고자 위험상황에 대한 각각의 사례와 조치요령 및 이에 대한 해설을 담은 '상황별 대처 요령 매뉴얼'을 제작하였습니다.

2. 미리 알아두기

1) 보안인력의 구분

- 본 매뉴얼에서 말하고 있는 보안인력은 경비업법에 따른 경비원과 법령상 근거를 두고 있지는 않으나 의료기관 자체 업무분장에 따라 경비업무를 담당하고 있는 보안담당자 등을 모두 포함하는 개념입니다.

  ※ 보안인력이란? = ① 경비업법 상 경비원 + ② 청원경찰 + ③ 그 외 보안담당자

2) 보안업무의 근거

- 「경비업법」 제2조는 도난, 화재, 그 밖의 혼잡 등으로 발생할 수 있는 위험을 방지하는 것을 경비원의 업무로 규정하고 있습니다. 따라서 경비업법에 따라 배치된 경비원은 해당 규정에 따라 위험발생 방지 업무(경비업무)를 수행할 수 있습니다.
- 한편, 의료기관에 직접 고용되어 「경비업법」 상 경비원으로 볼 수 없는 보안담당자의 경우에는 「경비업법」을 업무의 근거로 삼을 수는 없으나, 통상의 시설에서 자체적으로 경비를 하는 것에 특별히 제한이 있다거나 법률적 자격이 요구되는 것은 아니므로, 보안담당자는 부여 받은 직무에 따라 경비업무를 수행할 수 있고, 필요한 경우 형사소송법 및 형법 등 관련 법률의 범위 내에서 경고, 제지, 현행범인 체포 등의 조치도 취할 수 있습니다.

Q : 의료기관에 배치된 경비원은 신변을 보호하는 경비원이 아닌데 의료진, 환자 등 사람에게 발생할 수 있는 위험도 방지할 수 있는 것인가요?

A : 의료기관에 배치된 경비원은 시설경비원에 속하며, 이러한 시설경비원은 배치된 장소에서 발생할 수 있는 다양한 위험을 방지하는 것을 임무로 하고 있습니다. 따라서 의료기관에 배치된 경비원은 시설뿐 아니라 해당 장소에 있는 사람에게 발생할 수 있는 위험도 방지할 수 있습니다.

아울러, 「형법」은 위법한 침해로부터 개인의 권리가 보전될 수 있도록 정당행위, 정당방위, 긴급피난, 자구행위 등과 같은 법 규정을 두고 있으므로, 의료기관에서 근무하는 보안인력이 「경비업법」에 따른 경비원이 아닌 경우에도, 의료진, 환자에 대한 폭행 등 위험한 상황이 발생하였다면, 해당 보안인력은 그러한 위험을 제거하기 위한 경고, 제지, 현행범인 체포와 같은 필요한 조치를 취할 수 있습니다.

3) 보안인력이 할 수 있는 조치들

- **(현행범 체포)** 「형사소송법」 제212조에서는 '현행범인은 누구든지 체포할 수 있다'고 규정하고 있습니다. 따라서 의료기관에 배치된 보안인력 역시 필요한 경우 현행범인 체포가 가능합니다.

Q : 현행범인이면 무조건 체포할 수 있는 것인가요?

A : 대법원 판례는 현행범인인 경우에도 '도망 및 증거인멸의 염려'가 있을 때만 현행범인 체포를 할 수 있다고 보고 있습니다. 따라서 의료기관에서 가해자가 폭력 등 법에 위반되는 행위를 한 경우라도 '도망 및 증거인멸의 염려'가 없다면 현행범인 체포를 해서는 안됩니다.

- **(제지 · 경고)** 앞에서 말씀드린 바와 같이 「경비업법」 제2조는 도난, 화재, 그 밖의 혼잡 등으로 발생할 수 있는 위험을 방지하는 것을 경비원의 업무로 규정하고 있습니다. 따라서 「경비업법」 적용을 받는 경비원은 출입할 자격이 없으면서도 해당 시설에 무단으로 출입하려고 하는 사람, 타인에게 폭력을 행사하는 등 위험상황을 초래하는 사람에게는 제지 · 경고 등의 필요한 조치를 취할 수 있습니다.

  또한, 「형법」 제20조는 '법령에 의한 행위 또는 업무로 인한 행위 기타 사회상규에 위배되지 아니하는 행위는 벌하지 아니한다'라고 규정하고 있습니다. 따라서 「경비업법」 상 경비원이 아닌 보안인력도 폭력 등 위험상황이 발생하였거나, 출입할 자격이 없는 사람이 의료시설 내로 무단출입하려고 하는 때에는, 그러한 행위를 하는 상대방에게 제지 · 경고 등의 필요한 조치를 취할 수 있습니다.

Q : 경비업무를 위해서 제지를 하는 경우 방식은 상관이 없나요?
A : 대법원은 어떠한 행위가 정당행위로 인정되기 위해서는 ▵목적의 정당성 ▵수단의 상당성 ▵법익 균형성 ▵긴급성 ▵보충성이 있어야 한다고 말하고 있습니다. 따라서 보안인력의 제지행위도 이러한 요건에 부합되어야만 정당행위로 인정받을 수 있습니다. 가령, 단순히 시설로 진입하고자 하는 사람을 막는 것이 아니라 밀어 넘어뜨린다거나, 위험성이 높지 않은 행동을 제지하기 위해 장구를 사용하는 등의 행위를 한다면 이러한 행위는 정당행위로 인정받을 수 없는 경비업무라고 볼 수 있습니다.
Q : 의료기관에 술에 취한 사람이 들어와 자는 경우 경비원이 끌어 낼 수 있나요?
A : 「경비업법」 상 경비원의 임무는 도난, 화재, 그 밖의 혼잡 등으로 인한 '위험발생 방지'인데, 단순히 술에 취한 사람이 병원에서 잠만 자고 있다면, 이는 경비원의 임무에서 규정하고 있는 '위험발생'이라고 보기 어렵습니다. 따라서, 해당 사례와 같이 술에 취한 사람이 위험한 행동을 하지 않는 상태에서 단순히 잠만 자고 있다면, 직접적인 물리력을 사용하여 끌어내는 조치를 취하기보다는 경찰에 신고하여 보호자를 찾는 것이 바람직합니다.

• **(장구사용)** 「경비업법」 제16조의2(경비원의 장비 등)는 '경비원은 경비업무를 위해 필요하다고 인정되는 상당한 이유가 있을 때에는
필요한 최소한도에서 단봉 · 분사기 등 규정된 장구를 사용할 수 있다'고 규정하고 있습니다. 따라서 경비업체를 통해 의료기관에 배치된 경비원은 필요한 경우 장구를 사용할 수 있습니다.

Q : 경비원은 아무 때나 장구를 사용할 수 있는 것인가요?
A : 「경비업법」은 경비원의 장구사용 요건으로 '필요하다고 인정되는 상당한 이유'를 규정하고 있습니다. 따라서, 단봉 · 분사기 등의 장구를 사용하지 않고서는 위험발생을 방지할 수 없는 경우에만 사용할 수 있습니다.
예를 들어, 술에 취해 몸을 가누지도 못하는 사람이 단순히 주변을 향해 손발을 휘두르는 정도라면 장구를 사용하여서는 안 되는 상황이라고 보아야 하나, 거동이 자유로운 사람이 위험한 물건을 소지하고 주변을 위협하고 있거나, 다수의 사람이 폭력을 행사하는 등 경비원이 장구를 사용하지 않고서는 해당 위험을 해소할 방법이 없는 경우라면, 이러한 상황은 장구를 사용할 수 있는 경우라고 볼 수 있습니다.

Q : 「경비업법」 상의 경비원만 장구를 사용할 수 있나요?
A : 「경비업법」 상 경비원이 사용하는 장구는 ▵분사기 ▵단봉 ▵방패 등으로 이 중 ▵분사기는 총포화약법에 따라 관할 경찰서(생활질서계)의 허가를 받아야 합니다. 의료기관에 직접 고용된 보안담당자 또한 마찬가지로 분사기는 허가를 받아야 하고 ▵단봉, ▵방패 등은 소지에 특별한 제한이 없습니다.
다만, ▵단봉 ▵분사기와 같은 장구는 위해를 해소함과 동시에 위해를 가할 수도 있는 장구이므로, 보안인력이 이러한 장구를 사용하는 경우에는 정당행위 요건을 엄격히 준수하여 사용하여야 합니다.

3. 사례별 조치 요령

1) 욕설하는 가해자 제지

(1) 사례 요지

응급실 내에서 폭력행위를 하지는 않지만 의료진, 환자 등에게 큰소리로 욕설을 하고 폭언을 하는 경우 어떻게 해야 할까요?

(2) 조치 요령

가해자가 단순히 욕설만 하는 경우에는 해당 행위에 대하여 경고하고 동영상 촬영 등 증거 확보 후 사후 고소 절차를 진행하는 것이 바람직합니다.

해설 단순히 폭언이나 욕설을 하는 경우, 그러한 행위로 인하여 당장의 위험이 발생한다고 볼 수는 없지만, 의료기관의 혼란을 가중시킬 수 있을 정도의 크고 지속적인 폭언이나 욕설이라면 보안인력은 이로 인한 위험발생을 방지하기 위하여 해당 행위에 대한 중지를 요청하거나 경고를 할 수 있습니다.
또한, 「형사소송법」은 '현행범은 누구든지 체포할 수 있다'라고 규정되어 있으므로, 해당법령에 따라 경비원도 원칙적으로는 모욕을 하는 상대방을 현행범인으로 체포할 수 있습니다.
다만, 판례(대법원 98도3029)는 현행범인 체포의 요건으로 행위의 가벌성, 범죄의 현행성 · 시간적 접착성, 범인 · 범죄의 명백성 외에도 체포의 필요성 즉, 도망 또는 증거인멸의 염려를 요구하고 있기 때문에, 다수의 사람들이 모여 있는 장소에서 의사, 간호사, 환자 등을 향해 욕설을 하는 경우라도 증세가 위중하여 도망을 할 수 없거나, 신분이 확인되어 차후 고소를 할 수 있는 경우에는 현행범인 체포를 하는 것이 적절하지 않습니다.
따라서 이러한 경우에는 먼저 가해자에게 욕설을 하는 것을 중지해 줄 것을 요청(경고)하고, 그럼에도 계속하여 욕설을 한다면 동영상 촬영, 목격자 확보 등 적절한 조치를 취하면서 즉시 경찰에 신고하거나, 추후 고소 등의 절차를 진행하는 것이 바람직합니다.

2) 폭력을 행사하는 가해자 체포

(1) 사례 요지

의료진, 환자 등에게 폭력을 행사하는 사람을 보안인력이 체포할 수 있나요?

(2) 조치 요령

현행범 체포는 누구나 할 수 있으므로, '필요성 있는 경우'라면 보안인력도 폭력을 행사하는 사람을 체포할 수 있습니다. 다만, 이렇게 체포하는 경우에는 신병을 인계하기 위해 신속히 경찰에 신고해야 합니다.

해설 앞선 해설과 같이 현행범인인 경우 누구라도 체포가 가능합니다. 다만, 이렇게 체포를 하는 경우에도 필요성이 존재해야 하는데, 판례(2013헌마849)는 이러한 체포의 필요성이 일반인(사인)에게도 적용되는 것으로 보고 있습니다.
따라서, 의료진, 환자 등 에게 폭력을 행사한 사람이 있는 경우에도, 신분 확인이 안 된 상태에서 폭력을 행사한 후 도망하려 한다거나, 자신이 폭력을 행사한 사실을 숨기려고 하는 등 도망 및 증거인멸이 예상되는 경우에는 현행범으로 체포할 수 있습니다.

- 헌법재판소 2013헌마849 결정요지

> 이 사건 기록에 의하면, 청구인들은 피해자의 갑작스러운 폭행으로 넘어져 상해를 입었고, **폭행을 가한 피해자는 아무런 사과 없이 그대로 도주하려고 하였으며**, 청구인들은 피해자와는 전혀 모르는 사이로서 피해자가 도주할 경우 사후에 피해자를 체포할 가능성이 희박하여, 청구인들이 피해자를 쫓아가 붙잡는 과정에서 유형력을 행사하였다는 것인바, 청구인들의 행위는 현행범인 체포의 요건을 갖추었다.
> 또한, **피해자를 제압하면서 일행에게 경찰에 신고하도록 한 점에 비추어 동기나 목적이 정당**하고, 피해자를 체포함에 있어 양팔로 목을 감싸 안고 다리를 걸어 넘어뜨린 후 무릎과 양팔로 피해자의 목, 어깨, 머리 등을 눌러 꼼짝하지 못하게 한 점은 다소 공격적인 행위로 볼 여지도 있으나, **피해자를 제압한 후 경찰이 출동할 때까지 약 5분간 위와 같은 행위를 하였고, 추가적인 폭행이 없었던 점**에 비추어 수단이나 방법으로 상당하며, 청구인들도 피해자의 폭행으로 각각 약 3주간의 치료를 요하는 상해를 입은 점에 비추어 법익균형성도 충족되었고, 피해자의 인적사항이나 주소 등을 모르는 상태이어서 긴급성과 보충성요건도 충족하였다. 따라서 청구인들의 이 사건 행위는 적법한 현행범인 체포행위로서 정당행위에 해당하므로 위법성이 조각된다.

3) 폭력을 제지하기 위한 물리력 행사

(1) 사례 요지

의료진, 환자 등에게 폭력을 행사하는 사람이 있는 경우, 폭력만 제지하고 싶은데, 보안인력이 제지하는 과정에서 물리력을 행사해도 되는 것인가요?

(2) 조치 요령

폭력 행사로 인하여 의료진, 환자 등에게 위험이 발생할 수 있는 경우라면 해당 행위를 제지하기 위해 필요한 물리력을 행사할 수 있습니다.

해설 「경비업법」은 '**경비원**은 직무를 수행함에 있어 타인에게 위력을 과시하거나 물리력을 행사하는 등 경비업무의 범위를 벗어난 행위를 하여서는 아니된다(제15조의2)'라고 규정하고 있습니다. 따라서, 경비원은 직무를 수행하는 과정에서 불필요한 물리력 등을 행사하지 않도록 주의하여야 합니다.

다만, **해당 규정은 정당한 업무를 수행하는 과정에서 행사하는 물리력을 규제하려는 것이 아니라, 「경비업법」 상 허용되지 않는 업무를 수행하는 과정에서 행사되는 불필요한 물리력*을 규제하고자 하는 것인 만큼, 정당한 업무 범위 내에서의 물리력 행사는 가능**한 것으로 보아야 합니다.

* 제15조의2에 대한 발의안(2005.05.27. 최규식 의원 대표발의)과 심사과정(제254회 국회 제8차 본회의 회의록 참고)을 살펴보면,
법안의 제안 목적이 '**경비원이 집단민원 현장에 불법적으로 동원되어 주민들과 충돌하여 사회적 문제가 되고 있음에 따라 경비원이 경비업무외의 업무에 종사하거나 종사하도록 한 경우, 이를 처벌하고자 함**'이라는 것을 확인할 수 있고,
원안은 '일반경비원은 경비업무 외의 업무에 종사하여는 아니 된다'라는 단일 조항으로 규정되어 있었으나, 법안 심사 과정에서 입법자의 의도와 법률 명확성을 고려하여 현재와 같은 2개의 조항으로 수정되었다는 것을 알 수 있습니다.
따라서, 제15조의2(경비원의 의무)는 경비원이 행사하는 모든 물리력을 제한하고자 하는 것이 아니라, 경비업무와 관련 없는 불필요한 물리력만 규제하기 위해 도입된 것으로 이해하여야 합니다.

형법은 '법령에 의한 행위 또는 업무로 인한 행위 기타 사회상규에 위배되지 아니하는 행위는 벌하지 아니한다(정당행위)'라는 규정을 통해 이를 명문화하고 있으며, 경비업법은 제16조의2(경비원의 장비 등) 규정을 통해 상당한 이유가 있을 때에는 필요 최소한도의 물리력 행사가 가능하다는 것을 보여주고 있습니다.

■ **「경비업법」 제16조의2(경비원의 장비 등)**
① 경비원이 휴대할 수 있는 장비의 종류는 경적 · 단봉 · 분사기 등 행정안전부령으로 정하되, 근무 중에만 이를 휴대할 수 있다. (생략)
④ 경비원은 경비업무를 위하여 필요하다고 인정되는 상당한 이유가 있을 때에는 필요한 최소한도에서 제1항의 장비를 사용할 수 있다. (생략)

또한 「형법」은 '자기 또는 타인의 법익에 대한 현재의 부당한 침해를 방위하기 위한 행위는 상당한 이유가 있는 때에는 벌하지 아니한다(정당방위)'라고 규정하고 있으므로, 가해자에 의한 폭력 등으로 의료진, 환자 등이 위험에 처한 경우 경비원은 그러한 위험을 방위하기 위한 물리력 행사가 가능합니다.

아울러, **경비원 외 보안인력**도 의료진, 환자 등에게 폭력을 행사하려고 하거나 의료기관 내에서 난동을 피워 다른 환자의 치료를 위태롭게 하는 사람이 있는 경우, 그러한 행위를 제지하기 위해 필요한 물리력을 행사할 수 있습니다. 다만, 이렇게 필요한 물리력을 행사하는 경우에도 해당 행위가 정당행위로 인정받기 위해서는 첫째, 그 행위의 동기나 목적의 정당하여야 하며, 둘째, 행위의 수단이나 방법이 상당하여야 하고 셋째, 보호법익과 침해법익의 균형성이 있어야 하며 넷째, 긴급하고 다섯째, 그 행위 이외의 다른 수단이나 방법이 없다는 보충성의 요건을 갖추어야 합니다(대법원 97도 3337).

아울러, 정당방위의 경우에도 판례는 타인에 의한 부당한 침해가 있었다 하더라도 그것이 상호간의 싸움으로 번진다면, 그러한 투쟁행위는 상대방에 대하여 방어행위인 동시에 공격행위를 구성하여 그 상대방의 행위를 부당한 침해라고 하고 피고인의 행위만을 방어행위라고 볼 수 없다고 판시(대법원 83도 3020)하고 있기 때문에,

가해자 등에 의한 폭력을 제지하는 과정에서 수반되는 물리력 행사가 정당방위로 인정받기 위해서는 상대방의 부당한 공격에서 벗어나거나 이를 방어하기 위한 정도의 물리력이어야 하며, 그러한 행위에 이르게 된 경위, 목적, 수단, 의사 등 제반사정이 사회통념상 허용될 만한 정도로 상당하여야 합니다(대법원 89도623).

4) 경비원의 장구 사용

(1) 사례 요지

폭력을 제지하는 과정에서 경비원이 장구를 사용할 수 있나요?

(2) 조치 요령

필요한 경우 경비원은 장구를 사용할 수 있습니다. 다만, 장구를 사용하지 않고는 폭력을 제지할 수 없는 경우에 한하여 최소한도로 사용해야 합니다.

해설 앞서 살펴본 바와 같이 폭력을 제지하거나 현행범인 체포를 하는 과정에서 경비원은 일정한 물리력을 행사하거나 장구를 사용할 수 있습니다. 다만, 이렇게 장구를 사용하는 경우에도 정당행위나 정당방위에 필요한 요건을 갖추어야 하므로, 분사기 또는 단봉 등의 장구를 사용하지 않고는 다른 수단이나 방법이 없고, 사회통념상 허용될 만한 정도의 상당성 등이 있는 경우에만 현행범인 체포 또는 제지에 수반하여 장구를 사용할 수 있습니다.

> ■ 「경비업법」 제16조의2(경비원의 장비 등)
> ① 경비원이 휴대할 수 있는 장비의 종류는 경적 · 단봉 · 분사기 등 행정안전부령으로 정하되, 근무 중에만 이를 휴대할 수 있다. (생략)
> ④ 경비원은 경비업무를 위하여 필요하다고 인정되는 상당한 이유가 있을 때에는 필요한 최소한도에서 제1항의 장비를 사용할 수 있다. (생략)

가령, 거동이 자유로운 사람이 위험한 물건을 이용하여 의료진, 환자 등 다른 사람을 폭행 · 협박하는 경우, 대화로써 행위를 중지시킬 수 없거나 다른 사람에게 위해를 가할 가능성이 높아 당장 행위를 중지시킬 필요가 있다면, 이러한 때에는 체포 또는 제지에 수반하여 분사기 · 단봉 등

의 장구를 사용할 수 있으나, 사실상 거동이 어려운 가해자가 단순히 주먹을 휘두르거나 발길질을 하는 수준이어서 장구를 사용하지 않고서도 충분히 제지가 가능한 상황이라면, 이러한 경우에는 장구를 사용하여서는 안됩니다.

4. 참고자료

붙임 1 정당방위 · 정당행위 등 적용 요건

(1) 정당방위 적용요건

- **(규정)** 자기 또는 타인의 법익에 대한 현재의 부당한 침해를 방위하기 위한 행위는 상당한 이유가 있을 때 벌하지 아니한다(「형법」 제21조 제1항)
- **(적용 요건)**

① 정당방위 상황
- 상대방이 자기 또는 타인의 법익에 대한 부당한 침해

② 현재의 부당한 침해
- 침해행위가 저지되거나 종료된 후에는 폭력행위를 하지 않았을 것

③ 방위행위
- 침해행위에 대해 방어하기 위한 행위일 것

④ 상당한 이유
- 위법하게 침해행위를 도발하지 않았을 것
- 폭력행위의 수단이 침해행위의 방위에 필요한 범위 내일 것
- 상대방이 침해하려는 법익보다 방위행위로 침해한 법익이 현저히 크지 않을 것

(2) 정당행위 적용요건

- **(규정)** 법령에 의한 행위 또는 업무로 인한 행위 기타 사회상규에 위배되지 아니하는 행위는 벌하지 아니한다(「형법」 제20조).
- **(적용 요건)**

① 동기나 목적의 정당성
② 행위의 수단이나 방법의 상당성
③ 보호이익과 침해이익과의 법익균형성
④ 긴급한 사정
⑤ 다른 수단이나 방법이 없다는 보충성

(3) 긴급피난 적용요건

- **(규정)** 자기 또는 타인의 법익에 대한 현재의 위난을 피하기 위한 행위는 상당한 이유가 있는 때에는 벌하지 아니한다. (「형법」 제22조)
- **(적용 요건)**

① **현재의 위난**
- 방지하면 법익침해가 발생할 개연성이 높은 현재의 상태
  ※ 현재의 부당한 침해를 요구하는 정당방위보다 적용 범위가 넓음

② **자기 또는 타인의 법익에 대한 위난을 피하기 위한 행위**
- 정당방위와 달리 개인적인 법익(생명 · 신체 등) 외에 사회적, 국가적 법익 포함
- 방어적 피난(위난을 야기한 자의 법익 침해), 공격적 피난(위난 발생과 무관한 제3자의 법익을 침해, 대부분의 긴급피난행위가 여기에 속함)

③ **상당성**
- (보충성) 긴급피난의 행위는 최후의 유일한 수단이어야 함
- (우월한 이익) 긴급피난을 통해 보호되는 법익은 침해되는 법익보다 우월한 법익이어야 함
- (수단의 적합성) 피난 행위는 사회상규에 비추어 적합한 수단이어야 함

붙임 2 의료기관 비상벨 신고

(1) 신고 접수 및 출동

- **(신고접수)** 의료기관 내에 설치된 비상벨이 작동하는 경우 112에 신고가 접수되며, 경찰은 긴급한 상황(코드0 · 1)으로 판단합니다.
  ※ '16. 4월부터 경찰은 112신고를 긴급성에 따라 5단계로 분류하고 있으며, 코드 0 · 1은 긴급신고, 코드 2 · 3는 비긴급신고, 코드4는 비출동신고(상담문의)
- **(신고출동)** 신고가 접수되면 신고 장소에서 가장 가까운 순찰차가 출동하며, 흉기 소지, 집단폭행 등 위험한 경우에는 인접 순찰차 · 형사 등이 함께 출동합니다.

〈112신고 처리 흐름도〉

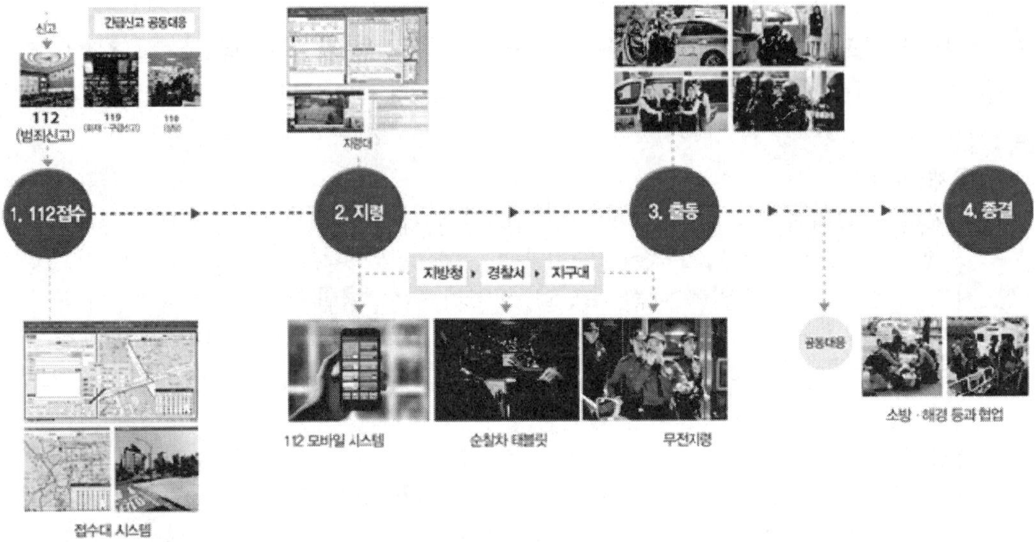

(2) 경비원 협조사항

- **(신고 요령)** 긴급한 경우에는 비상벨을 신속하게 작동시키고, 부득이하게 휴대폰 등으로 112에 신고할 경우, 우선적으로 의료기관 주소와 응급실 등 발생장소, 피해상황을 말한 후, 접수요원의 질문에 답변해주시기 바랍니다.
  - 특히 흉기·위험물 등 소지여부, 정신질환 의심 등 현장 위험성을 확인할 수 있는 내용을 신고 시에 먼저 말씀해 주시거나 이에 대한 접수요원의 질문에 대해서 답변해 주시기 바랍니다.

    ※ 긴급한 경우에는 신고자와 접수요원간 통화 중이라도, 현장 경찰관들이 출동하면서 실시간으로 신고내용을 청취할 수 있습니다.
  - 경비원이 1인으로 비상벨 작동이 어려운 경우에는 먼저, 의료진·환자 대피 등 조치를 우선 실시하고, 주변인 중 1명을 지정하여 비상벨을 작동케 하거나 전화로 112에 신고하도록 요청하시기 바랍니다.
- **(유의사항)** 오작동에 의한 경찰 출동으로 경찰력이 낭비되지 않도록 비상벨 작동에 유의해야 합니다.
  - 테스트를 위한 시범작동이거나 오작동임이 확인되는 경우 112에 사전 혹은 확인 즉시 연락하여 관련 내용을 고지하거나 설명해 주시기 바랍니다.

붙임 3 관련 법령

(1) 경비업법

제15조의2 (경비원 등의 의무)
① 경비원은 직무를 수행함에 있어 타인에게 위력을 과시하거나 물리력을 행사하는 등 경비업무의 범위를 벗어난 행위를 하여서는 아니된다.
② 누구든지 경비원으로 하여금 경비업무의 범위를 벗어난 행위를 하게 하여서는 아니 된다.

제16조의2 (경비원의 장비 등)
① 경비원이 휴대할 수 있는 장비의 종류는 경적·단봉·분사기 등 행정안전부령으로 정하되, 근무 중에만 이를 휴대할 수 있다.
④ 경비원은 경비업무를 위하여 필요하다고 인정되는 상당한 이유가 있을 때에는 필요한 최소한도에서 제1항의 장비를 사용할 수 있다.
②③⑤ (생 략)

시행규칙 [별표5] 경비원 휴대장비의 구체적인 기준

장비	장비기준
1. 경적	금속이나 플라스틱 재질의 호루라기
2. 단봉	금속(합금 포함)이나 플라스틱 재질의 전장 700mm이하의 호신용 봉
3. 분사기	「총포·도검·화약류 등 단속법」에 따른 분사기
4. 안전방패	플라스틱 재질의 폭 500mm 이하, 길이 1,000mm이하의 방패로 경찰공무원이 사용하는 안전방패와 색상 및 디자인이 명확히 구분되어야 함
5. 무전기	무전기 송신 시 실시간으로 수신이 가능한 것
6. 안전모	안면을 가리지 아니하면서, 머리를 보호하는 장비로 경찰공무원이 사용하는 방석모와 색상 및 디자인이 명확히 구분되어야 함
7. 방검복	경찰공무원이 사용하는 방검복과 색상 및 디자인이 명확히 구분되어야 함

(2) 형사소송법

제212조 (현행범인의 체포)
현행범인은 누구든지 영장없이 체포할 수 있다.

제211조 (현행범인과 준현행범인)
① 범죄의 실행 중이거나 실행의 즉후인 자를 현행범인이라 한다.
② 다음 각 호의 1에 해당하는 자는 현행범인으로 간주한다.
1. 범인으로 호창되어 추적되고 있는 때
2. 장물이나 범죄에 사용되었다고 인정함에 충분한 흉기 기타의 물건을 소지하고 있는 때
3. 신체 또는 의복류에 현저한 증적이 있는 때
4. 누구임을 물음에 대하여 도망하려 하는 때

제213조 (체포된 현행범인의 인도)
① 검사 또는 사법경찰관리 아닌 자가 현행범인을 체포한 때에는 즉시 검사 또는 사법경찰관리에게 인도하여야 한다. (이하 생략)

(3) 형법

제20조 (정당행위)
법령에 의한 행위 또는 업무로 인한 행위 기타 사회상규에 위배되지 아니하는 행위는 벌하지 아니한다.

제21조 (정당방위)
① 자기 또는 타인의 법익에 대한 현재의 부당한 침해를 방위하기 위한 행위는 상당한 이유가 있는 때에는 벌하지 아니한다.
② 방위행위가 그 정도를 초과한 때에는 정황에 의하여 그 형을 감경 또는 면제할 수 있다.
③ 전항의 경우에 그 행위가 야간 기타 불안스러운 상태하에서 공포, 경악, 흥분 또는 당황으로 인한 때에는 벌하지 아니한다.

제22조 (긴급피난)
① 자기 또는 타인의 법익에 대한 현재의 위난을 피하기 위한 행위는 상당한 이유가 있는 때에는 벌하지 아니한다.
② 위난을 피하지 못할 책임이 있는 자에 대하여는 전항의 규정을 적용한다.
③ 제21조 제2항과 제3항의 규정은 본조에 준용한다.

제23조 (자구행위)
① 법정절차에 의하여 청구권을 보전하기 불능한 경우에 그 청구권의 실행불능 또는 현저한 실행곤란을 피하기 위한 행위는 상당한 이유가 있는 때에는 벌하지 아니한다.
② 전항의 행위가 그 정도를 초과한 때에는 정황에 의하여 형을 감경 또는 면제할 수 있다.

붙임 4 관련 판례

- **상호시비가 벌어져 싸움한 경우 정당방위의 성립인정 가부 / 대법원 83도3020**
- 판결요지 : 피고인과 피해자 사이에 상호시비가 벌어져 싸움을 하는 경우에는 그 투쟁행위는 상대방에 대하여 방어행위인 동시에 공격행위를 구성하며, 상대방의 행위를 부당한 침해라고 하고 피고인의 행위만을 방어행위라고는 할 수 없다.

- **위법한 법익침해 행위가 있더라도 긴박성 또는 방위행위의 상당성이 결여된 경우에 있어서의 정당방위의 성립 여부 / 대법원 84도1611**
- 판결요지 : 피고인이 그 소유의 밤나무 단지에서 피해자가 밤 18개를 푸대에 주워 담는 것을 보고 푸대를 빼앗으려다 반항하는 피해자의 뺨과 팔목을 때려 상처를 입혔다면 위 행위가 비록 피해자의 절취행위를 방지하기 위한 것이었다 하여도 긴박성과 상당성을 결여하여 정당방위라고 볼 수 없다.

- **더 이상 맞지 않으려고 가슴을 밀어낸 정도의 폭행과 정당행위 / 대법원 86도751**
- 판결요지 : 피해자가 피고인의 팔을 당기고 하여 아무말 없이 뒤돌아 가는데 다시 오른팔을 확 잡아당기고 가슴부분을 1회 때리고 또 다시 때리려는 것을 보고, 피고인으로서는 더 이상 맞지 않으려고 피해자의 가슴을 밀어낸 정도의 행위로서는 비록 외형상 그것이 폭행에 해당한다 하더라도 그 동기나 당시의 상황으로 봐서 불법한 공격적인 행위로 나아간 것이라고 할 수 없고 이는 오히려 먼저 당한 폭행과 같은 새로운 폭행을 당하지 않으려고 본능적으로 한 소극적 방어행위(저항)에 지나지 않아 사회상규에 어긋나는 행위라고 볼 수 없다.

- **父의 신체 등에 대한 위해를 방위하기 위한 정당방위로서 위법성이 조각된다고 본 사례 / 대법원 86도1091**
- 판결요지 : 차량통행문제를 둘러싸고 피고인의 父와 다툼이 있던 피해자가 그 소유의 차량에 올라타 문안으로 운전해 들어가려 하자 피고인의 父가 양팔을 벌리고 이를 제지하였으나 위 피해자가 이에 불응하고 그대로 그 차를 피고인의 父 앞쪽으로 약 3미터 가량 전진시키자 위 차의 운전석 부근 옆에 서 있던 피고인이 父가 위 차에 다치겠으므로 이에 당황하여 위 차를 정지시키기 위하여 운전석 옆 창문을 통하여 피해자의 머리털을 잡아당겨 그의 흉부가 위 차의 창문틀에 부딪혀 약간의 상처를 입게 한 행위는 父의 생명, 신체에 대한 현재의 부당한 침해를 방위하기 위한 행위로서 정당방위에 해당한다.

- **정당방위에 해당한다고 본 사례 / 대법원 89도623 판결**
- 판결요지 : 피고인이 방안에서 피해자로부터 깨진 병으로 찔리고 이유 없이 폭행을 당하여 이를 피하여 방밖의 홀(hall)로 도망쳐 나오자 피해자가 피고인을 쫓아 나와서까지 폭행을 하였다면 이때 피고인이 방안에서 피해자를 껴안거나 두 손으로 멱살부분을 잡아 흔든 일이 있고 홀 밖에서 서로 붙잡고 밀고 당긴 일이 있다고 하여도 특별한 사정이 없는 한 이는 피해자에 대항하여 폭행을 가한 것이라기 보다는 피해자의 부당한 공격에서 벗어나거나 이를 방어하려고 한 행위였다고 보는 것이 상당하고 그 행위에 이르게 된 경위, 목적, 수단, 의사 등 제반사정에 비추어 위법성이 결여된 행위라고 볼 것 이다.

- **[1] 정당행위의 성립요건, [2] 현행범인 체포의 요건, [3] 현행범인 체포행위가 적정한 한계를 벗어나는 행위인지 여부의 판단기준, [4] 피고인의 차를 손괴하고 도망하려는 피해자를 도망하지 못하게 멱살을 잡고 흔들어 피해자에게 전치 14일의 흉부찰과상을 가한 경우, 정당행위에 해당한다고 본 사례 / 대법원 98도3029**
- 판결요지 : [1] 어떠한 행위가 위법성 조각사유로서의 정당행위가 되는지의 여부는 구체적인 경우에 따라 합목적적, 합리적으로 가려져야 할 것인바, 정당행위를 인정하려면 첫째 그 행위의 동기나 목적의 정당성, 둘째 행위의 수단이나 방법의 상당성, 셋째 보호법익과 침해법익의 균형성, 넷째 긴급성, 다섯째 그 행위 이외의 다른 수단이나 방법이 없다는 보충성의 요건을 모두 갖추어야 할 것이다.

  [2] 현행범인은 누구든지 영장 없이 체포할 수 있으므로 사인의 현행범인 체포는 법령에 의한 행위로서 위법성이 조각 된다고 할 것인데, 현행범인 체포의 요건으로서는 행위의 가벌성, 범죄의 현행성 · 시간적 접착성, 범인 · 범죄의 명백성 외에 체포의 필요성 즉, 도망 또는 증거인멸의 염려가 있을 것을 요한다.

[3] 적정한 한계를 벗어나는 현행범인 체포행위는 그 부분에 관한 한 법령에 의한 행위로 될 수 없다고 할 것이나,적정한 한계를 벗어나는 행위인가 여부는 결국 정당행위의 일반적 요건을 갖추었는지 여부에 따라 결정되어야 할 것이지 그 행위가 소극적인 방어행위인가 적극적인 공격행위인가에 따라 결정되어야 하는 것은 아니다.

[4] 피고인의 차를 손괴하고 도망하려는 피해자를 도망하지 못하게 멱살을 잡고 흔들어 피해자에게 전치 14일의 흉부찰과상을 가한 경우, 정당행위에 해당한다고 본 사례.

참고문헌

강영규 외(2005). 경찰경비총서. 경찰대학.
강용길 외(2010). 경찰학개론. 경찰공제회.
경찰공제회(2007). 경찰실무Ⅰ. 경성문화사.
경찰공제회(2006). 특수경비. 경찰공제회.
경찰대학(2002). 경찰정보론. 경찰대학.
국가정보포럼(2006). 국가정보학. 박영사.
김두현(2010). 경호학 개론. 엑스퍼드.
김순석 · 김양현(2010). 경비업법. 박문각.
김순석 · 김양현(2010). 민간경비론. 박문각.
김용세(2009). 피해자학. 형설출판사.
김창윤 외(2009). 경찰학. 다해.
김형중(2015). 새로쓴 경찰학총론. 형지사.
김형중 외(2015). 새로쓴 경찰행정학. 박영사.
김형훈(2007). 경찰관직무집행법. 경찰대학.
김형훈(2007). 생활안전외근론. 경찰대학.
대한민국 항공보안협회 민간경비교육(2018). 특수경비원 신임교육. 진영사.
박기륜(2004). 국제범죄론. 비젼캐릭터.
박현호 외(2009). 범죄예방론. 경찰대학.
박현호(2007). 안전관리론. 경찰대학.
배석주(2002). 생활응급대처요령, 현대북스.
배철효 외(2009). 경호학개론. 대영문화사.
부산1339외(2012). 일반인을 위한 응급처치.
신제칠 · 김순석(2013). 신업보안론. 도서출판 그린.
안황권 외(2011). 특수경비. 한국경비협회.

안황권 · 안성조(2006). 신경호경비법론. 백산출판사.
이상원(2008). PIA민간조사학개론. 한국고시미디어.
이윤식(1994). 행정정보체계론. 법영사.
이윤식(2009). 신행정정보체계론. 대영문화사.
이윤호(2007). 현대사회와 범죄. 다해.
이윤호(2007). 피해자학. 박영사.
이윤호(2007). 범죄학. 박영사.
이황우(2010). 테러리즘. 법문사.
이황우(2007). 경찰행정학. 법문사.
임준태(2009). 범죄예방론. 대영문화사.
장석헌 외(2010). 범죄심리학. 청목출판사.
전대양(2003). 현대사회와 범죄. 형설출판사.
정우일(2008). 경비업법요론. 울산대학교출판부.
최선우(2008). 민간경비론. 진영사.
최선우(2003). 경찰과 커뮤니티. 대왕사.
최선태(2005). 기업손실예방론. 백산출판사.
최진태(2006). 테러리즘의 이론과 실제. 대영문화사.
허경미(2005). 현대사회와 범죄. 박영사.
행정안전부 재난안전관리본부(2019). 민방위표준교재.
https://www.moleg.go.kr(법제처 홈페이지)
https://terms.naver.com(네이버백과사전 홈페이지)
http://www.nema.go.kr(소방방채청 홈페이지)
http://www.kfsa.or.kr(소방안전협회 홈페이지)
http://www.humanrights.go.kr(국가인권위원회 홈페이지) 인권교육자료
http://ye.anyang.go.kr/(안양시예절교육관 홈페이지)
http://www.yejiwon.or.kr/(예지원 홈페이지)
http://www.gcyaewon.or.kr/(과천예원 홈페이지)
화재발생시 국민행동 매뉴얼(소방방재청)
응급처치요령(소방방재청)

【저자약력】

김순석

現 신라대학교 경찰행정학과 교수

現 부산경찰청 운전면허행정처분심의위원

現 부산경찰청 경미범죄심의위원

現 부산중부경찰서 징계심의위원

現 부산북부소방서 징계심의위원

【약력】

동국대학교 경찰행정학과 학사 33기

동국대학교 대학원 경찰행정학과 경찰학 석사 · 박사

한국민간경비학회 부회장

한국경호경비학회 상임이사

한국범죄심리학회 상임이사

한국공안행정학회 부산지역 회장

한국경찰학회 부산지역 회장

경찰공무원 채용시험 출제위원

경비지도사 자격시험 출제위원

신변보호사 자격시험 출제위원

중앙경찰학교 외래교수

한국경비협회 외래교수

김양현

現 신라대학교 경찰행정학과 교수
現 부산경찰청 징계위원
現 부산사상경찰서 경미범죄심의위원
現 부산사상경찰서 정보공개심의위원
現 부산남부경찰서 정보공개심의위원

【약력】

동국대학교 대학원 경찰행정학과 경찰학 석사 · 박사
한국민간경비학회 상임이사
한국경찰학회 상임이사
한국공안행정학회 상임이사
한국범죄심리학회 상임이사
한국치안정책학회 상임이사
경찰공무원시험 출제위원
경비지도사 자격시험 출제위원
한국경비협회 외래교수

조민상

現 신라대학교 경찰행정학과 교수
現 국무조정실 정부업무평가단 평가위원
現 전국재해구호협회 연구위원
現 충남경찰청 손실보상심의위원회 위원
現 충청남도 학술연구용역심의 위원

【약력】
순천향대학교 대학원 경찰행정학과 경찰학 석사 · 박사
경찰공무원 채용시험 출제 및 면접위원
소방공무원 채용시험 면접 심사위원
경비지도사 자격시험 출제위원
한국민간경비학회 상임이사
한국경찰연구학회 상임이사
한국범죄심리학회 상임이사
한국치안정책학회 상임이사
위기관리 이론과 실천 편집이사
한국융합과학회 편집위원

배석주

現 대한손상예방협회(KIPA) 사무총장
現 부산광역시 구조 및 응급처치교육 책임강사

【약력】
보건복지부 부산응급의료정보센터(1339) 교육홍보팀장 21년
한국방송대학교 행정학과 졸업(행정학사)
대구 영진대학교 응급구조학과 수료(응급구조사 2급)
미국의료협회(AMA) 재난기본과정(BDLS),
재난전문과정(ADLS), 재난 전문가 강사과정 자격 취득
해양수산연구원 외래강사
2005 APEC 정상회의 의료단 응급의료총괄팀장
부산광역시 안전관리민관협력위원

신라대학교 평생교육원

학점은행제

글로벌시대에 미래를 새롭게 만들어 갈 수 있는 경쟁력 확보에 중추적인 역할!

• 학점은행제란?

고등학교 졸업 이상의 학력자를 대상으로 대학 또는 학점은행제 교육훈련기관에서 취득한 학점(연간 최대 42학점) 및 각종 국가기술자격증에 대한 학점인정 자격증을 통하여 일정 기준에 의한 소정의 학점을 충족하면 학위를 취득할 수 있는 제도입니다.

• 학점은행제 대상자

• 개설된 전공 및 자격증 과정 안내

<table>
<tr><td rowspan="6">전 공 과 정</td><td>사회복지학</td><td rowspan="6">자격증 과 정</td><td>사회복지사 2급 자격증 과정</td></tr>
<tr><td>아동학</td><td>보육교사 2급 자격증 과정</td></tr>
<tr><td>경영학</td><td>평생교육사 2급 과정</td></tr>
<tr><td>음악학</td><td>한국어교원 2급 자격증 과정</td></tr>
<tr><td>미용학</td><td></td></tr>
<tr><td>외국어로서의 한국어학</td><td></td></tr>
</table>

평생교육부

• 평생교육부

지역민들의 자기계발 열정을 충족시키고, 미래에 대한 삶의 비전을 확립하여 행복한 생활을 영위하는 능력을 함양하는데 의의를 둔다. 문화, 예술, 인문, 음악 등의 교양과정과 복지 관련 여러 민간자격 과정과 컴퓨터 관련 자격증 교육을 진행하고 있으며 연령이나 성별에 제한 없이 교육신청이 가능합니다.

• 평생교육부 대상자

연령이나 성별에 제한 없이 누구나 신청가능

• 수강신청 방법

051-999-6339 전화 접수/신라대학교 평생교육원 홈페이지(soc.silla.ac.kr)에서 신청

• 과정안내

구 분	과 정
민간자격과정	치매재활레크레이션 지도자, 노인심리상담사, 심리상담사, 다문화가정복지상담사, 음악심리지도자, 투티지휘자, 도시농업코디네이터, 자원순환환경관리사
문화 · 예술 · 인문과정	문예창작, 웰빙명리학, 다도예절, 요가, 민화
음악과정	색소폰, 플룻, 성악, 피아노, 음악영재교육센터
컴퓨터자격증과정	컴활, mos자격증, CAD, 포토샵(디자인 과정)

민간경비교육

구 분		내 용
일반경비 신임교육	교육대상	경비원 경력이 없는 사람으로서 일반경비원으로 채용된 사람
		경비원 교육을 받은 후 3년 이상의 기간 동안 경비업무에 종사하지 아니하다가 일반경비원으로 채용된 사람
	신청방법	방문접수 또는 전화접수(051-999-5597/051-999-6344)
	교육시간	3일 24시간
경비지도사 기본교육	교육대상	일반경비지도사 국가시험 합격자
	신청방법	신라대학교 평생교육원 홈페이지 신청(soc.silla.ac.kr)
	교육시간	5일 44시간
특수경비원 신임교육	회사신청	특수경비원의 경력이 없는 사람으로서 특수경비원으로 채용된 사람
		과거 특수경비원 교육을 받은 후 3년 이상의 기간 동안 특수경비업무에 종사하지 아니하다가 다시 특수경비원으로 채용 된 자
	개인신청	특수경비업체에 선임 · 배치되고자 하는 경비지도사
	신청방법	전화접수 또는 방문접수
	교육시간	2주 88시간

문의전화

학점은행제 : 051)999-6336, 6332, 6333
평생교육부 : 051)999-6339
민간경비 : 051)999-5597